絕[illegible]世厚黑指南

宗吾臆談

李宗吾 著

厚黑學×我對聖人之懷疑×怕老婆哲學
考試制之商榷×解決社會問題之我見

一部融合了哲學、歷史、文化和社會學的巨著
內容深入，範疇廣泛，「厚黑教主」李宗吾談厚黑

目錄

第一部　厚黑學

第二部　厚黑原理

目錄

第三部　厚黑叢話

目錄

附錄

第一部　厚黑學

我讀中國歷史，發現了許多罅漏，覺得一部二十四史的成敗興衰，和史臣的論斷，是完全相反的；律以聖賢所說的道理，也不符合。我很為詫異，心想古來成功的人，必定有特別的祕訣，出於史臣聖賢之外。我要尋它這個祕訣，苦求不得，後來偶然推想三國時候的人物，不覺恍然大悟，古人成功的祕訣，不過是臉厚心黑罷了。

自序

許多人勸我把《宗吾臆談》和《社會問題之商榷》重印，我覺得二書有許多地方，應該補充，叫我一一修改，又覺麻煩，因於叢話中，信筆寫去，讀者只讀叢話，即無須再讀二書，因二書的說法和應該補充之點，業已融化叢話中了。

我於民國元年，曾寫一文曰《厚黑學》，此後陸陸續續寫了些文字，十六年匯刻一冊，名曰《宗吾臆談》，中有一文，曰《解決社會問題之我見》。十七年擴大之為一單行本，曰《社會問題之商権》。近年復有些新感想，乃將歷年所作文字，拆散之，連同新感想，用隨筆體裁，融合寫之，名曰《厚黑叢話》。自民國二十四年八月一日起，每日寫一二段，在成都《華西日報》發表，以約有二萬字為一卷，每兩卷印一單行本，現已寫滿六卷。我本是閒著無事，隨意寫來消遣，究竟寫若干長，寫至何時止，我也無一定計劃，如心中高興，就長期寫去，如不高興，隨時都可終止。唯文辭過於散漫，閱者未免生厭，而一般人所最喜歡者，是聽我講厚黑學，因將二十三年北平所印《厚黑學》單行本，略加點竄，重行付印，用供眾覽。

許多人勸我把《宗吾臆談》和《社會問題之商榷》重印，我覺得二書有許多地方，應該補充，叫我一一修改，又覺麻煩，因於叢話中，信筆寫去，讀者只讀叢話，即無須再讀二書，因二書的說法和應該補充之點，業已融化叢話中了。

十六年刊《宗吾臆談》，李君澄波，周君雁翔，曾作有序。十七年刊《社會問題之商榷》，吳君毓江，郝君德，姚君勤如，楊君仔耘，均作有序。一併刊列卷首，聊作《厚黑叢話提要》，俾讀者知道叢話內容之大概，苟無暇晷，即無須再讀叢話。

《宗吾臆談》和《社會問題之商榷》，業已各檢二本，寄存四川圖書館，因憶自非家中尚有數本，攝取來一併郵寄南京、北平及其他圖書館儲存，借表現在所寫《厚黑叢話》與昔年思想仍屬一貫也。

民國二十五年四月十二日　李宗吾於成都

緒論

我當初本是一種遊戲的文字，不料會發生這種影響，我自己也十分詫異，心想這種議論，能受眾人的歡迎，一定與心理學有關係。我於是繼續研究下去，才知道厚黑學是淵源於性惡說，與王陽明（王守仁）的「致良知」淵源於性善說，其價格是相等的。

我讀中國歷史，發現了許多罅漏，覺得一部二十四史的成敗興衰，和史臣的論斷，是完全相反的；律以聖賢所說的道理，也不符合。我很為詫異，心想古來成功的人，必定有特別的祕訣，出於史臣聖賢之外。我要尋它這個祕訣，苦求不得，後來偶然推想三國時候的人物，不覺恍然大悟，古人成功的祕訣，不過是臉厚心黑罷了。

由此推尋下去，一部二十四史的興衰成敗，這四個字確可以包括無遺；我於是乎作一種詼諧的文字，題名《厚黑學》，分為三卷：上卷《厚黑學》，中卷《厚黑經》，下卷《厚黑傳習錄》。民國元年三月，在成都《公論日報》上披露出來。那個時候，這種議論，要算頂新奇了，讀者譁然。中卷還未登完，我受了朋友的勸告就停止了。不料從此以後，「厚黑學」三字，竟洋溢乎四川，成為普通的名詞；我到了一個地方，就有人請講《厚黑學》，我就原原本本的從頭細述。聽者無不點頭領會，每每嘆息道：「我某事的失敗，就是不講厚黑學的緣故。」又有人說：「某人聲威赫赫，就是由於《厚黑學》研究得好。」有時遇了不相識的人，彼此問了姓名，他就用一種很驚異的聲調問我：「你是不是發明厚黑學的李某？」抑或旁人代為介紹道：「他就是發明厚黑學的李宗吾。」更可笑者：學生作國文的時候，竟有用這個名詞的，其傳播的普遍，也就可以想見了。

我當初本是一種遊戲的文字，不料會發生這種影響，我自己也十分詫異，心想這種議論，能受眾人的歡迎，一定與心理學有關係。我於是繼續研究下去，才知道厚黑學是淵源於性惡說，與王陽明（王守仁）的「致良知」淵源於性善說，其價格是相等的。古人說：「仁義是天性中固有之物。」我說：「厚黑是天性中固有之物。」陽明說：「見父自然知孝，見兄自然知悌。」說得頭頭是道，確鑿不移。我說：「小兒見了母親口中的糕餅，自然會取來放在自己口中，在母親懷中吃東西的時候，見他哥哥來了，自然會用手推他打他。」也說得頭頭是道，確鑿不移。陽明講學，受一般人歡迎，所以《厚黑學》也受一般人歡迎。

有孟子的性善說，就有荀子的性惡說與之對抗，有王陽明的「致知良」三字，這「厚黑學」三字，也可與之對抗；究竟人性是怎樣做起的，我很想把他研究出來，尋些宋、元、明、清講學的書來看，見他所說的道理，大都是支離穿鑿，迂曲難通，令人煩悶欲死。我於是乎把這些書拋開，用研究物理學的方法來研究心理學，才知道心理學與力學是相通的。我們研究人性，不能斷定他是善是惡，猶之研究水火之性質，不能斷定他是善是惡一樣。

孟子的性善說，荀子的性惡說，俱是一偏之見，我所講的《厚黑學》，自然是更偏了，其偏的程度，恰與王陽明（王守仁）「致良知」之說相等；讀者如果不明瞭這個道理，認真厚黑起來，是要終歸失敗的，讀者能把我著的《心理與力學》看一下，就自然明白了。但是我們雖不想實行厚黑，也須提防人在我們名下施行厚黑，所以他們的法術，我們不能不知道。

厚黑學論

三國英雄，首推曹操，他的特長，全在心子黑：他殺呂伯奢，殺孔融，殺楊修，殺董承伏完，又殺皇后皇子，悍然不顧。他明目張膽地說：「寧我負人，毋人負我。」他心子之黑，真是達於極點了。有了這樣本事，當然稱為一世之雄了。

我自讀書識字以來，就想為英雄豪傑，求之四書五經，茫無所得，求之諸子百家，與夫二十四史，仍無所得，以為古之為英雄豪傑者，必有不傳之祕，不過吾人生性愚魯，尋他不出罷了。窮索冥搜，忘寢廢食，如是者有年，一日偶然想起三國時幾個人物，不覺恍然大悟曰：得之矣，得之矣，古之為英雄豪傑者，不過面厚心黑而已。

三國英雄，首推曹操，他的特長，全在心子黑：他殺呂伯奢，殺孔融，殺楊修，殺董承伏完，又殺皇后皇子，悍然不顧。他明目張膽地說：「寧我負人，毋人負我。」他心子之黑，真是達於極點了。有了這樣本事，當然稱為一世之雄了。

其次要算劉備，他的特長，全在於臉皮厚：他依曹操，依呂布，依劉表，依孫權，依袁紹，東竄西走，寄人籬下，恬不為恥，而且生平善哭，做《三國演義》的人，更把他寫得唯妙唯肖，遇到不能解決的事情，對人痛哭一場，立即轉敗為功，所以俗語有云：「劉備的江山，是哭出來的。」這也是一個大有本事的英雄。他和曹操，可稱雙絕；當著他們煮酒論英雄的時候，一個心子最黑，一個臉皮最厚，一堂對晤，你無奈我何，我無奈你何，環顧袁本初（袁紹）諸人，卑卑不足道，所以曹操說：「天下英雄，唯使君與操耳。」

此外還有一個孫權，他和劉備同盟，並且是郎舅之親，忽然襲取荊州，把關羽殺了，心子之黑，彷彿曹操，無奈黑不到底，跟著向蜀請和，其黑的程度，就要比曹操稍遜一點。他與曹操比肩稱雄，抗不相下，忽然在曹丕駕下稱臣，臉皮之厚，彷彿劉備，無奈厚不到底，跟著與魏絕交，其厚的程度也比劉備稍遜一點。他雖是黑不如操，厚不如備，卻是二者兼備，也不能不算是一個英雄。他們三個人，把各人的本事施展出來，你不能征服我，我不能征服你，那時候的天下，就不能不分而為三。

後來曹操、劉備、孫權相繼死了，司馬氏父子乘時而起，他算是受了曹、劉諸人的薰陶，集厚黑學之大成，他能夠欺人寡婦孤兒，心子之黑與曹操一樣；能夠受巾幗之辱，臉皮之厚，還更甚於劉備；我讀史見司馬懿受巾幗這段事，不禁拍案大叫：「天下歸司馬氏矣！」所以到了這個時候，天下就不得不統一，這都是「事有必至，理有固然」。

諸葛武侯，天下奇才，是三代下第一人，遇著司馬懿還是沒有辦法，他下了「鞠躬盡瘁，死而後已」的決心，終不能取得中原尺寸之地，竟至嘔血而死，可見王佐之才，也不是厚黑名家的敵手。

我把他們幾個人的事反覆研究，就把這千古不傳的祕訣發現出來。一部二十四史，可一以貫之：「厚黑而已。」再舉楚漢的事來證明一下。

項羽拔山蓋世之雄，暗嗚叱吒，千人皆廢，為甚麼身死東城，為天下笑？他失敗的原因，韓信所說「婦人之仁，匹夫之勇」兩句總結包括盡了。「婦人之仁」，是心有所不忍，其病根在心子不黑；「匹夫之勇」，是受不得氣，其病根在臉皮不厚。鴻門之宴，項羽和劉邦同坐一席，項莊已經把劍取出來了，只要在劉邦的頸上一劃，「太祖高皇帝」的招牌，立刻可以掛出，他偏偏徘徊不忍，竟被劉邦逃走。垓下之敗，如果渡過烏江，捲土重來，尚不知鹿死誰手？他偏偏說：「籍與江東子弟八千人，渡江而西，今無一人還，縱江東父兄憐而王我，我何面目見之。縱彼不言，籍獨不愧於心乎？」這些話，真是大錯而特錯！他一則曰：「無面見人」；再則曰：「有愧於心。」究竟敵人的「臉」，是如何做起的，敵人的「心」，是如何生起的？也不略加考察，反說「此天亡我，非戰之罪」，恐怕上天不能任咎。

我們又拿劉邦的本事研究一下。《史記》載，項王問漢王曰：「天下匈匈數歲，徒以吾兩人耳，願與漢王挑戰決雌雄。」漢王笑謝曰：「吾寧鬥智不鬥力。」請問「笑謝」二字從何生出？劉邦見酈生時，使兩女子洗腳，酈生責他倨見長者，他立即輟洗起謝。請問起謝二字，又從何生出？還有親生的父親，身在俎上，他要分一杯羹；親生兒女，孝惠（劉盈，劉邦嫡長子）魯元（劉邦和呂后的長女），楚兵追至，他能夠推他們下車；後來又殺韓信，殺彭越，「鳥盡弓藏；兔死狗烹」，請問劉邦的心子，是何狀態？豈是那「婦人之仁，匹夫之勇」的項羽所能夢見？太史著本紀，只說劉邦隆準龍顏，說項羽是重瞳子，獨於二人的臉皮之厚薄，心子之黑白，沒有一字提及，未免有愧良史。

劉邦的臉，劉邦的心，比較別人特別不同，可稱天縱之聖。黑之一字，真是「生知安行，從心所欲不踰矩」，至於厚字方面，還加了點學力，他的業師，就是三傑中的張良。張良的業師，是圯上老人，他們的衣缽真傳，是彰彰可考的。圯上受書一事，老人種種作用，無非教張良臉皮厚罷了。這個道理，蘇東坡的《留侯論》，說得很明白。張良是有「夙根」的人，一經指點，言下頓悟，故老人以《王者師》期之。這種無上妙法，斷非「鈍根」的人所能了解，所以《史記》上說：「良為他人言，皆不省，獨沛公善之，良曰，沛公殆天授也。」可見這種學問，全是關乎資質，明師固然難得，好徒弟亦不容易尋找。韓信求封齊王的時候，劉邦幾乎誤事，全靠他的業師在旁指點，彷彿現在學校中，教師改正學生習題一般。以劉邦的天資，有時還有錯誤，這種學問的精深，就此可以想見了。

劉邦天資既高，學力又深，把流俗所傳君臣、父子、兄弟、夫婦、朋友五倫，一一打破，又把禮義廉恥，掃除淨盡，所以能夠平蕩群雄，統一海內。一直經過了四百幾十年，他那厚黑的餘氣，方才消滅，漢家的系統，於是乎才斷絕了。

楚漢的時候，有一個人，臉皮最厚，心子不黑，終歸失敗，此人為誰？就是人人知道的韓信。胯下之辱，他能夠忍受，厚的程度，不在劉邦之下。無奈對於「黑」字，欠了研究；他為齊王時，果能聽蒯通的話當然貴不可言，他偏偏系念著劉邦「解衣推食」的恩惠，冒冒昧昧地說：「衣人之衣者，懷人之憂；食人之食者，死人之事。」後來長樂鐘室，身首異處，夷及三族，真是咎由自取。他譏誚項羽是婦人之仁，可見「心子不黑，作事是要失敗」這個大原則，他本來也是知道的。但他自己在這裡失敗，「非知之艱，行之維艱」，這也怪韓信不得。

同時又有一個人，心子最黑，臉皮不厚，也歸失敗，此人也是人人知道的，姓范名增。劉邦破咸陽，系子嬰，還軍灞上，秋毫不犯，范增千方百計，總想把他置之死地，心子之黑，也同劉邦彷彿；無奈臉皮不厚，受不得氣，漢用陳平計，間疏楚君臣，增大怒而去，歸未至彭城，疽發背死，大凡做大事的人，哪有動輒生氣的道理？「增不去，項羽不亡」，他若能隱忍一下，劉邦的破綻很多，隨便都可以攻進去。他忿然求去，把自己的老命，把項羽的江山，一齊送掉，因小不忍，壞了大事，東坡還稱他是「人傑」，未免過譽！

據上面的研究，《厚黑學》這種學問，法子很簡單，用起來卻很神妙，小用小效，大用大效，劉邦、司馬懿把它學完了，就統一天下；曹操劉備各得一偏，也能稱孤道寡，割據爭雄；韓信、范增，也是各得一偏，不幸生不逢辰，偏偏與厚黑兼全的劉邦，並世而生，以致同歸失敗。但，他們在生的時候，憑著一得之長，博取王侯將相，烜赫一時，身死之後，史傳中也佔了一席地，後人談到他們的事跡，大家都津津樂道，可見厚黑學終是不負人的。

上天生人，給我們一張臉，而厚即在其中，給我們一個心，而黑即在其中。從表面上看去，廣不數寸，大不盈掬，好像了無奇異，但若精密的考察，就知道它的厚是無限的，它的黑是無比的，凡是人世的功名富貴、宮室妻妾、衣服與馬，無一不從這區區之地出來。造物生人的奇妙，真是不可思議。鈍根眾生，身有至寶，棄而不用，可謂天下之大愚。

厚黑學共分三步功夫，第一步是「厚如城牆，黑如煤炭」。起初的臉皮，好像一張紙，由分而寸，而尺，而丈，就「厚如城牆」了。最初心的顏色，作乳白狀，由乳色而灰色，而青藍色，再進就黑如煤炭了。到了這個境界，只能算初步功夫；因為城牆雖厚，轟以大砲，還是有打破的可能；煤炭雖黑，但顏色討厭，眾人都不願挨近它。所以只算初步的功夫。

第二步是「厚而硬，黑而亮」。深於厚學的人，任你如何攻打，他一點不動，劉備就是這類人，連曹操都把他沒辦法。深於黑學的人，如退光漆招牌，越是黑，買主越多，曹操就是這類人，他是著名的黑心子，然而中原名流，傾心歸服，這就是退光漆的亮招牌，可以招到很多的買主。人能夠造到第二步，固然同第一步有天淵之別，但還著了跡象，有形有色，所以曹、劉的本事，我們一著眼就看出來了。

第三步是「厚而無形，黑而無色」。至厚至黑，天下後世，皆以為不厚不黑，這個境界，很不容易造到，只好在古之大聖大賢中去尋求。有人問：「這種學問，哪有這樣精深？」我說：「儒家的中庸，要講到『無聲無臭』方能終；學佛的人，要到『菩提無樹，明鏡非台』，才算正果；何況厚黑學是千古不傳之祕，當然要做到『無形無色』，才算止境。」

總之，由三代以至於今，王侯將相，豪傑聖賢，不可勝數，苟其事之有成，何一不出於此？書冊具在，事實難誣，讀者倘能本我指示的途徑，自去搜尋，自然左右逢源，頭頭是道。

厚黑經

「天命之謂厚黑，率厚黑之謂道，修厚黑之謂教；厚黑也者，不得須臾離也，可離非厚黑也。是故君子戒慎乎其所不厚，恐懼乎其所不黑，莫險乎薄，莫危乎白，是以君子必厚黑也。喜怒哀樂皆不發謂之厚，發而無顧忌，謂之黑。厚也者，天下之大本也；黑也者，天下之達道也。致厚黑，天地畏焉，鬼神懼焉。」

李宗吾曰：「不薄之謂厚，不白之謂黑，厚者天下之厚臉皮，黑者天下之黑心子。此篇乃古人傳授心法，宗吾恐其久而差也，故筆之於書，以授世人。其書始言厚黑，中散為萬事，末復合寫厚黑；放之則彌六合，卷之則退藏於面與心，其味無窮，皆實學也。善讀者玩索而有得焉，則終身用之，有不能盡者矣。」

「天命之謂厚黑，率厚黑之謂道，修厚黑之謂教；厚黑也者，不得須臾離也，可離非厚黑也。是故君子戒慎乎其所不厚，恐懼乎其所不黑，莫險乎薄，莫危乎白，是以君子必厚黑也。喜怒哀樂皆不發謂之厚，發而無顧忌，謂之黑。厚也者，天下之大本也；黑也者，天下之達道也。致厚黑，天地畏焉，鬼神懼焉。」

右第一章：宗吾述古人不傳之祕以立言，首明厚黑之本原出於天而不可易，其實厚黑備己於而不可離，次言存養厚黑之要；終言厚黑功化之極；蓋欲學者於此，反求諸身而自得之，以去夫外誘之仁義，而充其本然之厚黑，所謂一篇之體如果也。以下各章雜引宗吾之言，以終此章之義。

宗吾曰：「厚黑之道，易而難。夫婦之愚，可以與知焉，及其至也，雖曹（曹操）劉（劉備）亦有所不知焉，夫婦之不肖，可以能行焉，及其至也，雖曹劉亦有所不能焉。厚黑之大，曹劉猶有所憾，而況世人乎。」

宗吾曰：「人皆曰予黑，驅而納諸煤炭之中，而不能一色也；人皆曰予厚，遇乎砲彈而不能不破也。」

宗吾曰：「厚黑之道，本諸身，徵諸眾人，考諸三王而不謬，鑒諸天地而不悖，質諸鬼神而無疑，百世以俟聖人而不惑。」

宗吾曰：「君子務本，本立而道生。厚黑也者，其為人之本與？」

宗吾曰：「三人行，必有我師焉。擇其厚黑者而從之，其不厚黑者而改之。」

宗吾曰：「天生厚黑於予，世人其如予何？」

宗吾曰：「十室之邑，必有厚黑如宗吾者焉，不如宗吾之明說也。」

宗吾曰：「君子無終食之間違厚黑，造次必於是，顛沛必於是。」

宗吾曰：「如有項羽之才之美，使厚且黑，劉邦不足觀也已！」

宗吾曰：「厚黑之人，能得千乘之國；苟不厚黑，簞食豆羹不可得。」

宗吾曰：「五穀者，種之美者也，苟為不熟，不如荑稗；夫厚黑亦在乎熟之而已矣。」

宗吾曰：「道學先生，厚黑賊也，居之似忠信，行之似廉潔，眾皆悅之，自以為是，而不可與入曹劉之道，故曰：厚黑之賊也。」

宗吾曰：「無惑乎人之不厚黑也！雖有天下易生之物也，一日曝之，十日寒之，未有能生者也。吾見人講厚黑亦罕矣！吾退而道學先生至矣！吾其如道學先生何哉？今夫厚黑之為道，大道也，不專心致志，則不得也。宗吾發明厚黑學者也，使宗吾誨二人厚黑，其一人專心致志，唯宗吾之為聽，一人雖聽之，一心以為有道學先生將至，思竊聖賢之名而居之，則雖與之俱學，弗若之矣！為其資質弗若歟？曰：非也。」

宗吾曰：「有失敗之事於此，君子必自反也，我必不厚；其自反而厚矣，而失敗猶是也，君子必自反也，我必不黑；其自反而黑矣，其失敗猶是也，君子曰：反對我者，是亦妄人也已矣！如此則與禽獸奚擇哉！用厚黑以殺禽獸，又何難焉？」

宗吾曰：「厚黑之道，高矣美矣？宜若登天然，而未嘗不可幾及也。譬如行遠，必自邇，譬如登高，必自卑；身不厚黑，不能行於妻子，使人不以厚黑，不能行於妻子。」

我著厚黑經，意在使初學的人便於諷誦，以免遺忘。不過有些道理，太深奧了，我就於經文上下加以說明。

宗吾曰：「不曰厚乎，磨而不薄，不曰黑乎，洗而不白。」後來我改為：「不曰厚乎，越磨越厚；不曰黑乎，越洗越黑。」有人問我：「世間哪有這種東西？」我說：「手足的繭疤，是越磨越厚；沾了泥土塵埃的煤炭，是越洗越黑。」人的臉皮很薄，慢慢的磨煉，就漸漸的加厚了；人的心，生來是黑的，遇著講因果的人，講理學的人，拿些道德仁義蒙在上面，才不會黑，假如把他洗去了，黑的本體自然出現。

宗吾曰：「厚黑者，非由外鑠我也，我固有之也。天生庶民，有厚有黑，民之秉彝，好是厚黑。」這是可以試驗的。隨便找一個當母親的，把她親生孩子抱著吃飯，小孩見了母親手中的碗，就伸手去拖，如不提防，就會被他打爛；母親手中拿著糕餅，他一見就伸手來拿，如果母親不給他，把糕餅放在自己口中，他就會伸手把母親口中糕餅取出，放在他自己的口中。又如小孩坐在母親的懷中吃奶或者吃餅的時候，哥哥走至面前，他就要用手推他打他。這些事都是「不學而能，不慮而知」的，這即是「良知良能」了。把這種「良知良能」擴充出去，就可建立驚天動地的事業。

唐太宗殺他的哥哥建成，殺他的弟弟元吉，又把建成和元吉的兒子全行殺死，把元吉的妃子納入後宮，又逼著父親把天下讓與他。他這種舉動，全是把當小孩時，搶母親口中糕餅和推哥哥、打哥哥那種「良知良能」擴充出來的。普通人，有了這種「良知良能」不知道擴充，唯有唐太宗把它擴充了，所以他就成為千古的英雄。如宗吾曰：「口之於味也，有同耆焉；耳之於聲也，有同聽焉；目之於色也，有同美焉。於至而與心，獨無所同然乎？心之所同然者，何也？謂厚也，黑也。英雄特擴充我面與心之所同然耳。」

厚黑這個道理，很明白的擺在面前，不論甚麼人都可見到，不過剛剛一見到，就被感應篇、陰騭文或道學先生的學說壓伏下去了。故宗吾曰：「牛山之木嘗美矣，斧斤伐之，非無萌櫱（樹枝砍去後長出的新芽）之生焉；牛羊又從而牧之，是以若彼其濯濯也。雖存乎人者，豈無厚與黑哉！其所以摧殘其厚黑者，亦猶斧斤之於木也，旦旦而伐之，則其厚黑不足以存，厚黑不足以存，則欲為英雄也難矣！人見其不能為英雄也，而以為未嘗有厚黑焉，是豈人之情也哉？故苟得其養，厚黑日長；苟失其養，厚黑日消。」

宗吾曰：「小孩見母親口中有糕餅，皆知搶而奪之矣，人能充其搶母親口中糕餅之心，而厚黑不可勝用也，足以為英雄為豪傑。是之謂『大人者，不失其赤子之心者也。』苟不充之，不足以保身體，是之謂『自暴自棄』。」

有一種天資絕高的人，他自己明白這個道理，就實力奉行，祕不告人。又有一種資質魯鈍的人，已經走入這個途徑，自己還不知道。故宗吾曰：「行之而不著焉，習矣而不察焉，終身由之，而不知厚黑者眾也。」

世間學說，每每誤人，唯有厚黑學絕不會誤人，就是走到了山窮水盡，當乞丐的時候，討口，也比別人多討點飯。故宗吾曰：「自大總統以至於乞兒，一是皆以厚黑為本。」

厚黑學博大精深，有志此道者，必須專心致志，學過一年，才能應用，學過三年，才能大志。故宗吾曰：「苟有學厚黑者，期月而已可也，三年有成。」

厚黑傳習錄

我把厚黑學發表出來，一般人讀了，都說道：「你這門學問，博大精深，難於領悟，請指示一條捷徑。」我問他：「想做甚麼？」他說：「我想弄一個官來做，並且還要轟轟烈烈地做些事，一般人都認為是大政治家。」我於是傳他求官六字真言，做官六字真言和辦事二妙法。

有人問我道：「你發明厚黑學，為甚麼你做事每每失敗，為甚麼你的學生的本領還比你大，你每每吃他的虧？」我說：「你這話差了。凡是發明家，都不可登峰造極。儒教是孔子發明的，孔子登峰造極了，顏、曾、思、孟去學孔子，他們的學問，就比孔子低一層；周、程、朱、張去學顏、曾、思、孟，學問又低一層；後來學周、程、朱、張的，更低一層，愈趨愈下，其原因就是教主的本領太大了。西洋的科學則不然，發明的時候很粗淺，越研究越精深。發明蒸汽的人，只悟得汽沖壺蓋之理；發明電氣的人，只悟得死蛙運動之理。後人繼續研究下去，造出種種的機械，有種種的用途，這是發明蒸汽、電氣的人所萬不逆料的。可見西洋科學，是後人勝過前人，學生勝過先生；我的「厚黑學」與西洋科學相類。我只能講點汽沖壺蓋、死蛙運動，中間許多道理，還望後人研究，我的本領當然比學生小，遇著他們，當然失敗；將來他們傳授些學生出來，他們自己又被學生打敗。一輩勝過一輩，厚黑學自然就昌明瞭！」

又有人問道：「你把厚黑學講得這樣神妙，為甚麼不見你做出一些轟轟烈烈的事情？」我說道：「我試問：你們的孔夫子，究竟做出了多少轟轟烈烈的事情？」他講的為政為邦，道千乘之國，究竟實行了幾件？曾子著一部《大學》，專講治國平天下，請問他治的國在哪裡？平的天下在哪裡？子思著了一部《中庸》，說了些中和位育的話，請問他中和位育的實際安在？你不去質問他們，反來質問我，明師難遇，至道難聞，這種『無上甚深微妙法，百千萬劫難遭遇。』你聽了還要懷疑，未免自誤。」

我把厚黑學發表出來，一般人讀了，都說道：「你這門學問，博大精深，難於領悟，請指示一條捷徑。」我問他：「想做什麼？」他說：「我想求一個官來做，並且還要轟轟烈烈地做些事，一般人都認為是大政治家。」我於是傳他求官六字真言，做官六字真言和辦事二妙法。

（一）求官六字真言

求官六字真言：「空、貢、衝、捧、恐、送」。此六字俱是仄聲，其意義如下：

1．空

即空閒之意，分兩種：一指事務而言，求官的人，定要把一切事放下，不工不商，不農不賈，書也不讀，學也不教，一心一意，專門求官。二指時間而言，求官的人要有耐心，不能著急，今日不生效，明日又來，今年不生效，明年又來。

2．貢

這個字是借用的，是四川的俗語，其意義等於「鑽營」的「鑽」字，「鑽進鑽出」，可以說「貢進貢出」。求官要鑽營，這是眾人知道的，但是定義很不容易下。有人說：「貢字的定義，是有孔必鑽。」我說：「這錯了！只說得一半，有孔才鑽，無孔者其奈之何？」我下的定義是：「有孔必鑽，無孔也要入。」有孔者擴而大之；無孔者，取出鑽子，新開一孔。

3．衝

普通所謂之「吹牛」，四川話是「衝帽殼子」。衝的功夫有兩種：一是口頭上，二是文字上的。口頭上又分普通場所及上峰的面前兩種；文字上又分報章雜誌及說帖條陳兩種。

4．捧

就是捧場的捧字。戲台上魏公出來了，那華歆的舉動，是絕好的模範的人物。

5．恐

是恐嚇的意思，是及物動詞。這個字的道理很精深，我不妨多說幾句。官之為物，何等寶貴，豈能輕易給人？有人把捧字做到十二萬分，還不生效，這就是少了恐字的功夫；凡是當軸諸公，都有軟處，只要尋著他的要害，輕輕點他一下，他就會惶然大嚇，立刻把官兒送來。學者須知，恐字與捧字，是互相為用的，善恐者捧之中有恐，旁觀的人，看他在上峰面前說的話，句句是阿諛逢迎，其實是暗擊要害，上峰聽了，汗流浹背。善捧者恐之中有捧，旁觀的人，看他傲骨稜稜，句句話責備上峰，其實受之者滿心歡喜，骨節皆酥。「神而明之，存乎其人」，「大匠能與人規矩，不能使人巧」，是在求官的人細心體會。最要緊的，是恐字的時候，要有分寸，如用過度了，大人們老羞成怒，作起對來，豈不就與求官的宗旨大相違背？這又何苦乃爾？非到無可奈何的時候，恐字不能輕用。

6．送

即是送東西，分大小二種：大送，把銀元鈔票一包一包的拿去送；小送，如春茶、火肘及請吃館子之類。所送的人分兩種，一是操用舍之權者，二是未操用舍之權而能予我以助力者。

這六字做到了，包管字字發生奇效，那大人先生，獨居深念，自言自語說：某人想做官，已經說了許多（這是空字的效用），他和我有某種關係（這是貢字的效用），其人很有點才具（這是衝字的效用），對於我很好（這是捧字的效用）。但此人有點壞才，如不安置，未必不搗亂（這是恐字的效用），想到這裡，回頭看見桌上黑壓壓的，或者白亮亮的堆了一大堆（這是送字的效用），也就無話可說，掛出牌來，某缺著某人署理。求官到此，可謂功行圓滿了。於是走馬上任，實行做官六字真言。

（二）做官六字真言

做官六字真言：「空、恭、绷、凶、聾、弄」。此六字俱是平聲，其意義如下：

1．空

空即空洞的意思。一是文字上，凡是批呈詞、出文告，都是空空洞洞的，其中奧妙，我難細說，請到軍政各機關，把壁上的文字讀完，就可恍然大悟；二是辦事上，隨便辦甚麼事情，都是活搖活動，東倒也可，西倒也可，有時辦得雷厲風行，其實暗中藏有退路，如果見勢不佳，就從那條路抽身走了，絕不會把自己牽掛著。

2．恭

就是卑躬折節，脅肩諂笑之類，分直接間接兩種，直接是指對上司而言，間接是指對上司的親戚朋友、丁役及姨太太等而言。

3．繃

即俗語所謂繃勁，是恭字的反面字，指對下屬及老百姓而言。分兩種：一是儀表上，赫赫然大人物，凜不可犯；二是言談上，儼然腹有經綸，槃槃大才。恭字對飯甑子所在地而言，不必一定是上司；繃字對非飯甑子所在地而言，不必一定是下屬和老百姓，有時甑子之權，不在上司，則對上司亦不妨繃；有時甑子之權，操諸下屬或老百姓，又當改而為恭。吾道原是活潑潑的，運用之妙，存乎一心。

4．凶

只要能達到我的目的，他人亡身滅家，賣兒貼婦，都不必顧忌；但有一層應當注意，凶字上面，定要蒙一層道德仁義。

5．聾

就是耳聾：「笑罵由他笑罵，好官我自為之。」但，聾字中包含有瞎子的意義，文字上的詆罵，閉著眼睛不看。

6．弄

即弄錢之弄，川省俗語讀作平聲。千里來龍，此處結穴，前面的十一個字，都是為了這個字而設的。弄字與求官之送字是對照的，有了送就有弄。這個弄字，最要注意，是要能夠在公事上通得過才成功。有時通不過，就自己墊點腰包裡的錢，也不妨；如果通得過，任他若干，也就不用客氣了。

以上十二個字，我不過粗舉大綱，許多的精義，都沒有發揮，有志於官者可按門徑，自去研究。

(三) 辦事二妙法

1．鋸箭法

有人中了箭，請外科醫生治療，醫生將箭桿鋸下，即索謝禮。問他為甚麼不把箭頭取出？他說：那是內科的事，你去尋內科好了。這是一段相傳的故事。

現在各軍政機關，與夫大辦事家，都是用的這種方法。譬如批呈詞：「據呈某某等情，實屬不合已極，仰候令飭該縣知事，查明嚴辦。」「不合已極」這四個字是鋸箭桿，「該知事」是內科，抑或「仰候轉呈上峰核辦」，那「上峰」就是內科。又如有人求我辦一件事情，我說：「這個事情我很贊成，但是，還要同某人商量。」「很贊成」三字是鋸箭桿，「某人」是內科。又或說：「我先把某部分辦了，其餘的以後辦。」「先辦」是鋸箭桿，「以後」是內科。此外有隻鋸箭桿，並不命其尋找內科的，也有連箭桿都不鋸，命其徑尋內科的，種種不同，細參自悟。

2．補鍋法

做飯的鍋漏了，請補鍋匠來補。補鍋匠一面用鐵片刮鍋底煤煙，一面對主人說：「請點火來我燒煙。」他乘著主人轉背的時候，用鐵錘在鍋上輕輕的敲幾下，那裂痕就增長了許多，及主人轉來，就指與他看，說道：「你這鍋裂痕很長，上面油膩了，看不見，我把鍋煙刮開，就現出來了，非多補幾個釘子不可。」主人埋頭一看，很驚異的說：「不錯！不錯！今天不遇著你，這個鍋子恐怕不能用了！」及至補好，主人與補鍋匠，皆大歡喜而散。

鄭莊公縱容共叔段（鄭莊公之弟），使他多行不義，才舉兵徵討，這就是補鍋法了。歷史上這類事情是很多的。有人說：「中國變法，有許多地方是把好肉割壞了來醫。」這是變法諸公用的補鍋法。在前清官場，大概是用鋸箭法，民國以來，是鋸箭、補鍋二者互用。

上述二妙法，是辦事的公例，無論古今中外，合乎這個公例的就成功，違反這個公例的即失敗。管仲（管子）是中國的大政治家，他辦事就是用這兩種方法。狄人伐衛，齊國按兵不動，等到狄人把衛絕了，才出來做「興滅國繼絕世」的義舉，這是補鍋法。召陵之役，不責楚國僭（超越本分，古時指地位在下的冒用在上的名義）稱王號，只責他包茅不貢，這是鋸箭法。那個時候，楚國的實力，遠勝齊國，管仲敢於勸齊桓公興兵伐楚，可說是鍋敲爛了來補。及到楚國露出反抗的態度，他立即鋸箭了事。召陵一役，以補鍋法始，以鋸箭法終，管仲把鍋敲爛了能把它補起，所以稱為「天下才」。

明季武臣，把流冠圍住了，故意放他出來，本是用的補鍋法，後來制他不住，竟至國破君亡，把鍋敲爛了補不起，所以稱為「誤國庸臣」。岳飛想恢復中原，迎回二帝，他剛剛才起了取箭頭的念頭，就遭殺身之禍。明英宗被也先捉去，於謙把他弄回來，算是把箭頭取出了，仍然遭殺身之禍，何以故？違反公例故。

晉朝王導為宰相，有一個叛賊，他不去討伐。陶侃責備他，他覆信說：「我遵養時晦，以待足下。」侃看了這封信笑說：「他無非是『遵養時賊』罷了。」王導「遵養時賊」以待陶侃，即是留著箭頭，專等內科。諸名士在新亭流涕，王導變色曰：「當共戮力王室，克復神州，何至作楚囚對泣？」他義形於色，儼然手執鐵錘，要去補鍋，其實說兩句漂亮話就算完事，懷、愍二帝，陷在北邊，永世不返，箭頭永未取出。王導這種舉動，略略有點像管仲，所以歷史上稱他為「江左夷吾」。讀者如能照我說的方法去實行，包管成為管子（管仲）而後的第一個大政治家。

結論

厚黑的施用，定要糊一層仁義道德，不能把它赤裸裸地表現出來。王莽的失敗，就是由於露出了厚黑的原故。如果終身不露，恐怕王莽至今還在孔廟裡吃冷豬肉。

說了一大堆的話，在這收頭結大瓜的時候，不妨告訴讀者一點祕訣：厚黑的施用，定要糊一層仁義道德，不能把它赤裸裸的表現出來。王莽的失敗，就是由於露出了厚黑的原故。如果終身不露，恐怕王莽至今還在孔廟裡吃冷豬肉。韓非子說：「陰用其言而顯棄其身。」這個法子，也是定要的。即如我著這本《厚黑學》，你們應當祕藏枕中，不可放在桌上。假如有人問你：「你認識李宗吾嗎？」你就要做一種很莊嚴的面孔說：「這個人壞極了，他是講厚黑學的，我認他不得。」口雖這樣說，但心裡應當供一個「大成至聖先師李宗吾之位」。你們能夠這樣做去，生前的事業，一定驚天動地，死後一定入孔廟吃冷豬肉無疑。所以我每聽見人罵我，我非常高興，說道：「吾道大行矣。」

還有一點，我前面說：「厚黑上面，要糊上一層仁義道德。」就是指遇著道學先生而言。假如遇著講性學的朋友，你同他講仁義道德，豈非自討沒趣？這個時候，應當糊上「戀愛神聖」四個字……總之，面子上應當糊以甚麼東西，是在學者因時因地，神而明之，而裡子的厚黑二字，則萬變不離其宗。有志斯學者，細細體會！

附：古文體之《厚黑學》

夫厚黑之為學也，其法至簡，其效至神，小用小效，大用大效，沛公得其全而光漢，司馬得其全而光晉，曹操劉備得其偏，割據稱雄，烜赫一世。

吾自讀書識字以來，見古之享大名膺厚譽者，心竊異之。欲究其致此之由，渺不得，求之六經群史，茫然也；求之諸子百家，茫然也；以為古人必有不傳之祕，特吾人賦性愚魯，莫之能識耳。窮索冥搜忘寢與食，如是者有年。偶閱《三國志》，而始憬然大悟曰：「得之矣，得之矣，古之成大事者，不外面厚心黑而已！」三國英雄，曹操其首也，曹逼天子。殺皇后，糧罄而殺主者，晝寢而殺幸姬，他如呂伯奢、孔融、楊修、董承、伏完等，無不一一屠戮，寧我負人，毋人負我，其心之黑亦云至矣。次於操者為劉備，備依曹操、依呂布、依袁紹、依劉表、依孫權。東竄西走，寄人籬下，恬不知恥，而稗史所記生平善哭之狀，尚不計焉，其面之厚亦云至矣。又次則為孫權，權殺關羽，其心黑矣，而旋即媾和，稱臣曹丕，其面厚矣，而旋即與絕，則猶有未盡厚黑者在也。總而言之，操之心至黑，備之面至厚，權之面與心不厚不黑，亦厚亦黑。故曹操深於黑學者也；劉備深於厚學者也；孫權與厚黑二者，或出焉，或入焉，黑不如操，而厚亦不如備。此三子，皆英雄也，各出所學，爭為雄長，天下於是乎三分。此後，三子相繼而歿，司馬氏父子乘時崛起，奄有眾長，巾幗之遺而能受之，孤兒寡婦而能忍欺之，蓋受曹劉諸人孕育陶鑄，而集其大成者，三分之天下，雖欲不混一於司馬氏不得也。諸葛武侯天下奇才，率師北伐，志決身殲，卒不復漢室，還於舊都，王佐之才，固非厚黑名家之敵哉！

吾於是返而求之群籍，則嚮所疑者，無不渙然冰釋。即以漢初言之，項羽瘖啞叱吒，千人昏厥，身死東城，為天下笑，亦由面不厚，心不黑，自速其亡，非有他也。鴻門之宴，從范增計，不過一舉手之勢，而太高祖皇帝之稱，羽已安坐而享之矣；而乃徘徊不決，俾沛公乘間逸去。垓下之敗，亭長艤船以待，羽則曰：「籍與江東子弟八千人渡江而西，今無一人還，縱江東父兄憐而王我，我何面目見之？縱彼不言，籍獨不愧於心乎？」噫，羽誤矣！人心不同，人面亦異，不一審他人所操之術。而曰此天亡我，非戰之罪也，豈不謬哉？沛公之黑，由於天縱，推孝惠於車前，分杯羹於俎上，韓彭菹醢，兔狗烹，獨斷於心，從容中道。至其厚學則得自張良，良之師曰圯上老人，良進履受書，頓悟妙諦，老人以王者師期之。良為他人言，皆不省，獨沛公善之，盡得其傳。項王忿與挑戰，則笑而謝之；酈生責其倨見長者，則起而延之上坐。韓信乘其困於滎陽，求為假王之鎮齊，亦始怒之，而終忍之；自非深造有得。胡能豁達大度若是？至呂后私闢陽侯，佯為不知，尤其顯焉者。彼其得天既厚，學養復深，於流俗所傳君臣父子兄弟夫婦朋友之倫，廓而清之，翦滅群雄，傳祚四百餘載，雖曰天命，豈非人事哉？

楚漢之際，有一人焉，厚而不黑，卒歸於敗者，韓信是也，胯下之辱信能忍之，其厚學非不優也。後為齊王，果聽蒯通之說，其實誠不可言。奈何倦倦於解衣推食之私情，貿然曰：衣人之衣者，懷人之事；食人之食者，死人之事？長樂鐘室，身首異處，夷及九族，有以也。楚漢之際，有一人焉，黑而不厚，亦歸於敗者，范增是也。沛公破成陽，擊子嬰。還軍灞上，秋毫無犯，增獨謂其志不在小。必欲置之死地而後生已。既而漢用陳平計，間疏楚君臣，增大怒求去，歸未至彭城，疽發背死。夫欲圖大事，怒何為者！增不去，項羽不亡，苟能稍緩須臾，除秉劉氏之敝，天下事尚可為；而增竟以小不忍，亡其身，復之其君，人傑固如是乎？

夫厚黑之為學也，其法至簡，其效至神，小用小效，大用大效，沛公得其全而光漢，司馬得其全而光晉，曹操劉備得其偏，割據稱雄，烜赫一世。韓信范增，其學亦不在曹劉下，不幸遇沛公而失敗，惜哉！然二子雖不善終，能以一長之畏，顯名當世，身死之後，得於史傳中列一席地，至今猶津津焉樂道之不衰，則厚黑亦何負於人哉？由三代迄於今，帝王將相，不可勝數，苟其事之有濟，何一不出此？書策俱在，事實難誣。學者本吾出以求之，自有豁然貫通之妙矣。

世之衰也，邪說充盈，真理汩沒，下焉者，誦習感應篇陰騭文，沉迷不反；上焉者，狃於禮義廉恥之習，碎碎吾道，彌近理而大亂真。若夫不讀書不識字者，宜乎至性未漓，可與言道矣：乃所謂善男信女，又幻出城隍閻老牛頭馬面刀山劍樹之屬，以懾服之，縛束之，而至道之真，遂隱而不見矣。我有面，我自厚之；我有心，我自黑之。取之裕如，無待於外。鈍根眾生，身有至實，棄而不用，薄其面而為厚所賊，白其心而為黑所欺，窮蹙終身，一籌未展，此吾所以嘆息痛恨上叩穹蒼而代訴不平也。雖然，厚黑者，秉彝之良，行之非艱也。愚者行而不著，習而不察；黠者陽假仁義之名，陰行厚黑之實，大道錮蔽。無所遵循，可哀也已。

有志斯道者，毋忸怩爾色，與厚太忒，毋坦白爾胸懷，與黑違乖。其初也，薄如紙焉，自如乳焉。日進不已，由分而寸而尺而尋丈，乃壘若垣然。由乳色而灰色而青藍色，乃黯若石炭然。夫此尤其粗焉者耳；善厚者必堅，攻之不破；善黑者有光，悅之者眾。然猶有跡象也：神而明者，厚而無形，黑而無色，至厚至黑，而常若不厚不黑，此誠詣之至精也。曹劉諸人，尚不足語此，求諸古之大聖大賢，庶幾一或遇之。吾生也晚，幸窺千古之不傳之祕，先覺覺後，捨我其誰？亟發其凡，以告來哲。君子之道，弓而不發，躍如也。舉一反三，貴在自悟。老子曰：上士聞道，勤而行之；中士聞道，若存若亡；下士聞道，大笑之，不笑不足以為道，聞吾言而行者眾，則吾道伸；聞吾言而笑者眾，則吾道絀。伸乎絀乎？吾亦任之而已。

李宗吾把這篇文章寫出來，果然廖緒初就為他作了一序，以後謝綬青也為他寫了一跋。當時他未用本名，是用的別號「獨尊」二字，蓋取「天上地下，唯我獨尊」之意。緒初也是用的別號，取名「淡然」。

廖的序云：

吾友獨尊先生，發明《厚黑學》，恢詭譎怪，似無端崖；然考之中外古今，驗諸當世大人先生，舉莫能外，誠宇宙間至文哉！世欲從斯學而不得門徑者，當不乏人。特勸先生登諸報端，以餉後學。異日將此理擴而充之，刊為單行本，普度眾生，同登彼岸，質之獨尊，以為何如？

民國元年，三月，淡然。」

謝的跋云：

獨尊先生《厚黑學》出，論者或以為譏評末俗，可以導人為善；或以為擊破混沌，可以導人為惡。餘則曰：《厚黑學》無所謂善，無所謂惡，如利刃然，用以誅盜賊者則善，用以屠良民者則惡，善與惡，何關於刃？用《厚黑學》以為善則為善人，用《厚黑學》以為惡則為惡人，於厚黑無與也。讀者當不以餘言為謬。謝綬青跋。

於是《厚黑學》就從此問世了。果然不出王簡恆、雷民心諸人所料，《厚黑學》發表出來，讀者譁然，他雖是用的筆名，卻無人不知《厚黑學》是李宗吾作的。「淡然」二字，大家也曉得是廖緒初的筆名。但廖大聖人的稱謂，依然如故；而宗吾則博得了「李厚黑」的徽號。當時，他也曾後悔不聽良友的勸告，繼而以為此事業已做了，後悔又有甚麼用呢？倒不如把心中所積蓄的道理痛痛快快地說出來，任憑世人笑罵好了。於是而又採用四句的文句，寫了一篇《厚黑經》；襲取宋儒的語錄體，寫了一篇《厚黑傳習錄》，在他的《傳習錄》中，又特別提出「求官六字真言」，「做官六字真言」，及「辦事二妙法」三項，加以詳說，以為古今的「官場現形」繪出一逼真的寫照，而自己便索性以「厚黑教主」自命，甘願一身擔當天下人的笑罵，大有耶穌背十字架的精神，笑罵也由他，殺戮也由他。

第二部　厚黑原理

水雖是以直線進行，但把它放在器中，它就隨器異形，器方則方，器圓則圓，人的心理，也是如此。人有各種嗜慾，其所以不任意發露者，實由於有一種拘束力，把他制住。拘束力各人不同，有受法律的拘束，有受清議的拘束，有受金錢的拘束，有受父兄師長朋友的拘束，有受因果報應及聖賢學說的拘束，種種不同，只要把他心中的拘束力除去，他的嗜慾，立時呈露，如貯水之器，有了罅漏，即向外流出一般。

自序一

我的思想，好比一株樹；厚黑學是思想之出發點，等於樹根；因厚黑學而生出一條臆說：「心理依力學規律而變化」，等於樹身；其他所寫《社會問題之商榷》、《考試制度之商榷》、《中國學術之趨勢》，與夫最近所寫的《制憲與抗日》等書，都是以「心理依力學規律而變化」這條臆說為根據，等於樹上生出的枝葉花果。故我所寫的文，雖種種不同，實是一貫。

民國元年，我在成都《公論日報》上發表一文，題曰《厚黑學》，謂：古今成功之英雄，無一非面厚心黑者。這本是一種遊戲文字，不料自此以後，「厚黑學」三字，遂傳播四川，成一普通名詞。我自己也莫名其妙，心想：此等說法，能受一般人歡迎，一定與心理學有關係，繼續研究下去，始知厚黑學是淵源於性惡說，在學理上是有根據的，然私心終有所疑。遍尋中外心理學之書讀之，均不足解我之疑，乃將古今人說法盡行掃去，另用物理學的規律來研究心理學覺得人心之變化，處處是跟著力學規律走的。從古人事跡上、今日政治上、日用瑣事上、自己心坎上、理化數學上、中國古書上、西洋學說上，四面八方，印證起來，處處可通，乃創一臆說：「心理依力學規律而變化。」民國九年，寫一文曰《心理與力學》，藏之篋中，未敢發表，十六年方刊入拙著《宗吾臆談》內。茲特重加整理，擴大為一單行本。

我這《心理與力學》一書，開始於民國九年，今為民國二十七年，歷時十八年，而此書淵源於厚黑學。我研究厚黑學，始於滿清末年，可說此書之成，經過三十年之久。記得唐朝賈島做了兩句詩，「獨行潭底影，數息樹邊身。」自己批道：「二句三年得，一吟雙淚流。」我今日發表此書，真有他那種感想。

我的思想，好比一株樹；厚黑學是思想之出發點，等於樹根；因厚黑學而生出一條臆說：「心理依力學規律而變化」，等於樹身；其他所寫《社會問題之商榷》、《考試制度之商榷》、《中國學術之趨勢》，與夫最近所寫的《制憲與抗日》等書，都是以「心理依力學規律而變化」這條臆說為根據，等於樹上生出的枝葉花果。故我所寫的文，雖種種不同，實是一貫。

去歲遇川大教授福建江超西先生，是專門研究物理的，並且喜歡研究易學，是博能中外的學者。我把稿子全部拿與他看，把所有疑點提出請教。承蒙一一指示，認為我這種說法講得通，並賜序一篇，我是非常感激。然而我終不敢自信，請閱者不客氣的賜教。

我研究這個問題，已經鬧得目迷五色，文中種種指法，對與不對，自己無從知道。我重在解釋心中疑團：閱者指駁越嚴，我越是感激，絕不敢答辯一字。諸君賜教的文字，可在任何報章雜誌上發表，發表後，請惠贈一份，交成都《華西日報》轉交，以便改正。

民國二十七年一月十三日　富順李宗吾於成都

自序二

人藏其心，不可測度，與瓷杯之分子相同，所以心理變化，如珠走盤，橫斜曲直，不可得知，所可知者，必不出此盤而已。人持弓箭，朝東射，朝西射，我們不能預知，但一射出來，其箭必依拋物線進行，這即是力之規律。我所謂心理變化有規律可循者，亦就是也。

我發表此書後，得著不少的批評，使我獲益匪淺，至為感謝。除全部贊成和全部否認者外，其有認為大致不差，某某點尚應該改者，我已遵照修正。有些地方，雖經指示，而我認為尚應商酌者，則暫仍其舊，請閱者再加指正。所有賜教文字，請交重慶《國民公報》轉交，以便再加修改。

讀者常駁我道：「人之心理，變化不測，哪裡會有規律？」我說：物理也是變化不測，何以又有規律？今之科學家，研究物理，可謂極精了。我們試取一瓷杯，置之地上，手執一鐵錘，請問：此錘擊下去，此杯當成若干塊？每塊形狀如何？恐怕聚世界科學家，無一人能預知，所可知者，鐵錘擊下，此杯必破裂而已。何也？杯子內部分子之構造，無從推測也，我們不能因此就說，物理變化，無有規律。人藏其心，不可測度，與瓷杯之分子相同，所以心理變化，如珠走盤，橫斜曲直，不可得知，所可知者，必不出此盤而已。人持弓箭，朝東射，朝西射，我們不能預知，但一射出來，其箭必依拋物線進行，這即是力之規律。我所謂心理變化有規律可循者，亦就是也。

我說「心理依力學規律而變化」，原是一種臆說，不能說是公例。公例者，無一例外之謂也。當初牛頓發明萬有引力，定出三例，許多人都不承認，後來逐漸證明，逐漸承認，最後宇宙各種現象，俱合牛頓規律，唯天王星不合，有此例外，仍不能成為公例。直到一千八百四十六年，有某天文家，將天王星合牛頓規律這部分提出，將其不合規律之部分加以研究，斷定天王星之外，另有一行星，其形狀如何，位置如何，加入此星之引力，天王星即合規律了。此說一發表出來，眾天文家，依其說以搜求之，立把海王星尋出，果然絲毫不差錯，牛頓之說，乃成為公例。心理之變化，較物理更複雜，更奇妙。我之說法，不為一般人所承認者，因為例外之事太多也。我不認為我之臆說有錯，而認為人心中之海王星太多。我們亦能只握著大原則，以搜求各人心中之海王星耳。

有人說：你想把人事與物理溝通為一，從前許多人都做過這種工作，無奈這條路走不通。我說：蘇伊士運河，從前許多人都說鑿不通，卒之鑿通。巴拿馬運河，許多人都說鑿不通，卒之也鑿通。我認為自然界以同一原則生人生物，物理上之規律，必可適用於人事，不過我個人學識不夠，不能把他溝通為一罷了。學術者，世界公物，當合全世界研究之，非一人之力所能勝也。尚望讀者諸君共同研究，如我這種方式走不通，希望讀者另用他種方式把他弄通。我研究這個問題，如墜五里霧中，諸君其亦憐我之愚，而有以教之乎！

物理紛繁極矣，牛頓尋出規律，紛繁之物理，釐然就諸，而科學因之大進步。世界紛亂極矣，我們在人事上如能尋出規律，則世界學說，可歸一致，人世之糾紛，可以免除，而文明自必大進步。此著者所為希望諸君共同研究者也。

民國三十一年十月八日　李宗吾於陪都（即重慶）

性靈與磁電

人的心，分知、情、意三者，意是知與情合併而成，其元素只有知、情二者。磁電同性相推，異性相引，其相推相引，有似吾人之情，其能夠判別同性異性，更是顯然有知，足見磁電這個東西，具有知、情，與人之心理相同。

科學上許多定理，最初都是一種假設，根據這種假設，從各方試驗，都是合的，這假設就成為定理了。即如地球這個東西，自開闢以來就有了，經過了若干萬萬年，人民生息其上，視為固然，於地球之構成，不求甚解，距今二三百年前，出了一個牛頓，發明萬有引力，說：「地心有引力，把泥土沙石吸成一團，成為一個地球。」究竟地心有無引力，無人看見，牛頓這個說法，本是假定的。不過根據他的說法，任如何試驗，俱是合的，於是他的假說，就成了定理。從此一般人都知道：凡是有形有體之物，都要受引力的吸引。到愛因斯坦出來，發明相對論，把牛頓之說擴大之，說：「太空中的星球發出的光線，經過其他星球，也要受其吸引，由於天空中眾星球互相吸引之故，於是以直線進行之光線，就變成彎彎曲曲的形狀。」這也是一種假說，然經過實地測驗，證明不錯，也成了定理。從此一般人又知道：有形無體之光線，也要受引力之吸引。我們研究心理學，何妨把愛因斯坦之說再擴大之，說：「我們的心中，也有一種引力，能把耳聞目睹，無形無體之物吸引來成為一個心，心之構成，與地球之構成相似。」我們這樣的設想，則牛頓三例和愛因斯坦的相對論，就可適用到心理學方面，而人事上一切變化，就可本力學規律去考察他了。

通常所稱的心，是由於一種力，經過五官出去，把外邊的事物牽引進來，集合而成的。例如有一物在我面前，我注目視之，即是一種力從目透出去，與那個物連結。我將目一閉，能夠回憶那物的形狀，即是此力把那物拖進來縮住了。由於這種方式，把耳聞目睹，與夫身所經歷的事項，一一拖進來，集合為一團，就成為一個心，所以心之構成，與地球之構成，完全相似。

一般人都說：自己有一個心，佛氏出來，力闢此說，說：人莫得心，通常所謂心，是假的，乃是六塵的影子。圓覺經曰：「一切眾生，元始以來，種種顛倒，妄認四大，為自身相，六塵緣影，為自心相。」我們試思：假使心中莫得引力，則六塵影子之經過，亦如雁過長空，影落湖心一般，雁一去，影即不留了。而我們見雁之過，能記憶雁之影像者，即是心中有一種引力，能把雁影縋住的原故。

佛家說：「六塵影子，落在八識田中，成為種子，永不能去。」這正如穀子豆子落在田土中，成為種子一般。我們知：穀子豆子，落在田土中，是由於地心有引力，即知六塵影子落在八識田中，是由於人心有引力。因為有引力縋住，所以穀子豆子落在田土中，永不能去，六塵影子，落在八識田中，也永不能去。

我們如把心中所有知識，一一考察其來源，即知無一不從外面進來，其經過路線，不外眼耳鼻舌身，雖說人能發明新理，然仍靠外面收來的知識作基礎，猶之修房子者，必須購買外面的磚瓦木料，才能建築新房子一樣。我們如把心中各種知識的來源，一一清出來，從目進來者，仍令從目退出去，從耳進來者，仍令從耳退出去，其他一一從來路退出去，此心即空無所有了。人的心，果然能夠空無所有，對於外物無貪戀，無嗔恨，有如湖心雁影，過而不留，這即是佛家所說，還我本來面目。

地球之構成，源於引力，意識之構成，源於種子。試由引力再進一步，推究到天地未有以前，由種子再進一步，推究到父母未生以前，則只有所謂寂兮寥兮的狀況，而二者就會歸於一了。由寂兮寥兮生出引力，而後有地球，而後有物。由寂兮寥兮生出種子，而後有意識，而後有人。我們這樣的研究，覺得心之構成，與地球之構成相似，而物理學的規律，就可適用於人事了。

我們把物體加以分析，就得原子，把原子加以分析，就得電子。電子是一種力，這是科學家業已證明瞭的。人是物中之一，我們的身體，是電子集合而成，身與心本是一物，所以我們的心理，不能逃磁電學的規律，不能逃力學的規律。

心的現象，與磁電的現象，是很相似的。人有七情，大別之，只有好惡二種，心所好的東西，就引之使近，心所惡的東西，就推之使遠，這種現象，豈不與磁電相似嗎？

人的心，分知、情、意三者，意是知與情合併而成，其元素只有知、情二者。磁電同性相推，異性相引，其相推相引，有似吾人之情，其能夠判別同性異性，更是顯然有知，足見磁電這個東西，具有知、情，與人之心理相同。

陽電所需要的是陰電，忽然來了一個陽電，要分他的陰電，他當然要把他推開；陰電所需要的是陽電，忽然來了一個陰電，要分他的陽電，他當然也要把他推開。這就像小孩食乳食糕餅的時候，見哥哥來了，用手推他打他一般，所以成了同性相推的現象。至於磁電異性相引，猶如人類男女相愛，更是不待說的。由此知磁電現象，與心理現象，完全相同。

佛說：「真佛法身，映物現形。」宛然磁電感應現象。又說：「性靈本融，周遍法界。」宛然磁電中和現象。又說：「不生不滅，不增不滅。」簡直是物理學家所說：「能力不滅」。因此之故，我們用力學規律去考察人性，想來不會錯。

物質不滅，能力不滅，是科學上之定律。吾身之物質，是從地球之物質轉變而來，身死埋之地中，物質退還地球。物質不滅之說，算是講得通，獨是吾人之性靈，是一種能力，請問此種能力，生從何處來？死往何處去？我們要答覆這個問題。可以創一臆說，曰：「人之性靈從地球之磁電轉變而來。」吾人一死，身體化為地球之泥土，同時性靈化為地球之磁電，如此則性靈生有自來，死有所去，能力不滅之說，就講得通了。世言成仙成佛者，或許是用一種修養力，能將磁電凝聚不散耳。俗云「冤魂不散」，當是一種嗔恨心，將磁電凝住，迨至冤仇已報，嗔恨心消失，磁電無從凝聚，其魂即歸消滅。

有了「性靈由磁電轉變而來」這條臆說，則靈魂存滅問題，就可以答覆了。吾人一死，身上的物質，退還地球，性靈化為磁電，則靈魂即算消滅。然而吾身雖死，物質尚存，磁電尚存，亦可謂之靈魂尚存。此莊子所說：「天地與我並生，萬物與我為一」也。

禪家最重「了了常知」四字，吾人靜中，此心明明白白，迨至事務紛乘，此明明白白之心，消歸烏有。學力深者，事務紛乘，此心仍明明白白，是謂「動靜如一」。然而白晝雖明明白白，晚間夢寐中，則復昏迷。學力更深者，夢寐中亦明明白白，是謂「寤寐如一」。學力極深者，死了亦明明白白，是謂「死生如一」。到了死後明明白白，則謂之靈魂永存可也。

楞嚴經曰：「如來從胸卍字，湧出寶光，其光昱昱，有千百色，十方微塵，普佛世界，一時周遍。」此寶光，蓋即電光也。阿難白佛言：「我見如來，三十二相，勝妙殊絕，形體映澈，猶如琉璃。嘗自思維，此相非是欲愛所生，何以故？欲氣粗濁，腥臊交參，膿血雜亂，不能發生勝淨妙明，紫金光聚。」釋迦修養功深，已將血肉之軀變而為磁電凝聚體，故能發出寶光，遍達十方世界。佛氏有天眼通、天耳通之說，今者無線電發明，已可證明其非誣。釋迦本身即是一無線電台，將來電學進步，必能證明釋迦所說，一一不虛，而「性靈由磁電轉變而來」之臆說，或亦可證明其不虛。

老子言道，屢以水為喻，佛氏說法，亦常以水為喻，我們不妨以空氣為喻，所謂不生不滅、不垢不淨、不增不減，無古今、無邊際、無內外，種種現象，空氣是具備了的。倘進一步，以中和磁電為喻，尤為確切。若更進一步，假定：「人之性靈，由磁電轉變而來。」用以讀老佛之書，覺得處處迎刃而解。

吾人自以為高出萬物，這不過人類自己誇大的話，實則人與物，同是從地球生出來的，身體之元素，無一非地球之物質。自地球視之，人與物並無區別，彷佛父母生二子，長子曰人，次子曰物，不過長子聰明，次子患癱病而又啞聾罷了。我們試驗理化，溫度變更，或參入一種物品，形狀和性質都要改變。吾人遇天氣大變，心中就煩躁，這是溫度的關係；飲了酒，性情也會改變，這是參入一種藥品，起了化學作用。從此等處考察，人與物有何區別？

人身的物質和地球的物質，都是電子構成的，吾人有靈魂，地球亦有靈魂，磁電者地球之靈魂也，通常所說地心吸力者，即是磁電吸力之表現。地球的物質化為植物，同時地球的磁電，即變為植物的生機。吾人食植物，物質變為吾身的毛髮骨肉，同時磁電即變為吾人的性靈。由泥土沙石變而為植物，變而為毛髮骨肉，愈變愈高等。同時由地球的磁電變而為植物的生機，變而為吾人的性靈，也是愈變愈高等。雖經屢變，而本來之性質仍在，故吾身之元素，與地球之元素相同，心理之感應，與磁場之感應相同，所以本書第二部分甲乙丙圖，其現象與磁場相同，與地心吸力相同。然既經屢變，吾身之毛髮骨肉，與地球之泥土沙石不同，吾人之性靈，也與地球之磁電不同，何也？在地球為死物，在吾身則為活物也。所以用力學規律以考察人事，我們當活用之，而不能死用之。

老子曰：「有物混成，先天地生，寂兮寥兮，獨立而不改，周行而不殆，可以為天下母。吾不知其名，字之曰道，強為之名曰大。」老子所謂道，即釋氏所謂真如也。釋氏謂：山河大地，日月星辰，內身外器，都是由真如不守自性，變現出來的，其說與老子正同。真如者，空無所有也（實則非空非不空）。忽焉真如不守自性，而變現為中和磁電，由是而變現為氣體，迴旋太空中，幾經轉變，而地球生焉。由是而生植物，生動物，生人類。佛氏所謂阿賴耶識的狀態，與中和磁電的狀態絕肖。二者都是沖漠無聊，永珍森然，也即是寂然不動，感而遂通。我們可以說：真如變現出來，在物為中和磁電，在人為阿賴耶識，猶之同一物質，在地球為泥土沙石，在人則為毛髮骨肉也。今人每謂人之性靈，與磁電迥不相同，猶之無科學知識之人，見毛髮骨肉，即認泥土沙石，迴不相同也。中和磁電，是真如最初變現出來之物，真如不可得見，我們讀佛老之書，姑以中和磁電，作為道與真如形態，覺得處處可通。

老子著書，開端即曰：「道可道，非常道。」釋迦說法四十九年，結果自認未說一字，歸之於不可道，不可說而已。蘇子由曰：「夫道不可言，可言皆其似者也，達者因似以識真，而昧者執似以陷於偽。」道與真如，不可思議者也，阿賴耶識，與中和磁電，可思議者也，借可思議者，以說明不可思議者，此所謂言其似也。

老子曰：「道生一，一生二，二生三，三生萬物。」我們可解之曰，道者空無所有也，一者中和磁電也，中和磁電發動出來，則有相推相引兩作用，所謂二也。由這兩種作用，生出第三種作用，由是而輾轉相生，千千萬萬之事物出焉。老子曰：「抱一以為天下式。」又曰：「天下有始，以為天下母，既得其母，以知其子，既知其子，復守其母。」一也，母也，都是指中和磁電，在人則為阿賴耶識。故曰：「恍兮惚兮，窈兮冥兮。」又曰：「淵兮似萬物之宗。」老子專守阿賴耶識，故著出之書，可以貫通周秦諸子，可以貫通趙宋諸儒，可以貫通易經，貫通佛學，又為後世神仙方士所依託，據嚴又陵批，又可以貫通西洋學說（其說具見拙著《中國學術之趨勢》）。《道德經》一書之無所不包者，正因阿賴耶識之無所不有也。佛氏則打破此說，而為大圓鏡智，以「空無所有」為立足點。此由於佛氏立教，重在出世，故以「空無所有」為立足點。老子立教，重在將入世出世打成一片，故以阿賴耶識為立足點。由阿賴耶識而向內追尋，則可到大圓鏡智，而空諸所有。由阿賴耶識而向外工作，則可誠意、正心、修身、齊家、治國，平天下。此二氏立足點，所由不同也。

我們假定「人之性靈，由磁電轉變而來」，則佛告波斯匿王及阿難諸語，與夫宋儒所謂「如魚在水，外面水便是肚裡水，鱖魚肚裡水，與鯉魚肚裡水，只是一樣」，明儒所謂「蓋天地皆心也」等等說法，都可不煩言而解。《中庸》曰：「喜怒哀樂皆不發，謂之中。」六祖曰：「不思善，不思惡，正與麼時，哪個是明上座本來面目。」廣成子曰：「至道之精，窈窈冥冥，至道之極，昏昏默默。」莊子曰：「心不憂樂，德之至也，一而不變，靜之至也。」都是阿賴耶識現象，也即是磁電中和現象，中和磁電，發動出來，呈相推相引之作用，而紛紛紜紜之事物起矣。所以我們要研究人世事變，當首造一臆說曰：「性靈由磁電轉變而來。」研究磁電，離不得力學，我們再造一臆說曰：「心理依力學規律而變化。」有這兩個臆說，紛紛紜紜之事物，就有軌道可循，而世界分歧之學說，可匯歸為一，中、西、印三方學說，也可匯歸為一。

佛氏謂：山河大地及人世一切事物，皆是幻象，牛頓造出三例，所以研究物理之幻象也；我們造出兩個臆說，所以研究人事之幻象也。本部所說種種，乃是說明造此臆說之理由。第二部以下，即依據這兩個臆說，說明人世事變，不復涉及本體。佛言本體，我們言現象，鴻溝為界。著者對於佛學及科學，根本是外行。所有種種說法，都是想當然耳，心中有了此種想法，即把他寫出，自知純出臆斷，以佛學科學律之，當然諸多不合，我不過姑妄言之，讀者亦姑妄聽之可耳。

孟荀言性爭點

孟荀之爭，只是性善性惡名詞上之爭，實際他二人所說的道理，都不錯，都可見諸實用。我以為我們無須問人性是善是惡，只須創一條公例：「心理依力學規律而變化。」把牛頓的吸力說，愛因斯坦的相對論，應用到心理學上，心理物理，打成一片而研究之，豈不簡便而明確嗎？

孟子之性善說，荀子之性惡說，是我國學術史上，未曾解除之懸案，兩說對峙了二千多年，抗不相下。孟子說：人性皆善，主張仁義化民；宋儒承襲其說，開出理學一派，創出不少迂腐的議論。荀子生在孟子之後，反對其說，謂人之性惡，主張以禮制裁之；他的學生韓非，以為禮之制裁力弱，不若法律之制裁力強，遂變而為刑名之學，其流弊於刻薄寡恩。於是儒法兩家，互相詆斥，學說上、政治上生出許多衝突。究竟孟荀兩說，孰得孰失？我們非把他徹底研究清楚不可。

孟子謂：「孩提之童，無不知愛其親也，及其長也，無不知敬其兄也。」這個說法，是有破綻的。我們任喊一個當母親的，把他親生孩子抱出來，當眾試驗，母親抱著他吃飯，他就伸手來拖母親之碗，如不提防，就會落地打爛。請問這種現象，是否愛親？又母親手中拿一糕餅，他見了，就伸手來拖，如不給他，放在自己口中，他立刻會伸手從母親口中取出，放在他的口中。又請問這種現象，是否愛親？小孩在母親懷中，食乳食糕餅，哥哥走近前，他就用手推他打他。請問這種現象，是否敬兄？五洲萬國的小孩，無一不如此。事實上，既有了這種現象，孟子的性善說，豈非顯有破綻；所有基於性善說發出的議論，定出的法令制度，就不少流弊。

然則孟子所說「孩提愛親，少長敬兄」，究竟從甚麼地方生出來？我們要解釋這個問題，只好用研究物理學的法子去研究。蓋人之天性，以我為本位，我與母親相對，小兒只知有我，故從母親口中把糕餅取出，放在自己口中。母親是乳哺我的人，哥哥是分乳吃、分糕餅吃的人，母親與哥哥相對，小兒就很愛母親，把哥哥開啟推開。長大了點，出而在外，與鄰人相遇，哥哥與鄰人相對，小兒就很愛哥哥。走到異鄉，鄰人與異鄉人相對，則愛鄰人。走到外省，本省人與外省人相對，就愛本省人。走到外國，本國人與外國人相對，就愛本國人。我們細加研究，即知孟子所說愛親敬兄，都是從為我之心流露出來的。

試繪之為圖：如甲：第一圈是我，第二圈是親，第三圈是兄，第四圈是鄰人，第五圈是本省人，第六圈是本國人，第七圈是外國人。細玩此圈，即可尋出一定的規律：「距我越近，愛情越篤，愛情與距離成反比例。」其規律與地心吸力相似，並且這種現象，很像磁場現象。由此知：人之性靈，與磁電相同，與地心吸力相同，故牛頓所創的公例，可適用於心理學。

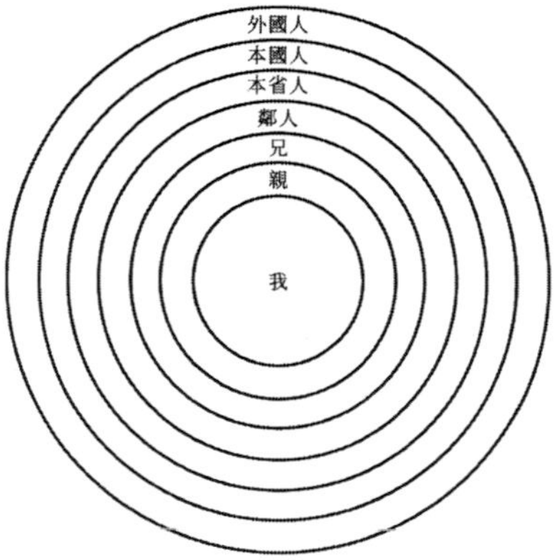

甲圖 孟子的性善圖

上面所繪甲圖，是否正確，我們還須再加考驗：假如暮春三月，我們約著二三友人出外遊玩，見著山明水秀，心中非常愉快，走到山水粗惡的地方，心中就不免煩悶，這是甚麼緣故呢？因為山水是物，我也是物，物我本是一體，所以物類好，心中就愉快，物類不好，心中就不愉快。我們又走至一個地方，見地上許多碎石，碎石之上，落花飄零，我心對於落花，不勝悲感，對於碎石，則不甚注意，這是甚麼緣故呢？因為石是無生之物，花與我同是有生之物，所以常常有人作落花詩、落花賦，而不作碎石歌、碎石行。古今詩詞中，吟詠落花，推為絕唱者，無一不是連同人生描寫的。假如落花之上，臥一將斃之犬，哀鳴婉轉，入耳驚心，立把悲感落花之心打斷，這是甚麼緣故呢？因為花是植物，犬與我同是動物，故不知不覺，對於犬特表同情。又假如歸途中見一猙獰惡犬，攔著一人狂噬，那人持杖亂擊，當此人犬相爭之際，我們只有幫人之忙，斷不會幫犬之忙，這是甚麼緣故呢？因為犬是獸類，我與那人同是人類，故不知不覺，對於人更表同情。我同友人分手歸家，剛一進門，便有人跑來報導，先前那個友人，走在街上，同一個人打架，正在難解難分。我聞之立即奔往營救，本來是與人打架，因為友誼的關係，故我只能營救友人，不能營救那人。我把友人帶至我的書房，詢他打架的原因，我傾耳細聽，忽然屋子倒下來，我幾步跳出門外，回頭轉來喊友人道：你還不跑呀？請問一見房子倒下，為甚麼不先喊友人跑，必待自己跑出門了，才回頭來喊呢？這就是人之天性，以我為本位的證明。

我們把上述事實繪圖如乙。第一圈是我，第二圈是友，第三圈是他人，第四圈是犬，第五圈是花，第六圈是石，其規律是「距我越遠，愛情越減，愛情與距離成反比例」。與甲圖是一樣的。乙圖所設的境界，與甲圖全不相同，而得出的結果，完全一樣，足證天然之理，實是如此。茲再總括言之：凡有二物，同時呈於吾前，我心不假安排，自然會以我為本位，視距我之遠近，定愛情之厚薄，與地心吸力、電磁吸力無有區別。

力有離心同心二種，甲圖層層向外發展，是離心力現象；乙圖層層向內收縮，是向心力現象。

孟子站在甲圖裡面，向外看去，見得凡人的天性，都是孩提愛親，稍長愛兄，再進則愛鄰人，愛本省人，愛本國人，層層放大；如果再放大，還可放至愛人類愛物類為止，因斷定人之性善。故曰：「老吾老，以及人之老，幼吾幼，以及人之幼。」又曰：「舉斯心，加諸彼。」總是叫人把這種固有的性善擴而充之。孟子喜言詩，詩是宣導人的意志的，凡人只要習於詩，自然把這種善性發揮出來，這即是孟子立說之本旨。所以甲圖可看為孟子之性善圖。

荀子站在乙圖外面，向內看去，見得凡人的天性，都是看見花就忘了石，看見犬就忘了花，看見人就忘了犬，看見朋友，就忘了他人，層層縮小，及至房子倒下來，赤裸裸的只有一個我，連至好的朋友都忘去了，因斷定人之性惡。故曰：「妻子具而孝衰於親，嗜慾得而信衰於友，爵祿盈而忠衰於君。」又曰：「拘木待檃栝蒸矯然後直，鈍金待礱礪然後利。」總是叫人把這種固有的惡性抑制下去。荀子喜言禮，禮是範圍人的行為的，凡人只要習於禮，這種惡性自然不會發現出來。這就是荀子立說之本旨。故乙圖可看為荀子之性惡圖。

甲乙二圖，本是一樣，自孟子荀子眼中看來，就成了性善性惡，極端相反的兩種說法，豈非很奇的事嗎？並且有時候，同是一事，孟子看來是善，荀子看來是惡，那就更奇了。例如我聽見我的朋友同一個人打架，我總願我的朋友打勝，請問這種心理是善是惡？

假如我們去問孟子，孟子一定說道：這明明是性善之表現，何以言之呢？友人與他人打架，與你毫無關係，而你之願其打勝者，此乃愛友之心，不知不覺，從天性中自然流出，古聖賢民胞物與，無非基於一念之愛而已。所以你這種愛友之心，務須把他擴充起來。

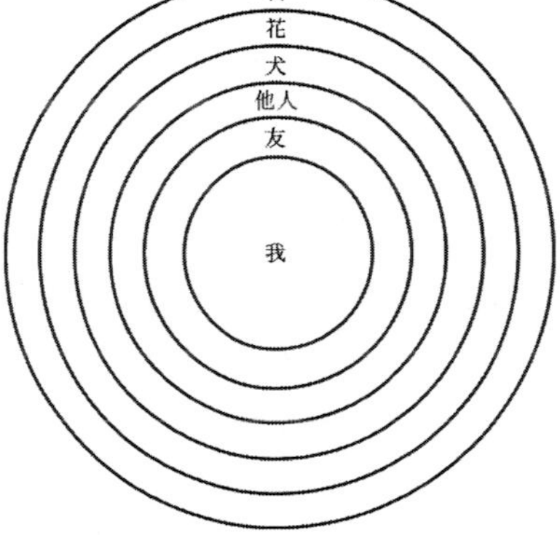

乙圖 荀子的性惡圖

假如我們去問荀子，荀子一定說道：這明明是性惡之表現，何以言之呢？你的朋友是人，他人也是人，你不救他人而救友人，此乃自私之心，不知不覺，從天性中自然流出。威廉第二，造成世界第一次大戰，德意日造成第二次世界大戰，無非起於一念之私而已。所以你這種自私之心，務須把它抑制下去。

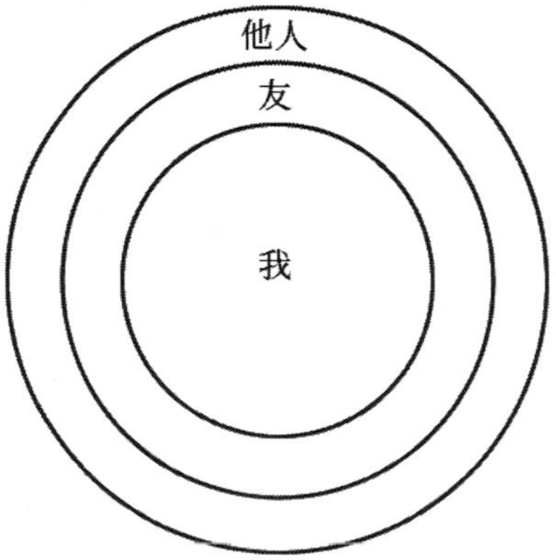

荀、孟爭論圖

上面所舉，同是一事，而有極端相反之兩種說法，兩種說法，都是顛撲不滅，這是甚麼道理呢?我們要解釋這個問題，只須繪圖一看，就自然明白了。如圖：第一圈是我，第二圈是友，第三圈是他人，請問友字這個圈，是大是小?孟子在裡面畫一個我字之小圈，與之比較，就說他是大圈。荀子在外面畫一個人字之大圈，與之比較，就說他是小圈。若問二人的理由，孟子說：友字這個圈，乃是把畫我字小圈的兩腳規張開來畫成的，怎麼不是大圈?順著這種趨勢，必會越張越大，所以應該擴充之，使他再畫大點。荀子說道：友字這個圈，乃是把人字大圈的兩腳規收攏來畫成的，怎麼不是小圈?順著這種趨勢，必定越收越小，所以應該制止之，不使之再畫小。孟荀之爭，如是如是。

營救友人一事，孟子提個「我」字，與「友」字相對，說是性善之表現；荀子提個「人」字，與「友」字相對，說是性惡之表現。我們繪圖觀之，友字這個圈，只能說他是個圈，不能說他是大圈，也不能說他是小圈。所以營救友人一事，只能說是人類天性中一種自然現象，不能說他是善，也不能說他是惡。孟言性善，荀言性惡，乃是一種詭辯，二人生當戰國，染得有點策士詭辯氣習，我輩不可不知。

荀子而後，主張性惡者很少。孟子的性善說，在我國很佔勢力，我們可把他的學說再加研究。他說：「今人乍見孺子將入於井，皆有怵惕惻隱之心。」這個說法，也是性善說的重要根據。但我們要請問：這章書，上文明明是怵惕惻隱四字，何以下文只說「無惻隱之心，非人也」，「惻隱之心，仁之端也」，憑空把怵惕二字摘來丟了，是何道理？性善說之有破綻，就在這個地方。

怵惕是驚懼之意，譬如我們共坐談心的時候，忽見前面有一人，提一把白亮亮的刀，追殺一人，我們一齊吃驚，各人心中都要跳幾下，這即是怵惕。因為人人都有畏死之天性，看見刀，彷彿是殺我一般，所以心中會跳，所以會怵惕。我略一審視，曉得不是殺我，是殺別人，登時就把畏死之念放大，化我身為被追之人，對乎他起一種同情心，想救護他，這就是惻隱。由此知：惻隱是怵惕之放大形。孺子是我身之放大形，莫得怵惕，即不會有惻隱，可以說：惻隱二字，仍是發源於我字。

見孺子將入井的時候，共有三物：一曰我，二曰孺子，三曰井，繪之為圖，第一圈是我，第二圈是孺子，第三圈是井。我與孺子，同是人類，井是無生物。見孺子將入井，突有一「死」的現象呈於吾前，所以會怵惕，登時對於孺子表同情，生出惻隱心，想去救護他。故孟子曰：「惻隱之心，仁之端也。」我們須知：怵惕者自己畏死也，惻隱者憐憫他人之死也，故惻隱可謂之仁，怵惕不能謂之仁，所以孟子把怵惕二字摘下來丟了。但有一個問題，假令我與孺子同時將入井，請問此心作何狀態？不消說：這剎那間，只有怵惕而無惻隱，只能顧及我之死，不能顧及孺子。非不愛孺子也，變生倉促，顧不及也。必我身出了危險，神志略定，惻隱心才能發出。惜乎孟子當日，未把這一層提出來研究，留下破綻，遂生出宋儒理學一派，創出許多迂謬的議論。

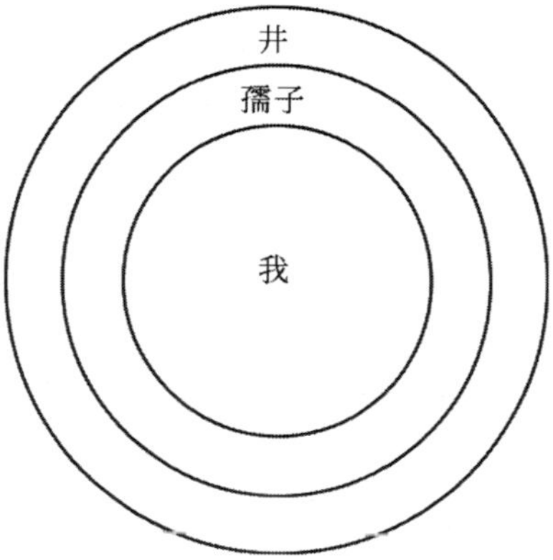

孺子入井圖

孟子所說的愛親敬兄，所說的怵惕惻隱，內部俱藏有一個我字，但他總是從第二圈說起，對於第一圈之我，則略而不言。楊子為我，算是把第一圈明白揭出了，但他卻專在第一圈上用功，第二以下各圈，置之不管；墨子摩頂放踵，是拋棄了第一圈之我，他主張愛無差等，是不分大圈小圈，統畫一極大之圈了事。楊子有了小圈，就不管大圈；墨子有了大圈，就不管小圈。他們兩家，都不知道：天然現象是大圈小圈，層層包裹的。孟荀二人，把層層包裹的現象看見了，但孟子說是層層放大，荀子說是層層縮小，就不免流於一偏了。我們取楊子的我字，作為中心點，在外面加一個差等之愛，就與天然現象相合了。

我們綜孟荀之說而斷之曰：孟子所說「孩提之童，無不知愛其親也，及其長也，無不知敬其兄也」一類話，也莫有錯，但不能說是性善，只能說是人性中的天然現象；荀子所說「妻子具而孝衰於親，嗜慾得而信衰於友」一類話，也莫有錯，但不能說是性惡，也只能說是人性中的天然現象。然則學者奈何？曰：我們知道：人的天性，能夠孩提愛親，稍長敬兄，就把這種心理擴充之，適用孟子「老吾老，以及人之老，幼吾幼，以及人之幼」的說法。我們又知道：人的天性，能夠孝衰於親，信衰於友，就把這種心理糾正之，適用荀子「拘木待檃栝蒸矯然後直，鈍金待礱礪然後利」的說法。

孟荀之爭，只是性善性惡名詞上之爭，實際他二人所說的道理，都不錯，都可見諸實用。我以為我們無須問人性是善是惡，只須創一條公例：「心理依力學規律而變化。」把牛頓的吸力說，愛因斯坦的相對論，應用到心理學上，心理物理，打成一片而研究之，豈不簡便而明確嗎？何苦將性善性惡這類的名詞，嘵嘵然爭論不休。

宋儒言性誤點

我們這樣的推想，即知道：遍世界尋不出一個公字，通常所謂公，是畫了範圍的，範圍內人謂之公，範圍外人仍謂之私。又可知道：人心之私，通於萬有引力，私字之除不去，等於萬有引力之除不去，如果除去了，就會無人類，無世界。宋儒去私之說，如何行得通？

戰國是我國學術最發達時代，其時遊說之風最盛，往往立談而取卿相之榮，其遊說各國之君，頗似後世人主臨軒策士，不過是口試，不是筆試罷了。一般策士，習於揣摩之術，先用一番工夫，把事理研究透徹了，出而遊說，總是把真理蒙著半面，只說半面，成為偏激之論，愈偏激則愈新奇，愈足聳人聽聞。蘇秦說和六國，講出一個理，風靡天下；張儀解散六國，反過來講出一個道理，也是風靡天下。孟荀生當其時，染有此種氣習，本來人性是無善無惡，也即是「可以為善，可以為惡」。孟子從整個人性中截半面以立論，曰性善，其說新奇可喜，於是在學術界遂獨樹一幟；荀子出來，把孟子遺下的那半面，揭而出之曰性惡，又成一種新奇之說，在學術界，又樹一幟。從此性善說和性惡說，遂成為對峙之二說。宋儒篤信孟子之說，根本上就誤了。然而孟子尚不甚誤，宋儒則大誤，宋儒言性，完全與孟子違反。

請問：宋儒的學說乃是以孟子所說（一）「孩提之童，無不知愛其親」；（二）「乍見孺子將入於井，皆有怵惕惻隱之心」，兩個根據為出發點，何至會與孟子之說完全違反？茲說明如下：

小孩與母親發生關係，共有三個場所：（一）一個小孩，一個母親，一個外人，同在一處，小孩對乎母親，特別親愛，這個時候，可以說小孩愛母親：（二）一個小孩，一個母親，同在一處，小孩對乎母親依戀不捨，這個時候，可以說小孩愛母親：；（三）一個小孩，一個母親，同在一處，發生了利害衝突，例如有一塊糕餅，母親吃了，小孩就莫得吃，母親把餅放在口中。小孩就伸手取來，放在自己口中。這個時候，斷不能說小孩愛母親。孟子言性善，捨去第三種不說，單說前兩種，講得頭頭是道。荀子言性惡，捨去前兩種不說，單說第三種，也講得頭頭是道。所以他二人的學說，本身上是不發生衝突的。宋儒把前兩種和第三種同齊講之，又不能把他貫通為一，於是他們的學說，本身上就發生衝突了。

宋儒篤信孟子孩提愛親之說，忽然發現了小孩會搶母親口中糕餅，而世間小孩，無一不是如此，也不能不說是人之天性，求其故而不得，遂創一名詞曰：「氣質之性。」假如有人問道：小孩何以會愛親？曰此「義理之性」也。問：即愛親矣，何以會搶母親口中糕餅？曰此「氣質之性」也。好好一個人性，無端把他剖而為二，因此全部宋學，就荊棘叢生，迂謬百出了……朱子出來，注孟子書上天生烝民一節，簡直明明白白說道：「程子之說，與孟子殊，以事理考之，程子為密。」他們自家即這樣說，難道不是顯然違反孟子嗎？

孟子知道：凡人有畏死的天性，見孺子將入井，就會發生怵惕心，跟著就會把怵惕心擴大，而為惻隱心，因教人把此心再擴大，推至於四海，此孟子立說之本旨也。怵惕是自己畏死，不能謂之仁，惻隱是憐憫他人之死，方能謂之仁，故下文摘去怵惕二字，只說「惻隱之心，仁之端也」。在孟子本莫有錯，不過文字簡略，少說了一句「惻隱是從怵惕擴大出來的」。不料宋儒讀書不求甚解，見了「惻隱之心，仁之端也」一句，以為人之天性一發出來，即是惻隱，忘卻上面還有怵惕二字，把凡人有畏死的天性一筆抹殺。我們試讀宋儒全部作品，所謂語錄也，文集也，集註也，只是發揮惻隱二字，對於怵惕二字置之不理，這是他們最大的誤點。

然而宋儒畢竟是好學深思的人，心想：小孩會奪母親口中糕餅，究竟是甚麼道理呢？一旦讀《禮記》上的樂記，見有「人生而靜，天之性也，感於物而動，性之慾也」等語，恍然大悟道：糕餅者物也，從母親口中奪出者，感於物而動也。於是創出：「去物慾」之說，叫人切不可為外物所誘。

宋儒又繼續研究下去，研究我與孺子同時將入井，發出來的第一念，只是赤裸裸一個自己畏死之心，並無所謂惻隱，遂詫異道，明明看見孺子將入井，為甚惻隱之心不出來，反發出一個自己畏死之念？要說此念是物慾，此時並莫有外物來誘，完全從內心發出，這是甚麼道理？斷而又悟道：畏死之念，是從為我二字出來的，搶母親口中糕餅，也是從為我二字出來的，我者人也，遂用人慾二字代替物慾二字。告其門弟子曰：人之天性，一發出來，即是惻隱，堯舜和孔孟諸人，滿腔子是惻隱，無時無地不然，我輩有時候與孺子同時將入井，發出來的第一念，是畏死之心，不是惻隱之心，此氣質之性為之也，人慾蔽之也，你們須用一番「去人慾存天理」的工夫，才可以為孔孟，為堯舜。天理者何？惻隱之心是也，即所謂仁也。這種說法，即是程朱全部學說之主旨。

於是程子門下，第一個高足弟子謝上蔡，就照著程門教條做去，每日在危階上跑來跑去，練習不動心，以為我不畏死，人慾去盡，天理自然流行，就成為滿腔子是惻隱了。像他們這樣的「去人慾，存天理」，明明是「去怵惕，存惻隱」。試思：惻隱是怵惕的放大形，孺子是我身的放大形，怵惕既無，惻隱何有？我身既無，孺子何有？我既不畏死，就叫我自己入井，也是無妨，見孺子入井，哪裡會有惻隱？

程子的門人，專做「去人慾」的工作，即是專做「去怵惕」的工作。門人中有呂原明者，乘轎渡河墜水，從者溺死，他安坐轎中，漠然不動，他是去了怵惕的人，所以見從者溺死，不生惻隱心。程子這派學說傳至南渡，朱子（朱熹）的好友張南軒、其父張魏公，苻離之戰，喪師十數萬，終夜鼾聲如雷，南軒還誇其父心學很精。張魏公也是去了怵惕的人，所以死人如麻，不生惻隱心。

孟子曰：「同室之人鬥者救之，雖被髮纓冠而救之可也。」呂原明的從者、張魏公的兵士，豈非同室之人？他們這種舉動，豈不是顯違孟子家法？大凡去了怵惕的人，必流於殘忍。殺人不眨眼的惡賊，往往身臨刑場，談笑自若，是其明證。程子是去了怵惕的人，所以發出「婦人餓死事小，失節事大」的議論。故戴東原（戴震）曰：宋儒以理殺人。

有人問道：怵惕心不除去，遇著大患臨頭，我只有個畏死之心，怎能幹救國救民的大事呢？我說：這卻不然，在孟子是有辦法的，他的方法，只是集義二字，平日專用集義的工夫，見之真，守之篤，一旦身臨大事，義之所在，自然會奮不顧身的做去。所以說：「生，亦我所欲也，義，亦我所欲也，二者不可得兼，捨生而取義者也。」孟子平日集義，把這種至大至剛的浩氣養得完完全全的，並不像宋儒去人慾，平日身蹈危階，把那種畏死之念去得幹乾淨淨的。孟子不動心，宋儒亦不動心。孟子之不動心，從積極的集義得來；宋儒之不動心，從消極的去欲得來，所走途徑，完全相反。

孟子的學說：以我字為出發點，所講的愛親敬兄和怵惕惻隱，內部都藏有一個我字。其言曰：「老吾老，以及人之老，幼吾幼，以及人之幼。」又曰：「人人親其親長其長，而天下平。」吾者我也，其者我也，處處不脫我字，孟子因為重視我字，才有「民為貴君為輕」的說法，才有「君之視臣如草芥，則臣視君如寇仇」的說法。程子倡「去人慾」的學說，專作剝削我字的工作，所以有「婦人餓死事小，失節事大」的說法。孟子曰：「賊仁者謂之賊，賊義者謂之殘，殘賊之人謂之一夫。聞誅一夫紂矣，未聞弑君也。」這是孟子業已判決了的定案。韓昌黎（韓愈）《羑裡操》曰：「臣罪當誅兮，天王聖明。」程子極力稱賞此語。公然推翻孟子定案，豈非孟門叛徒？他們還要自稱承繼孟子道統，真百思不解。

孔門學說，「己欲立而立人，己欲達而達人」，利己利人，合為一事。楊子（楊朱）為我，專講利己，墨子兼愛，專講利人。這都是把一個整道理，蒙著半面，只說半面。學術界公例：「學說愈偏則愈新奇，愈受人歡迎。」孟子曰：「天下之言，不歸楊，則歸墨。」孔子死後，未及百年，他講學的地方，全被楊墨奪去，孟子攘臂而起，力闢楊墨，發揮孔子推己及人的學說。在我們看來，楊子為我，只知自利，墨子兼愛，專門利人，墨子價值，似乎在楊子之上。乃孟子曰「逃墨必歸於楊，逃楊必歸於儒」，反把楊子放在墨子之上，認為去儒家為近，於此可見孟子之重視我字。

楊子拔一毛而利天下不為也，極端尊重我字，然楊子同時尊重他人之我。其言曰：「智之所貴，存我為貴，力之所賤，侵物為賤。」不許他人拔我一毛，同時我也不拔他人一毛，其說最精，故孟子認為高出墨子之上。然由楊子之說，只能做到利己而無損於人，與孔門仁字不合。仁從二人，是人與我中間的工作。楊子學說，失去人我之關聯，故為孟子所斥。

墨子摩頂放踵以利天下，其道則為損己利人，與孔門義字不合。義字從羊從我，故義字之中有個我字在：羊者祥也，美善二字皆從羊。由我擇其最美最善者行之，是之謂義。事在外，擇之者我也，故曰義內也。墨子兼愛，知有人不知有我，故孟子深斥之。然墨子之損我，是犧牲我一人，以救濟普天下之人，知有眾人之我，不知自己之我，此菩薩心腸也。其說只能行之於少數聖賢，不能行之於人人，與孔門中庸之道，人己兩利之旨有異，自孟子觀之，其說反在楊子之下。何也？因其失去甲乙二圖之中心點也。孟子曰：「天之生物也，使之一本。」一本者何？中心點是也。

墨子之損我，是我自願損之，非他人所得干預也；墨子善守，公輸九攻之，墨子九御之，我不欲自損，他人固無如我何也。墨子摩頂放踵，與「腓無胈，脛無毛」之大禹何異？與「棲棲不已，席不暇暖」之孔子何異？孟子之極口詆之者，無非學術上門戶之見而已。然墨子摩頂放踵，所損者外形也，宋儒去人慾，則損及內心矣，其說豈不更出墨子下？孔門之學，推己及人，宋儒亦推己及人，無如其所推而及之者，則為我甘餓死以殉夫，遂欲天下之婦人，皆餓死以殉夫，我甘誅死以殉君，遂欲天下之臣子，皆誅死以殉君，仁不如墨子，義不如楊子。孟子已斥楊墨為禽獸矣，使見宋儒，未知作何評語？

綜而言之：孟子言性善，宋儒亦言性善，實則宋儒之學說，完全與孟子違反，其區分之點曰：

「孟子之學說，不損傷我字，宋儒之學說，損傷我字。」

再者宋儒還有去私慾的說法，究竟私是個甚麼東西？去私是怎麼一回事？也非把他研究清楚不可。私字的意義，許氏說文，是引韓非的話來解釋的。韓非原文：「倉頡作書，自環者謂之私，背私謂之公。」環即是圈子，私字古文作ㄙ，篆文作ㄙ，畫一個圈。公字從八從ㄙ，八是把一個東西破為兩塊的意思，故八者背也。「背私謂之公」，即是說：把圈子打破了，才謂之公。假使我們只知有我，不顧妻子，環吾身畫一個圈，妻子必說我徇私，我於是把我字這個圈撤去，環妻子畫一圈；但弟兄在圈之外，又要說我徇私，於是把妻子這個圈撤去，環弟兄畫一個圈；但鄰人在圈之外，又要說我徇私，於是把弟兄這個圈撤去，環鄰人畫一個圈；但國人在圈之外，又要說我徇私，於是把鄰人這個圈撤去，環國人畫一個圈；但他國人在圈之外，又要說我徇私，這只好把本國人這個圈子撤了，環人類畫一個大圈，才可謂之公。但還不能謂之公，假使世界上動植礦都會說話，禽獸一定說：你們人類為甚麼要宰殺我們？未免太自私了。草木問禽獸道：你為甚麼要吃我們？你也未免自私。泥土沙石問草木道：你為甚麼要在我們身上吸收養料？你草木未免自私。並且泥土沙石可以問地心道：你為甚麼把我們向你中心牽引？你未免自私。太陽又可問地球道：我牽引你，你為甚麼不攏來，時時想向外逃走，並且還暗暗地牽引我？你地球也未免自私。再反過來說，假令太陽怕地球說他徇私，他不牽引地球，地球早不知飛往何處去了。地心怕泥土沙石說他徇私，也不牽引了，這泥土沙石，立即灰飛而散，地球就立即消滅了。

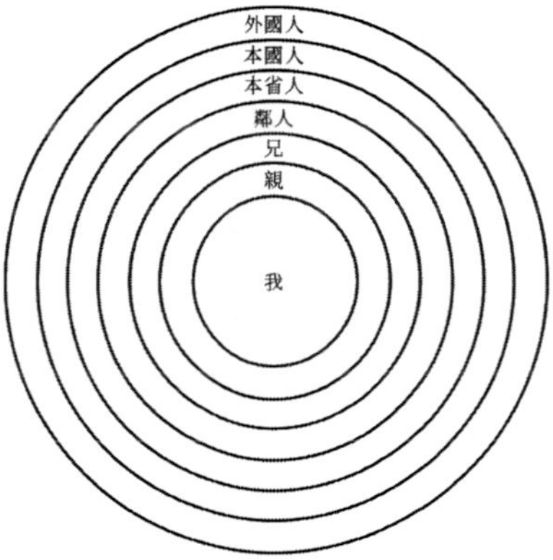

丙圖 人心之私通於萬有引力

我們這樣的推想，即知道：遍世界尋不出一個公字，通常所謂公，是畫了範圍的，範圍內人謂之公，範圍外人仍謂之私。又可知道：人心之私，通於萬有引力，私字之除不去，等於萬有引力之除不去，如果除去了，就會無人類，無世界。宋儒去私之說，如何行得通？

請問私字既是除不去，而私字留著，又未免害人，應當如何處治？應之曰：這是有辦法的。人心之私，既是通於萬有引力，我們用處治萬有引力的法子，處治人心之私就是了。本部分丙圖，與第二部分甲乙兩圖，大圈小圈，層層包裹，完全是地心吸力現象，釐然秩然。我們應當取法之，把人世一切事安排得釐然秩然，像天空中眾星球相維相系一般，而人世就相安無事了。

人類相爭相奪，出於人心之私；人類相親相愛，也出於人心之私。阻礙世界進化，固然由於人有私心；卻是世界能夠進化，也全靠人有私心。由漁佃而遊牧，而耕稼，而工商，造成種種文明，也全靠人有私心，在暗中鼓蕩。我們對於私字，應當把他當如磁電一般，熟考其性質，因而利用之，不能徒用剷除的法子。假使物理學家，因為電氣能殺人，朝朝日日，只研究除去電氣的法子，我們哪得有電話電燈來使用？私字之不可去，等於地心吸力之不可去，我們只好承認其私，使人人各遂其私，你不妨害我之私，我不妨害你之私，這可說是私到極點，也即是公到極點。有人問：人性是善是惡？應之曰：請問地心吸力是善是惡？請問電氣是善是惡？你把這個問題答覆了再說。

孟子全部學說，乃是確定我字為中心點，擴而充之，層層放大，親親而仁民，仁民而愛物。他不主張除去利己之私，只主張我與人同遂其私：我有好貨之私，則使居者有積倉，行者有裹糧；我有好色之私，則使內無怨女，外無曠夫。宋儒之學，恰與相反，不唯欲除去一己之私，且欲除去眾人之私，無如人心之私，通於萬有引力，欲去之而卒不可去，而天下從此紛紛矣。讀孟子之書，靄然如春風之生物；讀宋儒之書，凜然如秋霜之殺物。故曰：宋儒學說，完全與孟子違反。

告子言性正確

我們說：「心理依力學規律而變化。」而告子曰：「性猶湍水也。」水之變化，即是力之變化，我們這條臆說，也逃不出他的範圍。性善性惡之爭執，是我國二千多年未曾解決之懸案，我們可下一斷語曰：告子之說是合理的。

人性本是無善無惡，也即是可以為善，可以為惡。告子的說法，任從何方面考察，都是合的。他說：「性猶湍水也。」湍水之變化，即是力之變化。我們說：「心理依力學規律而變化。」告子在二千多年以前，早用「性猶湍水也」五字把他包括盡了。

告子曰：「性猶湍水也，決諸東方則東流，決諸西方則西流。」意即曰：導之以善則善，誘之以惡則惡。此等說法，即是《大學》上「堯舜率天下以仁而民從之，桀紂率天下以暴而民從之」的說法。孟子之駁論，乃是一種詭辯，宋儒不悟其非，力詆告子。請問《大學》數語，與告子之說有何區別？孟子書上，有「民之秉夷，好是懿德」之語，宋儒極口稱道，作為他們學說的根據，但是《大學》於堯舜桀紂數語下，卻續之曰：「其所令，反其所好，而民不從。」請問，民之天性，如果只好懿德，則桀紂率之以暴，是為反其所好，宜乎民之不從了，今既從之，豈不成了「民之秉夷，好是惡德」？宋儒力詆告子，而於《大學》之不予駁正，豈足服人？

孟子全部學說都很精粹，獨性善二字，理論未圓滿。宋儒之偉大處，在把中國學術與印度學術溝通為一，以釋氏之法治心，以孔氏之法治世，入世出世，打成一片，為學術上開一新紀元，是千古不磨之功績（其詳具見拙著《中國學術之趨勢》一書）。宋儒能建此種功績，當然窺見了真理，告子所說，是顛撲不破之真理，何以反極口詆之呢？其病根在誤信孟子。宋儒何以會誤信孟子？則由韓昌黎啟之。

昌黎曰：「堯是以傳之舜，舜是以傳之禹，禹是以傳之湯，湯是以傳之文武周公，文武周公傳之孔子，孔子傳之孟軻，軻之死不得其傳焉。」這本是無稽之談。此由唐時佛教大行，有衣缽真傳之說，我們閱《五燈會元》一書，即知昌黎所處之世，正是此說盛行時代，他是反抗佛教之人，因創此「想當然耳」的說法，意若曰：「我們儒家，也有一種衣缽真傳。」不料宋儒信以為真，創出道統五說，自己欲上承孟子；告子、荀子之說，與孟子異，故痛詆之。曾子是得了孔子衣缽之人，傳之子思，轉授孟子，故《大學》之言，雖與告子相同，亦不駁正。

昌黎（韓愈）為文，喜歡戛戛獨造。伊川（程頤）曰：「軻之死不得其傳，似此言語，非是蹈襲前人，又非鑿空撰得，必有所見。」即曰：「非是蹈襲前人。」是為無稽之談。既曰「必有所見」，是為「想當然耳」。昌黎之語，連伊川都尋不出來源，宋儒道統之說，根本上發生動搖，所以創出的學說，不少破綻。

程明道（程顥）立意要尋「孔子傳之孟軻」那個東西，初讀儒書，茫無所得，求之佛老幾十年，仍無所得，返而求之六經，忽然得之。請問明道所得，究竟是甚麼東西？我們須知：「人心之構成，與地球之構成相似：地心有引力，能把泥土沙石，有形有體之物，吸收來成為一個地球；人心也有引力，能把耳聞目睹，無形無體之物，吸收來成為一個心。」明道出入儒釋道三教之中，不知不覺，把這三種元素吸收胸中，融會貫通，另成一種新理。是為三教的結晶體，是最可寶貴的東西。明道不知為創獲的至寶，反舉而歸諸孔子，在六經上尋出些詞句，加以新解，藉以發表自己所獲之新理，此為宋學全部之真相。宋儒最大功績在此，其荊棘叢生也在此。

孟子言性善，還舉出許多證據，如孩提愛親，孺子入井，不忍釁鐘等等。宋儒則不另尋證據，徒在四書五經上尋出些詞句來研究，滿紙天理人慾，人心道心，義理之性，氣質之性等名詞，鬧得人目迷五色，不知所云。我輩讀宋元學案、明儒學案諸書，應當用披沙揀金的辦法，把他這類名詞掃蕩了，單看他內容的實質，然後他們的偉大處才看得出來，謬誤處也才看得出來。

孟子的性善說和荀子的性惡說，合而為一，就合乎宇宙真理了。二說相合，即是告子性無善無不善之說。人問：孟子的學說怎能與荀子相合？我說：孟子曰「人少則慕父母，知好色則慕少艾，有妻子則慕妻子。」荀子曰：「妻子具而孝衰於親。」二人之說，豈不是一樣？孟子曰：「大孝終身慕父母，五十而慕者，予於大舜見之矣。」據孟子所說：滿了五十歲的人，還愛慕父母，他眼睛只看見大舜一人。請問：人性的真相，究竟是怎樣？難道孟荀之說，不能相合？由此知：孟荀言性之爭點，只在善與惡的兩個形容詞上，至於人性之觀察，二人並無不同。

據宋儒的解釋，孩提愛親，是性之正，少壯好色，是形氣之私，此等說法，未免流於穿鑿。孩提愛親，非愛親也，愛其乳哺我也。孩子生下地，即交乳母撫養，則只愛乳母，不愛生母，是其明證。愛乳母與慕少艾、慕妻子，心理原是一貫，無非是為我而已。為我是人類天然現象，不能說他是善，也不能說他是惡，告子性無善無不善之說，最為合理。告子曰：「食、色，性也。」孩提愛親者，食也；慕少艾、慕妻子者，色也。食、色為人類生存所必需，求生存者，人類之天性也。故告子又曰：「生之謂性。」

告子觀察人性，既是這樣，則對於人性之處置，又當怎樣呢？告子設喻以明之曰：「性猶湍水也，決諸東方則東流，決諸西方則西流。」又曰：「性猶杞柳也，義猶桮棬也，以人性為仁義，猶以杞柳為桮棬。」告子這種說法，是很對的，人性無善無惡，也即是可以為善，可以為惡。譬如深潭之水，平時水波不興，看不出何種作用，從東方決一口，可以灌田畝，利行舟，從西方決一口，可以淹禾稼，漂房舍，我們從東方決口好了。又譬如一塊木頭，可製為棍棒以打人，也可製為碗盞以裝食物，我們製為碗盞好了。這種說法，真可合孟荀而一之。

孟子書中，載告子言性者五：曰性猶杞柳也，曰性猶湍水也，曰性之謂性，曰食色性也，曰性無善無不善也，此五者原是一貫的。朱子注「食色」章曰：「告子之辯屢屈，而屢變其說以求勝。」原書俱在，告子之說，始終未變，而孟子亦卒未能屈之也。朱子（朱熹）注「杞柳」章，謂告子言仁義，必待矯揉而後成，其說非是。而注「公都子」章，則曰：「氣質所稟，雖有不善，而不害性之本善，性雖本善，而不可以無省察矯揉之功。」忽又提出矯揉二字，豈非自變其說乎！

朱子注「生之謂性」章說道：杞柳湍水之喻，食色無善無不善之說，縱橫繆戾，紛紜舛錯，而此章之誤，乃其本根。殊不知告子言性者五，俱是一貫說下，並無所謂「縱橫繆戾，紛紜舛錯」。「生之謂性」之「生」字，作「生存」二字講。生存為人類重心，是世界學者所公認的。告子言性，以生存二字為出發點，由是而有「食色性也」之說，有「性無善無不善」之說，又以杞柳湍水為喻，其說最為精確，而宋儒反認為根本錯誤，此朱子之失也。然朱子能認出「生之謂性」一句為告子學說根本所在，亦不可謂非特識。

告子不知何許人，有人說是孔門之徒，我看不錯。孔子贊周易，說：「天地之大德曰生。」朱子以生字言性，可說是孔門嫡傳。孟子學說，雖與告子微異，而處處仍不脫生字，如云：「菽粟如水火，而民焉有不仁者乎？」又云：「內無怨女，外無曠夫，於王何有？」仍以食色二字立論，竊意孟子與告子論性之異同，等於子夏子張論交之異同，其大旨要不出孔氏家法。孟子曰：「告子先我不動心。」心地隱微之際亦知之，二人交誼之深可想。其論性之爭辯，也不過朋友切磋，互相質證。宋儒有道統二字，橫亙在心，力詆告子為異端，而自家之學說，則截去生字立論，叫婦人餓死，以殉其所謂節，叫臣子無罪受死，以殉其所謂忠，孟子有知，當必引告子為同調，而擯程朱於門牆之外也。

宋儒崇奉儒家言，力闢釋道二家之言，在《尚書》上尋得「人心唯危，道心唯微，唯精唯一，允執厥中」四語，詫為虞廷十六字心傳，遂自謂生於一千四百年以後，得不傳之學於遺經。嗣經清朝閻百詩考出，這四句是偽書，作偽者採自荀子，荀子又是引用道經之語。閻氏之說，在經學界中，算是已定了的鐵案，這十六字是宋儒學說的出發點，根本上就雜有道家和荀學的元素，反欲借孔子以排老子，借孟子以排荀子，遂無往而不支離穿鑿。朱子（朱熹）曰：「氣質所稟，雖有不善，而不害性之本善，性雖本善，而不可以無省察矯揉之功。」請問：所稟既有不善，尚得謂之本善乎？既本善矣，安用矯揉乎？此等說法，真可謂「縱橫繆戾，紛紜舛錯」。以視告子扼定生存二字立論，明白簡易，何啻天淵！

宋儒謂人心為人慾，蓋指飲食男女而言，謂道心為天理，蓋指愛親敬兄而言。朱子中庸章句序曰：「人莫不有是形，故雖上智不能無人心。」無異於說：當小孩的時候，就是孔子也會搶母親口中糕餅；我與孺子同時，將入井，就是孔子也是隻有怵惕而無惻隱。假如不是這樣，小孩生下地即不會吸母親身上之乳，長大來，看見井就會跳下去，世界上還有人類嗎？道理本是對的，無奈已侵入荀子範圍去了。並且「人生而靜」數語，據後儒考證，是文子引老子之語，河間獻王把他採入《樂記》的。《文子》一書，有人說是偽書，但也是老氏學派中人所著，可見宋儒天理人慾之說，不但侵入告子荀子範圍，簡直是發揮老子的學說。然則宋儒錯了嗎？曰不唯莫有錯，反是宋儒最大功績。假使他們立意要將孔孟的學說與老荀告諸人融合為一，反看不出宇宙真理，唯其極力反對老荀告諸人，而實質上乃與諸人融合為一，才足證明老荀告諸人之學說不錯，才足證明宇宙真理實是如此。

朱子中庸章句序又曰：「必使道心常為一身之主，而人心每聽命焉。」主者對僕而言，道心為主，人心為僕；道心者為聖為賢之心，人心者好貨好色之心；聽命者，僕人職供奔走，唯主人之命是聽也。細繹朱子（朱熹）之語，等於說：我想為聖為賢，人心即把貨與色藏起，我想吃飯，抑或想及「男女居室，人之大倫」，人心就把貨與色獻出來，必如此，方可曰：「道心常為一身之主，而人心每聽命焉。」然而未免迂曲難通矣。總之，宇宙真理，人性真相，宋儒是看清楚了的，只因要想承繼孟子道統，不得不擁護性善說。一方面要顧真理，一方面要顧孟子，以致觸處荊棘，愈解釋，愈迂曲難通。我輩厚愛宋儒，把他表面上這些渣滓掃去了，裡面的精義，自然出現。

告子曰：「食色性也，仁內也，非外也，義外也，非內也。」下文孟子只駁他義外二字，於食色二字，無一語及之，可見「食色性也」之說，孟子是承認了的。他對齊宣王說道：「王如好貨，與民同之，於王何有？」「王如好色，與民同之，於王何有？」並不叫他把好貨好色之私除去，只叫他推己及人，使人人遂其好貨好色之私。後儒則不然，王陽明《傳習錄》曰：「無事時，將好貨好色好名等私，逐一追究搜尋出來，定要拔去病根，永不復起，方始為快。常如貓之捕鼠，一眼看著，一耳聽著，才有一念萌動，即與克去，斬釘截鐵，不可姑容，與他方便，不可窩藏，不可放他出路，方能掃除廓清。」這種說法，彷彿是：見了火會燒房子，就叫人以後看見一星之火，立即撲滅，斷絕火種，方始為快，律以孟子學說，未免大相逕庭了。

《傳習錄》又載：「一友問：欲於靜坐時，將好色好貨等根逐一搜尋出來，掃除廓清，恐是剜肉做瘡否？先生正色曰：這是我醫人的方子，真是去得人病根。更有大本事人，過了十餘年，亦還用得著，你如不用，且放起，不要作壞我的方法。是友愧謝。少間曰：此量非你事，必吾門稍知意思者，為此說以誤汝。在座者悚然。」我們試思：王陽明（王守仁）是極有涵養的人，平日講學，任如何問難，總為勤勤懇懇的講說，何以門人這一問，他就動氣，始終未把道理說出？又何以承認說這話的人，是稍知意思者呢？這就很值得研究了。

怵惕與惻隱，同是一物，天理與人慾，也同是一物，猶之燒房子者是火，煮飯者也是火，宋明諸儒，不明此理，把天理人慾看為截然不同之二物。陽明能把知行二者合而為一，能把明德親民二者合而為一，能把格物致知誠意正心修身五者看作一事，獨不能把天理人慾二者看作一物，這是他學說的缺點，門人這一問，正擊中他的要害，所以就動起氣來了。

究竟剜肉做瘡四字，怎樣講呢？肉喻天理，瘡喻人慾，剜肉做瘡者，誤天理為人慾，去人慾即傷及天理也。門人的意思，即是說：「我們如果見了一星之火，即把他撲滅，自然不會有燒房子的事，請問拿甚麼東西來煮飯呢？換言之，把好貨之心連根去盡，人就不會吃飯，豈不餓死嗎？把好色之心連根去盡，就不會有男女居室之事，人類豈不滅絕嗎？」這個問法，何等厲害！所以陽明（王守仁）無話可答，只好忿然作色。此由陽明沿襲宋儒之說，力闢告子，把「生之謂性」和「食色性也」二語，欠了體會之故。

陽明研究孟荀兩家學說，也未徹底。《傳習錄》載陽明之言曰：「孟子從源頭上說來，荀子從流弊上說來。」我們試拿孟子所說「怵惕惻隱」四字來研究，由怵惕而生出惻隱，怵惕是「為我」之念，惻隱是「為人」之念，「為我」擴大，則為「為人」。怵惕是源，惻隱是流。荀子學說，從為我二字發出，孟子學說從為人二字發出。荀子所說，是否流弊，姑不深論，怵惕之上，是否尚有源頭，我們也不必深考，唯孟子所說惻隱二字，確非源頭。陽明說出這類話，也是由於讀孟子書，忘卻惻隱上面還有怵惕二字的原故。

《傳習錄》是陽明早年講學的語錄，到了晚年，他的說法，又不同了。《龍溪語錄》載，錢緒山謂「無善無噁心之體，有善有惡意之動，知善知惡是良知，為善去惡是格物」四語，是師門定本。王龍溪謂：「若悟得心是無善無惡之心，意即是無善無惡之意，知即是無善無惡之知，物即是無善無惡之物。」時陽明出征廣西，晚坐天泉橋上，二人因質之。陽明曰：汝中（龍溪字）所見，我久欲發，恐人信不及，徒增躐等之弊，故含蓄到今，此是傳心祕藏，顏子問道所不敢言。今既說破，亦是天機該發洩時，豈容復祕！陽明至洪都，門人三百餘人來請益，陽明曰：「吾有向上一機，久未敢發，以待諸君之自悟，近被王汝中悟出，亦是天機該發洩時。」明年廣西平，陽明歸，卒於途中。龍溪所說，即是將天理人慾打成一片，陽明直到晚年，才揭示出來。因此知：門人提出剜肉做瘡之問，陽明正色斥之，並非說他錯了，乃是恐他躐等。

錢德洪極似五祖門下之神秀，王龍溪極似慧能。德洪所說，即神秀「時時勤拂拭」之說也，所謂漸也。龍溪所說，即慧能「本來無一物」之說也，所謂頓也。陽明曰：「汝中須用德洪工夫，德洪須透汝中本旨，二子之見，止可相取，不可相病。」此頓悟漸修之說也。《龍溪語錄》所講的道理，幾於《六祖壇經》無異。此由心性之說，唯佛氏講得最精，故王門弟子，多歸佛氏，程門高弟，如謝上蔡、楊龜山諸人，後來也歸入佛氏。佛家言性，亦謂之無善無惡，與告子之說同。宇宙真理，只要研究得徹底，彼此雖不相師，而結果是相同的。陽明雖信奉孟子性善說，卒之倡出「無善無噁心之體」之語，仍走入告子途徑。儒家為維持門戶起見，每日「無善無惡，是為至善」。這又流於詭辯了，然則我們何嘗不可說：「無善無惡，是為至惡」呢？

有人難我道：告子說：「性無善無不善。」陽明說：「無善無噁心之體。」一個言性，一個言心之體，何為混為一談？我說道：性即是心之體，有陽明（王守仁）之言可證。陽明曰：「心統性情，性心體也，情心用也，夫體用一源也。知體之所以為用，則知用之所以為體矣。」性即是心之體，這是陽明自己加的解釋，所以我說：陽明的說法，即是告子的說法。

吾國言性者多矣，以告子無善無不善之說最為合理。以醫病喻之，「生之謂性」和「食色性也」二語，是病源，杞柳湍水二喻，是治療之方。孟荀楊墨申韓諸人，俱是實行療病的醫生，有喜用熱藥的，有喜用涼藥的，有喜用溫補的，藥方雖不同，用之得宜，皆可起死回生。我們平日把病源研究清楚，各種治療技術俱學會，看病情如何變，施以何種治療即是了。

治國者，首先用仁義化之，這即是使用孟子的方法，把一般人可以為善那種天性誘匯出來。善心生則噁心消，猶之治水者，疏導下游，自然不會有橫溢之患。然人之天性，又可以為惡，萬一感化之而無效，敢於破壞一切，則用申韓之法嚴繩之，這就等於治水者之築堤防。治水者疏導與堤防二者並用，故治國者仁義與法律二者並用。孟子言性善，是勸人為善；荀子言性惡，是勸人去惡。為善去惡，原是一貫的事，我們會通觀之可也。

持性善說者，主張仁義化民；持性惡說者，主張法律繩民。孟子本是主張仁義化民的，但他又說道：「徒善不足以為政，徒法不能以自行。」則又是仁義與法律二者並用，可見他是研究得很徹底的，不過在講學方面，想獨樹一幟，特標性善二字以示異罷了。我們讀孟子書，如果除去性善二字，再除去詆楊墨為禽獸等語和告子論性數章，其全部學說，都粹然無疵。

世界學術，分三大支，一中國，二印度，三西洋。最初印度學術，傳入中國，與固有學術發生衝突，相推相蕩，經過了一千多年，程明道（程顥）出來，把他打通為一，以釋氏之法治心，以孔子之法治世，另成一種新學說，即所謂宋學。這是學術上一種大發明。不料這種學說，剛一成立，而流弊跟著發生，因為明道死後，他的學說，分為兩派，一派為程（伊川）朱，一派為陸王。明道早死，伊川享高壽，宋學中許多不近人情的議論，大概屬乎伊川這一派。

中國是尊崇孔子的國家，朱子發現了一個道理，不敢說是自己發現的，只好就《大學》「格物致知」四字解釋一番，說我這種說法，是為孔門真傳。王陽明發現了一個道理，也不敢說是自己發現的，乃將《大學》「格物致知」四字加一番新解釋，說道：朱子解釋錯了，我的說法，才是孔門真傳。所以我們研究宋明諸儒的學說，最好的辦法，是把我們所用名詞及一切術語掃蕩了，單看他的內容。如果拿淺俗的話來說，宋明諸儒的意思，都是說：凡人要想為聖為賢，必須先將心地弄好，必須每一動念，即自己考察，善念即存著，惡念即克去，久而久之，心中所存者，就純是善念了。關於這一層，宋明諸儒的說法，都是同的。唯是念頭之起，是善是惡，自己怎能判別呢？在程朱這一派人說道：你平居無事的時候，每遇一事，就細細研究，把道理融會貫通了，以後任一事來，你都可以分別是非善惡了。陸王這一派說道：不須那麼麻煩，你平居無事的時候，把自家的心打掃得幹乾淨淨，如明鏡一般，無纖毫渣滓，以後任一事來，自然可以分別是非善惡。這就是兩派相爭之點。在我們想來，一面把自家心地打掃得幹乾淨淨，一面把外面的事研究得清清楚楚，豈不是合程朱陸王而一之？然而兩派務必各執一詞，各不相下。此正如孟荀性善性惡之爭，於整個道理中，各截半面以立論，即成對峙之兩派，是之謂門戶之見。

孫中山先生曾說：馬克思信徒，進一步研究，發明瞭「生存為歷史重心」的說法，而告子在二千多年以前，已有「生之謂性」一語，這是值得研究的。達爾文生存競爭之說，合得到告子所說「生之謂性」。達爾文學說，本莫有錯，錯在因生存競爭而倡言弱肉強食，成了無界域之競爭，已經達到生存點了，還競爭不已，馴至歐洲列強，掠奪弱小民族生存的資料，以供其無厭之慾壑。尼采則由達爾文之說更推進一步，倡超人主義，謂愛他為奴隸道德，謂剿滅弱者為強者天職，因而產出德皇威廉第二，造成第一次世界大戰；產出墨索里尼、希特勒和日本軍閥，又造成第二次世界大戰。推原禍始，實由達爾文對於人生欠了研究之故。假使達爾文多說一句曰：「競爭以達到生存點為止。」何至有此種流弊？

中國之哲學家不然，告子「食色性也」的說法，孟荀都是承認了的，荀子主張限制，不用說了，孟子對於「食」字，只說到不饑不寒，養生喪死無憾為止，對於「色」字，只說到無怨女無曠夫為止，達到生存點，即截然止步，雖即提倡禮義，因之有「衣食足而禮義興」的說法，這是中國一貫的主張，絕莫有西洋學說的流弊。

欲世界文明，不能於西洋現行學說中求之，當於我國固有學說中求之。我國改革經濟政治，與夫一切制度，斷不能師法歐美各國。即以憲法一端而論，美國憲法，算是製得頂好的了，根本上就有問題。美國制憲之初，有說人性是善的，主張地方分權，有說人性不能完全是善，主張中央集權，兩派之爭執，經過許久，最終後一派戰勝，定為中央集權（詳見孫中山先生民權主義），此乃政爭上之戰勝，非學理上之戰勝，豈足為我國師法？據我們的研究，人性乃是無善無惡的，應當把地方分權與中央集權融合為一，製出來的憲法，自地主看之，則為地方分權，自中央看之，則為中央集權，等於渾然的整個人性，自孟子看之，則為性善，自荀子看之，則為性惡。

古今中外，討論人性者，聚訟紛如，莫衷一是，唯有告子「性無善無不善」之說，證以印度佛氏之說，是合的。他說：「生之謂性。」律以達爾文生存競爭之說是合的，律以馬克思信徒「生存為歷史重心」之說，也是合的。至於他說：「食色性也。」現在的人，正瘋狂一般向這二字奔去，更證明他的觀察莫有錯。我們說：「心理依力學規律而變化。」而告子曰：「性猶湍水也。」水之變化，即是力之變化，我們這條臆說，也逃不出他的範圍。性善性惡之爭執，是我國二千多年未曾解決之懸案，我們可下一斷語曰：告子之說是合理的。

心理依力學規律而變化

離心力與向心力，二者互相為變，所以世上有許多事，我們強之使合，他反轉相離，有時縱之使離，他又自行結合了。瘋狂的人，想逃走的心，與禁錮的力成正比例，越禁錮得嚴，越是想逃走，有時不禁錮他，他反不想逃走了。父兄約束子弟，要明白這個道理，官吏約束百姓，也要明白這個道理。

宇宙之內，由離心向心兩力互相作用，才生出萬有不齊之事事物物，表面上看去，似乎參差錯亂，其實有一定不移之軌道。人與物，造物是用一種大力，同樣鼓鑄之，故人事與物理相通。離心力與向心力，二者互相為變，所以世上有許多事，我們強之使合，他反轉相離，有時縱之使離，他又自行結合了。瘋狂的人，想逃走的心，與禁錮的力成正比例，越禁錮得嚴，越是想逃走，有時不禁錮他，他反不想逃走了。父兄約束子弟，要明白這個道理，官吏約束百姓，也要明白這個道理。

秦政苛虐，群盜蜂起，文景寬大，民風反轉渾樸起來，其間確有規律可尋，並非無因而至。我們手搓泥丸，是增加向心力，越搓越緊，若是緊到極點，即是向心力到了極點，再用大力搓之，泥丸立即破裂，呈一種離心現象。水遇冷則收縮，是向心現象，越冷越收縮，到了攝氏四度，再加冷也呈離心現象，越冷越膨脹，可知離心向心，本是一力之變。比方我們持一針向紙刺去，愈前進距紙愈近，這是向心現象，刺破了紙，仍前進不止，即愈前進距紙愈遠，變為離心現象，此針進行之方向，並未改變，卻會生出兩種現象。因為凡物都有極限，水以攝氏四度為極限，紙以紙面為極限，過了極限，就會生反對的現象，父兄約束子弟，官吏約束百姓，須察知極限點之所在。

由上面之理推去，地球之成毀，也就可知了，地球越冷越收縮，到了極限點，呈反物件，自行破襲，散為飛灰，迷漫太空，現在的地球，於是告終。又由引力的作用，歷若干年，生出新地球。我們身體上之物質，將來是要由現在這個地球介紹到新地球去的。人身體的物質世世生生，隨力學規律旋轉，所以往古來今的人的心理，都是隨力學規律旋轉。

萬物有引力，萬物有離力，引力勝過離力，則其物存，離力勝過引力，則其物毀。目前存在之物，都是引力勝過離力的，故有萬有引力之說，其離力勝過引力之物，早已消滅，無人看見，所以萬有離力一層，無人注意。

地球是現存之物，故把地面外的東西向內部牽引；心是現存之物，故把六塵緣影向內部牽引；小兒是求生存之物，故看見外面的東西，即取來放入口中；人類是求生存之物故見有利己之事，即牽引到自己身上去。天然的現象，無一不向內部牽引，地球也，心也，小兒也，人類也，將來本是要由萬有離力作用，消歸烏有的，但是未到消滅的時候，他那向內部牽引之力，無論如何，是不能除去的，宋儒去私之說，怎能辦得到？

人心之私，既不能除去，我們只好承認其私，把人類畫為一大圈，使之各遂其私，人人能夠生存，世界才能太平。我們人類，當同心協力，把圈外之禽獸草木地球（如前面的丙圖）當作敵人，搜取他的寶物，與人類平分，這才是公到極點。也可以說是私到極點。如其不然，徒向人類奪取財貨，世界是永不得太平的。

心理之變化，等於水之變化，水可以為雲雨，為霜露，為冰雪，為江湖，為河海，時而浪靜波恬，時而奔騰澎湃，變化無方，幾於不可思議，而科學家以力學規律繩之，無不一一有軌道可循。人的心理，不外相推相引兩種作用，自己覺得有利的事，就引之使近，自己覺得有害的事，就推之使遠。人類因為有此心理，所以能夠相親相愛，生出種種福利；又因為有此心理，所以會相爭相奪，生出種種慘禍。主持政教的人，當用治水之法，疏鑿與堤防二者並用。得其法，則行船舟，灌田畝，其利無窮，不得其法，則漂房舍，殺人畜，其害也無窮。宋儒不明此理，強分義理之性，氣質之性，創出天理人慾種種說法，無異於說，行船舟、灌田畝之水，其源出於天，出於理，漂房舍、殺人畜之水，出於人，出於氣。我不知一部宋元明清學案中，天人理氣等字，究竟是甚麼東西，只好說他迂曲難通。

我們細察己心，種種變化，都是依著力學規律走的，狂喜的時候，力線向外發展，恐懼的時候，力線向內收縮。遇意外事變，欲朝東，東方有阻，欲朝西，西方有礙，力線轉折無定，心中就呈慌亂之狀。對於某種學說，如果承認他，自必引而受之，如果否認他，自必推而去之，遇一種學說，似有理，似無理，引受不可，推去不能，就成狐疑態度。

我心推究事理，依直線進行之例，一直前進，推至甲處，理不可通，即折向乙處，又不可通，即折向丙處，此心之曲折，與流水之迂迴相似。水本是以直線進行的，雖是迂迴百折，仍不外力學規律。我們的心，也是如此。此外尚有種種現象，細究之，終不外推之引之兩種作用。有時潛心靜坐，萬緣寂滅，無推引者，亦無被推引者，如萬頃深潭，水波不興，即呈一種恬靜空明之象。此時之心，雖不顯何作用，其實千百種作用，都蘊藏在內。人之心理，與磁電相通，電氣中和的時候，毫無作用，一作用起來，其變態即不可思議。我們明白磁電的理，人的心理，就可瞭然了。

水雖是以直線進行，但把它放在器中，它就隨器異形，器方則方，器圓則圓，人的心理，也是如此。人有各種嗜慾，其所以不任意發露者，實由於有一種拘束力，把他制住。拘束力各人不同，有受法律的拘束，有受清議的拘束，有受金錢的拘束，有受父兄師長朋友的拘束，有受因果報應及聖賢學說的拘束，種種不同，只要把他心中的拘束力除去，他的嗜慾，立時呈露，如貯水之器，有了罅漏，即向外流出一般。

貪財好色之人，身臨巨禍，旁人看得清清楚楚，而本人則茫然不知。因為他的思想感情，依直線進行公例，直線在目的物上，兩旁的事物，全不能見。譬如寒士想做官，做了官還嫌小，要做大官，做了大官，還是向前不止；袁世凱做了大總統，還想做皇帝。秦皇漢武，做了皇帝，在中國稱尊，還嫌不足，要起兵征伐四夷，四夷平服了，又要想做神仙。這就是人類嗜慾依直線進行的明證。

耶教志在救人，以博愛為主旨，其教條是：「有人批我左頰者，並以右頰獻上。」乃新舊教之爭，釀成血戰慘禍，處置異教徒，有焚燒酷刑，竟與教旨顯背，請問這是甚麼道理？法國革命，以自由平等博愛相號召，乃竟殺人如麻，稍有反對的，或形跡可疑的，即加誅戮，與所標主旨全然違反，這又是甚麼道理？我們要解釋這個理由，只好求之力學規律。耶穌、盧梭的信徒，只知追求他心中之目的物，熱情剛烈，猶如火車開足了馬力向前奔走一般，途中人畜無不被其碾斃。凡信各種主義的人，都可本此公例求之。

凡事即都有變例，如本書甲乙兩圖，是指常例而言，是指靜的現象而言，是指未加外力而言，若以變例言之，則有幫助外人攻擊其兄者，則有愛花，愛石，愛山水，而忘其身命者。語云：「忠臣不事二君，烈女不嫁二夫。」心中加了一個忠字、烈字，往往自甘殺身而不悔。又云：「慷慨赴死易，從容就義難。」慷慨者，動的現象也，從容者，靜的現象也。中日戰爭，我國許多無名戰士，身懷炸彈，見日本坦克車來，即奔臥道上，以身與敵人同盡，彼其人既不為利，復不為名，而有此等舉動，其故何哉？孟子曰：「所欲有甚於生者，所惡有甚於死者。」蓋我之外，另有一物，為其視線所注也。耶穌、盧梭信徒，求達目的，忘主條，吾國志士，求達目的，忘卻己身，此其間確有一定的軌道，故老子曰：「民不畏死，奈何以死懼之。」目的可以隨時轉變，其表現出來者，遂有形形色色之不同，然而終不外力學規律。我們悟得此理，才可以處理事變，才可以教育民眾。

人的思想感情，本是以直線進行，但表現出來，卻有許多彎彎曲曲、奇奇怪怪的狀態，其原因出於人群眾多，力線互動錯綜，相推相引，又加以境地時時變遷，各人立足點不同，觀察點不同，所以明明是直線，轉變成曲線。例如：我們找一塊直線板，放在黑板上，用白墨順著直線板畫一線，此線當然是直線，假使畫直線之時，黑板任意移動，結果所畫之線，就成為曲線了。我們如把愛因斯坦的相對論運用一般人事上，就可把這個道理解釋明白。

古者縫紉之事，婦女職之，故曰錦繡纂組害女紅者也，自後世婦女專刺繡為工，二紉製衣服遂有專司其職者，呼之曰裁縫，亦曰成衣匠。

人人有一心，即人人有一力線，各力線俱向外發展，宜乎處處衝突，何以平常時，衝突之事不多見？因為力線有種種不同：有力與力不相交的，此人做甲事，彼人做乙事，各不相涉。有力與力相消的，例如有人起心，想害某人，旋想他的本事也大，我怕敵他不過，因而中止。有力與力相合的，例如抬轎的人，舉步快慢，自然一致。有力與力相需的，例如賣布的和縫衣匠，有布無人縫，有人縫無布賣，都是不行，相需互用，自然彼此相安。又有大力制止了小力的，例如小孩玩得正高興的時候，父母命他作某事，他心中雖是不願，仍不能不作，是父母之力把他的反對力制服了。又如交情深厚的朋友，小有違忤，能夠容忍，因為彼此間的凝結力很大，小小衝突之力，不能表現。諸如此類，我們下細考察，即知人與人相接，力線互動錯綜，如網一般，有許多線，不唯不衝突，反是相需相成，人類能夠維繫，以生存於世界，就是這個原因。

通常的人，彼此之力相等，個個獨立，大本事人，其力大，能夠把他前後左右幾個人吸引來成一個團體，成了團體以後，由合力作用，其力更大，又向外面吸引，越吸引越大，其勢力就遍於天下。東漢黨人，明季黨人，就是這種現象。如果同時有一人，力量也大，不受他的吸引，並且把自己前後左右幾個人吸引成一團體，也是越吸引越大，就成了對峙的兩黨。宋朝王安石派的新黨，司馬光派的舊黨，是這種現象，程伊川（程頤）統率的洛黨，蘇東坡統率的蜀黨，也是這種現象。現在各黨之對峙，也是這種現象。兩黨相遇，其力線之軌道，與兩人相遇一樣。凡當首領的人，貴在把內部衝突之力取消，一致對外，如其不然，他那團體，就會自行解散。有些團體，越受外界壓迫，越是堅固，有些一受壓迫，即行解體，其原因即在那當首領的人，能否統一內部力線，不關乎外力之大小。

有人說：群眾心理，與個人心理不同，個人獨居的時候，常有明瞭的意識，正當的情感，一遇群眾動作，身入其中，此種意識情感，即完全消失，隨眾人之動作為動作。往往有平日溫良謙讓的人，一入群眾之中，忽變而為獷厲囂張、橫不依理的暴徒。又有平日柔懦卑鄙的人，一入群眾之中，忽變而為熱心公義，犧牲身命的志士。法人黎朋著《群眾心理》一書，歷舉事實，認為群眾心理，不能以個人心理解釋之，其實不然，我們如果應用力學規律，就可把這個道理說明。

人人有一心，即人人有一力，一人之力，不敵眾人之力，群眾動作，身入其中，我一己之力，被眾人之大力相推相蕩，不知不覺，隨同動作，以眾人的意識為意識，眾人的情感為情感，自己的腦筋，就完全失去自主的能力了。因為有這個道理，所以當主帥的人，才能驅千千萬萬的平民效命疆場，當首領的人，才能指揮許多黨徒為殺人放火的暴行。

個人獨居的時候，以自己之腦筋為腦筋，群眾動作，是以首領之腦筋為腦筋。當首領的人，只要意志堅強，就可指揮如意。史稱：「李光弼入軍，號令一施，旌旗變色。」俗語說：「強將手下無弱兵」，就是這個道理。

水之變化，依力學規律而變化，吾人心理之變化，也是依力學規律而變化。每每會議場中，平靜無事，忽有一人登台演說，慷慨激昂，激情立即奮發，釀成重大事變，此會議場中的眾人，猶如深潭的水一般，堤岸一崩，水即洶湧而出，漂房舍，殺人畜，勢所不免。所以我們應付群眾暴動的方法，要取治水的方法，其法有三：（一）如系堰塘之水，則登高以避之，等他流乾了，自然無事；（二）如繫有來源之水，則設法截堵，免其橫流；（三）或疏通下游，使之向下流去。水之動作，即是力之動作，我們取治水之法，應付群眾，斷不會錯。

兩力平衡，才能穩定，萬事萬物以平為歸，水不平則流，物不平則鳴，資本家之對於勞工，帝國主義之對於弱小民族，不平太甚，可斷定他終歸失敗。處順利之境，心要變危，處憂危之境，又要有一種邁往之氣，使發散收縮二力保其平衡，才不失敗。達而在上的人，態度要謙遜，窮而在下的人，志氣要高亢，不如此則不平。倘若在上又高亢，我們必說他驕傲，在下又謙遜，我們必說他卑鄙。此由我們的心，是一種力結成的，力以平為歸，所以我們的心中，藏得有一個平字，為衡量萬事萬物的標準，不過自己習而不察罷了。心中之力，與宇宙之力，是相通的，故我之一心，可以衡量萬物，王陽明（王守仁）的學說，就是從這個地方生出的。

人事變化之軌道

我們做一切事，與夫國家制定法令制度，定要把路線看清楚，又要把引力離力二者支配均平，才不至發生窒礙。我們詳考世人的行事和現行的法令制度，以力學規律繩之，許多地方都不合，無怪乎紛紛擾擾，大亂不止。

我們既說「心理依力學規律而變化」，力之變化，可用數學來說明，故心理之變化，也可用數學來說明。力之變化，可繪出圖來，尋求他的軌道。一部二十五史，是人類心理留下的影像，我們取歷史上的事，本力學規律，把他繪出圖來，即知人事紛紛擾擾，皆有一定的軌道。作圖之法，例如心中念及某事，即把那作為一個物體。心中念及他，即是心中發出一根力線，與之連結。心中喜歡他，即是想把他引之使近，如不喜歡，即是想把他推之使遠，從這相推相引之中，就可把軌道尋出來。

孫子曰：「吳人越人相惡也，當其同舟共濟而遇風，其相救也，如左右手。」這是舟將沉下水，吳人越人，都想把舟拖出水來，成了方向相同的合力線，所以平日的仇人都會變成患難相救的好友。凡是歷史上的事，都可本此法把他繪成旁圖研究。

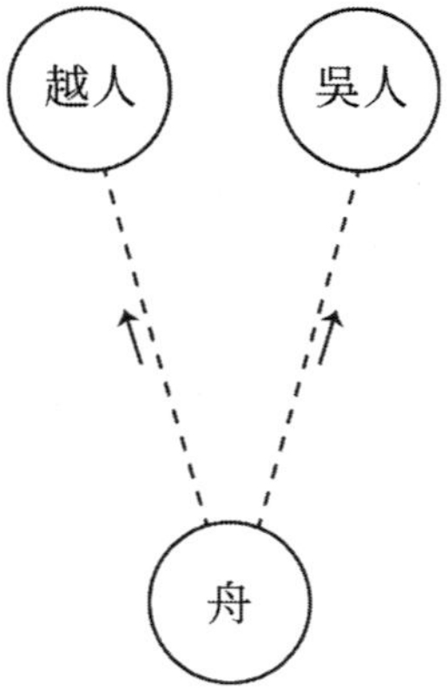

吳人越人相惡圖

韓信背水陣，置之死地而後生，是漢兵被陳餘之兵所壓迫，前面是大河，是死路，唯有轉身去，把陳餘之兵推開，才有一條生路。人人如此想，即成了方向相同之合力線，所以烏合之眾，可以團結為一。其力線之方向，與韓信相同，所以韓信就坐收成功了。

張耳、陳餘，稱為刎頸之交，算是至好的朋友。後來張耳被秦兵圍了，求陳餘救之，餘畏秦兵強，不肯往，二人因此結下深仇。這時張耳將秦兵向陳餘方面推去，陳餘又將秦兵向張耳方面推來，力線方向相反，所以至好的朋友，會變成仇敵，卒之張耳幫助韓信，把陳餘殺死泜水之上。

嬴秦之末，天下苦秦苛政，陳涉振臂一呼，山東豪俊，一齊響應，陳涉並未派人去聯合，何以會一齊響應呢？這是眾人受秦的苛政久了，人人心中都想把他推開，利害相同，心理相同，就成了方向相同之合力線，不消聯合，自然聯合。

劉邦項羽，起事之初，大家志在滅秦，目的相同，成了合力線，所以異姓之人，可以結為兄弟。後來把秦滅了，目的物已去，現出了一座江山，劉邦想把他搶過來，項羽也想把他搶過來，力線相反，異姓兄弟就血戰起來了。

再以高祖與韓彭諸人的關係言之，當項羽稱霸的時候，高祖心想：只要把項羽殺死，我就好了。韓彭諸人也想：只要把項羽殺死，我就好了。思想相同，自然成為合力線，所以垓下會師，立把項羽殺死。項羽既滅，他們君臣，無合力之必要，大家的心思，就趨往權力上去了。但是權力這個東西，你佔多了，我就要少佔點，我佔多，你就要少佔點，力線是衝突的，所以高祖就殺起功臣來了。

唐太宗取隋，明太祖取元，起事之初，與漢朝一樣，事成之後，唐則弟兄相殺，明則功臣族滅，也與漢朝無異。大凡天下平定之後，君臣力線，就生衝突，君不滅臣，臣就會滅君，看二力之大小，定彼此之存亡。李嗣源佐唐莊宗滅梁滅契丹，莊宗之力，制他不住，就把莊宗的天下奪去了。趙匡胤佐周世宗破漢破唐，嗣君之力，制他不住，也把周之天下奪去了。這就是劉邦不殺韓彭諸人的反面文字。

光武平定天下之後，鄧禹、耿弇諸人，把兵權交出，閉門讀書，這是看清了光武的路線，自己先行走開。宋太祖杯酒釋兵權，這是把自己要走的路線明白說出，叫他們自家讓開，究其實，漢光武、宋太祖的心理，與漢高祖的心理是一樣，我們不能說漢高祖性情殘忍，也不能說漢光武、宋太祖度量寬宏，只能說是一種力學公例。

岳飛想把中原挽之使南，秦檜想把中原推之使北，岳飛想把徽欽挽之使南，高宗想把徽欽推之使北，高宗與秦檜，成了方向相同之合力線，其方向恰與岳飛相反，岳飛一人之力，不敵高宗、秦檜之合力，故三字冤成，岳飛不得不死。

歷史上凡有阻礙路線的人，無不遭禍，劉先帝殺張裕，諸葛亮請其罪，先帝曰：「芳蘭生門，不得不鋤。」芳蘭何罪？罪在生非其地。趙太祖伐江南，徐鉉乞緩師，太祖曰：「臥榻之側，豈容他人酣睡。」酣睡何罪？罪在睡非其地。古來還有件奇事：狂裔華士（伯夷）、昆弟（叔齊）二人，上不臣天子，下不友諸侯，耕田而食，鑿井而飲，這明明是空谷幽蘭，酣睡自家榻上，宜乎可以免禍了；太公至營丘，首先誅之，這是甚麼道理呢？因為太公在那個時候，挾爵祿以驅遣豪傑，偏偏有兩個不受爵祿的，橫亙前面，這仍是阻了路線，如何容他得過？太公是聖人，狂裔華士是高士，高士阻了路線，聖人也容他不過，這可說是普通公例了。

逢蒙殺羿，是先生阻了學生之路；吳起殺妻，是妻子阻了丈夫之路，高祖分羹，是父親阻了兒子之路；樂羊子食羹，是兒子阻了父親之路；周公誅管蔡，唐太宗誅建成、元吉，是兄阻弟之路、弟阻兄之路。可見力線衝突了，就是父子兄弟夫婦，都不能倖免的。王猛明白這個道理，見了桓溫，改仕苻秦；殷浩不然，即遭失敗。范蠡明白這個道理，破了吳國，泛舟五湖；文種不然，即被誅戮。此外如韓非囚秦，子胥伏劍，嵇康見誅，阮籍免禍，我們試把韓非諸人的事實言論考一下，又把殺韓非的李斯，殺子胥的夫差，和容忍阮籍、誅戮嵇康的司馬昭各人心中注意之點尋出，考他路線之經過，即知道：或衝突，或不衝突，都有一定的公例存乎其間。

王安石說：「天變不足畏，人言不足恤，祖宗不足法。」道理本是對的，但他在當日，因這三句話，得了重謗，我們今日讀了，也覺得他盛氣凌人，心中有點不舒服，假使我們生在當日，未必不與他衝突。陳宏謀說：「是非審之於己，毀譽聽之於人，得失安之於數。」這三句話的意義，本是與王安石一樣，而我們讀了，就覺得這個人和藹可親。這是甚麼道理呢？因為王安石彷彿是橫亙在路上，凡有「天變」、「人言」、「祖宗」從路上經過，都被他拒絕轉去。陳宏謀是把「己」字、「人」字、「數」字，列為三根平行線，彼此不相衝突。我們聽了王安石的話，不知不覺，置身「人言不足恤」那個人字中，聽了陳宏謀的話，不知不覺，置身「毀譽聽之於人」那個人字中，我們心中的力線，也是喜歡他人相讓，不喜歡他人阻攔，所以不知不覺，對於王陳二人的感情就不同了。我們如果悟得此理，應事接物，有無限受用。

力學中有偶力一種，也值得研究。宋朝王安石維新，排斥舊黨，司馬光守舊，排斥新黨，兩黨主張相反，其力又復相等。自力學言之：「兩力線平行，強度相等，方向相反，是為偶力作用。」磨子之旋轉不已，即是此種力之表現。宋自神宗以來，新舊兩黨，迭掌政權，相爭至數十年之久，宋室政局遂如磨子一般，旋轉不已，致令金人侵入，釀成南渡之禍。我國辛亥而後，各黨各派，抗不相下，其力又不足相勝，成了偶力作用，政局也如磨子般旋轉，日本即乘之而入。

人世一切事變，乃是人與人接觸發生出來的，一個人，一個我，我們可假定為數學上之二元，一個Y，一個X，依解析幾何，可得五線：（一）二直線；（二）圓；（三）拋物線；（四）橢圓；（5）雙曲線。人事千變萬化，總不外人與人相接，所以任如何逃不出這五種軌道。本章前面所舉諸例，皆屬乎二直線，第二章甲乙兩圖，第三章之丙圖，則屬乎圓，此外還有拋物、橢圓、雙曲線三種，敘述如下：

甚麼是拋物線呢?我們向外丟擲一石，這是一種離心力，地心吸力，吸引此石，是一種向心力，石之離心力，中不破地心吸力，終於下墜，此石所走之路線，即是拋物。弱小民族，對於列強所走路線，是拋物線。例如：高麗人民想獨立，這是對於日本生出一種離心力，而日本用強力把它制伏下去。沖不破日本的勢力範圍，等於丟擲之石沖不破地心吸力，終於墜地一般。

我們丟擲之石，假定莫得地面阻擋，此石會繞過地心，仍回到我之本位，而旋繞不已，成為地球繞日狀態。這種路線，名曰橢圓，是離心力和向心力二者結合而成。自數學上言之，有一點至兩定點之距離，其和恆等，此點之軌跡，名曰橢圓，其和恆等者，即其值恆等之謂也。買賣之際，顧客交出金錢，店主交出貨物，二者之值相等，即可看作一物。這是顧客丟擲一物，繞過店主，回到他的本位，在店主方面看來，也是丟擲一物，繞過顧客，回到他的本位，成一種橢圓形，買賣二家，就心滿意足了。顧客有金錢，不必定向某店購買，這是離心力，但他店中的貨足以引動顧客，又具有引力。店主有貨物，不必定賣與某客，這是離心力，但他懷中的金錢，足動店主，又具有引力。由引力離力的結合，顧客出金錢，店主出貨物，各遂所欲，交易遂成，是為橢圓狀態。

又如自由結婚，某女不必嫁某男，而某男之愛情，足以係引他，某男不必定娶某女，而某女之愛情，足以係引他，引力離力，保其平衡，也系橢圓狀態。

地球繞日，引力和離力，兩相平衡，成為橢圓狀態，故宇宙萬古如新。社會上一切組織，必須取法這種狀態，才能永久無弊。我國婚姻舊制，由父母主持，一與之齊，終身不改，缺乏了離力，所以男女兩方，有時常感痛苦。

外國資本家專橫，工人不入工廠做工，就會餓死，離不開工廠，缺乏了離力，所以要社會革命。至若有離力而無引力，更是不可，上古男女雜交，子女知有母而不知有父，這是缺乏了引力。我國各種團體，猶散沙，也是缺乏了引力，所以政治家創製度，不可不把離心向心二力配置均平。

有一點至兩定點之距離，其差恆等，此點之軌跡，名曰雙曲線，其形狀，有點像兩張弓反背相向一般。凡兩種學說，成兩種行事，背道而馳，可稱為走入雙曲線軌道。例如性善說和性惡說，二者恰相反對，對方俱持之有故，言之成理，越講得精微，相差越遠，猶如雙曲線越引越長，相離越遠一樣，究其實，無非性善惡之差，是謂其差恆等。又如入世間法，和出世間法，二者是背道而馳的，利己主義和利人主義，二者也是背道而馳的，凡此種種，皆屬乎雙曲線。橢圓繪出圖來，有兩個心，雙曲線繪出圖來，也有兩個心，橢圓之圖，是兩心相向，雙曲線之圖，是兩心相背，所以我與人走入橢圓軌道，彼此相需相成，若走入雙曲線軌道，心理上就無在不背道而馳。

我們把各種力線詳加考察，即知我與人相安無事之路線有四：（一）不相交之線。我與人目的物不同，路線不同，各人向著目的物進行，彼此不生關係。平行線，是永遠不相交，有時雖不平行，而尚未接觸，亦不生關係；（二）合力線。我與人利害相同，向著同一之目的進行，如前面所說吳越人同舟共濟是也；（三）圓形宇宙事事物物，天然是排得極有秩序的。詳玩甲乙丙三圖，即知凡事都有一定範圍，我與人有一定的界限，倘能各守界線，你不侵我之範圍，我不侵你之範圍，彼此自然相安；（四）橢圓形。前面所說自由貿易、自由結婚等是也。凡屬權利義務相等之事，皆屬乎此種。

四線中，第一、第三兩種線的結果，是利己而無損於人，或利人而無損於己。第二、第四兩種線的結果，是人己兩利。我們每遇一事，當熟察人己力線之經過，如走此四線，人與我絕不會生衝突。

我們把上述四種線求出，就可評判各家學說和各種政令之得失。我國古人有所謂「萬物並育而不相害，道並行而不相悖」者，合得到第一種線；有所謂「通功合作」者，合得到第二種線；有所謂君君臣臣，父父子子者，合得到第三種線；有所謂「通功易事」者，合得到第四種線。西人謂：人人自由，以他人之自由為界限，合得到第三種線，都是對的。尼采的超人主義，其病在損人，託爾斯泰的無抵抗主義，其病在損己，律以四種，俱不合，故俱不可行。

二直線也，圓也，拋物線也，橢圓也，雙曲線也，五者，是人與人相遇之路線，而此五線是變動不居的，只要心理一變，其線即變。例如：吳之孫權，蜀之劉備，各以荊州為目的物，孫權把荊州向東拖，劉備把荊州向西拖，力線相反，故郎舅決裂，夫婦生離，關羽見殺，七百里之連營被燒，吳蜀二國，儼成不共戴天之仇。後來諸葛亮提出魏為目的物，約定共同伐魏，就成了方向相同之合力線，二國感情，立即融洽，合作到底，後來司馬昭伐蜀，吳還起兵相救，聽說劉禪降了，方才罷兵。這就是心理改變，力線即改變之明證。

我國從前閉關自守，不與外國相通，是不相交之二直線，五口通商而後，受帝國主義之壓迫，欲脫其勢力範圍而不能，是走的拋物線，一旦起而抗戰，與帝國主義成一反對形勢，彼此背道而馳，即為兩心相背之雙曲線。我們聯合被侵略者，向之進攻，即成為合力線。帝國主義，經過一番重懲之後，翻然悔悟，工業國進農業國，通功易事，以其所有，易其所無，就成為兩心相向之橢圓狀態。將來再進化，世界大同了，合全球而為一個國家，就成為一個圓心之圓形了。所以這幾種線的軌道，是隨時可以改易的，只看乎人心理如何罷了。

性善說、性惡說，二者背道而馳，是雙曲線狀態，倘知人性是渾然一體，無所謂善，無所謂惡，即成為渾然之圓形了。入世法和出世法，背道而馳，利己主義和利人主義，背道而馳，這都是雙曲線，倘能把他融會貫通，入世出世，原是一理，利己利人，原是一事，則又成為圓形了。

我們做一切事，與夫國家制定法令制度，定要把路線看清楚，又要把引力離力二者支配均平，才不至發生窒礙。我們詳考世人的行事和現行的法令制度，以力學規律繩之，許多地方都不合，無怪乎紛紛擾擾，大亂不止。

孟子說：「規矩，方圓之至也，聖人，人倫之至也。」第一句是對的，第二句就不對。我們執規以畫圓，執矩以畫方，聚五洲萬國之人而觀之，不能說不圓，不能說不方。唯聖人則不然，孔子、釋迦、耶穌、穆罕默德，皆所謂聖人也，諸聖人定下的規律，各不相同，以此聖人之規律，繩彼聖人之信徒，立生衝突，其故何哉？蓋聖人之規律，乃尺也、斗也、秤也，非畫圓之規，畫方之矩也；諸聖人之尺斗秤，長短大小輕重，各不相同，只在本鋪適用。今者世界大通，天涯比鄰，一市之中，有了幾種尺斗秤，此世界文化所由衝突也。所以法令制度，如果根據聖人的學說制定出來，當然不能通行世界。力學規律，為五洲萬國所公認，本章所述五種線，是從力學規律出來的，是規矩，不是尺斗秤，依以制定法令制度，一定通行五洲萬國。

世界進化三個階段

凡人無論思想方面或行為方面，都是依著力學規律，以直線進行，然其結果，所表現者，乃是曲線，不是直線，這是甚麼道理呢？因為向前進行之際，受有他物牽引，而兩力又相等，遂成為圓形。古人說：「迴圈無端。」環即圈子即是說：宇宙一切事物之演進，始終是循著一個圈子，旋轉不已。

人世一切事變，從人類行為生出來的，人類行為，從心理生出來的，而人之心理，依力學規律而變化，故世界進化，逃不出力學規律。

世界進化，乃是一種力在一個區域內動作，經過長時間所成之現象也。其間共有三物，一日力，二日空間，三日時間。我們可認為是數學上之三元，其最顯著者，為擺線式與螺旋式。古人說：「天道迴圈無端，無往不復。」今人說：「人類歷史，永無重複。」我們把兩說合併起來，就成為擺線式或螺旋式。

凡人無論思想方面或行為方面，都是依著力學規律，以直線進行，然其結果，所表現者，乃是曲線，不是直線，這是甚麼道理呢？因為向前進行之際，受有他物牽引，而兩力又相等，遂成為圓形。古人說：「迴圈無端。」環即圈子即是說：宇宙一切事物之演進，始終是循著一個圈子，旋轉不已。這個說法，可舉例來說明：假如我們在地球上面，無論東西南北，任取一直線向前進行，無絲毫偏斜，結果仍回到原來之地點，因為我們站在地面，是被地心力吸著的，開步向前走，是擺脫地心吸力，而以離心力向前進行，然而仍被地心力吸著。由離心力、向心力兩相結合，其路線遂成為圓形，而回到原來之地點，任走若干遍，俱是如此，是之謂「迴圈無端」。然而世界之進化，則不為圓周形，而為擺線形或螺旋線形。

甚麼是擺線呢？我們取一銅元，在桌上滾起走，其圓周所成之線，即是擺線。銅元能滾者，力也，滾過的地方，空間也，不斷的滾者，時間也。銅元旋轉不已，周而復始，是謂「迴圈無端」。其路線，一起一伏，對直前進，是謂「永無重複」。宇宙事物之演進，往往有此種現象，如日往月來，寒往暑來，周流不息，是為「迴圈無端」，然而日月遞更，寒暑代運，積之則為若干萬萬年，雖是迴圈不已，實是前進不已，這算是擺線式的進化。

有人說：「人的意志為物質所支配。」又有人說：「物質為人的意志所支配。」殊不知：物質與意志是互相支配的。歐洲機器發明而後，工業大興，人民的生活情形，隨之而變，固然是物質支配了人的意志，但機器是人類發明的，發明家費盡腦力，機器才能出現，工業才能發達，這又是人的意志支配了物質。這類說法，與英雄造時勢、時勢造英雄是一樣的。有了物理、數學等科，才能產生牛頓；有了牛頓，物理、數學等科，又生大變化。有了鹹、同的時勢，才造出曾、左諸人；有了曾、左諸人，又造出一個時勢，猶如雞生蛋，蛋生雞一般，看起來是輾轉相生，其實是前進不已。後之蛋，非前之蛋，後之雞，非前之雞，物質支配人的意志，人的意志又支配物質，時勢造英雄，英雄又造時勢，而世界就日益進化了。雞與蛋和心與物，都是一物體之兩方面，雞之外無蛋，蛋之外無雞，心之外無物，物之外無心，二者之進化，都等於一個銅元在桌上滾起走，有點像擺線式的進化。

我們細加研究，即知日往月來，寒往暑來，和雞生蛋，蛋生雞這類現象，是純粹的擺線式進化，因為日月也，寒暑也，雞與蛋也，狀態始終如一，等於一個銅元之狀態始終如一，其畫出之線，一起一伏，也始終如一。唯英雄造出的時勢，較造英雄的時勢，更為進步，物質與意志，輾轉支配，也是後者較前者為進步。其現象則為歷時愈久，社會文明愈進步，而政治家和科學家之智慧，亦愈進步，其形式與擺線式微異，而為螺旋線的進化。

甚麼是螺旋線呢？我們手執一塊直角三角板，以長邊為軸，旋轉一周，所成體積，即是圓錐體。假如用圓錐體的鑽子去鑽木頭，這鑽子所走的路線，即是螺旋線，豎的方面越深，橫的方面越寬，世界即是以此種狀態而進化的。我們取一截竹子，用一針在竹上橫起畫一圈，此針本是以直線進行，然而始終是在這個圈上旋轉不已，是之謂「迴圈無端」。假設此針進行之際，有人暗中把竹子輕輕拖起走，則此針畫出之線，絕不能與經過之路線重合，是之謂「永無重複」。針之進行是力，畫出之圈是空間，其拖起走，則屬乎時間，但世界進化，不是在竹子上畫，乃是在筍子畫圈，乃是從尖筍畫起走，有人持筍尖拖之，其線越畫越長，圈子越畫越大，因筍子即圓錐形也。

禹會諸侯於塗山，執玉帛者萬國，成湯時三千國，周武王時一千八百國，春秋時二百四十國，戰國時，只有七國，到了秦始皇時，天下就一統了。其現象是：歷時越久，國之數目越少，其面積越大，這即是豎的方面越深，橫的方面越寬，是為螺旋式進化。豎的方面者，時間也；橫的方面者，空間也。現在五洲萬國的形勢，絕像我國春秋戰國時代，由進化趨勢看去，終必至全球混一而後止。所異者，從前是君主時代，嬴秦混一，有一個皇帝高踞其上，現在是民主時代，將來全球混一，是十八萬萬人共同做皇帝。

宇宙事事物物之演變，都是離心力和向心力互相作用生出來的，有一力以直線進行，同時又有一相反之力牽制之，遂不得不作迴旋狀態，而又前進不已，即成為擺線狀態或螺旋線狀態，日月迭更，寒暑代運，雞與蛋輾轉相生，是未參有人類意志的，只是循著自然之道而行，故依擺線式進化，始終如一，機器與時勢，是參有人類意志，而人類天性，是力求進步的，故依螺旋式進化，歷時愈久，路線愈擴大。國際之關係，全是人類的意志作用，所在依螺旋式進化，必至全球混一而後止。人類是日求進步的，社會是日益文明的，全球混一，特文明進步之一幕耳。全球混一後，社會文明，又依螺旋式前進，而無有終止，其現象亦猶日月迭更，寒暑代運，依擺線式前進，而無有終止也。

人事千變萬化，都是由離心、向心二力生出來的，離心者，力之向外發展也，向心者，力之向內收斂也，發展到極點，則收斂，收斂到極點又能發展，此即古人所說，盈虛消長，迴圈無端也。以虛為起點，由是而發展則為長，發展到極點則為盈，到了極點即收斂而為消，收斂到極點則為虛，由虛而又為長，為盈，為消，為虛，是之謂「迴圈無端」。春夏秋冬，即盈虛消長之現象也。春者長也，夏者盈也，秋者消也，冬者虛也。一部易經和老子道德經，俱是發明此理，所謂物極必反也。所以宇宙間事事物物，都是正負二力，互為消長，此古人治國，所以有一張一弛之說也。嬴秦苛虐，漢初則治之以黃老，劉璋闇弱，孔明則治之以申韓，都是順應此種趨勢的。

我們合古今事變觀之，大約可分三個時期：以婚姻制度言之，上古時男婦雜交，生出之女子，知有母而不知有父，這個時候的婚制，離心力勝過向心力，是為第一時期。後來制定婚制，子女婚姻，由父母主持，一與之齊，終身不改，向心力勝過離心力，是為第二時期。現在已入第三時期了，某女不必定嫁某男，而某男之愛情，足以係引他，某男不必定娶某女，而某女之愛情，足以係引他，離心、向心二力，保持平衡，就成第三時期的自由婚制。此種婚制，本帶得有點迴旋狀態，許多青年，看不清此種趨勢，以為應該回覆到上古那種雜交狀態，就未免大錯了。

人民的自由，也可分三個時期。上古人民，穴居野處，純是一盤散沙，是為第一時期。後來受君主之壓制，言論思想，極不自由，是為第二時期。經過一番革命，政府干涉的力量與人民自由的力量保持平衡，是為第三時期。自力學方面言之，第一時期，離心力勝過向心力；第二時期，向心力勝過離心力；第三時期，向心離心二力，保持平衡。第三時期中，參得有第一時期的自由，帶得有點迴旋狀態。盧梭生當第二時期之末，看見此種迴旋趨勢，誤以為應當回覆第一時期，所以他的學說，完全取第一時期之制以立論，以返於原始自然為第一要義。他說：「自然之物皆善，一入人類之手，乃變而為惡。」他的學說，有一半合真理，有一半不合真理。因其有一半合真理，所以當時備受一般人之歡迎。因其有一半不合真理，所以法國革命實行他的學說，釀成非常的騷亂，結果不得不由政府加以干涉，卒至政府之干涉與人民之自由保持平衡，法國方能安定。

民主主義流行久了，法西斯主義之獨裁，因而出現，這都是正負二力互為消長之表現。自墨索里尼倡出法西斯主義後，希特勒和日本軍閥，相繼仿效，因而造成世界第二次大戰，其獨裁制度，已越過時勢之需要，可斷言：此種獨裁制，不久必將倒斃，另有一種制度代之。此種制度，一定是民主主義和獨裁主義兩種結合而成的。

人類分配貲財的方法，也分三個時期。上古時人民渾渾噩噩，猶如初生小兒，不知欺詐，不知儲蓄，只有公共的貲財，並無個人的私財，這是有公而無私，是為第一時期。再進化，人類智識進步，自私自利之心，日益發達，把公共的貲財攘為個人私有，這是有私而無公，是為第二時期。再進化，人類智識更進步，公私界限，有明瞭認識，把公有的貲財歸之社會，私有的貲財歸之個人，公與私並行不悖，是為第三時期。我們現在所處的時代，是第二時期之末，第三時期之始。關於經濟方面，應該把公私界限劃分清楚，公者歸之公，私者歸之私，社會才能相安無事。

中國從前，自詡為宣告文物之邦，以為周公的制度和孔孟的學說好到極點，鄙視西歐，不值一顧，此為第一時期。自甲午、庚子兩役而後，驟失自信力，以為西洋的制度和學說，無一不好到極點，鄙視中國，不值一顧，此為第二時期。至今則入第三時期了，既不高視西洋，也不鄙視中國，總是平心考察，是者是之，非者非之，這是折衷於第一時期和第二時期之間。我國初與歐人接觸，龐然自大，以為高出外國之上。自從兩次戰敗，遂低首降心，屈處列強之下。到了第三時期，我國與列強立於平等線上，這也是折衷於第一時期和第二時期之間。

總之，世界進化，都是正負二力互為消長，處在某一時期，各種現象，都是一致，猶如天寒則處處皆寒，天熱則處處皆熱。現在帝國主義盛行，同時資本主義也盛行，而工商界也就有汽車大王、煤油大王、鋼鐵大王、銀行大王等等出現，民族間就有自誇大和民族是最優秀民族，日耳曼民族是最優秀民族，凡此種種都是第二時期殘餘之說。跟著就入第三時期，帝國主義消滅，資本主義消滅，工商界某某大王和某某最優秀民族，這類名詞也消滅，這是必然的趨勢。所以主持國家大計者，必須看清世界趨勢，順而應之，如其不然，就會受天然之淘汰。

達爾文學說八點修正

達爾文在禽獸社會中，尋出一種原則，如果用之於禽獸社會，我們盡可不管，而今公然用到人類社會來了，我們當然可以批駁他，人類社會中，尋得出達爾文這類科學家，禽獸社會中，尋不出達爾文這類科學家，足證兩種社會截然不同，故達爾文的學說，不適用於人類社會。」

我同友人談及達爾文，友人規戒我道：「李宗吾，你講你的厚黑學好了，切不可涉及科學範圍。達爾文是生物學專家，他的種源論，是積數十年之實驗，把昆蟲草木，飛禽走獸，一一考察遍了，證明不錯了，才發表出來，是有科學根據的。你非科學家，最好是不涉及他，免鬧笑話。」我說道：「達爾文可稱科學家，難道我李宗吾不可稱科學家嗎？二者相較，我的學力，還在達爾文之上，何以故呢？他的種源論，是說明禽獸社會情形，我的厚黑學，是說明人類社會情形，他研究禽獸，只是從旁視察，自身並未變成禽獸，與之同處，於禽獸社會情形，未免隔膜，我則居然變成人，並且與人同處了數十年，難道我的學力，不遠在達爾文之上？達爾文在禽獸社會中，尋出一種原則，如果用之於禽獸社會，我們盡可不管，而今公然用到人類社會來了，我們當然可以批駁他，人類社會中，尋得出達爾文這類科學家，禽獸社會中，尋不出達爾文這類科學家，足證兩種社會截然不同，故達爾文的學說，不適用於人類社會。」

今人動輒提「科學家」三字，恐嚇我輩普通人，殊不知科學家聰明起來，比普通人聰明百倍，糊塗起來，也比普通人糊塗百倍。牛頓可稱獨一無二的科學家，他養有大小二貓，有天命匠人在門上開大小二洞，以便大貓出入大洞，小貓出入小洞。任何人都知道：只開一大洞，大小二貓俱可出入，而牛頓不悟也，這不是比普通人糊塗百倍嗎？牛頓說：地心有吸力，我們固然該信從，難道他說「大貓出入大洞，小貓出入小洞」，我們也信得嗎？所以我們對於科學家的學說，不能不慎重審擇，謹防他學說裡面藏牛頓的貓洞。

因為科學家有時比普通人糊塗百倍，所以專門家之學說，往往不通，例如，史密斯（今譯亞當．斯密）豈非經濟家，而他的學說就不通。我輩之話，不足為證，難道專家之批評，都不可信嗎？……嗚呼，諸君休矣，舉世紛紛擾擾，鬧個不休者，皆達爾文、史密斯……諸位科學家之賜也。

達爾文講競爭，一開口，即是豺狼也，虎豹也，鄙人講厚黑，一開口，即是曹操也，劉備也，孫權也。曹劉諸人，是千古人傑，其文明程度，不知高出豺狼虎豹若干倍，他且不論，單是我採用的標本，已比達爾文高得多了。所以基於達爾文的學說造出的世界，是虎狼世界，基於鄙人的學說造出的世界，是極文明的世界，達爾文可稱科學家，鄙人當然可稱科學家，不過達爾文是生物學家，鄙人是厚黑學的科學家罷了。

達爾文研究生物學數十年，把全世界的昆蟲草木、飛禽走獸，都研究完了，獨於他實驗室中有個高等動物，未曾研究，所以他的學說，就留下破綻。請問甚麼高等動物？答曰：就是達爾文字身，他把人類社會忽略了，把自己心理和行為忽略了，所以創出的學說，不能不有破綻。

達爾文實驗室中，有個高等動物，他既未曾研究，我們無妨替他研究，達爾文一生下地，我們就用採集動物標本的法子，把他連兒帶母活捉到中國來，用中國的白米飯把他喂大，我們用達爾文研究動物的法子，從旁視察，一直到他老死，就可發現他的學說是自相矛盾的。

達爾文一生下地，就拖著母親之乳來吃，把母親的膏血吸入腹中，如不給他吃，他就大哭不止，哭著要吃，這可說是生存競爭，從這個地方視察，達爾文的學說莫有錯；長大點能吃東西了，母親手中拿一糕餅，他見了伸手來索，母親不給他，放在自己口中，留半截在外，他立會伸手，把糕餅從母親口中取出，放在他的口中。母親抱著他吃飯，他就伸手來拖母親之碗，如不提防，即會墜地打爛，這種現象，也是生存競爭，達爾文的學說也莫有錯；若是再大點，自家能端碗吃飯了，他一上桌，就遞一個空碗，請母親與他盛飯，吃了又請母親盛，母親面前，現放著滿滿一碗飯，他再不去搶了，競爭的現象，忽然減少，豈非很奇的事嗎？再大點，他自己會往甑中盛飯，再不要母親與他盛，有時甑中飯不夠，他未吃飽，守著母親哭，母親把自己的飯分半碗與他吃，他才好了，母親不分與他，他斷不能去搶。更大點，飯不夠吃，母親把自己碗中的飯分與他吃，他不要，他自己會拿囊中之錢在街上買食物來吃。到了此時，競爭的現象，一點莫有，豈不更奇嗎？這是小孩下地時，只看見母親身上之乳，大點即看見母親碗中之飯，再大點即看見甑中之飯，更大點即看見街上之食物；不特此也，達爾文長大成人，學問操好了，當大學教授了，有窮親友向他告貸，他就慨然給予，後來金錢充裕，還拿錢來做慈善事業或謀種種公益，這種現象，與競爭完全相反，豈非奇之又奇？於此我們可以定出一條原則：「同是一個人，智識越進步，眼光越遠大，競爭就越減少。」達爾文著書立說，只把當小孩時哭食母親之乳搶奪母親口中糕餅這類事告訴眾人，不把他當教授時施捨金錢、賙濟家人，做慈善事業這類事告訴眾人，此達爾文學說之應修正者一。

達爾文當小孩時搶奪食物，有一定的規律，就是：「餓了就搶，飽了就不搶。」不唯不搶，並且讓他吃，他都不吃。但有一個例外，見了好吃的東西，母親叫他不要多吃，他不肯聽，結果多吃了不消化，得下一場大病。由此知食物以飽為限，過飽即有弊害。我們可以定出第二條原則：「競爭以適合生存需要為準，超過需要以上，就有弊害。」達爾文只說當小孩時，會搶奪食物，因而長得很肥胖，並不說因為食物多了，反得下病，於是達爾文之競爭，遂成了無界域之競爭，歐人崇信其說，而世界遂紛紛大亂，此達爾文學說之應修正者二。

達爾文說：「萬物都是互相競爭，異類則所需食物不同，競爭還不激烈，唯有同類之越相近者，競爭越激烈。虎與牛競爭，不如虎與虎競爭之激烈，狼與羊競爭，不如狼與狼競爭之激烈，歐洲人與他洲人競爭，不如歐洲各國互相競爭之激烈。」他這個說法，證以第一次歐洲大戰，誠然不錯，但是達爾文創出這種學說，他自己就把他破壞了。達爾文的本傳上說：「一千八百五十八年，他的好友荷理士，從南美洲寄來一篇論文，請他代為刊佈，達爾文讀這篇論文，恰與自己十年來苦力思索得出的結果完全相合，自己非常失望。落後別人，為爭名譽起見，一定起嫉妒心，或者會湮沒他的稿子，乃達爾文不然，直把這篇論文交與黎埃兒和富伽二人發佈。二人知達爾文平日也有這樣的研究，力勸他把平日研究所得著為論文，於一千八百五十八年七月一日，與荷理士論文同時發佈，於是全國學者，盡都聳動。」本傳之言如此，在替他作傳的人，本是極力讚揚他，實際上是攻擊他，無異於說：他的學說根本不能成立。何以故呢？他與荷理士同是歐洲人，較之他洲人更相近，同是英國人，較之其他歐洲人更相近，他二人是相好的朋友，較之其他英國人更相近，並且同是研究生物學的人，較之其他朋友更相近，荷理士的著作，宣佈出來，足以奪去達爾文之名，於他最有妨害，達爾文不壓抑他，反替他宣佈，豈不成了同類中越相近越不競爭嗎？達爾文是英國人，對於同類，能夠這樣退讓，何以歐戰中，那些英國人，競爭那麼激烈？我們可以定出第三條原則：「同是一國的人，道德低下者，對於同類，越近越競爭，道德高尚者，對於同類，越近越退讓。」達爾文不把自己讓德可風的事指示眾人，偏把他本國侵奪同洲同種的事指示眾人，此達爾文學說之應修正者三。

達爾文說：「競爭愈激烈，則最適者出焉。」這個說法，又是靠不住的。第一次歐戰之激烈，為有史以來所未有，請問達爾文：此次大戰結果，哪一國足當最適二字？究其實戰敗者和戰勝者，無一非創痛巨深。他這個說法，豈非毫無徵驗？乃返觀達爾文不與荷理士競爭，反享千古大名，足當最適二字，他這個公例，又是他自己破壞了。他的論文，與荷理士同時發表後，他又繼續研究，於一千八百十九年十一月發佈《種源論》，從此名震全球。荷理士之名，幾於無人知道，這是由於達爾文返而自奮，較荷理士用力更深之故。我們可以定出第四條原則：「競爭之途徑有二：進而攻人者，處處衝突，常遭失敗；返而自奮者，不生衝突，常佔優勝。」達爾文不把自己戰勝荷理士之祕訣教導眾人，偏把英國掠奪印度的方法誇示天下，此達爾文學說之應修正者四。

有人問：我不與人競爭，別人要用強權競爭的策略，向我進攻，我將奈何？答曰：這是有辦法的，我們可以定出第五條原則：「凡事以人己兩利為主，二者不可得兼，則當利人而無損於己，抑或利己而無損於人。」有了這條原則，人與我雙方兼顧，有人來侵奪，我抱定「不損己」三字做去，他能攻，我能守，他又其奈我何？此達爾文學說之應修正者五。

達爾文說，人類進化，是由於彼此相爭，我們從各方面考察，覺得人類進化，是由於彼此相讓。因為人類進化，是由於合力，彼此能夠相讓，則每根力線，才能向前直進，世界才能進化。譬如，我要趕路，在路上飛步而走，見有人對面撞來，我當側身讓過，方不耽誤行程。照達爾文的說法，見人對面撞來，就應該把他推翻在地，沿途有人撞來，沿途推翻，遇著行人擠做一圈，我就從中間打出一條路，向前而走。請問世間趕路的人，有這種辦法嗎？我們如果要講「適者生存」，必須懂得這種相讓的道理，才是適者，才能生存。由達爾文的眼光看來，生物界充滿了相爭的現象，由我們的眼光看來，生物界充滿了相讓的現象，試入森林一看，即見各樹俱是枝枝相讓，葉葉相讓，所有樹枝樹葉，都向空處發展，釐然秩然。樹木是無知之物，都能彼此相讓，可見相讓乃是生物界之天然性，因為不相讓，就不能發展，凡屬生物皆然。深山禽鳥相鳴，百獸聚處，都是相安無事之時多，彼此鬥爭之時少。我輩朋友往還之際，也是相安無事之時多，彼此鬥爭之時少。我們可以定出第六條原則：「生物界相讓者其常，相爭者其變。」達爾文把變例認為常例，似乎莫有對，事實上遇著兩相衝突的時候，我們就該取法樹枝樹葉，向空處發展。王猛見了桓溫，而改仕苻秦，惲壽平見了王石谷之山水，而改習花卉，皆所謂向空處發展也。大宇宙之中，空處甚多，也即是生存之方法甚多，人與人無須互相爭奪，此達爾文學說之應修正者六。

依達爾文的說法，凡是強有力的，都該生存，我們從事實上看來，反是強有力者先消滅。洪荒之世，遍地是虎豹，他的力比人更大，宜乎人類戰他不過了，何以虎豹反會絕跡？第一次世界大戰以前，德皇勢力最大，宜乎稱雄世界，何以反會失敗？袁世凱在中國勢力最大，宜乎成功，何以反會失敗？有了這些事實，所以達爾文的學說，就發生疑點。我們細加推究，即知虎豹之被消滅，是由全人類都想打他，德皇之失敗，是由全世界都想打他，袁世凱之失敗，是由全中國都想打他。思想相同，就成了方向相同之合力線，虎豹也，德皇也，袁世凱也，都是被合力打敗的。我們可以定出第七條原則：「進化由於合力。」懂得合力的就生存，違反合力的就消滅，懂得合力的就優勝，違反合力的就劣敗。像這樣的觀察，則那些用強權欺凌人的，反在天然淘汰之列。此達爾文學說之應修正者七。

達爾文的誤點，可再用比喻來說明：假如我們向人說道：「生物進化，猶如小兒身體一天一天地長大。」有人問：「小兒如何會長大？」我們答道：「只要他不死，能夠生存，自然會長大。」問：

「如何才能生存?」答:「只要有飯吃,就能夠生存。」問:「如何才有飯吃?」我們還未回答,達爾文從旁答道:「你看見別人有飯,就去搶,自然就有飯吃,越吃得多,身體越長得快。」諸君試看:達爾文的答案,錯莫有錯?我們這樣的研究,即知達爾文說進化莫有錯,說進化由於生存莫有錯,說生存由於食物也莫有錯,唯最末一句,說食物由於競爭就錯了。我們只把他最末一句修正一下,就對了。問:「怎樣修正?」就是通常所說的:「有飯大家吃。」平情而論,達爾文教人競爭,無有限度,固有流弊,我們教人相讓,無有限度,也有流弊。問:如何才無流弊?我們可以定出第八條原則:「對人相讓,以讓至不妨害我之生存為止,對人競爭,以爭至我能夠生存即止。」此達爾文學說之應修正者八。

綜而言之,人類由禽獸進化而來,達爾文以禽獸社會之公例施之人類,則是返人類於禽獸,這自違進化之說,而況乎禽獸相處,亦未必純然相爭也。他的學說,可分兩部分看。他說「生物進化」,這部分是指出事實。他說「生存競爭,弱肉強食」,這部分是解釋進化之理由,事實莫有錯,理由錯了。一般人因為事實不錯,遂誤以為理由也不錯,殊不知:進化之原因多端,相爭能進化,相讓能進化,不爭不讓,返而致力於內部,也能進化。又爭又讓,改而向空處發展,也能進化。其或具備他種條件,如克魯泡特金所謂互助,我們所謂合力,也未嘗不能進化。達爾文置諸種原因於不顧,單以競爭為進化之唯一原因,觀察未免疏略。茲斷之曰:達爾文發明「生物進化」,等於牛頓發明「地心吸力」,是學術界千古功臣,唯有他說「生存競爭」,因而倡言「弱肉強食」,流弊無窮,我們不得不加以修正。

克魯泡特金學說之修正

原始人類，無有組織，成為無政府狀態，克魯泡特金的互助說，從原始社會得來，故他提倡無政府主義。所以克魯泡特金的學說，也可分兩部分看，他主張互助不錯，因互助而主張無政府主義就錯了。

克魯泡特金之誤點，也與達爾文相同，達爾文是以禽獸社會狀況，律之人類社會，故其說有流弊。克魯泡特金，因為要指駁達爾文之錯誤，特別在滿洲、西伯利亞一帶，考察各種動物及原始人類狀況，發明互助說，以反駁達爾文之互競說。他能注意到人類，算是比達爾文更進步了。然而原始人的社會，與文明人的社會，畢竟不同，且克魯泡特金考察原始人，也是從旁觀察，並未曾與之共同居處若干年，而我輩則置身文明人社會中，與之共同居處若干年，所以我輩能發見克魯泡特金之誤點，而指出其流弊。

原始人類，無有組織，成為無政府狀態，克魯泡特金的互助說，從原始社會得來，故他提倡無政府主義。所以克魯泡特金的學說，也可分兩部分看，他主張互助不錯，因互助而主張無政府主義就錯了。

生物之進化，好比小兒一天一天地長大，由昆蟲，而禽獸，而野蠻人，而文明人，好比吾人，由嬰孩，而少年，而壯年。達爾文研究生物，以動物為主，正如小孩搶奪母親口中飯物時代，故倡互競說。克魯泡特金所研究者，以原始時代人類為主，較動物更進化了，是小孩更大了點，不搶母親口中食物，只請母親與他盛飯，故倡互助說。至於長大成人，獨立生活的現象，他二人都未看見。

一個國家之進化，也好比小孩一天一天地長大。我國春秋戰國時代，弱肉強食，正是小孩搶奪食物時代。後來進化了，漢棄珠崖，是母親分飯與他吃，他都不要。再進化，到了明初，鄭和下西洋，各國紛紛入貢，希望得中國的賞賜，這是窮親友來告貸，慨然給予。再進化，到了明季和清朝，把蠻夷之地改土歸流，每年還要倒貼若干金錢，等於做慈善事業，把貧人子弟收來，給以衣食，延師訓讀一般。我國進化程度，歷歷如繪。

西洋開化，比我國遲二千多年，其進化才至我國春秋戰國時代，其弱肉強食，與我國春秋戰國極相似，而達爾文之互競說，遂應運而生。要防小孩搶奪食物，不得不用專制手段，故墨索里尼之治義大利，希特勒之治德意志，與商鞅之治秦絕似，而皆收同一之效果，因其為同一時期之產物故也。秦始皇統一六國了，仍復厲行專制，二世而亡，這是世界更進化了，等於身體長大了，再穿小孩衣服，不得不破裂；文景之世，政尚寬大，號稱郅治，這是兒子長大了，父母不加干涉，他能獨立成為好人。後來歷代常有變亂，這是兒子長大成人，父母過於放縱，逐日流於非的原故。然因其日流於非，而遂欲以待嬰孩之法，待長大成人之兒子，則又不可。故今之治國者，如摹仿墨索里尼和希特勒，直是師法商鞅，返吾國於春秋戰國時代，是謂違反進化，是謂開倒車。

今人每謂我國無三人以上之團體，很抱悲觀，這未免誤解。無三人以上之團體，正是人人能獨立之表現，此時如用達爾文之互競主義以治國，則是把人民當如懷中小兒，常常防他搶母親口中食物，這是不可的。如用克魯泡特金之互助主義以治國，則是把人民當如才能吃飯之小兒，須母親與之盛飯，這也是不可的。今即長大成人矣，無三人以上之團體，人人能獨立矣，故此時治國者，當採用合力主義。譬如射箭，懸出一個箭堆，支支箭向同一之箭堆射去，是之謂合力。我國無三人以上之團體，當採用此種方式，懸出一定之目的，四萬萬五千萬根力線，根根獨立，直向目的物射去，你不妨害我之路線，我也不求助於你，彼此不相衝突，不相倚賴，這種辦法，才適合我國現情。非然者，崇信達爾文之互競說，勢必壓制他人，使他人之力線鬱而不伸，而衝突之事以起；崇信克魯泡特金之互助說，勢必藉助他人，養成倚賴性，而自己不能獨立，於我國現情俱不合。

達爾文說：互競為人類天性，而他自己不與荷理士競爭，這條公例，算是他自己破壞了。克魯泡特金說：互助為人類天性，這條公例也是克魯泡特金自己破壞了的。請問：人類天性既是互助，為甚克魯泡特金要講無政府主義，想推翻現政府，而不與政府講互助？為甚政府要處罰他，推之下獄，而不與克魯泡特金講互助？有了這種事實，所以克魯泡特金的學說，也不能不加以修正。

古人云：「不識廬山真面目，只緣身在此山中。」故考察事物，非置身局外，不能得其真相。我輩是人類，站在人類社會之中，去考察人類，欲得真理，誠有不能。達爾文用的方法，是因人為動物之一，先把動物社會考察清楚了，把他的原則適用於人類社會，論理本是對的，無如動物社會與人類社會畢竟不同，故創出之學說，不無流弊。克魯泡特金則更進步，從人類社會加以考察，他以為我輩處在現今之社會，不能見廬山真面，乃考察原始人類社會，置身旁觀地位，尋出一種原則，以適用於現今之社會，論理也是對的，無如野蠻人之社會與文明人之社會畢竟不同，故創出之學說，也有流弊。

嬰兒在母胎，成形之初，其腦髓像魚蛙之腦，再一二月則像禽鳥之腦，再一二月則像兔犬之腦，再一二月則像猿猴之腦，最後才成為人類之腦，而小兒之腦筋皺紋少，大人則皺紋多，野蠻人之腦筋皺紋少，文明人則皺紋多。小兒下地之初，腦筋與禽獸相去不遠，故其搶奪食物，與禽獸相似，稍大點，腦筋之簡單類於原始時代的人，故其天真爛漫，也與原始人類相似。然而禽獸之腦筋，與人類有異，故達爾文的學說，不適於人類；原始人類之腦筋，與文明人有異，故克魯泡特金的學說，不適用於文明社會。

禽獸進化為人類，故人類有獸性，然既名之曰人，則獸性之外，還有一部分人性，達爾文只看見獸性這一部分，未免把人性這一部分忽略了。原始人進化為文明人，故文明人還帶有原始人的狀態，然既成了文明人，則原始狀態之外，還有一部分文明狀態，克魯泡特金只看見原始狀態這一部分，未免把文明狀態這一部分忽略了。禽獸有競爭，無禮讓，人類是有禮讓的，達爾文所忽略的，是在這一點。原始人類，渾渾噩噩，無有組織，成為無政府狀態，文明人則有組織，有政府，克魯泡特金所忽略的是在這一點。

我們生在文明社會中，要考察人類心理真相，有兩個方法：（一）一部二十五史，是人類心理留下的影像，我們熟察歷史事跡，既可發現人類心理真相，這是本書前面業已說明瞭的；（二）凡物體，每一分子的性質，與全物體的性質是相同的，社會是積人而成的，人身是社會之一分子，我們把身體之組織法運用到社會上，一定成為一個很好的社會。

治國採用互競主義有流弊，採用互助主義，也有流弊，必須採用合力主義。人身之組織，即是合力主義，身體是許多細胞構成，每一細胞都有知覺，等於國中之人民，大腦等於中央政府，全身神經，都可直達於腦，等於四萬萬五千萬人，每人的力線，都可直達中央，成為合力之政府。目不與耳競爭，口不與鼻競爭，手不與足競爭，雙方之間非常調協，故達爾文之互競主義用不著，目不須耳之幫助而能視，口不須鼻之幫助而能言，手不須足之幫助而能執持，個個獨立，自由表現其能力，克魯泡特金之互助主義，也用不著。目盡其視之能力，耳盡其聽之能力，口鼻手足，亦各盡各之能力，把各種能力，集合起來，就成為一個健全之身體，是之謂合力主義。我國古人有曰：「以天下為一家，以中國為一人。」已經發見了這個原則。

國家有中央政府，有地方政府，人身亦然。我們的腳被蚊子咬了，腳政府報告腦政府，立派右手來，把蚊子打死。萬一右手被蚊子咬，自己無法辦理，報告腦政府，立派左手來，把蚊子打死。有時睡著了，腦政府失其作用，額上被蚊子咬，延髓脊髓政府代行職務，電知手政府把蚊子打死，腦政府還不知道。耳鼻為寒氣所侵，溫度降低，各處本救災恤鄰之道，輸送血液來救濟，於是耳鼻就呈紅色。萬一天氣太寒，輸送了許多血液，寒氣仍進逼不已，各地方政府協商道：「我們再輸送血液去，仍無濟於事，只好各守防地，把輸送到耳的血液，與他截留了。」於是耳鼻就呈青白色。

我說至此處，一定有人起而質問道：「你說的救災恤鄰之道，正是克魯泡特金的互助主義，他的學說，何嘗會錯？」我說道：他講的互助不錯，錯在無政府主義，必須有了政府，才能談互助，無政府是不能互助的。舉例來說：前清時，我們四川對於雲貴各省有協餉，這可說是互助了，滿清政府一倒，協餉即停止，這即是無政府即不能互助之明證。並且滿清政府一倒，川滇黔即互相戰爭起來，由此知：在無政府之下，只能發生互競的現象，斷不會發生互助的現象。

人身有中央政府，有省縣市區各種政府，腦中記憶的事，都由各政府轉報而來，各政府仍有檔案可查，施催眠術的人，是矇蔽了中央政府，在省縣市區政府調閱舊卷，所以人在催眠中，能將平素所做之事說出，而醒來時又全不知道。瘋人胡言亂語，這是腦政府受病，中央政府失了作用，省縣市區政府亂發號令。所以瘋人說的話，都是他平日的事，不過莫得中央政府統一指揮，故話不連貫；夜間做夢，是中央政府休職，各處政府的人，跳上中央舞台來了，人一醒，中央政府復職，他們立即躲藏。有時中央政府也能察覺，故夢中的事，也能略記一二。我們可以說：瘋狂和做夢，都是講無政府主義的。

古來亡國之時，許多人說要死節，及到臨頭，忽然顫慄退縮。因為想死節，是出於理智，從腦中發出，是中央政府發的命令；顫慄退縮，是肌肉收縮，是全國人民不願意。文天祥一流人，從容就死，是平日厲行國民教育，人民與中央政府，業已行動一致了。許多人平日講不好色，及至美色當前，又情不自禁，因為不好色是腦政府的主張，情不自禁，是身體部分的主張。我們走路，心中想朝某方走，最初一二步注意，以後即無須注意，自然會向前走去，這回是中央政府發號令後，人民依著命令做去，如果步步注意，等於地方上事事要勞中央政府，那就不勝其煩了。我們每日有許多無意識的動作，都是這個原因。古人作詩，無意中得佳句，疑有神助。大醉後寫出之字，比醒時更好，這是由於中央政府平日把人民訓練好了，遇有事來，不須中央指揮，人民自動做出之事，比中央指揮辦理還要好些。心理學書上，有所謂「下意識」者，蓋指除中央政府以外其他政府而言。

理智從腦而出，能辨別事理，情慾從五官百骸而出，是盲目的，故目好色，耳好聲，身體肌膚好愉快，往往與腦之主張相違反。古代哲學家，如希臘的柏拉圖等，和中國的程朱等，都是崇奉理智，抑制情慾。例如程子（程頤）說：「婦人餓死事小，失節事大。」又把韓昌黎（韓愈）「臣罪當誅，天王聖明」二語，極力稱讚，只要腦中自認為真理，就可把五官百骸置之死地，與暴君之專制是一樣。所以這樣學說昌明時代，也即是君權極盛時代。後來君主打倒了，民主主義出現，同時學說上也盛行情慾主義，縱肆耳目之欲，任意盲動，無所謂理智，等於政治上之暴民專制。我們讀歷史，看出一種通例：君主時代，政府壓制人民，同時哲學家即崇理智而抑情慾；民主時代，人民敵視政府，同時哲學家即重情慾而輕理智。

據上面之研究，可知身體之組織，與國家之組織是很相同的，我們返觀吾身，知道腦與五官百骸是很調協的，即知道：我們創設一種學說，必使理智與情慾相調協，不能憑著腦之空想，以虐苦五官百骸，亦不能放縱五官百骸，而不受理智之裁判。建設一個國家，必使政府與人民調協，不能憑著腦政府之威力壓制人民；而為人民者，亦不能對政府取敵視行為。吾身之組織，每一神經俱可直達於腦，故腦為神經之總匯處，與五官百骸，不言調協而自然調協。因此每一人民之力線，必使之可以徑達中央，中央為全國力線之總匯處，政府與人民，不用調協而自然調協。能這樣的辦理，即是合力主義，才可以救達爾文和克魯泡特金兩說之弊，而與天然之理相合。

中國古代哲學學說含有力學原理

吾人做事，根於心理，心理依力學規律而變化。水之變化，即是力之變化，古人論事，多以水作喻，可以說：都是援引力學規律。老子曰：「上善若水。」孔子在川上曰：「逝者如斯夫。」孟子曰：「源泉混混。」他如：「防民之口，甚於防川。」與夫「器方則水方，器圓則水圓」等說法，無一不取喻於水。

宇宙之力，是圓陀陀的，周遍世界，不生不滅，不增不減，吾人生存其中，隨時都可看見，有人看見一端，即可發明一條定理。例如看見蘋果墜地，即發明萬有引力；看見壺蓋衝動，即發明蒸汽；看見磁鐵功用，即發明指南針；看見死蛙運動，即發明電氣。種種發明，可說是同出一源。因為蘋果墜地，是力之內斂作用；壺蓋衝動，是力之外發作用；磁氣電氣，是力之內斂外發兩種作用。達爾文看見此力向外發展，有如水然，能隨河岸之曲折，而適應環境，向前流去，故創進化論。又見進化中所得著的東西，能借收斂作用把持不失，故說凡物有遺傳性。此外種種科學，與夫哲學上種種議論，都是從那個圓陀陀的東西生出來的。譬如有人在樹上摘下一果，有人在樹上摘下一花，又有人在樹上摘下一枝一葉，為物雖不同，其實都在樹上摘下來的。所以百家學說，歸於一貫，中西學說，可以相通。

我國《周易》一書，一般人都說它窮造化之妙，宇宙事事物物，都逃不出易理，這是甚麼原因？因為《易經》所說的道理，包含有力學原理，宇宙事事物物，即逃不出力學規律，所以就逃不出《易經》所說的道理。我們如就卦爻來解說，讀者未免沉悶，茲特另用一個法子來說明：

假定伏羲、文王、周公、孔子四位聖人都是現在的人，我們把他四位請來，對他們說道：現在西洋的科學，很進步了，一切物理，都適用力學規律，我們想把力學原理編譯成一部書，不唯用在物理上，並且要應用到人事上。我們訂有一個編譯大綱，你們照此編譯。（一）西洋的「力」字，譯作「氣」字，正負二力，譯作陰陽二氣；（二）發散的現象，用「陽」字表示，收斂的現象，用「陰」字表示：（三）正負二力相等時，陰陽二電中和時，俱是寂然不動的，這種現象，譯作「太極」。他動作的時候，有發散收縮兩種現象，稱之曰「兩儀」；（四）由內向外發展，稱之曰「其動也闢」，闢是開放之意。由外向內收縮，稱之曰「其靜也翕」，翕是收合之意：（5）凡物運動，都是以直線進行，若不受外力，他是一直永遠前進的，因此可下一定例曰「其動也直」，直是不彎曲之意。凡物靜止的時候，若不受外力，他是永遠靜止的，因此可下一定例曰「其靜也專」，專是不移易之意；（6）正負二力變化，有八種狀態，可把他描畫下來，名之曰「八卦」，又把這八卦，錯綜變化起來，把它所有的變態，窮形盡致地表示出來；（7）每一卦作一說明書，把宇宙事事物物的變態包含其中，使讀者能夠循著軌道推往知來；（8）這部書言盈虛消長之理，由虛而長而盈，是發散作用，由盈而消而虛，是收縮作用，可定名為易經。易有變易交易兩解，經字即常字之意，使人見了易經二字，即知書中所說的，是陰陽二氣變化的常理，換言之，即是正負二力變化的規律。以上八條，即是我們所訂的編譯大綱。他們果然這樣做去，把書作成了，各書坊都有發售，閱者試讀一部，檢查一下，看與編譯大綱合不合，即知與力學規律合不合。

我們說：周易與力學相通，更可引嚴又陵（嚴復）之言為證。嚴譯《天演論》，曾說道：「夫西學之最切實而可以御蕃變者，名數質力四者之學而已。而吾易則名數以為經，質力以為緯，而合而名之曰易，大宇之內，質力相推，非質無以見力，非力無以呈質，凡力皆乾也，凡質皆坤也。奈頓（即牛頓）之三例，其一曰：『靜者不自動，動者不自止，動路必直，速率必均。』此所謂曠古之慮，自其例出，而後天學明，人事利者也。而易則曰：『乾，其靜也專，其動也直。』後二百年，有斯賓塞爾者，以天演自然言化，著書造論，貫天地人而一理之，此亦晚近之絕作也。其為天演界說曰：『翕以合質，闢以出力，始簡易而終雜糅。』而易則曰：『坤，其靜也翕，其動也闢。』至於全力不增減之說，則有自強不息為之先。凡動必復之說，則有訊息之義居其始，而易不可見，乾坤或幾乎息之旨，尤與『熱力平均、天地乃毀』之言相發明也，此豈可悉謂之偶合也耶？」嚴氏之言如此，足為周易與力學相通之明證。

老子是周秦諸子的開山祖師，他在中國學術界之位置，等於西洋物理學中之牛頓。牛頓看見萬物都向內部牽引，因創出萬有引力的學說。其實這種現象，老子早已看見了。他說：「天得一以清，地得一以寧，神得一以靈，谷得一以盈，萬物得一以生，侯王得一以為天下貞。天無以清將恐裂，地無以寧將恐發，神無以靈將恐歇，谷無以盈將恐竭，萬物無以生將恐滅，侯王無以貞而貴將恐蹶。」老子的意思，即是說：天地萬物，都有一個東西把他拉著，如果莫得那個東西，天就會破裂，地就會發散，神就會歇絕，谷就會枯竭，萬物就會消滅，侯王就會倒下來。看他連下「裂發歇竭滅蹶」六個字，都是萬有引力那個「引」字的反面字，也即是離心力那個「離」字的代名詞，可見牛頓所說的現象，老子早已看見。牛頓僅僅用在物理上，老子並且應用到人事上，他的觀察力，何等精密！他的理想，何等高妙！

近代的數學，以X代未知數，遇著未知物，也以X代之，如X光線是也。古代的數學，以一代未知，故中國古代的天元數，和西洋古代的借根方，都是以一代未知數，老子看見萬物都向內部牽引，不知是個甚麼東西，只好名之為一。

老子說：「有物混成，先天地生，寂兮寥兮，獨立而不改，周行而不殆，可以為天下母，吾不知其名。」又說：「視之不見名曰夷，聽之不聞名曰希，摶之不得名曰微，此三者不可致詰，故混而為一。」又說：「湛兮似或存，吾不知誰之子，象帝之先。」這究竟是個甚麼東西，值得老子如此讚歎？如今科學昌明瞭，我們仔細研究，才知他所說的，即是向心離心二力穩定時的現象，也即是陰電陽電中和時的現象。他看見有一個渾然的東西，本來是寂然不動的，一動作起來，就非常奇妙，「一生二，二生三，三生萬物。」這一個東西，動作起來，就生出一發散、一收縮兩個東西，由這兩個東西，就生出第三個東西，由此輾轉相生，就生出千萬個東西了。

數學上用X或一字代未知數，是變動不居的，可以代此數，又可代彼數，故用一字代未知物，可以代此物，又可代彼物。我們研究老子書中的一字，共有兩種。他說：「天得一以清」的「一」字，是指萬物向內部牽引之現象而言。他說：「一生二，二生三」的「一」字，是指離心向心二力穩定時之現象，也即是陰陽二電中和時之現象。我們這樣的研究，老子書中的一字就有實際可尋了。

西人談力學，談電學，都是正負二者，兩兩對舉；老子每談一事，都是把相反之二者，兩兩對舉。如云：「有無相生，難易相成。」有無難易對舉。「虛其心，實其腹，弱其志，強其骨。」虛實強弱對舉。他如：言靜躁，言雌雄，言窪盈等等，無一非兩兩對舉，都是描寫發散和收縮兩種狀態。

正負二力，是互相消長的。老子知道：發散之後，跟著即是收斂，收斂之後，跟著即是發展，所以他說：「將欲歙之，必固張之，將欲弱之，必固強之。」他以為要想向外發展，必先向內收斂，因此他主張儉，主張嗇，儉的結果是廣，嗇的結果是長生久視，儉與嗇者收斂也，廣與長生久視者發展也。一般人都說老子無為，其實誤解了。他是要想有為，而下手則從無為做起走，故曰：「無為則無不為。」他的話，大概上半句是無為，下半句是有為。例如：「慈故能勇，儉故能廣，不敢為天下先，故為成事長。」等等皆是。我們用科學的眼光看去，即知他是把力學原理應用到人事上。

我們生在今日，可以援用力學公例，老子那個時候，力學未成專科，當然無從援用，但老子創出的公例，又簡單，又真確，即是用水作比喻，如「上善若水」，「江海能為百谷王」，「天下莫柔弱於水」等語，都是以水作比喻。水之變化，即是力之變化，他以水作比喻，即可說是援用力學規律。

學術是進化的，牛頓之後，出了一個愛因斯坦，發明瞭相對論，他的學說，比牛頓更進一步；老子之後，出了一個莊子，他的學說，也比老子更進一步。莊子雖極力推尊老子，然而卻不甘居老子籬下，你看他《天下篇》所說，儼然在老子之外獨樹一幟，這是他自信比老子更進一步，才有那種說法。

莊子學說，與愛因斯坦酷似，所異者，一個談物理，一個談人事，愛因斯坦談物理，從空間時間立論，莊子談人事，也從空間時間立論。愛因斯坦名之曰相對，在莊子則為比較，從空間上兩相比較，從時間上兩相比較，比較即是相對之意，莊子和愛因斯坦，所走途徑，完全相同。

莊子說：「泰山為小，秋毫為大。」又說：「彭祖為夭，殤子為壽。」這類話，豈不很奇嗎？我們知道他是從比較上立論，也就不覺為奇了。拿泰山和秋毫比較，自然泰山很大，秋毫很小，如拿恆星行星和泰山比較，泰山豈不很小嗎？拿原子電子和秋毫比較，秋毫豈不很大嗎？拿彭祖和殤子比較，自然殤子為夭，彭祖為壽；但是大椿八千歲為春，八千歲為秋，拿彭祖與之比較，彭祖之命豈不很短嗎？蜉蝣朝生暮死，木槿朝開暮落，拿殤子與之比較，殤子之命，豈不很長嗎？莊子談論事物，必從比較上立論，認為宇宙無絕對之是非善惡，世俗之所謂是非善惡者，乃是相對的。愛因斯坦在物理學上發明的原則，莊子談論人事，早已適用了。愛因斯坦的相對論，必兼空間時間二者而言之，莊子學說亦然，泰山秋毫一類話，是從空間立論，彭祖殤子一類話，是從時間立論，所以說：莊子所走的途徑，與愛因斯坦完全相同。

毛嬙、西施，世人很愛他，而魚見之則深入，鳥見之則高飛，同是毛嬙、西施，人與魚鳥之自身不同，則愛憎即異。驪姬嫁與晉獻公，初時悲泣，後來又歡喜，同是驪姬，同是嫁與晉獻公，時間變遷，環境改易，連自己的觀察都不同。我們平日讀莊子的書，但覺妙趣橫生，今以愛因斯坦之原則律之，才知他的學說是很合科學的。

儒家的學說，把相對的道理忽略了，對於空間時間的關係，不甚措意，認為他們所定的大經大法，是萬世不易的。莊子懂得相對的原理，故把儒家任意嘲笑，以為凡事須要看清空間時間的關係。儒家開口即談仁義，莊子則曰：「仁義先王之蘧廬也，止可以一宿而不可以久處。」此等見解，實較儒家為高。

儒家最重要的，是《大學》、《中庸》二書，《中庸》「放之則彌六合」，是層層放大，「卷之則退藏於密」，是層層縮小，具備了發散收縮兩種現象；《大學》亦然。《大學》說：「古之慾明明德於天下者，先治其國；欲治其國者，先齊其家；欲齊其家者，先修其身；欲修其身者，先正其心；欲正其心者，先誠其意。」這是層層縮小。又說：「意誠而後心正，心正而後身修，身修而後家齊，家齊而後國治，國治而後天下平。」這是層層放大。繪圖如丁圖，閱之自明。孔子「上律天時，下襲水土」，仰觀俯察，把宇宙自然之理看得清清楚楚，所以創出的學說，極合自然之理，而《大學》、《中庸》，遂成為儒家嫡派之書。

誠意之「意」字，朱子（朱熹）釋之曰：「意者，心之所發也。」而明儒王一庵、劉蕺山、黃宗羲諸人，均謂，身之主宰為心，心之主宰為意，故曰：主意。其說最確，故可繪圖如丁圖：西歐學說，無論利己主義，利人主義，均以「我」字為起點，即是以「身」字為起點；中國則從「身」字推進兩層，尋出意字，以誠意為下手功夫。譬之建屋，中國是把地上浮泥去了，尋出石底，方從事建築；西人從「我」字起點，是在地面浮泥上建築，基礎未固，建築愈高，倒塌下來，壓斃之人愈多。所以由史密斯（今譯亞當．斯密）學說之結果，會釀成社會革命；由達爾文學說之結果，會

釀成世界第一次大戰，第二次大戰，如實行中國學說，絕無此流弊。（詳見拙著《中國學術之趨勢》）

孔子問禮於老子，其學是從老子而來。老子曰：「為道日損，損之又損，以至於無為。」這是向內收斂。又曰：「無為則無不為矣。」這是向外發展。《中庸》「放之則彌六合，卷之則退藏於密」，正是老子家法。老子又曰：「修之於身，其德乃真，修之於家，其德乃餘，修之於鄉，其德乃長，修之於邦，其德乃豐，修之於天下，其德乃普。」我們繪之為圖，豈不與丁圖一樣？足知孔老學說，原是一貫。

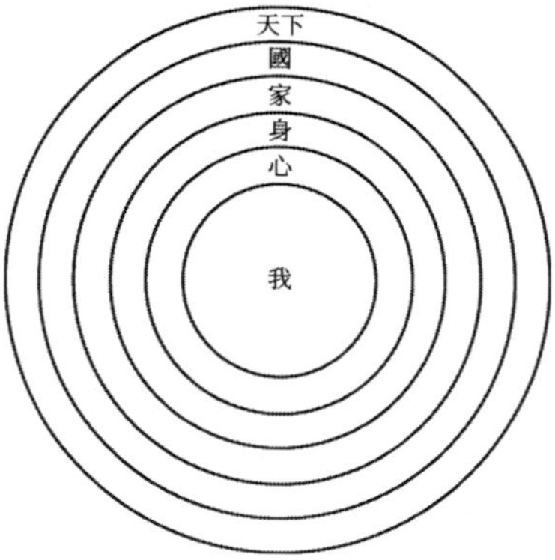

丁圖 誠正修齊治平圖

仲尼祖述堯舜，堯典曰：「克明俊德，以親九族，九族既睦，平章百姓，百姓昭明，協和萬邦，黎民於變時雍。」繪出圖來，也與丁圖一樣，足知孔門學說，是堯舜家法。

西人講個人主義的，反對國家主義和社會主義。講國家主義的，反對個人主義和社會主義。講社會主義的，反對個人主義和國家主義。個人即所謂我，社會即所謂天下。西人之我也，國家也，天下也，三者看為不相容之物，存其一必去其二。而中國之學說則不然，把此三者融合為一，細玩丁圖，於三者之間，還要添一個「家」字，老子還要添一個「鄉」字，看起來，並無所謂衝突。《禮記》曰：「以天下為一家，以中國為一人。」此種學說，何等精粹。自西人眼光看來，世界處處衝突，此強權競爭，優勝劣敗之說所由來也。《中庸》曰：「萬物並育而不相害，道並行而不相悖。」處處取平行線態度，絕無所謂衝突。所以要想世界太平，非一齊走入中國主義這條路不可。

中西人士，聰明才智是相等的，不過研究的方法，稍有不同，西人把他聰明才智用以研究物理，中國古人把他聰明才智用以研究人事，西人用仰觀俯察的法子，把宇宙自然之理看出來了，創出物理上種種學說；中國古人，用仰觀俯察的法子，把宇宙自然之理看出來了，創出人事上種種學說。然而物理上種種學說，逃不出力學規律，人事上種種學說，逃不出心理學。我們定出一條臆說：「心理依力學規律而變化。」即可將人事與物理溝通為一，也即是將中西學說溝通為一。

中國古人所說上行下效，父慈子孝，與夫綏之斯來，動之斯和一類話，都含磁電感應原理，社會上一切組織，看似無有條理，而實極有條理，看似不科學，而實極合科學。本書所繪甲乙丙丁四圖，純是磁場現象，釐然秩然，可說中國古人是將磁電原理運用到人事上來了，西人則父子兄弟夫婦間的權利義務，都用簿式計算，以致人與人之間，冷酷無情，必須灌注以磁電，才有一種祥和之氣。

中國古人，喜歡說與天地合德、與天地同流一類話，初看去，不過是些空洞的話，而今科學昌明，大家都知道：所謂天體，是循著力學規律走的。古人窺見了真理，他說與天地合德同流，無異說：吾人做事，要與力學規律符合。

吾人做事，根於心理，心理依力學規律而變化。水之變化，即是力之變化，古人論事，多以水作喻，可以說：都是援引力學規律。老子曰：「上善若水。」孔子在川上曰：「逝者如斯夫。」孟子曰：「源泉混混。」他如：「防民之口，甚於防川。」與夫「器方則水方，器圓則水圓」等說法，無一不取喻於水。孫子曰：「兵形像水，水之形避高而趨下，兵之形避實而擊虛，水因地而制流，兵因敵而制勝，故兵無常形，水無常勢。」故孫子十三篇，俱可以力學規律繩之。如本書第六章，舉孫子所說：「吳人越人，同舟濟而遇風。」韓信背水陣，引孫子語：「置之死地而後生。」俱可本力學規律，繪圖說明。

宋儒子《孔記》中，特別提出《大學》、《中庸》二篇，程朱諸人，復精研易理，於真理都有所窺見。周子太極圖，儼然是螺旋式的迴旋狀況，所以宋儒之理學，能於學術上開一新紀元。宋儒發明瞭理學，愈研究愈精微，到了明朝王陽明（王守仁）出來，他的學說風靡天下，我們只把陽明提出來研究即是了。他的學說，最重要者：（一）致良知；（二）知行合一。此二者均含有力學原理。

（一）致良知。王陽明《傳習錄》說：「人的良知，就是草木瓦石的良知。」草木暫不說，請識破瓦石是無生之物，良知安在？我們把瓦石加以分析，除了泥沙，別無他物，細加考察，即知它有凝集力，能把泥沙分子結合攏來，對於外物有一種引力，把瓦石向空拋去，它能依力學規律向下而墜。由此知：陽明所謂良知，不外力之作用罷了。陽明所說的良知，與孟子所說的良知不同，孟子指仁愛之心而言，只是一種引力，陽明則指是非之心而言，是者自必引之使近，非者自必推之使遠，具有向心離心二力之作用，故陽明學說，較孟子學說圓滿。我們這樣的研究，即知陽明所謂致良知者，無非把力學原理應用到事事物物而已。

（二）知行合一。陽明說：「知是行的主意，行是知的工夫，知是行之始，行是知之成。」他這個道理，可畫根力線來說明。例如：我聞友人病重，想去看他。我心中這樣想，即心中發出一根力線，直射到友人方面，我由家起身，即是沿著這根力線一直前進，直到病人面前為止。知友人病重，是此線之起點，故曰：「知是行之始。」走到病人面前，是此線之終點，故曰：「行是知之成。」兩點俱在一根直線上，故曰：「知行合一。」一聞友病，即把這根路線畫定，故曰：「知是行的主意。」畫定了，即沿著此線走去，故曰：「行是知的工夫。」陽明把明德親民二者，合為一事，把博學、審問、慎思、明辨、篤行五者合為一事，把格致誠正、修齊治平八者合為一事，都是用的這個方式，都是在一根直線上，從起點說至終點。

王陽明解釋《大學．誠意章》「如好好色，如惡惡臭」二句，說道：「見好色屬知，好好色屬行，只見好色時，已自好了，不是見後又立個心去好，聞惡臭屬知，惡惡臭屬行，只聞惡臭時，已自惡了，不是聞後別立一個心去惡。」他這種說法，用磁電之理一說就明白了。「異性相引，同性相推」，是磁電的定例，能判別同性異性者，知也，引之推之者，行也。我們在講室中試驗，即知道：磁電一遇異性，立即相引，一遇同性，立即相推，並不是先把同性異性判定了，然後才去引之推之。知行二者，簡直分不出來，恰是陽明所說「即知即行」的現象。

陽明說的「知行合一」乃是思想與行為合一，如把「知」字改為「思想」二字，更覺明瞭，因為人的行為，是受思想支配的。故陽明曰：「知是行的主意。」所以我們觀察人的行為，即可窺見其心理，知道他的心理，即可預料其行為。古人說：「誠於中，形於外。」又說：「中心達於面目。」又說：「根於心，見於面，盎於背，旋於四體」等語。我們下細研究，即知這些說法，很合力學規律。心中起了一個念頭，力線一動，即依著直線進行的公例，達於面目，跟著即見於行事。但有時心中起了一個念頭，竟未見諸實行，這是甚麼緣故呢？是心中另起一種念頭，把前線阻住了，猶如起身去看友人之病，行至中途，發生障故，路線被阻一般。此種現象，在陽明目中看來，仍與實行了無異，不必定要走到病人面前才算實行，只要動了看病人的念頭，即等於行。故曰：知行合一。

陽明說：「見好色屬知，好好色屬行。」普通心理學，分知、情、意三者，這「好好色」，明明屬乎情，何以謂之行呢？因為一動念，力線即射到色字上去了，已經是行之始，故陽明把情字看作行字，他說的「知行合一」乃是「知情合一」。所以我們要想徹底了解陽明學說，必須應用力學規律，根據他所說「知是行之始，行是知之成」，繪出一根直線，才知他的學說不是空談，而是很合自然之理的。

經濟、政治、外交三者應採用合力主義

大凡列國紛爭之際，弱小國之唯一辦法，是採用合力主義，合眾弱國以攻打強國，已經成了歷史上鐵則。而強國對付之唯一辦法，是破壞他的合力主義，設法解散弱國之聯盟，故六國聯盟成功，秦即遣張儀出來挑撥離間，吳蜀聯盟成功，曹操即設法使孫權敗盟。

中國古代，不但哲學家的學說，合得到力學原理。就是大政治家的政策，也合得到力學原理。以春秋戰國言之，其時外交上發生兩大政策，第一是管仲尊周攘夷的政策，第二是蘇秦合六國以抗強秦的政策；這兩大政策，俱合力學規律，故當時俱生重大的影響。管仲的政策是尊周攘夷，他提出「尊周」二字，九合諸侯，把全國力線集中於尊周之一點，內部力線，即已統一了，然後向四面打出，伐狄，伐山戎，伐楚，遂崛起而稱霸了。春秋時楚國最強，齊自襄公之亂，國力微弱，遠非楚敵，召陵之役，齊合魯宋陳衛鄭許曹諸國以擊楚，是合眾弱國以攻打一個強國，合得到力學上的合力方式，所以能取勝。後來晉文公合齊宋秦諸國以伐楚，也是師法管仲政策，採用合力主義。

蘇秦合六國以攻強秦，這是齊楚燕趙韓魏六國各發出一根力線，集中於攻打強秦之一點，其政策名曰合縱，是合六根力線，從縱的方向向強秦攻去，也是一種合力主義，故他的政策實行後，秦人不敢出關者十五年。

諸葛孔明，是三代下第一個政治家，他的外交政策，是聯吳伐魏，合兩個弱國，攻打一個強國。史稱：「孔明自比管仲樂毅。」孔明治蜀，略似管仲治齊，以之自比，尚屬相似，請問孔明生平哪一點像樂毅，為甚以之自比？我們考《戰國策》：燕昭王以樂毅為上將軍，率燕趙楚魏宋五國之兵以伐齊；孔明的《隆中對》，主張西和諸戎，南撫夷越，東聯孫權，然後北伐曹魏，與樂毅和燕昭王那篇議論完全相似，可知孔明自比管樂，全是取他合眾弱國以攻打強國這一點。這是孔明在南陽同諸名士研討出來的政策，不過古史簡略，只載「自比管仲樂毅」一句，未及詳言之耳。後來孔明的政策成功，曹操聽說孫權把荊州借與劉備，二人實際聯合了，他正在寫字，手中之筆都落了，由此知合力主義之厲害。

大凡列國紛爭之際，弱小國之唯一辦法，是採用合力主義，合眾弱國以攻打強國，已經成了歷史上鐵則。而強國對付之唯一辦法，是破壞他的合力主義，設法解散弱國之聯盟，故六國聯盟成功，秦即遣張儀出來挑撥離間，吳蜀聯盟成功，曹操即設法使孫權敗盟。

弱國能否戰勝強國，以弱國之合力主義能否貫到徹底為斷。齊合八國之師以伐楚，晉合四國之師以伐楚，燕合五國之師以伐齊，是合力到底，故能成功。蘇秦合六國以抗秦，而六國自相衝突，故歸失敗；吳蜀聯盟，中經孫權敗盟，關羽被殺，後來雖重行聯合，而勢力大為衰減，故仍不能成功。

合力主義，不但施之外交，且應施之內政。齊桓之能夠稱霸，是由管仲作內政，寄軍令，內部力線是一致的；孔明治蜀，內部力線也是一致，故魏人畏之如虎。秦自商鞅而後，內部事事一致，六國既相衝突，而各國內部復不講內政，故秦興而六國滅。管仲與寧鮑諸人，同心一德，合得到合力主義，故成功；蘇秦有一個好友張儀，反千方百計，驅之入秦，違反合力主義，故失敗。

主持國家大計，貴在傾全國力線，根根都發展出來，集中於中央政府，用以對外，自然綽有餘裕，所以身負國家重責的人，必須有籠罩萬有的氣象。古人云：「萬方有罪，罪在聯躳。」即是此種氣象。秦曰：「如有一介臣，斷斷猗，無他技，其心休休焉，其如有容焉，人之有技，若已有之，人之彥聖，其心好之，不啻如自其口出。」也是此種氣象。劉邦豁達大度，能把敵人方面的韓信、陳平、黥布、彭越等諸人收己用，智者盡其謀，勇者盡其力。項羽則局量狹小，不唯韓彭諸人容留不住，連一個忠心耿耿的范增也不能用。劉邦用眾人之力，項羽用一己之力，故漢興而楚滅。

武王曰：「紂有臣億萬，唯億萬心。」這是違反了合力主義。「予有臣三千，唯一心。」這是合乎合力主義，故武王興而殷紂滅。他如光武之推心置腹，諸葛孔明之集思廣益，都可謂之實行合力主義。

互競主義，力線是橫的，彼此相互衝突；互助主義，彼此雖不衝突，然力線仍是橫的，成立不起政府，不得不流而為無政府主義。若行合力主義，則力線是縱的，可以成立政府，而力線則根根直達中央，彼此不相衝突。講尼采的超人主義，其弊流於你死我活，講託爾斯泰的不抵抗主義，其弊流於你活我死，最好是行合力主義，你與我大家都活。

我國治國之術，有主張用仁義感化的，其說出於孟子一派的儒家，是建築在性善說上面，性善說是一偏之見，故純用仁義感化有流弊；有主張用法律制裁的，其說出於申韓一派的法家，是建築在性惡說上面，性惡說是一偏之見，故純用法律制裁，也有流弊。我們知道：心理依力學規律而變化，無所謂善，無所謂惡，這是把性善說和性惡說合而為一，施之治國，則一面用仁義感化，等於治水者之疏瀹（指疏通，疏導），使之向下流去，一面用法律制裁，等於治水者之築堤，不使其橫流。治水者，既是疏瀹與築堤並行不悖，所以治國者仁義法律亦可並行不悖。水之變化，即是力之變化，用治水之法治民，斷不會錯。

世界之所以紛爭不已者，實由互相反對之兩說，同時並行之故，而此互相反對之兩說，大都一則建築在性善說上，一則建築在性惡說上。例如：個人主義經濟學之鼻祖是史密斯（今譯亞當·斯密），他說：「人類皆有自私自利之心，利用這種自私自利之心，就可把人世利源儘量開發出來。」因主張營業自由。故知《原富》（今譯《國民財富的性質和原因的研究》，簡稱《國富論》）一書，是建築在性惡說上。社會主義經濟學之倡始者，是聖西門諸人，他們都說：「人性是善良的，上帝造人類，並莫有給人類罪惡痛苦，人類罪惡痛苦，都是惡社會製成的。」故知此書，是建築在性善說上，性善說與性惡說即兩相衝突，故社會主義與個人主義就兩相衝突。民主主義的學說，發源於盧梭，盧梭說：「自然之物皆善，經人類之手，乃變而為惡。」這是屬乎性善說。倡獨裁主義者，則謂人心好亂，必須採用獨裁制，才能鎮壓下去，這是屬乎性惡說，性善說與性惡說，即兩相衝突，民主主義與獨裁主義，遂兩相衝突。達爾文倡優勝劣敗之說，發揮人類自私自利之心，這是屬乎性惡說。克魯泡特金，起而反對之，說：「動物和原始人類，都知道互助。」這是屬乎性善說。性善說與性惡說，即兩相衝突，故達爾文學說，克魯泡特金學說，遂兩相衝突。我們試思：同一社會之中，有種種兩相衝突之主張，同時並行，世界烏得不大亂？

我們要想解除世界紛爭，非先把人性研究清楚不可，人性研究清楚了，再來定經濟政治外交三者的實施辦法。我們主張：性無善無惡，算是把性善說與性惡說合而一之，因此我們擬具的經濟制度，是把個人主義和社會主義合而一之，擬具的政治方式，是把民主主義和獨裁主義合而一之。至於外交方面，我們把被侵略者聯合為一，算是互助主義，進而對侵略者抗戰，算是互競主義，這可說是把克魯泡特金學說和達爾文學說合而一之。基於經濟之組織，生出政治之組織，基於經濟政治之方式，生出外交之方式，由民生，而民權，而民族，三者一以貫之，而三民主義，就成為整個的了。

孫中山先生學說，業經國內學者詳加闡發，獨於他的學說，系根據力學原理立論，許多人都未注意。他講五權憲法，曾說道：「政治裡頭，有兩個力量，好比物理學裡頭，有離心力與向心力一般。」他主張兩力平衡，才能達到安全現象。他講民權主義，以機器為喻，以機器中之活塞為喻。又說放水制和接電鈕等等，都是把力學上原理運用到政治方面，中山先生把人事與物理會通為一，故創出的學說，很合宇宙自然之理。

此書初版，對於政治經濟外交三者，本著合力主義，一一擬具實施辦法。此次再版，因為曾寫了一本《社會問題之商榷》，又寫了一本《制憲與抗日》，後來又總括大意，寫入《我的思想統系》中。其大旨：關於政治一層，人民行使四權，先從一村一場開始，各村各場辦好了，聯合為區，各區辦好了，聯合為縣，由是而省而全國，四萬萬五千萬人，有四萬萬五千萬根力線，根根力線，直達中央，成一個合力政府。大總統去留之權，操諸人民之手，興革大政，由全體人民裁決，大總統違法，可由人民總投票，撤職訊辦，是為民主主義。大總統在職權內發出之命令，任何人不能違反，儼然專制時代之皇帝，是為獨裁主義。像這樣的辦法，民主制和獨裁制，即合而為一了。關於經濟一層：土地、工廠、銀行和經濟貿易四者，一律收歸國有，其他經濟之組織，悉仍其歸，個人主義、社會主義融合為一。人民私有之土地，始而收歸一村一場公有，繼而收歸全區公有，全縣公有，全省公有，終而收歸全國公有（詳細辦法，具載拙著《我的思想統系》中）。關於外交一層，由我國出來，組織「新的國際聯盟」，喊出「人類平等」的口號，以弱小民族為主體，進而與列強聯合，以這個新的國聯為推行我國王道主義之機關，我們最終的目的，是全球十八萬萬人共同做皇帝，把全世界土地收歸全人類公有。

自有歷史以來，都是人同人爭，其力線是橫的，我們改為縱的方向，懸出地球為目的物，合全人類向之進攻，把他內部蘊藏的財富取出來，全人類平分，人同人爭之現象，永遠消滅，是為合力主義之終點。

第三部　厚黑叢話

牛頓發明萬有引力，這種引力，也不是牛頓帶來的，自開闢以來，地心就有吸力，經過了百千萬億年，都無人知道，直至牛頓出世，才把他發現出來。厚黑這門學問，從古至今，人人都能夠做，無奈行之而不著，習矣而不察，直到李宗吾出世，才把他發現出來。牛頓可稱為萬有引力發明家，李宗吾當然可稱厚黑學發明家。

自序

《厚黑學》一文，是揭穿一部二十四史的黑幕；《我對於聖人之懷疑》一文，是揭穿一部宋元明清學案的黑幕。馬克思的思想，是建築在唯物史觀上；我的思想，可說是建築在厚黑史觀上。

民國十六年，我將歷年作品彙刊一冊，名曰《宗吾臆談》，內容計：(一)厚黑學；(二)我對聖人之懷疑；(三)心理與力學；(四)考試制之商榷；(五)解決社會問題之我見。十七年，我把「解決社會問題之我見」擴大為一單行本，題曰《社會問題之商榷》。第六章有云：「我討論這個問題，自有我的根據地，並未依傍孫中山，乃所得結果，中山已先我而言之，真理所在，我也不敢強自立異。於是把我研究所得，作為闡發孫中山學說之資料」，云云。此書流傳至南京，石青陽與劉公潛見之，曾電致四川省政府劉主席自乾，叫我入京研究黨義，我因事未去。本年我到重慶，伍君心言對我說：「你著的《社會問題之商榷》，曾揭登南京《民生報》，許多人說你對於孫中山學說，有獨到之見。你可再整理一下，發表出來，大家討論。」我因把原作再加整理，名曰《改革中國之我見》。

《社會問題之商榷》理論多而辦法少，我認為現在所需要者，是辦法，不是理論，乃將原書大加刪除，注重辦法。原書偏於經濟方面，乃再加入政治和外交，基於經濟之組織，生出政治之組織，基於經濟政治之方式，生出外交之方式。換言之，即是由民生而民權，而民族，三者聯為一貫，三民主義就成為整個的東西了。書成拿到省黨部，請胡素民、顏伯通二君批評。二君道：「此書精神上，對於三民主義完全吻合，但辦法上，有許多地方，孫中山未曾這樣說，如果發表出來，恐淺見者流生出誤會，你可以不必發表。」我因把原稿收藏起。我是發明厚黑學的人，還是回頭轉來講我的厚黑學，因此才寫《厚黑叢話》。

我生平揭的標幟，是「思想獨立」四字。因為思想獨立，就覺得一部二十四史和四書五經，與宋元明清學案，無處不是破綻。《厚黑學》一文，是揭穿一部二十四史的黑幕；《我對於聖人之懷疑》一文，是揭穿一部宋元明清學案的黑幕。馬克思的思想，是建築在唯物史觀上；我的思想，可說是建築在厚黑史觀上。

我的思想，既以厚黑史觀為基礎，則對於人性不能不這樣的觀察，對於人性既這樣觀察，則改革經濟、政治、外交等，不能不有這樣的辦法。今之研究三民主義者，是置身三民主義之中，一字一句研究。我是把中國的四書五經，二十四史和宋元明清學案，與夫外國的……史密斯（今譯亞當·斯密）、達爾文、盧梭、克魯泡特金、孟德斯鳩，等等，一齊掃蕩了，另闢蹊徑，獨立研究，結果與三民主義精神相合，成了殊途同歸，由此可以證明孫中山學說是合真理的。

孫中山嘗說：「主義不能變更，政策可因時勢而變更。」主義者精神也，政策者辦法也，我們只求精神上與三民主義相合，至於辦法上，大家可提些出來，公開討論……辦法生於理論，我的理論，以厚黑史觀為基礎，故從厚黑學講起來。

此次所寫《厚黑叢話》，是把我舊日作品和最近的感想糅合寫之。我最近還作有一本《中國學術之趨勢》，曾拿與友人舒君實、官夢蘭二君看，二君都說可以發表，我也把他拆散寫入，將所有作品冶為一爐，以見思想之一貫。中間許多說法，已越出厚黑學範圍，而仍名之為《厚黑叢話》者，因種種說法，都是從厚黑學生出來，猶之樹上的枝葉花果，是從樹幹生出來，題以厚黑二字，示不忘本也。

我這《厚黑叢話》，從二十四年八月一日起，逐日在成都《華西日報》發表，每日寫一兩段，每兩個月合刊一冊，請閱者賜教。舊著《宗吾臆談》和《社會問題之商榷》，我送有兩本在成都圖書館，讀者可便中取閱。有不合處，一經指出，即當遵照修改。

民國二十四年十月十八日　李宗吾於成都。

致讀者諸君

成都《華西日報》民國二十四年十一月十七日

我這《厚黑叢話》，是把平日一切作品和重慶《新蜀報》發表的《隨錄》，《濟川報》發表的《汲心齋雜錄》，連同近日的新感想，糅合寫之，所討論的問題，往往軼出厚黑二字之外。諸君可把這「厚黑叢話」四字當如書篇名目，如《容齋隨筆》、《北夢瑣言》之類，如把這四字，認為題目，則我許多說法，都成為文不對題了。

二十四年十一月十日，《成都快報》載有竇枕原君所寫《讀＜厚黑叢話＞與＜厚黑學的基礎安在＞後的意見》，說道：「《厚黑叢話》是李先生宗吾自己的意思見地。《厚黑學的基礎安在》，是客塵先生批評厚黑而寫的。我呢，因為站在壁上觀的立場，不便有甚麼言論，來判定誰是誰非，但我亦不是和事老的魯仲連。我的意見便是請求兩先生的文章，按月刊成單行本，露布書店，使閱者得窺全豹，同時又可使閱者有研討的可能。愚見如此，不知你們的尊意怎樣？」竇君這種主張，我極端贊成，決定每兩月刊一冊，自八月一日至九月卅日，在成都《華西日報》發表的《厚黑叢話》，業已加以整理，交付印刷局，不日即可出版，餘者續出。

同日快報載客塵君《答枕原先生兼請教讀者》一文，內云：「出單行本卻不敢有此企圖，最大的原因，便是囊空如洗，一錢莫名，並且文字是隨便寫的，異常拖沓拉雜……」客塵君既不自出單行本，我打算纂一部《厚黑叢話之批評》，以若干頁為一冊，挨次出版，冊數之多寡，視批評者之多寡為斷。快報十一月十日所載寶君及客塵君兩文，決定刊入。又成都《新四川日報》十月十三日載子健君《健齋瑣錄》，對於厚黑學亦有批評，亦當錄入。至客塵君所著《厚黑學的基礎安在》，我希望客塵加以整理，力求短簡明潔，在報上重新發表，以便刊行。如或過長，只好仍請客塵君自印單行本。

客塵君在快報上宣言要向我總攻擊，所謂總攻者，無所不攻之謂也。客塵君寫瞭如許長的文字，只攻擊我「厚黑救國」四字，拙作中類此四字者很多，請一一攻擊，俾知謬點所在。我為客塵君計，可每文標一題目，直揭出攻擊之點，簡簡單單的數百字，一日登完，庶閱者一目瞭然。不必用《厚黑學的基礎安在》那種寫法，定一個大題目，每次登一兩千字，幾個星期都未登完，致流於拖沓拉雜之弊。客塵君以我的話為然否?並希望其他的批評者也這樣辦。

我這《厚黑叢話》，不斷寫去，逐日《華西日報》發表，究竟寫好長，寫好久，我也無一定計劃。如無事故，而又心中高興，就長期寫去。凡批評的文字，只要在報章雜誌上發表過的，無論贊成或反對，俱一一刊入；且反對愈烈者，我愈歡迎。我是主張思想獨立的人，常喜歡攻擊他人，因之也喜歡他人攻擊我。有能痛痛快快地攻擊我，我就認他是我的同志，當然歡迎。唯文字冗長，詞意晦澀者則不錄。其直接寄我之信函，而未經報章雜誌披露者亦不錄。

我平居無事，即尋些問題來研究，研究所得，究竟合與不合，自己無從知道，特寫出來，請求閱者指正。我研究這些問題，已鬧得目迷五色，好像徬徨失落的人。諸君旁觀者清，萬望指我去路，我重再把這些道理研究明白。只要把真理尋出就好了，不必定如果我尋出的，猶之救國救民等事，只要人民的痛苦能夠解除就好了，不必定要功自我出。我只埋頭發表我的意見，或得或失，一任讀者批評，自己不能置辯一字，我說錯了，自當改從諸君之主張，不敢固執己見。

我這《厚黑叢話》，是把平日一切作品和重慶《新蜀報》發表的《隨錄》，《濟川報》發表的《汲心齋雜錄》，連同近日的新感想，糅合寫之，所討論的問題，往往軼出厚黑二字之外。諸君可把這「厚黑叢話」四字當如書篇名目，如《容齋隨筆》、《北夢瑣言》之類，如把這四字，認為題目，則我許多說法，都成為文不對題了。

諸君批評的文字，在報章雜誌上發表後，請惠贈一份，交成都《華西日報》副刊部轉交，無任感盼。

李宗吾　民國二十四年十一月十五日

厚黑叢話．卷一

成都《華西日報》民國二十四年八月一日至八月三十一日

厚黑學這門學問，等於學拳術，要學就要學精，否則不如不學，安分守己，還免得捱打。若僅僅學得一兩手，甚或拳師的門也未拜過，一兩手都未學得，遠遠望見有人在習拳術，自己就出手伸腳的打人，焉得不為人痛打？

著者於滿清末年發明厚黑學，大旨言一部二十四史中的英雄豪傑，其成功祕訣不外面厚心黑四字，歷引史事為證。民國元年，揭登成都《公論日報》，計分三卷，上卷《厚黑學》，中卷《厚黑經》，下卷《厚黑傳習錄》。發表出來，讀者譁然。中卷僅登及一半，我受友人的勸告，也就中止。原文底稿，已不知拋棄何所。十六年，刊《宗吾臆談》，把三卷大意摘錄其中。去年舍侄等在北平，從《臆談》中抽出，為單行本，上海某雜誌，似乎也曾登過。

我當初本是隨便寫來開玩笑，不料從此以後，厚黑二字，竟洋溢乎四川，成一普通名詞。我也莫名其妙，每遇著不相識的朋友，旁人替我介紹，必說道：「這就是發明厚黑學的李某。」幾於李宗吾三字和厚黑學三字合而為一，等於釋迦牟尼與佛教合而為一，孔子與儒教合而為一。

有一次在宴會席上，某君指著我，向眾人說道：「此君姓李名宗吾，是厚黑學的先進。」我趕急宣告道：「你這話錯了，我是厚黑學祖師，你們才是厚黑學的先進。我的位置，等於佛教中的釋迦牟尼，儒教中的孔子，當然稱為祖師。你們親列門牆，等於釋迦門下的十二圓覺，孔子門下的四科十哲，對於其他普通人，當然稱為先進。」

厚黑學，是千古不傳之祕，我把他發明出來，可謂其功不在禹下。每到一處，就有人請我講厚黑學，我身抱絕學，不忍自私，只好勤勤懇懇地講授，隨即筆記下來，名之曰《厚黑叢話》。

有人駁我道：「面厚心黑的人，從古至今，豈少也哉？這本是極普通的事，你何得妄竊發明家之名？」我說：「所謂發明者，等於礦師之尋出煤礦鐵礦，並不是礦師拿些煤鐵嵌入地中，乃是地中原來有煤有鐵，礦師把上面的土石除去，煤鐵自然出現，這就謂之發明瞭。厚黑本是人所固有的，只因被四書五經、宋儒語錄和感應篇、陰騭文、覺世真經等等矇蔽了，我把它掃而空之，使厚與黑赤裸裸地現出來，是之謂發明。

牛頓發明萬有引力，這種引力，也不是牛頓帶來的，自開闢以來，地心就有引力，經過了百千萬億年，都無人知道，直至牛頓出世，才把他發現出來。厚黑這門學問，從古至今，人人都能夠做，無奈行之而不著，習矣而不察，直到李宗吾出世，才把他發現出來。牛頓可稱為萬有引力發明家，李宗吾當然可稱厚黑學發明家。

有人向我說道：「我國連年內亂不止，正由彼此施行厚黑學，才鬧得這樣糟。現在強鄰壓迫，亡國在於眉睫，你怎麼還在提倡厚黑學？」我說：「正因亡國在於眉睫，更該提倡厚黑學，能把這門學問研究好了，國內紛亂的狀況，才能平息，才能對外。」厚黑是辦事上的技術，等於打人的拳術。諸君知道：凡是拳術家，都要閉門練習幾年，然後才敢出來與人交手。從辛亥至今，全國紛紛擾擾者，乃是我的及門弟子和私淑弟子實地練習，他們師兄師弟，互相切磋。迄今二十四年，算是練習好了，開門出來，與人交手，真可謂「以此制敵，何敵不摧，以此圖功，何功不克」。我基於此種見解，特提出一句口號曰：厚黑救國。請問居今之日，要想抵抗列強，除了厚黑學，還有甚麼法子？此《厚黑叢話》，所以不得不作也。

抵抗列強，要有力量，國人精研厚黑學，能力算是有了的。譬之射箭，射是射得很好，從前是關著門，父子弟兄，你射我，我射你；而今以列強為箭堆子，支支箭向同一之堆子射去。我所謂厚黑救國，如是而已。

厚黑救國，古有行之者，越王勾踐是也。會稽之敗，勾踐自請身為吳王之臣，妻入吳宮為妾，這是厚字訣。後來舉兵破吳，夫差遣人痛哭乞情，甘願身為臣，妻為妾，勾踐毫不鬆手，非把夫差置之死地不可，這是黑字訣。由此知：厚黑救國。其程式是先之以厚，繼之以黑，勾踐往事，很可供我們的參考。

項羽拔山蓋世之雄，其失敗之原因，韓信所說「匹夫之勇，婦人之仁」，兩句話就斷定了。匹夫之勇，是受不得氣，其病根在不厚。婦人之仁，是心有所不忍，其病根在不黑。所以我講厚黑學，諄諄然以不厚不黑為大戒。但所謂不厚不黑者，非謂全不厚黑，如把厚黑用反了，當厚而黑，當黑而厚，也是斷然要失敗的。以明朝言之，不自量力，對滿洲輕於作戰，是謂匹夫之勇。對流寇不知其野性難馴，一意主撫，是謂婦人之仁。由此知明朝亡國，其病根是把厚黑二字用反了。有志救國者，不可不精心研究。

我國現在內憂外患，其情形很與明朝相類，但所走的途徑，則與之相反。強鄰壓境，熟思審處，不悻悻然與之角力，以匹夫之勇為戒……明朝外患愈急迫，內部黨爭愈激烈。崇禎已經在煤山縊死了，福王立於南京，所謂志士者，還在鬧黨爭。福王被滿清活捉去了，輔立唐王、桂王、魯王的志士，還在鬧黨爭。我國邇來則不然，外患愈緊迫，內部黨爭愈消滅，許多兵戎相見的人，而今歡聚一堂。明朝的黨人，忍不得氣，現在的黨人，忍得氣，所走的途徑又與明朝相反，這是更為可喜的。厚黑先生曰：「知明朝之所以亡，則知民國之所以興矣。」我希望有志救國者，把我發明的「厚黑史觀」下細研究。

昨日我回到寓所，見客廳中坐一個很相熟的朋友，一見面就說道：「你怎麼又在報上講厚黑學？現在人心險詐，大亂不已，正宜提倡舊道德，以圖挽救，你發出這些怪議論，豈不把人心越弄越壞嗎？」我說：「你也太過慮了。」於是把我全部思想原原本本說與他聽，直談到二更，他歡然而去，說道：「像這樣說來，你簡直是孔子信徒，厚黑學簡直是救濟世道人心的妙藥，從今以後，我在你這個厚黑教主名下當一個信徒就是了。」

梁任公（梁啟超）曾說：「假令我不幸而死，是學術界一種損失。」不料他五十六歲就死了，學術界受的損失，真是不小。古來的學者如程明道（程顥）、陸象山（陸九淵），是五十四歲死的。

韓昌黎（韓愈）、周濂溪（周敦頤）、王陽明（王守仁），都是五十七歲死的。鄙人在厚黑界的位置，自信不在梁程陸韓周王之下，講到年齡，已經有韓周王三人的高壽，要喊梁程陸為老弟，所慮者萬一我一命嗚呼，則是曹操、劉備諸聖人相傳之心法，自我而絕，厚黑界受的損失，還可計算嗎？所以我汲汲皇皇地寫文字，餘豈好厚黑哉？餘不得已也。

馬克思發明唯物史觀，我發明厚黑史觀。用厚黑史觀去讀二十四史，則成敗興衰，瞭如指掌，用厚黑史觀去考察社會，則如牛渚燃犀，百怪畢現……我們又可用厚黑史觀攻擊達爾文強權競爭的說法，使迷信武力的人失去理論上的立場。我希望閱者耐心讀去，不可先存一個心說：「厚黑學，是誘惑人心的東西。」更不可先存一個成見說：「馬克思、達爾文是西洋聖人，李宗吾是中國壞人，從古至今，斷沒有中國人的說法，會勝過西洋人的。」如果你心中是這樣想，就請你每日讀華西副刊的時候，看見《厚黑叢話》一欄，就閉目不視，免得把你誘壞。

有天我去會一個朋友。他是講宋學的先生，一見我，就說我不該講厚黑學。我因他是個迂儒，不與深辯，婉辭稱謝。殊知他越說越高興，簡直帶出訓飭的口吻來了。我氣他不過，說道：「你自稱孔子之徒，據我看來，只算是孔子之奴，夠不上稱孔子之徒。何以言之呢？你們講宋學的人，神龕上供的是『天地君親師之位』。你既尊孔子為師，則師徒猶父子，也可說等於君臣。古云：『事父母幾諫』。又云：『事君有犯而無隱。』你為甚麼不以事君父之禮事孔子？明知孔子的學說有許多地方，對於現在不適用，不敢有所修正，直是諂臣媚子之所為，非孔子家奴而何？古今夠得上稱孔子之徒者，孟子一人而已，孔子曰：『我戰則克。』孟子則曰：『善戰者服上刑。』依孟子的說法，孔子是該處以槍斃的。孟子曰：『仲尼之徒，無道桓文之事者。』又把管仲說得極不堪，曰：『功烈如彼其卑也。』而《論語》上明明載，孔子曰：『齊桓公正而不譎。』又曰：『桓公九合諸侯，不以兵車，管仲之力也。如其仁，如其仁。』又曰：「管仲相桓公，霸諸侯，一匡天下，民到於今受其賜。微管仲，吾其被髮左衽矣。』孟子的話，豈不顯與孔子衝突嗎？孔子修《春秋》，以尊周為主，稱周王曰『天王』。孟子遊說諸侯，一則曰：『地方百里而可以王。』再則曰：『大國五年，小國七年，必為政於天下。』未知置周王於何地，豈非孔教叛徒？而其自稱，則曰『乃所願則學孔子也。』孟子對於孔子，是脫了奴性的，故可稱之曰孔子之徒，漢宋諸儒，皆孔子之奴也。至於你嘛！滿口程朱，對於宋儒，明知其有錯誤，不敢有所糾正，反曲為之庇，直是家奴之奴，稱曰『孔子之奴』，猶未免過譽。」說罷，彼此不歡而散。閱者須知，世間主人的話好說，家奴的話不好說，家奴之奴，更難得說。中國紛紛不已者，孔子家奴為之也……達爾文家奴為之也，於主人何尤！

我不知有孔子學說，更不知有馬克思學說和達爾文學說，我只知有厚黑學而已。問厚黑學何用？曰用以抵抗列強。我敢以厚黑教主之資格，向四萬萬人宣言曰：「勾踐何人也，予何人也，凡我同志，快快地厚黑起來！何者是同志？心思才力，用於抵抗列強者，即是同志。何者是異黨？心思才力，用於傾陷本國人者，即是異黨。」從前張獻忠祭梓潼文昌帝君文曰：「你姓張，咱老子也姓張，咱與你聯宗罷。」我想，孔子在天之靈，見了我的宣言，一定說：「咱講內諸夏，外夷狄，你講內中國，外列強，咱與你聯合罷。」

梁任公（梁啟超）曰：「讀春秋當如讀楚辭，其辭則美人香草，其義則靈修也，其辭則齊桓、晉文，其義則素王制也。」嗚呼，知此者可以讀厚黑學矣！其詞則曹操、劉備，其義則十年沼吳之勾踐、八年血戰之華盛頓也。師法曹操、劉備者，師法厚黑之技術，至曹劉之目的為何，不必深問。斯義也，恨不得起任公於九原，而一與討論之。

我著《厚黑學》，純用春秋筆法，善惡不嫌同辭，據事直書，善惡自見。同是一厚黑，用以圖謀一己之私利，是極卑劣之行為，用以圖謀眾人之公利，是至高無上的道德。所以不懂春秋筆法者，不可以讀《厚黑學》。

民國六年，成都國民公報社把《厚黑學》印成單行本，宜賓唐倜風作序，中江謝綬青作跋。綬青之言曰：「宗吾發明厚黑學，或以為議評末俗，可以勸人為善，或以為鑿破混沌，可以導人為惡。餘則謂：厚黑學無所謂善，無所謂惡，亦視用之何如耳。如利刃然，用以誅叛逆則善，用以屠良民則惡。善與惡，何關於刃？故用厚黑以為善，則為善人，用厚黑以為惡，則為惡人，或善或惡，於厚黑無與也。」綬青這個說法，是很對的，與我所說春秋筆法，同是一意。

倜風之言曰：「孔子曰：『諫有五，吾從其諷。』昔者漢武帝欲殺乳母，東方朔叱令就死。齊景公欲誅圉人，晏子執而數其罪。二君聞言，惕然而止。宗吾此書，大有東方朔、晏子遺意，其言最詼諧，其意最沉痛，直不啻聚千古大奸大詐於一堂，而一一讞定其罪，所謂誅奸諛於既死者非歟！吾人熟讀此書，即知厚黑中人比比皆是，庶幾齣而應世，不為若輩所愚。彼為鬼為蜮者，知人之燭破其隱，亦將惶然思返，而不敢妄試其技。審如是也，人與人之間，不得不出於赤心相見之一途，則宗吾此書之有益於世道人心也，豈淺鮮哉！厚黑學之發佈，已有年矣，其名詞人多知之。試執人而語之曰：『汝固素習厚黑學者。』無不色然怒，則此書收效為何如，固不俟辯也。」個風此說固有至理，然不如綬青所說尤為圓通。

莊子曰：「能不龜手，一也，或以封，或不免於洴澼洸」。嗚呼！若莊子者，始可與言厚黑矣。禪讓一也，舜禹行之則為聖人，曹丕、劉裕行之，則為逆臣。宗吾曰：「舜禹之事，倘所謂厚黑，是耶非耶，餘甚惑焉。個風披覽《莊子》不釋手，而於厚黑學，猶一間未達，惜哉！晚年從歐陽竟無，講唯識學，回成都，貧病而死。夏斧私挽以聯，有云：「有錢買書，無錢買米。」假令個風只買厚黑學一部，而以餘錢買米，雖至今生存可也，然而個風不悟也。厚黑救國中，失此健將，悲夫！悲夫！

我宣傳厚黑學，有兩種意思：（甲）即個風所說，「聚千古大奸大詐於一堂，而一一讞定其罪」。民國元年發佈的《厚黑傳習錄》所說求官六字真言、做官六字真言和辦事二妙法等，皆屬甲種。（乙）即綬青所說：「用厚黑以為善。」此次所講厚黑救國等語，即屬乙種。

閱者諸君對於我的學問，如果精研有得，以後如有人對你行使厚黑學，你一入眼就明白，可直告之曰：「你是李宗吾的甲班學生，我與你同班畢業，你那些把戲，少拿出來耍些。」於是同學與同學闟誠相見，而天下從此太平矣，此則厚黑學之功也。有人說：「老子云『邦之利器，不可以示人。』你把厚黑學公開講說，萬一國中的漢奸，把他翻譯為英法德俄日等外國文，傳播世界，列強得著這種祕訣，用科學方法整理出來，還而施之於我，等於把我國發明的火藥加以改良，還而轟我一般，如何得了？」我說：唯恐其不翻譯，越翻譯得多越好。宋朝用司馬光為宰相，遼人聞之，戒其邊吏曰：「中國相司馬公矣，勿再生事。」列強聽見中國出了厚黑教主，還不聞風喪膽嗎？孔子曰：「言忠信，行篤敬，雖蠻貊之邦可行也。」我國對外政策，應該建築在一個誠字上，今可明明白白告訴他：「我國現遍設厚黑學校，校中供的是『大成至聖先師越王勾踐之神位』。厚黑教主開了一個函授學校，每日在報上發講稿，定下十年沼吳的計劃。這十年中，你要求甚麼條件，我國就答應甚麼條件，等到十年後，算帳就是了。」我們口中如此說，實際上既如此做，絕不敢哄他。但要敬告翻譯的漢奸先生，譯《厚黑學》時，定要附譯一段，說：「勾踐最初對於吳王，身為臣，妻為妾。後來吳王請照樣的身為臣，妻為妾，勾踐不允，非把他置於死地不可，加了幾倍的利錢。這是我們先師遺傳下來的教條，請列強於頭錢之外，多預備點利錢就是了。」從前王德用守邊，契丹遣人來偵探，將士請逮捕之，德用說：「不消。」明日，大閱兵，簡直把軍中實情拿與他看。偵探回去報告，契丹即遣人來議和。假如外國人知道我國朝野上下，一致研究厚黑學，自量非敵，因而斂戢其野心，十年後不開大殺戒，則厚黑學之造福於人類者，寧有暨耶。此即漢奸先生翻譯之功也。彼高談仁義者，烏足知之？傳曰：「火烈，民望而畏之，故鮮死焉。水懦弱，民狎而玩之，則多死焉。」厚黑先生者，其我佛如來之化身歟！

友人雷民心，發明瞭一種最精粹的學說，其言曰：「世間的事，分兩種，一種是做得說不得，一種是說得做不得。例如夫婦居室之事，儘管做，如拿在大庭廣眾中來說，就成為笑話，這是做得說不得。又如兩個朋友，以狎褻語相戲謔，抑或罵人的媽和姐妹，聞者不甚以為怪，如果認真實現，就大以為怪了，這是說得做不得。」民心這個學說，凡是政治界學術界的人，不可不懸諸座右。厚黑學是做得說不得……

做得說不得這句話，是《論語》「民可使由之，不可使知之」的註腳，說得做不得這句話，是《孟子．井田章》和《周禮》一書的註腳。假令王莽、王安石聘民心去當高等顧問，絕不會把天下事鬧得那麼壞。

辛亥年成都十月十八日兵變，全城秩序非常之亂，楊莘友出來任巡警總監，捉著擾亂治安的人，就地正法，出的告示，摹仿張獻忠七殺碑的筆調，連書斬斬斬，大得一般人的歡迎。全城男女長幼，提及楊總監之名，歌頌不已。後來秩序稍定，他發表了一篇《楊維（莘友名）之宣言》，說今後當行開明專制，於是物議沸騰，報章上指責他，省議會也糾舉他，說：「而今是共和時代，豈能再用專制手段！」殊不知莘友從前用的手段，純是野蠻專制，後來改行開明專制，在莘友算是進化了，只因把專制二字明白說出，所以大遭物議。民心說：「天下事有做得說不得的。」莘友之事，是很好的一個例證。觀於莘友之事，孔子所說：「民可使由之，不可使知之。」就算得了真解。

我定有一條公例：「用厚黑以圖謀一己之私利，是極卑劣之行為；用厚黑以圖謀眾人公利，是至高無上之道德。」莘友野蠻專制，其心黑矣，而人反歌頌不已，何以故？圖謀公利故。

厚黑救國這句話，做也做得，說也說得，不過學識太劣的人，不能對他說罷了。我這次把厚黑學公開講說，就是想把他變成做得說得的科學。

胡林翼曾說：「只要有利於國，就是頑鈍無恥的事我都幹。」相傳胡林翼為湖北巡撫時，官文為總督。有天總督夫人生日，藩台去拜壽，手本已經拿上去了，才知道是如夫人生日，立將手本索回，折身轉去。其他各官，也隨之而去。不久林翼來，有人告訴他，他聽了，伸出大拇指說道：「好藩台！好藩台！」說畢取出手本遞上去，自己紅頂花翎地進去拜壽。眾官聽說巡撫都來了，又紛紛轉來。次日官妾來巡撫衙門謝步，林翼請他母親十分優待，官妾就拜在胡母膝下為義女，林翼為乾哥哥。此後軍事上有應該同總督會商的事，就請乾妹妹從中疏通。官文稍一遲疑，其妾聒其耳目：「你的本事，哪一點比我們胡大哥？你依著他的話做就是了。」因此林翼辦事，非常順手。官胡交歡，關係滿清中興甚巨。林翼幹此等事，其面可謂厚矣，眾人不唯不說他卑鄙，反引為美談，何以故？心在國家故。

嚴世蕃是明朝的大奸臣，這是眾人知道的，後來皇上把他拿下，丟在獄中，眾臣合擬一奏摺，歷數其罪狀，如殺楊椒山、沈煉之類，把稿子拿與宰相徐階看。徐階看了說道：「你們還是想殺他？想放他？」眾人說：「當然想殺他。」徐階說：「你這奏摺一上去，皇上立即把他放出來，何以故呢？世蕃殺這些人，都是巧取上意，使皇上自動的要殺他。此折上去，皇上就會說：『殺這些人明明出自我的意思，怎麼誣在世蕃身上？』豈不立把他放出嗎？」眾人請教如何辦。徐階說：「皇上最恨的是倭寇，說他私通倭寇就是了。」徐階關著門把摺子改了遞上去。世蕃在獄中探得眾人奏摺內容，對親信人說道：「你們不必擔憂，不幾天我就出來了。」後來摺子發下，說他私通倭寇，大驚道：「完了，完了！」果然把他殺了。世蕃罪大惡極，本來該殺，獨莫有私通倭寇，可謂死非其罪。徐階設此毒計，其心不為不黑，然而後人都稱他有智謀，不說他陰毒，何以故？為國家除害故。

李次青是曾國藩得意門生，國藩兵敗靖港、祁門等處，次青與他患難相共。後來次青兵敗失地，國藩想學孔明斬馬謖，叫幕僚擬奏摺嚴參他，眾人不肯擬。叫李鴻章擬，鴻章說道：「老師要參次青，門生願以去就爭。」國藩道：「你要去，很可以，奏摺我自己擬就是了。」次日叫人與鴻章送四百兩銀子去，「請李大人搬輔」。鴻章在幕中，有數年的勞績，為此事逐出。奏摺上去，次青受重大處分。國藩此等地方手段狠辣，逃不脫一個黑字，然而次青仍是感恩知遇，國藩死，哭以詩，非常懇摯。鴻章晚年，封爵拜相，談到國藩，感佩不已，何以故？以其無一毫私心故。

上述胡、徐、曾三事，如果用以圖謀私利，豈非至卑劣之行為嗎？移以圖謀公利，就成為最高尚之道德。像這樣的觀察，就可把當偉人的祕訣尋出，也可說把救國的策略尋出。現今天下大亂，一般人都說將來收拾大局，一定是曾國藩、胡林翼一流人，但是要學曾、胡，從何下手？難道把曾、胡全集，字字讀、句句學嗎？這也無須，有個最簡單的法子，把全副精神集中在抵抗列強上面，目無旁視，耳無旁聽，抱下厚黑二字，放手做去，得的效果，包管與曾、胡一般無二。如嫌厚黑二字不好聽，你的表面上換兩個好聽字眼就是，不要學楊莘友把專制二字說破。你如有膽量，就學胡林翼，赤裸裸地說道：「我是頑鈍無恥。」列強其奈你何！是之謂厚黑救國。

我把世界外交史研究了多年，竟把列強對外的祕訣發現出來，其方式不外兩種：一曰劫賊式：一曰娼妓式。時而橫不依理，用武力掠奪，等於劫賊之明火劫搶，是謂劫賊式的外交。時而甜言蜜語，曲結歡心，等於娼妓媚客，結的盟約，毫不生效，等於娼妓之海誓山盟，是謂娼妓式的外交。

人問列強以何者立國？我答曰：「厚黑立國。」娼妓之面最厚，劫賊之心最黑，大概軍閥的舉動是劫賊式，外交官的言論是娼妓式。劫賊式之後，繼以娼妓式，娼妓式之後，繼以劫賊式，二者迴圈互用。娼妓之面厚矣，毀棄盟誓則厚之中有黑。劫賊之心黑矣，不顧唾罵則黑之中有厚。我國自五口通商以來，直至今日，都是吃列強這兩種方式的虧。我們把他的外交祕訣發現出來，就有對付的方法了。

人問：「我國當以何者救國？」我答曰：「厚黑救國。」他以厚字來，我以黑字應之；他以黑字來，我以厚字應之。娼妓豔裝而來，開門納之，但纏頭費絲毫不能出。如服侍不周，把他衣飾剝了，逐出門去，是謂以黑字破其厚。如果列強橫不依理，以武力壓迫，我們就用張良的法子對付他。張良圯上受書，老人種種作用，無非教他面皮厚罷了。蘇東坡曰：「高帝百戰百敗而能忍之，此子房所教也。」我們以對付項羽的法子對付列強，是謂以厚字破其黑。

全國人士都大聲疾呼曰：「救國！救國！」試問救國從何下手？譬諸治病，連病根都未尋出，從何下藥？我們提出厚黑二字，就算尋著病根了。寒病當用熱藥，熱病當用寒藥，相反才能相勝。外人黑字來，我以厚字應；外人厚字來，我以黑字應。剛柔相濟，醫國妙藥，如是而已。他用武力，我即以武力對付他，他講親善，我即與之親善，是為醫熱病用熱藥，醫寒病用寒藥。以此等法醫病，病人必死；以此等法醫國，國家必亡。

《史記》：項王謂漢王曰：「天下洶洶數歲者，徒以吾兩人耳，願與漢王挑戰決雌雄。」漢王笑謝曰：「吾寧鬥智不鬥力。」笑謝二字，非厚而何？後來鴻溝劃定，楚漢講和了，項王把太公、呂后送還，引兵東歸，漢王忽然敗盟，以大兵隨其後，把項王逼死烏江，非黑而何？我國現在對於列強，正適用笑謝二字，若與之鬥力，就算違反了劉邦的策略。語曰：「安不忘危。」《厚黑經》

曰：「厚不忘黑。」問：「厚不忘黑奈何？」曰：「有越王勾踐之先例在，有劉邦對付項羽之先例在。」

我在民國元年，就把《厚黑學》發表出來，苦口婆心，諄諄講說，無奈莫得一人研究這種學問，把一個國家鬧成這樣。今年石青陽死了，重慶開追悼會，正值外交緊急，我挽以聯云：「哲人其萎乎，嗚呼青陽，吾將安仰；斯道已窮矣，吁嗟黑厚，予欲無言。」袁隨園謁嶽王墓詩云：「歲歲君臣拜詔書，南朝可謂有人無，看燒石勒求和幣，司馬家兒是丈夫。」吁嗟黑厚，予欲無言！往者不可諫，來者猶可追。凡我同志，快快地厚黑起來，一致對外。

著者住家自流井。我嘗說我們自流井的人，目光不出峽子口；四川的人，目光不出夔門口；中國的人，目光不出吳淞口。阿比西尼亞，是非洲彈丸大一個國家，阿皇敢於對義大利作戰，對法西斯墨索里尼作戰，其人格較之華盛頓，有過之無不及，真古今第一流人傑哉！將來戰爭結果，無論阿國或勝或敗，抑或敗而至於亡國，均是世界史上最光榮的事。我們應當把阿皇的談話，當如清朝皇帝頒發的《聖諭廣訓》，楷書一通，每晨起來，恭讀一遍這就算目光看出吳淞口去了。

有人問我道：「你的厚黑學，怎麼我拿去實行，處處失敗？」我問：「我著的《宗吾臆談》和《社會問題之商榷》二書，你看過莫有？」答：「莫有。」我問：「《厚黑學》單行本，你看過莫有？」答：「莫有。我只聽見人說：『做事離不得臉皮厚，心子黑。』我就照這話行去。」我說：「你的膽子真大，聽見厚黑學三字，就拿去實行，僅僅失敗，尚能保全生命而還，還算你的造化。我著《厚黑學》，是用厚黑二字，把一部二十四史一以貫之，是為『厚黑史觀』。我著《心理與力學》，定出一條公例：『心理變化，循力學公例而行』。是為『厚黑哲理』。基於厚黑哲理，來改良政治、經濟、外交與夫學制，等等，是為厚黑哲理之應用。其詳俱見《宗吾臆談》及《社會問題之商榷》二書。你連書邊邊都未看見，就去實行，真算膽大。」

厚黑學這門學問，等於學拳術，要學就要學精，否則不如不學，安分守己，還免得捱打。若僅學得一兩手，甚或拳師的門也未拜過，一兩手都未學得，遠遠望見有人在習拳術，自己就出手伸腳的打人，焉得不為人痛打？你想：項羽坑降卒二十萬，其心可謂黑到極點了，而我的書上，還說他黑字欠了研究，宜其失敗。呂后私通審食其，劉邦佯為不知。後人詩曰：「果然公大度，容得闢陽侯。」面皮厚到這樣，而於厚字還是欠研究，韓信求封齊王時，若非有人從旁指點，幾乎失敗。厚黑學有這樣的精深，僅僅聽見這個名詞，就去實行，我可以說越厚黑越失敗。

人問：「要如何才不失敗？」我說：「你須先把厚黑史觀、厚黑哲理與夫厚黑哲理之應用徹底了解，出而應事，才可免於失敗。兵法曰：『先立於不敗之地。』又曰：『先為不可勝，以待敵之可勝。』厚黑學亦如是而已。」

孫子曰：「戰勢不過奇正，奇正之變，不可勝窮也。」處世不外厚黑，厚黑之變，不可勝窮也。用兵是奇中有正，正中有奇，奇正相生，如迴圈之無端。處世是厚中有黑，黑中有厚，厚黑相生，如迴圈之無端。《厚黑學》與《孫子》十三篇，二而一，一而二。不知兵而用兵，必至兵敗國亡。不懂厚黑哲理，而就實行厚黑，必至家破身亡。聞者曰：「你這門學問太精深了，還有簡單法子莫有？」我答曰：「有。我定有兩條公例，你照著實行，不需研究厚黑史觀和厚黑哲理，也就可以為英雄，為聖賢。如欲得厚黑博士的頭銜，仍非把我所有作品窮年累月的研究不可。」

就人格言之，我們可下一公例曰：「用厚黑以圖謀一己之私利，越厚黑，人格越卑汙；用厚黑以圖謀眾人之公利，越厚黑，人格越高尚。」就成敗言之，我們可下一公例曰：「用厚黑以圖謀一己私利，越厚黑越失敗；用厚黑以圖謀眾人之公利，越厚黑越成功。」何以故呢？凡人皆以我為本位，為我之心，要於天性。用厚黑以圖謀一己之私利，勢必妨害他人之私利，越厚黑則妨害於人者越多，以一人之身，敵千萬人之身，焉得不失敗？人人既以私利為重，我用厚黑以圖謀公利，即是替千萬人圖謀私利，替他們行使厚黑，當然得千萬人之贊助，當然成功。我是眾人中之一分子，眾人得利，我當然得利，不言私利而私利自在其中。例如曾、胡二人，用厚黑以圖謀國家之公利，其心中無絲毫私利之見存，後來功成了，享大名，膺厚賞，難道私人所得的利還小嗎？所以用厚黑以圖謀國家之利，成功固得重報，失敗亦享大名，無奈目光如豆者，見不及此。從道德方面說，攘奪他人之私利，以為我有，是為盜竊行為，故越厚黑人格越卑汙。用厚黑以圖謀眾人之公利，則是犧牲我的臉，犧牲我的心，以救濟世人。視人之饑，猶己之饑，視人之溺，猶己之溺，即所謂「我不入地獄，誰入地獄？」故越厚黑人格越高尚。

人問：「世間有許多人，用厚黑以圖謀私利，居然成功，是何道理？」我說：「這即所謂『時無英雄，遂使豎子成名耳』。」與他相敵的人，不外兩種：一種是圖謀公利而不懂厚黑技術的人，一種是圖謀私利，而厚黑之技術不如他的人，故他能取勝。萬一遇著一個圖謀公利之人，厚黑之技術與他相等，則必敗無疑。語云：「千夫所指，無病而死。」因為妨害了千萬人之私利，這千萬人中只要有一個覷著他的破綻，就要乘虛打他。例如《史記》項王謂漢王曰：「天下洶洶數歲者，徒以吾兩人耳。」其時的百姓，個個都希望他兩人中死去一個，所以項王迷失道，問於田父，田父給曰左，左乃陷大澤中，致被漢兵追及而死。如果是救民水火之兵，田父方保持之不暇，何至會給他呢？我們提倡厚黑救國，這是用厚黑以保衛四萬萬人之私利，當然得四萬萬人贊助，當然成功。

昔人云「文章報國」。文章非我所知，我所知者，厚黑而已。自今以往，請以厚黑報國。《厚黑經》曰：「我非厚黑之道，不敢陳於國人之前，故眾人莫如我愛國也。」叫我不講厚黑，等於叫孔孟不講仁義，試問：能乎不能？我自問：生平有功於世道人心者，全在發明厚黑學，抱此絕學而不公之於世，是為懷寶迷邦，豈非不仁之甚乎！李宗吾曰：「鄙人聖人厚黑者也。夫天未欲中國復興也，如欲中國復興，當今之世，捨我其誰？吾何為不講厚黑哉？」

昔人詩云：「鋤禾日當午，汗滴禾下土。誰知盤中餐，粒粒皆辛苦。」眾人都說飯好吃，哪個知道種田人的艱難？眾人都說厚黑學適用，哪個知道發明人的艱難？我那部《厚黑學》，可說字字皆辛苦。

我這門學問，將來一定要成為專科，或許還要設專門大學來研究。我打算把發明之經過和我同研究的人寫出來，後人如仿《宋元學案》、《明儒學案》，做一部《厚黑學案》，才尋得出材料，抑或與我建厚黑廟，才有配享人物。

舊友黃敬臨，在成都街上遇著我，說道：「多年不見了，聽說你要建厚黑廟，我是十多年以前就拜了門的，請把我寫一段上去，將來也好配享。」我說：「不必再寫，你看《論語》上的林放，即此見著孔子，只問了『禮之本』，三個字，直到而今，還高坐孔廟中吃冷豬肉。你既有志斯道，即此一度談話，已足配享而有餘。」敬臨又說：「我今年已經六十二歲了，因為欽佩你的學問，不惜拜在門下。」我說：「難道我的歲數比你小，就夠不上與你當先生嗎？我把你收列門牆，就是你莫大之幸，將來在你的自撰年譜上，寫一筆『吾師李宗吾先生』，也就比『前清誥封某某大夫』，光榮多了。」

往年同縣羅伯康致我信說道：「許多人說你講厚黑學，我逢人辯白，說你不厚不黑。」我覆通道：「我發明厚黑學，私淑弟子遍天下，我曰『厚黑先生』，與我書者以作上款，我覆書以作下款，自覺此等稱謂，較之文成公、文正公光榮多矣。俯仰千古，常以自豪。不謂足下乃逢人說我不厚不黑，我果何處開罪足下，而足下乃以此報我耶？嗚呼伯康，相知有年，何竟自甘原壤，尚其留意尊脛，免遭尼山之杖！」近日許多人勸我不必再講厚黑學。嗟乎！滔滔天下，何原壤之多也！

從前發表的《厚黑傳習錄》，是記載我與眾人的談話，此次的叢話，是把傳習錄擴大之。我從前各種文字，許多人都未看過，今把他全行拆散來，與現在的新感想混合寫之。此次的叢話，是隨筆體裁，內容包含五種：（一）厚黑史觀；（二）厚黑哲理；（三）厚黑學之應用；（四）厚黑學辯證法；（5）厚黑學發明史。我只隨意寫去，不過未分門類罷了。

人問：「既是如此，你何不分類寫之，何必這樣雜亂無章地寫？」我說：「著書的體裁分兩種，一是教科書體，一是語錄體。凡一種專門學問發生，最初是語錄體，如孔子之《論語》，釋迦之《佛經》，六祖之《壇經》，朱明諸儒之語錄，都是門人就本師口中所說者筆記下來。老子手著之《道德經》，可說是自寫的語錄。後人研究他們的學問，才整理出來，分出門類，成為教科書方式。厚黑學是新發明的專門學問，當然用語錄體寫出。」

宋儒自稱：「滿腔子是惻隱。」而我則：「滿腔子是厚黑。」要我講，不知從何處講起，只好隨緣說法，想說甚麼，就說甚麼，口中如何說，筆下就如何寫。或談古事，或談時局，或談學術，或追述生平瑣事，高興時就寫，不高興就不寫。或長長地寫一篇，或短短地寫幾句，或概括地說，或具體地說，總是隨其興之所至，不受任何拘束，才能把我整個思想寫得出來。

我們用厚黑史觀去看社會，社會就成為透明體，既把社會真相看出，就可想出改良社會的辦法。我對於經濟、政治、外交，與夫學制，等等，都有一種主張，而此種主張，皆基於我所謂厚黑哲理。我這個叢話，可說是拉雜極了，彷彿是一個大山，滿山的昆蟲鳥獸、草木土石，等等，是極不規則的。唯其不規則，才是天然的狀態。如果把他整理得釐然秩序，極有規則，就成為公園的形式，好固然是好，然而參加了人工，非復此山的本來面目。我把我胸中的見解，好好歹歹，和盤托出，使山的全體表現，有志斯道者，加以整理，不足者補充之，冗蕪者刪削之，錯誤者改正之。開闢成公園也好，在山上採取木石，另建一個房子也好，抑或捉幾個雀兒，採些花草，拿回家中賞玩也好。如能大規模地開採礦物則更好。再不然，在山上挖點藥去醫病，撿點牛犬糞去肥田，也未嘗不好。我發明厚黑學，猶如瓦特發明蒸汽，後人拿去紡紗織布也好，行駛輪船、火車也好，開辦任何工業都好。我講的厚黑哲理，無施不可，深者見深，淺者見淺。有能得我之一體，引而伸之，就可獨成一派。孔教分許多派，佛教分許多派，將來我這厚黑教，也要分許多派。

寫文字，全是興趣，興趣來了，如兔起鶻落，稍縱即逝。我寫文字的時候，引用某事或某種學說，而案頭適無此書，就用蘇東坡「想當然耳」的辦法，依稀恍惚地寫去，以免打斷興趣。寫此類文字與講考據不同，乃是心中有一種見解，平空白地，無從說起，只好借點事物來說，引用某事某說，猶如使用傢伙一般，把別人的偶爾借來用用，若無典故可用，就杜撰一個來用，也無不可。

莊子寓言，是他胸中有一種見解，特借鯤鵬野馬、漁父盜跖以寫之，只求將胸中所見達出。至鯤鵬野馬，果否有此物，漁父盜跖，是否有此人，皆非所問。胸中所見者，主人也。鯤鵬野馬，漁父盜跖，皆寓舍也。孟子曰：「說詩者不以文害辭，不以辭害意，以意逆志，是為得之。」讀詩當如是，讀莊子當如是，讀厚黑學也當如是。

昔人謂：「文王周公，繫易，彖辭爻辭，取其象，亦偶觸其機，假令易，而為之，其機之所觸少變，則其辭之取象亦少異矣。」達哉所言！戰國策士，如蘇秦諸人，平日把人情世故揣摩純熟，其遊說人主也，隨便引一故事，或設一個比喻，機趣橫生，頭頭是道，其途徑與莊之寓言，易之取象無異。宋儒初讀儒書，繼則出入佛老，精研有得，自己的思想已經成了一個系統，然後退而注孔子之書，藉以明其胸中之理，於是孔門諸書，皆成為宋儒之鯤鵬野馬，漁父盜跖。而清代考據家，乃據訓詁本義，字字譏彈之，其解釋字義固是，而宋儒所說之道理，也未嘗不是。九方皋相馬，在牝牡驪黃之外。知此義者，始可以讀朱子（朱熹）之《四書集註》。無如毛西河諸人不悟，刺刺不休。嗟乎！厚黑界中，九方皋何其少，而毛西河諸人何其多也！

研究宋學者，離不得宋儒語錄。然語錄出自門人所記，有許多靠不住，前人已言之。明朝王學，號稱極盛，然陽明手著之書無多，欲求王氏之學，只有求之傳習錄及龍溪諸子所記，而天泉證道一席話，為王門極大爭點。我嘗說「四有四無」之語，假使陽明能夠親手寫出，豈不少去許多糾葛。大學「格物致知」四字，解釋者有幾十種說法。假使曾子（曾參）當日記孔子之言，於此四字下加一二句解釋，不但這幾十種說法不會有，而且朱學與王學爭執也無從而起。我在重慶有個姓王的朋友，對我說道：「你先生談話很有妙趣，我改天邀幾個朋友來談談，把你的談話筆記下來。」我聽了，大駭，這樣一來，豈不成了宋明諸儒的話錄嗎！萬一我門下出了一個曾子，摹仿《大學》那種筆法，簡簡單單的寫出，將來厚黑學案中，豈不又要發生許多爭執嗎？於是我趕急仿照我家「聃大公」的辦法，手寫語錄，名曰《厚黑叢話》，謝絕私人談話，以示大道無私之意。將來如有人說，「我親聞厚黑教主如何說」，你們萬不可聽信。經我這樣的宣告，絕不會再有天泉證道這種疑案了。我每談一理，總是反反覆覆地解說，寧肯重複，不肯簡略，後人再不會像「格物致知」四字，生出許多奇異的解釋。鄙人之於厚黑學也，可謂盡心焉耳矣。噫！一衣一缽，傳之者誰乎！

厚黑叢話・卷二

成都《華西日報》民國二十四年九月一日至九月三十日

在心為思想，在紙為文字，專門學問之發明者，其思想與人不同，故其文字也與人不同。厚黑學是專門學問，當然另有一種文體。聞者說道：「李宗吾不要自負，你那種文字，任何人都寫得出來。」我說：「不錯，不錯，這是由於我的厚黑學，任何人都做得來的緣故。」

有人問道：「你這叢話，你說內容包含厚黑史觀、厚黑哲理、厚黑學之應用、厚黑學辯證法及厚黑學發明史，共五部分，你不把他分類寫出，則研究這門學問的人，豈不目迷五色嗎？豈不是故意使他們多費些精神嗎？」我說：「要想研究這種專門學問，當然要用心專研，中國的十三經和二十四史，泛泛讀去，豈不是目迷五色，紛亂無章嗎？而真正之學者，就從這紛亂無章之中尋出頭緒來。如果憚於用心，就不必操這門學問。我只揭出原則和大綱，有志斯道者，第一步加以閱發，第二步加以編纂，使之成為教科書，此道就大行了。所以分門別類，挨一挨二地講，乃是及門弟子和私淑弟子的任務，不是我的任務。」

我從前刊了一本《宗吾臆談》。內面的篇目：（一）厚黑學；（二）我對於聖人之懷疑；（三）心理與力學；（四）解決社會問題之我見；（5）考試制之商榷。後來我把「解決社會問題之我見」擴大成為一單行本，曰《社會問題之商榷》，這是業已付印了的。近來我又做有一本《中國學術之趨勢》，已脫稿，尚未發佈。這幾種作品，在我的思想上是一個系統，是建築在厚黑哲理上，但每篇文字獨立寫去，看不出連貫性。因把它拆散來，在叢話中混合寫去，一則見得各種說法互相發明，二則談心理、談學術是很沉悶的，我把它夾在厚黑學中，正論諧語錯雜而出，閱者才不至枯燥無味。

我心中有種種見解，不知究竟對與不對，特寫出來，請閱者指駁，指駁越嚴，我越是歡迎。我重在解釋我心中的疑團，並不是想獨創異說。諸君有指駁的文字，就在報上發表，我總是細細地研究，認為指駁得對的，自己修改了即是，認為不對，我也不回辯，免至成為打筆墨官司，有失研究學問的態度。我是主張思想獨立的人，我的心坎上，絕不受任何人的壓抑，同時我也尊重他人思想之獨立，所以駁詰我的文字，不能回辯。我倡的厚黑史觀和厚黑哲理，倘被人推翻，我就把這厚黑教主讓他充當，拜在他門下稱弟子。何以故？服從真理故。

宇宙真理，明明地擺在我們面前，我們自己可以直接去研究，無須請人替我研究。古今的哲學家，乃是我和真理中間的介紹人，他們所介紹的有無錯誤，不可得知，應該離開了他們的說法，直接去研究一番。有個朋友，讀了我所作的文字，說道：「這些問題，東西洋哲學家討論的很多，未見你引用，並且學術上的專名詞你也少用，可見你平時對於這些學說少有研究。」我聽了這個話，反把我所作的文字翻出來，凡引有哲學家的名字及學術上的專名詞，儘量刪去，如果名詞不夠用，就自己造一個來用，直抒胸臆，一空依傍。偶爾引有古今人的學說，乃是用我的斗秤去衡量他的學說，不是以他的斗秤來衡量我的學說。換言之，乃是我去審判古今哲學家，不是古今哲學家來審判我。

中國從前的讀書人，一開口即是詩云書云，孔子曰，孟子曰。戊戌政變以後，一開口即是達爾文曰，盧梭曰，後來又添些杜威曰，孟子曰，馬克思曰，純是以他人的思想為思想。究竟宇宙真理是怎樣，自己也不伸頭去窺一下，未免過於懶惰了！假如駁我的人，引了一句孔子曰，即是以孔子為審判官，以四書五經為新刑律，叫李宗吾來案候審。引了一句達爾文諸人曰，即是以達爾文諸人為審判官，以他們的作品為新刑律，叫李宗吾來案候審。像這樣的審判，我是絕對不到案的。有人問：「要誰人才能審判你呢？」我說：你就可以審判我，以你自家的心為審判官，以眼前的事實為新刑律。例如說道：「李宗吾，據你這樣說，何以我昨日看見一個人做的事不是這樣，今日看見一隻狗，也不是這樣？可見你說的道理不確實。」如果能夠這樣的判斷，我任是輸到何種地步，都要與你立一個鐵面無私的德政碑。

牛頓和愛因斯坦的學說，任人懷疑，任人攻擊，未嘗強人信從，結果反無人不信從。注《太上感應篇》的人說道：「有人不信此書，必受種種惡報。」關聖帝君（關羽）的《覺世真經》說道：「不信吾教，請試吾刀。」這是由於這兩部書所含學理經不得研究，無可奈何，才出於威嚇之一途。我在厚黑界的位置，等於科學界的牛頓和愛因斯坦，假如不許人懷疑，不許人攻擊，即無異於說：「我發明的厚黑學，等於太上老君感應篇和關聖帝君的覺世真經。」豈不是我自己詆毀自己嗎？

有人說：假如人人思想獨立，各創一種學說，思想界豈不成紛亂狀態嗎？我說：這是不會有的。世間的真理，只有一個，如果有兩種或數種學說互相違反，你也不必抑制哪一種，只叫他徹底研究下去，自然會把真理發現出來。真理所在，任何人都不能反對的。例如穿衣吃飯的事，叫人人獨立地研究，得的結果，都是餓了要吃，冷了要穿，同歸一致。凡所謂衝突者，都是互相抵制生出來的。假如各種學說，個個獨立，猶如林中樹子，根根獨立，有何衝突？樹子生在林中，採用與否，聽憑匠師。我把我的說法宣佈出來，採用與否，聽憑眾人，哪有閒心同人打筆墨官司。如果務必要強天下之人盡從己說，真可謂自取煩惱，而衝突於是乎起矣。程伊川（程頤）、蘇東坡見不及此，以致洛蜀分黨，把宋朝的政局鬧得稀爛。朱元晦、陸象山（陸九淵）見不及此，以致朱陸分派，一部《宋元學案》，《明儒學案》，打不完的筆墨官司。而我則不然，讀者要學厚黑學，我自然不吝教，如其反對我，則是甘於自誤，我也只好付之一嘆。

拙著《宗吾臆談》，流傳至北平，去歲有人把《厚黑學》抽出翻印，向舍侄徵求同意，並說道：「你家伯父，是八股出身，而今凡事都該歐化，他老人家那套筆墨，實在來不倒。等我們與他改過，意思不變更他的，只改為新式筆法就是了。」我聞之，立發航信說道：「孔子手著的《春秋》，旁人可改一字嗎？」他們只知我筆墨像八股，殊不知我那部《厚黑學》，思想之途徑，內容之組織，完全是八股的方式，特非老於八股者，看不出來。宋朝一代講理學，出了文天祥、陸秀夫諸人來結局，一般人都說可為理學生色。明清兩代以八股取士，出了一個厚黑教主來結局，可為八股生色。我的厚黑哲理，完全從八股中出來，算是真正的國粹。我還希望儲存國粹的先生，由厚黑學而上溯八股，僅僅筆墨上帶點八股氣，你們都容不過嗎？要翻印，就照原文一字不改，否則不必翻印。」哪知後來書印出來，還是與我改了些。特此宣告，北平出版的《厚黑學》是贗本，以免貽誤後學。

大凡有一種專門學問，就有一種專門文體，所以《論語》之文體與《春秋》不同，《老子》之文體與《論語》不同，佛經之文體與《老子》又不同。在心為思想，在紙為文字，專門學問之發明者，其思想與人不同，故其文字也與人不同。厚黑學是專門學問，當然另有一種文體。聞者說道：「李宗吾不要自貞，你那種文字，任何人都寫得出來。」我說：「不錯，不錯，這是由於我的厚黑學，任何人都做得來的緣故。」

我寫文字，定下三個要件：見得到，寫得出，看得懂。只求合得到這三個要件就夠了。我執筆時，只把我胸中的意見寫出，不知有文法，更不知有文言白話之分，之字的字，乎字嗎字，任便用之。民國十六年刊的《宗吾臆談》，十八年刊的《社會問題之商榷》，都是這樣。有人問我：「是甚麼文體？」我說：「是厚黑式文體。」近見許多名人的文字都帶點厚黑式，意者中國其將興乎！

有人說：「我替你把《厚黑學》譯為西洋文，你可把曹操、劉備這些典故改為西洋典故，外國人才看得懂。」我說：「我的厚黑學，絕不能譯為西洋文，也不能改為西洋典故。西洋人要學這門學問，非來讀一下中國書，研究一下中國歷史不可，等於我們要學西洋科學，非學英文德文不可。」

北平贗本《厚黑學》，有幾處把我的八股式筆調改為歐化式筆調，倒也無關緊要，只是有兩點把原文精神失掉，不得不宣告：（一）我發明厚黑學，是把中外古今的事逐一印證過，覺得道理不錯了，才就人人所知的曹操、劉備、孫權幾個人，舉以為例。又追溯上去，再舉劉邦、項羽為例，意在使讀者舉一反三，根據三國和楚漢兩代的原則，以貫通一部二十四史。原文有曰：「楚漢之際，有一人焉，厚而不黑，卒歸於敗者，韓信是也……楚漢之際，有一人焉，黑而不厚，亦歸於敗者，范增是也……」這原是就楚漢人物，當下指點，更覺親切。北平贗本，把這幾句刪去，徑說韓信以不黑失敗，范增以不厚失敗。諸君試想：一部二十四史中的人物，以不厚不黑失敗者，豈少也哉！鄙人何至獨舉韓范二人。北平贗本，未免把我的本意失掉了。（二）《厚黑傳習錄》中，求官六字真言，先總寫一筆曰：「空、貢、沖、捧、恐、送」。註明此六字俱是仄聲。做官六字真言，總寫一筆曰：「空、恭、繃、凶、聾、弄」，註明此六字俱是平聲，以下逐字分疏。每六字俱是疊韻，念起來音韻鏗鏘，原欲宦場中人朝夕持誦，用以替代佛書上「唵嘛呢叭𠺗吽」六字，或「南無阿彌陀佛」六字。倘能虔誠持誦，立可到極樂世界，不比持誦經咒或佛號，尚須待諸來世。這原是我一種救世苦心。北平贗本把總寫之筆刪去，徑從逐字分疏說起來，則讀者只知逐字埋頭工作，不能把六字作咒語或佛號虔誠諷誦，收效必鮮。此則北平贗本不能不負咎者也。

近有許多人，請我把《厚黑學》重行翻印，我說這也無須。所有民元發表的厚黑學，我把他融化於此次叢話中，遇有重要的地方，就把原文整段寫出，讀者只讀叢話就是了，不必再讀原本。至於北平贗本，經我這樣的宣告，也可當真本使用，諸君前往購買，也不會貽誤。

厚黑學，共分三步功夫。第一步：「厚如城牆，黑如煤炭。」人的臉皮，最初薄如紙一般，我們把紙疊起來，由分而寸，而尺，而丈，就厚如城牆了。心子最初作乳白狀，由乳色而灰色，而青藍色，再進就黑如煤炭了。到了這個境界，只能算初步。何以故呢？城牆雖厚，轟炸得破，即使城牆之外再築幾十層城牆，仍還轟炸得破，仍為初步。煤炭雖黑，但顏色討厭，眾人不敢挨近他，即使煤炭之上再灌以幾壚缸墨水，眾人仍不敢挨近他，仍為初步。

第二步：「厚而硬，黑而亮。」深於厚學的人，任你如何攻打，絲毫不能動。劉備就是這樣的人，是以曹操之絕世奸雄，都對他莫奈何，真可謂硬之極了。深於黑學的人，如退光漆招牌，越是黑，買主越是多，曹操就是這類人。他是著名的黑心子，然而天下豪傑，奔集其門，真可謂黑得透亮了。人能造到第二步，較之第一步，自然有天淵之別。但還著了跡象，有形有色，所以曹劉的本事，我們一著眼就看得出來。

第三步：「厚而無形，黑而無色。」至厚至黑，天下後世皆以為不厚不黑，此種人只好於古之大聖大賢中求之。有人問：「你講厚黑學，何必講得這樣精深？」我說：「這門學問，本來有這樣精深。儒家的中庸，要講到『無息無臭』才能終止。學佛的人，要到『菩提無樹，明鏡非台』，才能正果。何況厚黑學是千古不傳之祕，當然要到『無形無色』才算止境。」

吾道分上中下三乘。前面所說，第一步是下乘，第二步是中乘，第三步是上乘。我隨緣說法，時而說下乘，時而說中乘、上乘，時而三乘會通來說。聽者往往覺得我的話互相矛盾，其實始終是一貫的，只要知道吾道分上中下三乘，自然就不矛盾了。我講厚黑學，雖是五花八門，東拉西扯，仍滴滴歸源，猶如樹上千枝萬葉，千花百果，俱是從一株樹上生出來的，枝葉花果之外，別有樹之生命在。《金剛經》曰：「若以色見我，若以聲音求我，是人行邪道，不能見如來。」諸君如想學厚黑學，須在佛門中參悟有得，再來聽講。

我民國元年發表《厚黑學》，勸勸懇懇，言之不厭其詳，乃領悟者殊少。後閱《五燈會元》及孔、孟等書，見禪宗教人以說破為大戒；孔子「舉一隅，不以三隅反，則不復也」；孟子「引而不發，躍如也」；然後知禪學及孔孟之說盛行良非無因。我自悔教授法錯誤，故十六年刊《宗吾臆談》，厚黑學僅略載大意，出言彌簡，屬望彌殷。噫！「無上甚深微妙法，百千萬劫難遭遇。」世尊說法四十九年，厚黑學是內聖外王之學，我已說二十四年，打算再說二十六年，湊足五十年，比世尊多說一年。

有人勸我道：「你的怪話少說些，外面許多人指責你，你也應該愛惜名譽。」我道：「我有一自警之語：『吾愛名譽，吾尤愛真理。』話之說得說不得，我內斷於心，未下筆之先，遲回審慎，既著於紙，聽人攻擊，我不答辯。但攻擊者說的話我仍細細體會，如能令我心折，即自行修正。」

有個姓羅的朋友，留學日本歸來，光緒三十四年，與我同在富順中學堂當教習。民國元年，他從懋功知事任上次來，我在成都學道街棧房內會著他，他把任上的政績告訴我，頗為得意。後來被某事詿誤，官失掉了，案子還未了結，言下又甚憤恨。隨談及厚黑學，我細細告訴他，他聽得津津有味。我見他聽入了神，猝然站起來，把桌子一拍，厲聲說道：「羅某！你生平作事，有成有敗，究竟你成功的原因，在甚麼地方？失敗的原因，在甚麼地方？你摸著良心說，究竟離脫這二字沒有？速說！速說！不許遲疑！」他聽了我的話，如雷貫耳，呆了許久，嘆口氣說道：「真是沒有離脫這二字！」此君在吾門，可稱頓悟。

我告訴讀者一個祕訣，大凡行使厚黑學，外面定要糊一層仁義道德，不能赤裸裸地顯露出來。

王莽之失敗，就是由於後來把它顯露出來的原故。如果終身不露，恐怕至今孔廟中，還有王莽一席地。韓非子說：「陰用其言而顯棄其身。」這個法子，諸君不可不知。假如有人問你：「認得李宗吾否？」你須放出一種很莊嚴的面孔說道：「這個人壞極了，他是講厚黑學的，我認他不得。」口雖如此說，心中卻供一個「大成至聖先師李宗吾之神位」。果能這樣做，包管你生前的事業驚天動地，死後還要在孔廟中吃冷豬肉。我每聽見有人說道：「李宗吾壞極了！」我就非常高興道：「吾道大行矣！」

還有一層，前面說「厚黑上面，要糊一層仁義道德」，這是指遇著道學先生而言，假如遇著講性學的朋友，你向他講仁義道德，豈非自討莫趣？此時應當糊上「戀愛神聖」四字……總之，厚黑二字是萬變不離其宗，至於表面上應該糊以什麼，則是學者因時因地，神而明之。

《宗吾臆談》中，載有求官六字真言、做官六字真言及辦事二妙法，許多人問我是怎樣的，茲把原文照錄於下：

我把《厚黑學》發佈出來，有人向我說：「你這門學問，博大精深，我們讀了，不能受用，請你指示點切要門徑。」我問：「你的意思打算做什麼？」他說：「我想做官。」我於是傳他求官六字真言：「空、貢、沖、捧、恐、送。」此六字俱是仄聲，其意義如下：

1．空

即空閒之意，分兩種：（一）指事務而言，求官的人，定要把諸事放下，不工，不商，不農，不買，書也不讀，學也不教，跑在成都住起，一心一意，專門求官；（二）指時間而言，求官要有耐心，著不得急，今日不生效，明日又來，今年不生效，明年又來。

2．貢

這個字是借用的，是我們川省的方言，其意義等於鑽營之鑽，鑽進鑽出，可說貢進貢出。求官要鑽門子，這是眾人都知道的，但定義很不好下。有人說：「貢字的定義，是有孔必鑽。」我說：「錯了，錯了！你只說得一半，有孔才鑽，無孔者其奈之何！」我下的定義是：「有孔必鑽，無孔也要入。」有孔者擴而大之，無孔者取出鑽子，新開一孔。

3．沖

普通所說的吹牛，川省說是「沖帽殼子」。沖分為二；一口頭上，二文字上。每門又分為二，口頭上分普通場所及在上峰面前兩種，文字上分報章雜誌上及投遞條陳說帖兩種。

4．捧

即是捧場面那個捧字。戲台上魏公出來了，那華歆的舉動，是絕好的模範。

5．恐

是恐嚇之意，是及物動詞。這個理很精深，我不妨多講幾句。官之為物，何等寶貴，豈能輕易給人？有人把捧字做到十二萬分，還不生效，就是少了恐字功夫。其方法是把當局的人要害尋出，輕輕點他一下，他就會惶然大駭，立把官兒送出來。學者須知：恐字與捧字，是互相為用的。善恐者捧之中有恐，旁觀的人，看他在上峰面前，說的話句句是阿諛逢迎，其實上峰聽之，汗流浹背。

善捧者恐之中有捧，旁觀的人見他豐骨稜稜，句句話責備上峰，其實聽之者滿心歡喜，骨節皆酥。「神而明之，存乎其人」，「大匠能與人規矩，不能使人巧」，是在求官者之細心體會。最要緊的，用恐字時，要有分寸，如用過度，大人先生老羞成怒，與我作起對來，豈不與求官之宗旨大悖？這又何苦乃爾？非到無可奈何的時候，恐字不能輕用。切囑！切囑！

6．送

即是送東西，分大小二種：一大送，把銀元一包一包地拿出來送；二小送。如送春茶、火肘及請上館子之類。所送之人有二：一操用舍之權者；二未操用舍之權而能予我以助力者。

有人能把六字一一做到，包管字字發生奇效。那大人先生，獨居深念，自言自語道：「某人想做官，已經說了許久（空字之效），他與我有某種關係（貢字之效），其人很有點才具（沖字之效），對於我也很好（捧字之效），但此人有壞才，如不安置，未必不搗亂（恐字之效）。想至此處，回顧室中，黑壓壓的或白亮亮的，擺了一大堆（送字之效），也就無話可說，掛出牌來，某缺著某人署理。求官至此，功行圓滿，於是走馬上任，實行做官六字真言。

做官六字真言：「空、恭、繃、凶、聾、弄。」此六字俱是平聲，其意義如下：

1．空

即空洞的意思，分二種。一、文字上：凡批呈詞，出文告，都是空空洞洞的，其中奧妙，我難細說，讀者請往各官廳，把壁上的文字從東轅門讀到西轅門，就可恍然大悟。二、辦事上：任辦何事，都是活搖活動，東倒也可，西倒也可。有時辦得雷厲風行，其實暗中藏得有退路，如果見勢不佳，就從那條路抽身走了，絕不會把自己牽掛著，鬧出移交不清及撤任查辦等笑話。

2．恭

即卑躬折節，脅肩諂笑之類。分直接間接兩種：直接指對上司而言，間接指對上司的親戚朋友、丁役、姨太太等而言。

3．繃

即俗語所謂繃勁，是恭字的反面字，指對下屬及老百姓而言。分兩種：一、儀表上：赫赫然大人物，凜不可犯。二、言談上：儼然腹有經綸，槃槃大才。

上述對上司用恭，對下屬及老百姓用繃，是指普通而言。然亦不可拘定，須認清飯甑子所在地，看操我去留之權者，在乎某處。對飯甑子所在地用恭，非飯甑子所在地用繃。明乎這個理，有時對上司反可用繃，對下屬及老百姓反該用恭。

4．凶

只要能達我之目的，就使人賣兒貼婦，亡身滅家，也不必管；但有一層應當注意，凶字上面，定要蒙一層道德仁義。

5．聾

即耳聾，笑罵由他笑罵，好官我自為之。聾字包有瞎字之意，文字上的詆罵，閉目不視。

6．弄

即弄錢之弄，川省俗語，往往讀作平聲。千里來龍，此處結穴。前面的十一個字，都為此字而設。弄字與求官之送字相對，要有送，才有弄。但弄字要注意，看公事上通得過通不過。如果通不過，自己墊點腰包也不妨；如通得過，那就十萬八萬，都不謙虛。

以上十二字，我不過粗舉大綱，許多精義，都未發揮，有志於官者，可按著門類自去研究。

有人問我辦事秘訣，我授以辦事二妙法如下：

1．鋸箭法

相傳：有人中箭，請外科醫生治療，醫生將箭桿鋸下，即索謝禮。問何不將箭頭取出？答：「這是內科的事，你去尋內科好了。」現在各官廳，與夫大辦事家，都是用著這種方法。譬如批呈詞云：「據呈某某等情，實屬不合已極，仰候令飭該縣知事，查明嚴辦」等語。「不合已極」四字是鋸箭桿，「該縣知事」已是內科。抑或云「仰候轉呈上峰核辦」。那「上峰」就是內科。又如有人求我辦一件事。我說：「此事我很贊成，但是還要同某人商量。」「很贊成」三個字是鋸箭桿，「某人」是內科。又或說：「我先把某部分辦了，其餘的以後辦。」「先辦」是鋸箭桿，「以後」是內科。此外有隻鋸箭桿，並不命尋內科的，也有連箭桿都不鋸，命其徑尋內科的。種種不同，細參自悟。

2．補鍋法

家中鍋漏，請補鍋匠來補。補鍋匠一面用鐵皮刮鍋底煤煙，一面對主人說道：「請點火來我燒煙。」乘著主人轉背之際，用鐵錘在鍋上輕輕敲幾下，那裂痕就增長了許多。主人轉來，指與他看道：「你這鍋，裂痕很長，上面油膩了，看不見。我把鍋煙刮開，就現出來了，非多補幾個釘子不可。」主人埋頭一看，說道：「不錯！不錯！今天不遇著你，這個鍋恐怕不能用了。」及到補好，主人與補鍋匠皆大歡喜而散。有人曾說：「中國變法，有許多地方是把好肉割壞了來醫。」這即是用的補鍋法。《左傳》上鄭莊公縱容共叔段，使他多行不義，才用兵討伐，也是補鍋法。歷史上這類事很多，舉不勝舉。

大凡辦事的人，怕人說他因循，就用補鍋法，無中生有，尋些事辦。及到事情棘手，就用鋸箭法，脫卸過去。後來箭頭潰爛了，反大罵內科壞事。我國的政治，大概前清官場是用鋸箭法，變法諸公是用補鍋法，民國以來是鋸箭、補鍋二法互用。

上述二妙法，是辦事公例，合得到這公例的就成功，違反這公例的就失敗。我國政治家，推管子（管仲）為第一，他的本事，就是把這兩個法子用得圓轉自如。狄人伐衛，齊國按兵不動，等到狄把衛滅了，才出來做「興滅國，繼絕世」的義舉。這是補鍋法。召陵之役，不責楚國僭稱王號，只責他包茅不貢。這是鋸箭法。那個時候，楚國的實力遠在齊國之上，管仲敢於勸齊桓公興兵伐楚，可說是把鍋敲爛來補。及到楚國露出反抗的態度，他立即鋸箭了事。召陵一役，以補鍋法始，以鋸箭法終。管仲把鍋敲爛了，能把它補起，所以稱為「天下才」。

明季武臣，把流寇圍住了，故意放他出來，本是用的補鍋法；後來制他不住，竟至國破君亡，把鍋敲爛了補不起，所以稱為「誤國庸臣」。岳飛想恢復中原，迎回二帝，他剛剛才起了取箭頭的念頭，就遭殺身之禍。明英宗被也先捉去，於謙把他弄回來，算是把箭頭取出了，仍遭殺身之禍。何以故？違反公例故。

晉朝王導為宰相，有一個叛賊，他不去討伐，陶侃責備他。他覆書道：「我遵養時晦，以待足下。」侃看了這封信，笑道：「他無非是遵養時賊罷了。」王導遵養時賊，以待陶侃，即是留著箭頭，以待內科。諸名士在新亭流涕，王導變色曰：「當共戮力王室，克復神州，何至作楚囚對泣？」他義形於色，儼然手執鐵錘要去補鍋，其實說兩句漂亮話，就算完事。懷、愍二帝陷在北邊，永世不返，箭頭永未取出。王導此等舉動，略略有點像管仲，所以史上稱他為「江左夷吾」。讀者如能照我說的方法去實行，包管成為管子而後第一個大政治家。

我著的《厚黑經》，說得有：「不曰厚乎，磨而不薄。不曰黑乎，洗而不白。」後來我改為：「不曰厚乎，越磨越厚。不曰黑乎，越洗越黑。」有人問我：「世間哪有這種東西？」我說：「手足的繭疤，是越磨越厚；沾了泥土塵埃的煤炭，是越洗越黑。」人的心，生來是黑的，遇著講因果的人，講理學的人，拿些仁義道德蒙在上面，才不會黑，假如把他洗去了，黑的本體自然出現。

中國幅員廣大，南北氣候不同，物產不同，因之人民的性質也就不同。於是文化學術，無在不有南北之分。例如：北有孔孟，南有老莊，兩派截然不同。曲分南曲北曲，字分南方之帖、北方之碑，拳術分南北兩派，禪宗亦分南能北秀，等等儘是。厚黑學是一種大學問，當然也要分南北兩派。門人問厚黑，宗吾曰：南方之厚黑歟？北方之厚黑歟，任金革，死而不願，北方之厚黑也，賣國軍人居之。革命以教，不循軌道，南方之厚黑也，投機分子居之。人問：「究竟學南派好，還是學北派好？」我說：「你何糊塗乃爾！當講南派，就講南派，當講北派，就講北派。口南派而實行北派，是可以的；口北派而實行南派，也是可以的，純是相對而動，豈能把南北成見橫亙胸中。民國以來的人物，有由南而北的，有由北而南的，又復南而北，北而南，往返來回，已不知若干次，獨你還徘徊歧路，向人問南派好呢？北派好呢？我實在無從答覆。」

有人問我道：「你既自稱厚黑教主，何以你做事每每失敗？何以你的學生本事比你大，你每每吃他的虧？」我說：「你這話差了。凡是發明家，都不可登峰造極。儒教是孔子發明的，孔子登峰造極了，顏曾思孟去學孔子，他們的學問，就比孔子低一層；周程朱張去學顏曾思孟，學問又低一層；後來學周程朱張的又低一層，一輩不如一輩。老子發明道教，釋迦發明佛教，其現象也是這樣，這是由於發明家本事太大了的原故。唯西洋科學則不然，發明的時候很粗淺，越研究越精深。發明蒸汽的人，只悟得汽沖壺蓋之理，發明電氣的人，只悟得死蛙運動之理。後人繼續研究下去，造出種種機械，有種種用途，為發明蒸汽電氣的人所萬不及料。可見西洋科學，是後人勝過前人，學生勝過先生。我的厚黑學，與西洋科學相類，只能講點汽沖壺蓋、死蛙運動，中間許多道理，還望後人研究。我的本事，當然比學生小，遇著他們，當然失敗。將來他們傳授些學生出來，他們自己又被學生打敗，一輩勝過一輩，厚黑學自然就昌明瞭。

又有人問我道：「你既發明厚黑學，為甚麼未見你做些轟轟烈烈的事？」我說道：「你們的孔夫子，為甚麼未見他做些轟轟烈烈的事？他講的為政為邦，道千乘之國，究竟實行了幾件？曾子（曾參）著一部《大學》，專講治國平天下，請問他治的國在哪裡？平的天下在哪裡？子思著一部《中庸》，說了些中和位育的話，請問他中和位育的實際安在？你去把他們問明瞭，再來跟我講。」

世間許多學問我不講，偏要講厚黑學，許多人都很詫異。我可把原委說明：我本來是孔子信徒，小的時候，父親與我命的名，我嫌它不好，見《禮記》上孔子說：「儒有今人與居，古人與稽，今世行之，後世以為楷。」就自己改名世楷，字宗儒，表示信從孔子之意。光緒癸卯年冬，四川高等學堂開堂，我從自流井赴成都，與友人雷讐皆同路，每日步行百里，途中無事，縱談時局，並尋些經史來討論。讐皆有他的感想，就改字鐵崖。我覺得儒教不能滿我之意，心想與其宗孔子，不如宗我自己，因改字宗吾。這宗吾二字，是我思想獨立之旗幟。今年歲在乙亥，不覺已整整的三十二年了。自從改字宗吾後，讀一切經史，覺得破綻百出，是為發明厚黑學之起點。

及入高等學堂，第一次上講堂，日本教習池永先生演說道：「操學問，全靠自己，不能靠教師。教育二字，在英文為Education，照字義是『引出』之意。世間一切學問，俱是我腦中所固有，教師不過『引之使出』而已，並不是拿一種學問來，按入學生腦筋內。如果學問是教師給與學生的，則是等於此桶水傾入彼桶，只有越傾越少的，學生只有不如先生的。而學生每每有勝過先生者，即是由於學問是各人腦中的固有的原故。腦如一個囊，中貯許多物，教師把囊口開啟，學生自己伸手去取就是了。」他這種演說，恰與宗吾二字冥合，於我印象很深，覺得這種說法，比朱子所說「學之為言效也」精深得多。後來我學英文，把字根一查，果然不錯。池永先生這個演說，於我發明厚黑學有很大的影響。我近來讀報章，看見日本二字就刺眼，凡是日本人的名字，都覺得討厭，獨有池永先生，我始終是敬佩的。他那種和藹可親的樣子，至今還常在我腦中。

我在學堂時，把教習口授的寫在一個副本上，書面大書「固囊」二字。許多同學不解，問我是何意義？我說：並無意義，是隨便寫的。這固囊二字，我自己不說明，恐怕後來的考古家，考過一百年，也考不出來。「固囊者，腦是一個囊，副本上所寫，皆囊中固有之物也。」題此二字，聊當座右銘。

池永先生教理化數學，開始即講水素酸素，我就用「此而出之」的法子，在腦中搜尋，走路吃飯睡覺都在想，看還可以引出點新鮮的東西否。以後凡遇他先生所講的，我都這樣的工作。哪知此種工作，真是等於王陽明之格竹子，幹了許久許久，毫無所得。於是廢然思返，長嘆一聲道：「今生已過也，再結後生緣。」我從前被八股縛束久了，一聽見廢舉，興學堂，歡喜極了，把家中所有四書五經，與夫詩文集，等等，一火而焚之。及在學堂內住了許久，大失所望。有一次，星期日，在成都學道街買了一部《莊子》。雷民心見了詫異道：「你買這些東西來做什麼？」我說：「雷民心，科學這門東西，你我今生還有希望嗎？他是茫茫大海的，就是自己心中想出許多道理，也莫得器械來試驗，還不是等於空想罷了。在學堂中，充其理，不過在書本上得點人云亦云的智識，有何益處？只好等兒子孫子再來研究，你我今生算了。因此我打算仍在中國古書上尋一條路來走。」他聽了這話，也同聲嘆息。

我在高等學堂的時候，許多同鄉同學的朋友都加入同盟會。有個朋友曾對我說：「將來我們起事，定要派你帶一支兵。」我聽了非常高興，心想古來當英雄豪傑，必定有個祕訣，因把歷史上的事彙集攏來，用歸納法搜求他的祕訣。經過許久，茫無所得。宣統二年，我當富順中學堂監督（其時校長名曰監督）。有一夜，睡在監督室中，偶然想到曹操、劉備、孫權幾個人，不禁捶床而起曰：「得之矣！得之矣！古之所謂英雄豪傑者，不外面厚心黑而已！」觸類旁通，頭頭是道，一部二十四史，都可以貫之。那一夜，我終夜不寐，心中非常愉快，儼然像王陽明在龍場驛大徹大悟，發明格物致知之理一樣。

我把厚黑學發明瞭，自己還不知這個道理對與不對。我同鄉同學中，講到辦事才，以王簡恆為第一，雷民心嘗呼之為「大辦事家」。適逢簡恆進富順城來，我就把發明的道理，說與他聽，請他批評。他聽罷，說道：「李宗吾，你說的道理，一點不錯。但我要忠告你，這些話，切不可拿在口頭上，更不可見諸文字。你儘管照你發明的道理埋頭做去，包你幹許多事，成一個偉大人物。你如果在口頭或文字上發表了，不但終身一事無成，反有種種不利。」我不聽良友之言，竟自把它發表了，結果不出簡恆所料。諸君！諸君！一面讀《厚黑學》，一面須切記簡恆箴言。

我從前意氣甚豪，自從發明瞭厚黑學，就心灰意冷，再不想當英雄豪傑了。跟著我又發明「求官六字真言」、「做官六字真言」及「辦事二妙法」。這些都是民國元年的文字。反正後來許多朋友，見我這種頹廢樣子，與從前大異，很為詫異，我自己也莫名其妙。假使我不講厚黑學，埋頭做去，我的世界或許不像現在這個樣子。不知是厚黑學誤我，還是我誤厚黑學。

《厚黑學》一書，有些人讀了，慨然興嘆，因此少出了許多英雄豪傑。有些人讀了，奮然興起，因此又多出了許多英雄豪傑。我發明厚黑學，究竟為功為罪，只好付諸五殿閻羅裁判。

我發表《厚黑學》的時候，念及簡恆之言，遲疑了許久。後來想到朱竹坨所說：「寧不食兩廡無豚肩，風懷一詩，斷不能刪。」奮然道：「英雄豪傑可以不當，這篇文字不能不發表。」就毅然決然，提筆寫去，而我這英雄豪傑的希望，從此就斷送了，讀者只知厚黑學適用，哪知我是犧牲掉一個英雄豪傑換來的，其代價不為不大。

其實朱竹坨刪去風懷一詩，也未必能食「兩廡豚肩」，我把厚黑學祕為獨得之奇，也未必能為英雄豪傑。於何證之呢？即以王簡恆而論，其於吾道算是獨有會心，以他那樣的才具，宜乎有所成就，而孰知不然。反正時，他到成都，張列五委他某縣知事，他不幹，回到自流井。民國三年，討袁之役，熊楊在重慶獨立，富順響應，自流井推簡恆為行政長。事敗，富順廖秋華、郭整合、刁廣孚被捕到瀘州，廖被大辟，郭、刁破家得免，簡恆東藏西躲，晝伏夜行，受了雨淋，得病，纏綿至次年死，身後非常蕭條。以簡恆之才具之會心，還是這樣的結果，所以讀我《厚黑學》的人，切不可自命為得了明人的指點，即便自滿。民國元年，我到成都，住童子街《公論日報》社內，與廖緒初、謝綬青、楊仔耘諸人同住，他們再三慫恿我把《厚黑學》寫出來。緒初並說道：「你如果寫出來，我與你作一序。」我想：「緒初是講程朱學的人，繩趨矩步，朋輩呼之為『廖大聖人』，他都說可以發表，當然可以發表，我遂逐日寫去，我用的別號，是獨尊二字，取「天上地下，唯我獨尊」之意，緒初用淡然的別號作一序曰：「吾友獨尊先生，發明厚黑學，成書三卷，上卷《厚黑學》，中卷《厚黑經》，下卷《厚黑傳習錄》，嬉笑怒罵，亦云苟矣。然考之中外古今，與夫當世大人先生，舉莫能外，誠宇宙至文哉！世欲業斯學而不得門徑者，當不乏人，特勸先生登諸報端，以餉後學，他日更刊為單行本，普度眾生，同登彼岸，質之獨尊，以為何如？民國元年，年月，淡然。」哪知一發表，讀者譁然。說也奇怪，我與緒初同是用別號，乃廖大聖人之稱謂，依然如故，我則博得李厚黑的徽號。

緒初辦事，富有毅力，毀譽在所不計。民國八年，他當省長公署教育科科長，其時校長縣視學（縣視學即後來之教育局長）任免之權，操諸教育科。楊省長對於緒初，倚畀甚殷，緒初簽呈任免之人，無不照準。有時省長下條子任免某人，緒初認為不當者，將原條退還，楊省長不以為忤，而信任益堅。最奇的，其時我當副科長，凡是得了好處的人，都稱頌曰：「此廖大聖人之賜也。」如有倒甑子的，被記過的，要求不遂的，預算被核減的，往往對人說道：「這是李厚黑乾的。」成了個「善則歸廖緒初，惡則歸李宗吾」。緒初今雖死，舊日教育科同事諸人，如侯克明、黃治畋等尚在，請他們當天說，究竟這些事，是不是我乾的？究竟緒初辦事，能不能受旁人支配？我今日說這話，並不是卸責於死友，乃是舉出我經過的事實，證明簡恆的話是天經地義，厚黑學三字，斷不可拿在口中講。我厚愛讀者諸君，故敢掬誠相告。

未必緒初把得罪人之事向我推卸嗎？則又不然。有人向他說及我，緒初即說道：「某某事是我乾的，某人怪李宗吾，你可叫某人來，我當面對他說，與宗吾無幹。」無奈緒初越是解釋，眾人越說緒初是聖人，李宗吾乾的事，他還要代他受過，非聖人而何？李宗吾能使緒初這樣做，非大厚黑而何？雷民心曰：「厚黑學做得說不得。」真絕世名言哉！後來我也掙得聖人的徽號，不過聖人之上，冠有厚黑二字罷了。

聖人也，厚黑也，二而一，一而二也。莊子說：「聖人不死，大盜不止。」聖人與大盜的真相，莊子是看清楚了。蹠之徒問於蹠曰：「盜有道乎？」蹠曰：「奚啻其有道也，夫妄意關內中藏，聖也，入先，勇也，出後，義也，知時，智也，分均，仁也。不通此五者而能成大盜者，天下無有。」聖勇義智仁五者，本是聖人所做的，蹠能竊用之，就成為大盜。反過來說，厚黑二者，本是大奸大詐所做的，人能善用之，就可成大聖大賢。試舉例言之，胡林翼曾說：「只要於公家有利，就是頑鈍無恥的事，我都要幹。」又說：「辦事要包攬把持。」所謂頑鈍無恥也，包攬把持也，豈非厚黑家所用的技術嗎？林翼能善用之，就成為名臣了。

王簡恆和廖緒初，都是我很佩服的人。緒初辦旅省敘屬中學堂和當省議會議員，只知為公二字，甚麼氣都受得，有點像胡林翼之頑鈍無恥。簡恆辦事，獨行獨斷，有點像胡林翼之包攬把持。有天我當著他二人說道：「緒初得了厚字訣，簡恆得了黑字訣，可稱吾黨健者。」歷引其事以證之。二人欣然道：「照這樣說來，我二人可謂各得聖人之一體了。」我說道：「百年後有人一與我建厚黑廟，你二人都是有配享希望的。」

民國元年，我在成都《公論日報》社內寫《厚黑學》，有天緒初到我室中，見案上寫有一段文字：「楚漢之際，有一人焉，厚而不黑，卒歸於敗者，韓信是也。胯下之辱，信能忍之，面之厚可謂至矣。及為齊王，果從蒯通之說，其貴誠不可言，獨奈何惓惓於解衣推食之私情，貿然曰：『衣人之衣者，懷人之憂，食人之食者，死人之事。』卒至長樂鐘室，身首異處，夷及三族，謂非咎由自取哉！楚漢之際，有一人焉，黑而不厚，亦歸於敗者，范增是也……」緒初把我的稿子讀了一遍，轉來把韓信這一段反覆讀之，默然不語，長嘆一聲而去。我心想道：「這就奇了，韓信厚有餘而黑不足，范增黑有餘而厚不足，我原是二者對舉，他怎麼獨有契於韓信這一段？」我下細思之，才知緒初正是厚有餘而黑不足的人。他是盛德夫子，叫他忍氣，是做得來，叫他做狠心的事，他做不來。患寒病的人，吃著滚水很舒服；患熱病的人，吃著冷水很舒服；緒初所缺乏者，正是一黑字，韓信一段，是他對症良藥，故不知不覺，深有感觸。

中江謝綬青，光緒三十三年，在四川高等學堂與我同班畢業。其時王簡恆任富順中學堂監督，聘綬青跟我當教習。三十四年下學期，緒初當富順視學，主張來年續聘，其時薪水以兩計。他向簡恆說道：「宗吾是本縣人，核減一百兩，綬青是外縣人，薪仍舊。」他知道我斷不會反對他，故毅然出此。我常對人說：「緒初這個人萬不可相交，相交他，銀錢上就要吃虧，我是前車之鑒。」有一事更可笑，其時縣立高小校校長姜選臣因事辭職，縣令王琰備文請簡恆兼任。有天簡恆笑向我說道：「我近日窮得要當衣服了，高小校校長的薪水，我很想支來用。照公事說，是不生問題。像富順這一夥人，要攻擊我，我倒毫不睬他，最怕的是廖聖人酸溜溜說道：『這筆款似乎可以不支吧。』你叫我這個臉放在何處？只好仍當衣服算了。」我嘗對人說：「此雖偶爾談笑，而緒初之令人敬畏，簡恆之勇於克己，足見一斑。」後來我發明《厚黑學》，才知簡恆這個談話，是厚黑學上最重要的公案。我嘗同雷民心批評：朋輩中資質偏於厚字者甚多，而以緒初為第一。夠得上講黑字者，只有簡恆一人。近日常常有人說：「你叫我面皮厚，我還做得來，叫我黑，我實在做不來，宜乎我做事不成功。」我說：「特患你厚得不徹底，只要徹底了，無往而不成功。你看緒初之厚，居然把簡恆之黑打敗，並且厚黑教主還送了一百兩銀子的贄見。世間資質偏於厚字的人，萬不可自暴自棄。」

相傳凡人的頸子上，都有一條刀路，劊子手殺人，順著刀路砍去，一刀就把腦殼削下。所以劊子手無事時，同人對坐閒談，他就要留心看你頸上的刀路。我發明厚黑學之初，遇事研究，把我往來的朋友作為實驗品，用劊子手看刀路的方法，很發見些重要學理。滔滔天下，無在非厚黑中人。諸君與朋輩往還之際，本我所說的法子去研究，包管生出無限趣味，比讀四書五經、二十四史受的益更多。老子曰：「邦之利器，不可以示人。」老夫髦矣，無志用世矣，否則這些法子，我是不能傳授人的。

我遇著人在我名下行使厚黑學，叨叨絮絮，說個不休。我睜起眼睛看著他，一言不發。他忽然臉一紅，噗一聲笑道：「實在不瞞你先生，當學生的實在沒法了，只有在老師名下行使點厚黑學。」我說道：「可以！可以！我成全你就是了！」語云：「對行不對貨。」奸商最會欺騙人，獨在同業前不敢賣假貨。我苦口婆心，勸人研究厚黑學，意在使大家都變成內行，假如有人要使點厚黑學，硬是說明瞭來幹，施者受者，大家心安理順。

我把厚黑學發明過後，凡人情冷暖，與夫一切恩仇，我都坦然置之。有人對我說：「某人對你不起，他如何如何。」我說：「我這個朋友，他當然這樣做。如果他不這樣做，我的厚黑學還講得通嗎？我所發明的是人類大原則，我這個朋友，當然不能逃出這個原則。」

辛亥十月，張列五在重慶獨立，任蜀軍政府都督，成渝合併，任四川副都督，嗣改民政長。他設一個審計院，擬任緒初為院長。緒初再三推辭，乃以尹仲錫為院長。緒初為次長，我為第三科科長。其時民國初成，我以為事事革新，應該有一種新學說出現，乃把我發明的厚黑學發表出來。及我當了科長，一般人都說：「厚黑學果然適用，你看李宗吾公然做起科長官來了。」相好的朋友，勸我不必再登，我就停止不登。於是眾人又說道：「你看李宗吾，做了科長官，厚黑學就不登了。」

我氣不過，向眾人說道：「你們只羨我做官，須知奔走宦場，是有祕訣的。」我就發明求官六字真言、做官六字真言，每遇著相好的朋友，就盡心指授。無奈我那些朋友資質太鈍，拿來運用不靈，一個個官運都不亨通，反是從旁竊聽我和間接得聞的，倒還很出些人才。

在審計院時，緒初寢室與我相連，有一日下半天，聽見緒初在室內拍桌大罵，聲震屋瓦，我出室來看，見某君倉皇奔出，緒初追而罵之：「你這個狗東西！混帳……」直追至大門而止（此君在緒初辦旅省敘屬中學時曾當教職員）。緒初轉來，看見我，隨入我室中坐下，氣忿忿道：「某人，真正豈有此理！」我問何事，緒初道：「他初向我說：某人可當知事，請我向列五介紹。」我唯唯諾諾應之。他說：『事如成了，願送先生四百銀子。』我桌子上一巴掌道：『胡說！這些話，都可拿來向我說嗎？』他站起來就走，說道：『算了，算了，不說算了。』我氣他不過，追去罵他一頓。」我說：「你不替他說就是了，何必為此已甚。」緒初道：「這宗人，你不傷他的臉，將來不知還要幹些甚麼事。我非對列五說不可，免得用著這種人出去害人。」此雖尋常小事，在厚黑學上卻含有甚深的哲理。我批評緒初「厚有餘而黑不足，叫他忍氣是做得來，叫他做狠心的事做不來」，何以此事忍不得氣？其對待某君，未免太狠，竟自侵入黑字範圍，這是甚麼道理呢？我反覆研究，就發現一條重要公例。公例是甚麼呢？厚黑二者，是一物體之兩方面，凡黑到極點者，未有不能厚，厚到極點者，未有不能黑。舉例言之：曹操之心至黑，而陳琳作檄，居然容他得過，則未嘗不能厚；劉備之面至厚，劉璋推誠相待，忽然舉兵滅之，則未嘗不能黑。我們同輩中講到厚字，既公推緒初為第一，所以他逃不出這個公例。

古人云：「夫道一而已矣。」厚黑二者，根本上是互相貫通的，厚字翻過來，即是黑，黑字翻過來，即是厚。從前有個權臣，得罪出亡。從者說道：「某人是公之故人，他平日對你十分要好，何不去投他？」答道：「此人對我果然很好。我好音，他就遺我以鳴琴，我好佩，他就遺我以玉環。他平日既見好於我，今日必以我見好於人，如去見他，必定縛我以獻於君。」果然此人從後追來，把隨從的人捉了幾個去請賞。這就是厚臉皮變而為黑心子的明證。人問：世間有黑心子變而為厚臉皮的沒有？我答道：有！有！《聊齋》上馬介甫那一段所說的那位太太，就是由黑心子一變而為厚臉皮。

緒初辱罵某君一事，詢之他人，迄未聽見說過，除我一人而外，無人知之，後來同他相處十多年，也未聽他重提。我嘗說：「緒初辱罵某君，足見其人剛正，雖暗室中，亦不可幹以私，事後絕口不言，隱人之惡，又見其盛德。」但此種批評，是站在儒家立場來說，若從厚黑哲學上研究，又可得出一條公例：「黑字專長的人，黑者其常，厚者其暫；厚字專長的人，厚者其常，黑者其暫。」緒初是厚字專長的人，其以黑字對付某君，是暫時的現象；事過之後，又回覆到厚字常軌，所以後此十多年隱而不言。我知他做了此狠心事，必定於心不安，故此後見面，不便向他重提此事。他辦敘屬學堂的時候，業師王某來校當學生，因事犯規，緒初懸牌把他斥退。後來我曾提起此事，他蹙然道：「這件事我疚心。」這都是做了狠心的事，要恢復常規的明證。因知他辱罵某君一定很疚心，所以不便向他重提。

緒初已經死了十幾年，生平品行，猝然無疵。凡是他的朋友和學生，至今談及，無不欽佩。去歲我作了一篇《廖張軼事》，敘述緒初和列五二人的事跡，曾登諸《華西日報》。緒初是國民黨的忠實信徒，就是異黨人，只能說他黨見太深，對於他的私德，仍稱道不置。我那篇《廖張軼事》，曾臚列其事，將來我這《厚黑叢話》寫完了，莫得說的時候，再把他寫出來，充塞篇幅。一般人呼緒初為廖大聖人，我看他，得力全在一個厚字。我曾說：「用厚黑以圖謀公利，越厚黑人格越高尚。」緒初人格之高尚，是我們朋輩公認的。他的朋友和學生存者甚多，可證明我的話不錯，即可證明我定的公例不錯。

我發表《厚黑學》，用的別號是獨尊二字，與朋友寫信也用別號，後來我改寫為「蜀酋」。有人問我蜀酋作何解釋？我答應道：我發表《厚黑學》，有人說我瘋了，離經叛道，非關在瘋人院不可。我說：那麼，我就成為蜀中之罪酋了。因此名為蜀酋。我發表《厚黑學》過後，許多人實力奉行，把四川造成一個厚黑國。有人向我說道：國中首領，非你莫屬。我說：那麼，我就成為蜀中之酋長了。因此又名蜀酋。再者，我講授厚黑學，得我真傳的弟子，本該授以衣缽，但我的生活是沿門託缽，這個缽要留來自用，只有把我的狗皮褂子脫與他穿。所以獨字去了犬旁，成為蜀字。我的高足弟子很多，弟子之足高，則先生之足短，弟子之足高一寸，則先生之足短一寸。所以尊字截去寸字，成為酋字。有此原因，我只好稱為蜀酋了。

世間的事，有知難行易的，有知易行難的，唯有厚黑學最特別，知也難，行也難。此道之玄妙，等於修仙悟道的口訣，古來原是祕密傳授，黃石老人因張良身有仙骨，於半夜三更傳授他，張良言下頓悟，老人以王者師期之。無奈這門學問太精深了，所以《史記》上說：「良為他人言，皆不省，獨沛公善之。」良嘆曰：「沛公殆天授也。」可見這門學問不但明師難遇，就遇著了，也難於領悟。蘇東坡曰：「項籍百戰百勝，而輕用其鋒。高祖忍之，養其全鋒而待其敝，此子房教之也。」衣缽真傳，彰彰可考。我打算作一部《厚黑學師承記》說明授受淵源，使人知這門學問，要黃石公這類人才能傳授，要張良、劉邦這類人才能領悟。我近倡厚黑救國之說，許多人說我不通，這也無怪其然，是之謂知難。

劉邦能夠分杯羹，能夠推孝惠魯元下車，其心之黑還了得嗎？獨至韓信求封假齊王，他忍不得氣，怒而大罵，使非張良從旁指點，幾乎誤事。勾踐入吳，身為臣，妻為妾，其面之厚還了得嗎？沼吳之役，夫差遣人痛哭求情，勾踐心中不忍，意欲允之。全虧范蠡悍然不顧，才把夫差置之死地。以劉邦、勾踐這類人，事到臨頭，還須軍師臨場指揮督率才能成功，是之謂行難。

蘇東坡的《留侯論》，全篇是以一個厚字立柱。他文集中論及沼吳之役，深以范蠡的辦法為然。他這篇文字，是以一個黑字立柱。諸君試取此二字，細細研讀，當知鄙言不謬。人稱東坡（蘇東坡）為坡仙，他是天上的神仙下凡，才能揭出此種妙諦。諸君今日，聽我講說，可謂有仙緣。噫，外患迫矣，來日大難，老夫其為黃石老人乎！願諸君為張子房自命。

厚黑叢話・卷三

成都《華西日報》民國二十四年十月

今之政治家，連人性都未研究清楚，等於醫生連藥性都未研究清楚。醫生不了解藥性，斷不能治病；政治家不了解人性，怎能治國？今之舉世紛紛者，實由政治家措施失當所致。其措施之所以失當者，實由對於人性欠了精密的觀察。

有人讀《厚黑經》，讀至「蓋欲學者於此，反求諸身而自得之，以去夫外誘之仁義，而充其本然之厚黑」，發生疑問道：「李宗吾，你這話恐說錯了。孟子曰：『仁義禮智，非由外鑠我也，我固有之也。』可見仁義是本然的。你怎麼把厚黑說成本然，把仁義說成外誘？」我說：「我倒莫有說錯，只怕你們那個孟子錯了。孟子說：『孩提之童，無不知愛其親也，及其長也，無不知敬其兄也。』他這話究竟對不對，我們要實地試驗。就叫孟子的夫人把他親生小孩抱出來，由我當著孟子試驗。母親抱著小孩吃飯，小孩伸手來拖，如不提防，碗就會落地打爛。請問孟子，這種現象是不是愛親？母親手中拿一塊糕餅，小孩伸手來索，母親不給他，放在自己口中，小孩就會伸手從母親口中取出，放在他口中。請問孟子，這種現象是不是愛親？小孩在母親懷中食乳，食糕餅，哥哥走近前，他就要用手推他打他。請問孟子，這種現象是不是敬兄？只要全世界尋得出一個小孩，莫得這種現象，我的厚黑學立即不講，既是全世界的小孩無一不然，可見厚黑是天性中固有之物，我的厚黑學當然成立。」

孟子說：「人之所不學而能者，其良能也，所不慮而知者，其良知也。」小孩見母親口中有糕餅，就伸手去奪，在母親懷中食乳食糕餅，哥哥近前，就推他打他，都是不學而能，不慮而知，依孟子所下的定義，都該認為良知良能。孟子教人把良知良能擴而充之，現在許多官吏刮取人民的金錢，即是把小孩時奪取母親口中糕餅那種良知良能擴充出來的。許多志士，對於忠實同志，排擠傾軋，無所不用其極，即是把小孩食乳食糕餅時推哥哥、打哥哥那種良知良能擴充來的。孟子曰：「大人者，不失其赤子之心者也。」現在的偉人，小孩時那種心理，絲毫莫有失掉，可見中國鬧到這麼糟，完全是孟子的信徒乾的，不是我的信徒乾的。

我民國元年發表《厚黑學》，指定曹操、劉備、孫權、劉邦幾個人為模範人物。迄今二十四年並莫一人學到。假令有一人像劉備，過去的四川，何至成為魔窟？有一人像孫權，過去的寧粵，何至會有裂痕？有一人像曹操，偽滿敢獨立嗎？有一人像劉邦，中國會四分五裂嗎？吾嘗曰：「劉邦吾不得而見之矣。得見曹操斯可矣，曹操吾不得而見之矣，得見劉備、孫權斯可矣。」所以說中國鬧得這麼糟，不是我的信徒乾的。

漢高祖分杯羹，是把小孩奪母親口中糕餅那種良知良能擴充出來的。唐太宗殺建成、元吉，是把小孩食乳食糕餅時推哥哥、打哥哥那種良知良能擴充出來的。這即是《厚黑經》所說：「充其本然之厚黑。」昔人詠漢高祖詩云：「俎上肉，杯中羹，黃袍念重而翁輕。羹嫂，羹頡侯，一飯之仇報不休……君不見漢家開基四百年，君臣父子兄弟夫婦朋友之間乃如此。」漢高祖把通常所謂五倫與夫禮義廉恥掃蕩得幹乾淨淨，這即是《厚黑經》所說：「去夫外誘之仁義。」

有人難我道：「孟子曰：『惻隱之心，人皆有之。』據你這樣說，豈不是應該改為『惻隱之心皆無之』嗎？」我說：「這個道理，不能這樣講。孟子說：『今人乍見孺子將入於井，皆有怵惕（恐懼警惕）惻隱之心。』明明提出怵惕惻隱四字。下文忽言『無惻隱之心非人也。』『惻隱之心，仁之端也。』憑空把怵惕二字摘來丟了，請問是何道理？再者孟子所說：『乍見孺子將入於井』，這是孺子對於井發生了死生存亡的關係，我是立在旁觀地位。假令我與孺子同時將入井，請問孟子，此心作何狀態？此時發出來的第一念，究竟是怵惕，是惻隱？不消說，這剎間只有怵惕而無惻隱，只能顧我之死，不暇顧及孺子之死。非不愛孺子也，事變倉促，顧不及也。必我心略為安定，始能顧及孺子，惻隱心乃能出現。我們這樣的研究，就可把人性真相看出。怵惕是為我的念頭，惻隱是為人的念頭。孟子曰：『惻隱之心，仁之端也。』李宗吾曰：『怵惕之心，厚黑之端也。』孟子講仁義，以惻隱為出發點。我講厚黑，以怵惕為出發點。先有怵惕，後有惻隱，孟子的學說是第二義，我的學說才是第一義。」

成都屬某縣，有曾某者，平日講程朱之學，品端學粹，道貌巖巖，人呼為曾大聖人，年已七八十歲，當縣中高小學校校長。我查學到校，問：「老先生近日還看書否？」答：「現在纂輯宋儒語錄。」

我問：「孟子說：『今人乍見孺子將入於井，皆有怵惕惻隱之心。』何以下文只說：『無惻隱之心非人也。』『惻隱之心，仁之端也。』把怵惕二字置之不論，其意安在？他聽了沉吟思索。我問：「見孺子將入於井，發出來的第一個念頭，究竟是怵惕，是惻隱？」他信口答道：「是惻隱。」我聽了默然不語，他也默然不語。我本然想說：第一念既是惻隱，何以孟子不言「惻隱怵惕」而言「怵惕惻隱」？因為他是老先生，不便深問，只問道：「宋儒之書，我讀得很少，只見他們極力發揮惻隱二字未知對於怵惕二字，亦會加以發揮否？」他說：「莫有。」我不便往下再問，就談別的事去了。

《孟子》書上，孩提愛親章，孺子將入井章，是性善說最根本的證據。宋儒的學說，就是從這兩個證據推闡出來的。我對於這兩個證據，根本懷疑，所以每談厚黑學，就把宋儒任意抨擊。但我生平最喜歡懷疑，不但懷疑古今人的說法，並且自己的說法也常常懷疑。我講厚黑學，雖能自圓其說，而孟子的說法，也不能說他莫得理由。究竟人性的真相是怎樣？孟子所說：孩提知愛和惻隱之心，又從何處生出來呢？我於是又繼續研究下去。

中國言性者五家，孟子言性善，荀子言性惡，告子言性無善無惡，楊雄言善惡混，韓昌黎言性有三品。這五種說法，同時並存，竟未能折衷一是。今之政治家，連人性都未研究清楚，等於醫生連藥性都未研究清楚。醫生不了解藥性，斷不能治病；政治家不了解人性，怎能治國？今之舉世紛紛者，實由政治家措施失當所致。其措施之所以失當者，實由對於人性欠了精密的觀察。

中國學者，對於人性欠精密的觀察，西洋學者，觀察人性更欠精密。現在的青年，只知宋儒所說「婦人餓死事小，失節事大」這個道理講不通……這都是對於人性欠了研究，才有這類不通的學說。學說既不通，基於這類學說生出來的措施，遂無一可通，世界焉得不大亂？

從前我在報章雜誌上，常見有人說：「中國的禮教，是吃人的東西。」殊不知西洋的學說，更是吃人的東西。阿比西尼亞被墨索里尼摧殘蹂躪，是受達爾文學說之賜，將來算總帳，還不知要犧牲若干人的生命。我們要想維持世界和平，非把這類學說一律肅清不可。要肅清這類學說，非把人性徹底研究清楚不可。我們把人性研究清楚了，政治上的設施，國際上的舉動，才能適合人類通性，世界和平才能維持。

我主張把人性研究清楚，常常同友人談及。友人說：「近來西洋出了許多心理學的書，你雖不懂外國文，也無妨買些譯本來看。」我說：「你這個話太奇了！我說個笑話你聽：從前有個查學員視察學校，對校長說：『你這個學校，光線不足。』校長道：『我已派人到上海購買去了。』人人有一個心，自己就可直接研究，本身就是一副儀器標本，隨時隨地都可以試驗，朝夕與我往來的人，就是我的試驗品，你叫我看外國人著的心理學書，豈不等於到上海買光線嗎？」聞者無辭可答。

我民國元年著的《厚黑學》，原是一種遊戲文字，不料發表出來，竟受一般人的歡迎，厚黑學三字，在四川幾乎成一普通名詞。我以為此種說法能受人歡迎，必定於人性上有關係，因繼續研究。到民國九年，我想出一種說法，似乎可以把人性問題解決了，因著《心理與力學》一文，載入《宗吾臆談》內。我這種說法，未必合真理，但為研究學術起見，也不妨提出來討論。

西洋人研究物理學研究得很透徹，得出來的結論，五洲萬國無有異詞，獨於心理學卻未研究透徹，所以得出來的結論，此攻彼訐。這是甚麼道理呢？因為研究物理，乃是以人研究物，置身局外，冷眼旁觀，把真相看得很清楚，毫無我見，故所下判斷最為正確。至於研究心理學，則研究者是人，被研究者也是人，不知不覺就參入我見，下的判斷就不公平。並且我是眾人中之一人，古人云：「不識廬山真面目，只緣身在此山中。」即使此心放得至公至平，仍得不到真相。因此我主張：研究心理學，應當另闢一個途徑來研究。科學家研究物理學之時，毫無我見，等他研究完畢了，我們才起而言曰：「人為萬物之一，物理與人事息息相通，物理上的公例也適用於人事。」據物理的公例，以判斷人事，而人就無遁形了。聲光磁電的公例，五洲萬國無有異詞。人之情感，有類磁電，研究磁電，離不脫力學公例，我們就可以用力學公例以考察人之心理。

民國九年，我家居一載，專幹這種工作，用力學上的公例去研究心理學，覺到許多問題都渙然冰釋。因創一公例曰：「心理變化，循力學公例而行。」從古人事跡上，現今政治上，日用瑣事上，自己心坎上，理化數學上，中國古書上，西洋學說上，四面八方印證起來，似覺處處可通。有了這條公例，不但關於人事上一切學說若網若綱，有條不紊，就是改革經濟政治等等，也有一定的軌道可循，而我心中的疑團，就算打破，人性問題就算解決了。但我要宣告：所謂疑者，是我心中自疑，非謂人人俱如是疑也。所謂解決者，是我自謂解決，非謂這個問題果然被我解決也。此乃我自述經過，聊備一說而已。

本來心理學是很博大精深的，我是個講厚黑學的，怎能談這門學問？我說「心理變化，循力學公例而行」，等於說「水之波動，循力學公例而行」。據科學家眼光看來，水之性質和現象，可供研究者很多，波動不過現象中之一小部分。所以我談心理，只談得很小很小一部分，其餘的我不知道，就不敢妄談。

為甚力學上的公例可應用到心理學上呢？須知科學上許多定理，最初都是一種假說，根據這種假說，從各方試驗，都覺可通，這假說就成為定理了。即如地球這個東西，自開闢以來就有的，人民生息其上，不知經過了若干萬萬年，對於地球之構成就無人了解。距今二百多年以前，出了個牛頓，發明萬有引力，說「地心有吸力，把泥土沙石吸成一團，成為地球」。究竟地心有無吸力，無人看見，牛頓這個說法，本是假定的，不過根據他的說法，任如何試驗，俱是合的，於是他的假說就成了定理。從此一般人都知道：「凡是有形有體之物，俱要受吸力的吸引。」到愛因斯坦出來，發明相對論，本牛頓之說擴大之，說：「太空中的星球發出的光線，經過其他星球，也要受其吸引。因天空中眾星球互相吸引之故，於是以直線進行之光線，就變成彎彎曲曲的形狀。」他這種說法，經過實地測驗，證明不錯，也成為定理。從此一般人又知道，有形無體之光線，也要受吸力的吸引。我們要解決心理學上的疑團，無妨把愛因斯坦的說法再擴大之，說：「我們心中也有一種引力，能把耳聞目睹、無形無體之物吸收來成為一個心。心之構成，與地球之構成相似。」我們這樣的設想，牛頓的三例和愛因斯坦的相對論，就可適用到心理學方面，而人事上一切變化，就可用力學公例去考察他了。

通常所稱的心，是由於一種力，經過五官出去，把外邊的事物牽引進來，集合而成的。例如有一物在我面前，我注目視之，即是一種力從目透出去，與那個物連結；我將目一閉，能夠記憶那物的形狀，即是此力把那物拖進來縮住了。聽人的話能夠記憶，即是把那人的話拖進來縮住了。由這種方式，把耳濡目染與夫環境所經歷的事項一一拖進來，集合為一團，就成為一個心。所以心之構成，與地球之構成完全相似。

一般人都說自己有一個心，佛氏出來，力闢此說，說：「人莫得心，通常所謂心，是假的，乃是六塵的影子。」《圓覺經》曰：「一切眾生，無始以來，種種顛倒，妄認四大為自身相，六塵緣影為自心相。」我們試思，假使心中莫得引力，則六塵影子之經過，亦如雁過長空，影落湖心一般，雁一去，影即不存。而吾人見雁之過，其影能留在心中者，即是心中有一種引力把雁影縮住的原故。所以我們拿佛家的話來推究，也可證明心之構成與地球之構成是相似的。

佛家說：「六塵影子落在八識田中，成為種子，永不能去。」這就像穀子豆子落在田土中，成為種子一般。我們知穀子豆子落在田土中，是由於地心有引力，即知六塵影子落在八識田中，是由於人心有引力。因為有引力縮住，所以穀子豆子在田土中永不能去，六塵影子在八識田中也永不能去。

我們如把心中所有智識一一考察其來源，即知其無一不從外面進來。其經過的路線，不外眼耳鼻舌身。雖說人能夠發明新理，但仍靠外面收來的智識做基礎，猶之建築房屋，全靠外面購來的磚瓦木石。假如把心中各種智識的來源考出了，從目進來的，命他仍從目退出去，從耳進來的，令他仍從耳退出去，其他一一俱從來路退出，我們的心即空無所有了。人的心能夠空無所有，對於外物無貪戀，無嗔恨，有如湖心雁影，過而不留，這即是佛家所說「還我本來面目」。

地球之構成，源於引力，意識之構成，源於種子，試由引力再進一步，推究到天地未有以前，由種子再進一步，推究到父母未生以前，則只有所謂寂兮寥兮的狀況，而二者就會歸於一了。由寂兮寥兮生出引力，而後有地球，而後有物。由寂兮寥兮，生出種子，而後有意識，而後有人。由此知心之構成與地球之構成相似，物理與人事相通，故物理學的規律可適用於心理學。

心理的現象，與磁電現象很相像。人有七情，大別之，只有好、惡二種。心所好的東西，就引之使近；心所惡的東西，就推之使遠。其現象與磁電相同。人的心，分知、情、意三者，意是知與情合併而成，其元素只有知、情二者。磁電同性相推，異性相引，他相推相引的作用，是情的現象。能夠判別同性異性，又含有知的作用。可見磁電這個東西，也具有知、情，與我們的心理是一樣的。陽電所需要的是陰電，忽然來了一個陽電，要分他的陰電，他當然把他推開。陰電所需要的是陽電，忽然來了一個陰電，要分他的陽電，他當然也把他推開。這就像小兒食乳食糕餅的時候，見哥哥來了，用手推他打他一般，所以成了同性相推的現象。至於磁電異性相引，猶如人類男女相愛，更是不待說的。所以我們研究心理學，可當如磁電學研究。

佛說：「真佛法身，映物現形。」宛然磁電感應現象。又說：「本性圓融，用遍法界。」又說：「非有非無。」宛然磁電中和現象。又說：「不生不滅，不增不減。」簡直是物理學家所說「能量不滅」。因此之故，我們用力學公例去考察人性，想來不會錯。

孟子講性善，說：「孩提之童，無不知愛其親，及其長也，無不知敬其兄。」我講厚黑學，說：「小兒見母親口中有糕餅，就取來放在自己口中。小兒在母親懷中食乳食糕餅，見哥哥走近來，就用手推他打他。」這兩種說法，豈不是極端相反嗎？究竟人性的真相是怎樣？我們下細觀察，即知小兒一切動作，都是以我為本位，各種現象，都是從比較上生出來的。將母親與己身比較，小兒更愛己身，故將母親口中糕餅取出，放入自己口中。母親是懷抱我、乳哺我的人，拿母親與哥哥比較，母親與我更接近，故更愛母親。大點的時候，與哥哥朝夕一處玩耍，有時遇著鄰人，覺得哥哥與我更接近，自然更愛哥哥。由此推之，走到異鄉，就愛鄰人；走到外省，就愛本省人；走到外國，就愛本國人。其間有一定之規律，其規律是：「距我越近，愛情越篤，愛情與距離成反比例。」與牛頓萬有引力定律是相像的。我們把他繪出來，如甲圖，第一圈是我，第二圈是親，第三圈是兄，第四圈是鄰人，第五圈是本省人，第六圈是本國人，第七圈是外國人。這個圖是人心的現象，我們詳加玩索，就覺得這種現象很像講堂上試驗的磁場一般。距磁石越近的地方，鐵屑越多，可見人的情感與磁力相像。我們從甲圖研究，即知我說的小兒搶母親口中糕餅，和孟子所說孩提愛親，原是一貫的事，俱是以我字為出發點，性善說與厚黑學就可貫通為一。

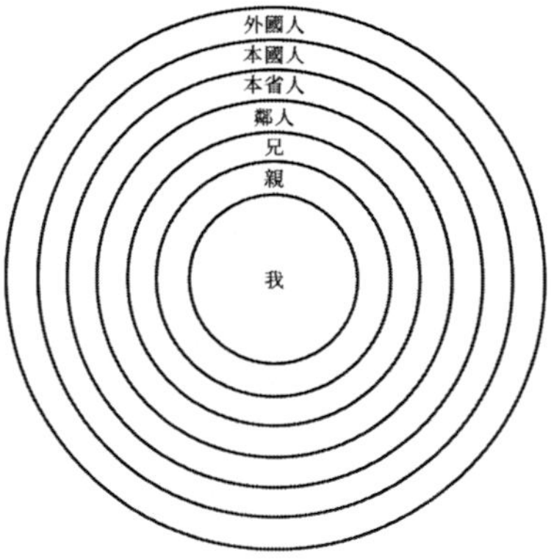

甲圖 孟子的性善圖

上面所繪甲圖，是否真確，我們可再設法證明：假如暮春三月的時候，我們約著二三友人出去遊玩，走至山明水秀的地方，心中覺得非常愉快，走至山水粗惡的地方，心中就戚然不樂，這是甚麼緣故呢？因為山水是物，我也是物，物與我本是一體，所以物類好，心中就愉快，物類不好，心中就不愉快。我們又走至一個地方，見地上許多碎石，碎石之上，落花飄零，我們心中很替落花悲感，對於碎石不甚動念，這是甚麼緣故？因為石是無生之物，花與我同是有生之物，所以對於落花更覺關情。假如落花之上臥一將斃之犬，哀鳴婉轉，那種聲音，入耳驚心驟聞之下，就會把悲感落花之心移向犬方而去了。這是甚麼緣故？因為花是植物，犬與我同是動物，自然會起同情心。我們遊畢歸來，途中見一隻犬攔住一個行人，狂跳狂吠，那人持杖亂擊，人犬相爭，難解難分，我們看見，總是幫人的忙，不會幫犬的忙。因為犬是獸類，那人與我同是人類，對乎人的感情，當然不同。假如我們回來，一進門就有人來對我說：某個友人，因為某事，與人發生絕大衝突，勝負未分，我就很替這個友人關心，希望他得勝。雖然同是人類，因為有交情的關係，不知不覺就偏重在我的友人方面去了。我把朋友邀入室中，促膝談心，正在爾我忘情的時候，陡然房子倒下來，我們心中發出來的第一個念頭，是防衛自己，第二個念頭，才顧及友人。我們把各種事實、各種念頭匯合攏來，搜求他的規律，即知每起一念，都是以我字為中心點，我們步步追尋，層層剝剔，逼到盡頭處，那個我字，即赤裸裸地現出來了。我們可得一個結論：凡有兩個物體，同時出現於我的面前，我無須計較，無須安排，心中自然會有親疏遠近之分。其規律是：「距我越遠，愛情越減，愛情與距離成反比例。」終不外牛頓萬有引力的定律。我們把它繪出圖來，如乙圖：第一圈是我，第二圈是友，第三圈是他人，第四圈是犬，第五圈是花，第六圈是石。它的現象仍與磁場一般。我們繪這乙圖，是捨去了甲圖的境界，憑空另設一個境界，乃繪出乙圖與甲圖無異，可知甲圖是合理的，乙圖也是合理的。這兩個圖，都是代表人心的現象，既是與磁場相像，與地心引力相像，即可說心理變化不外力學公例。

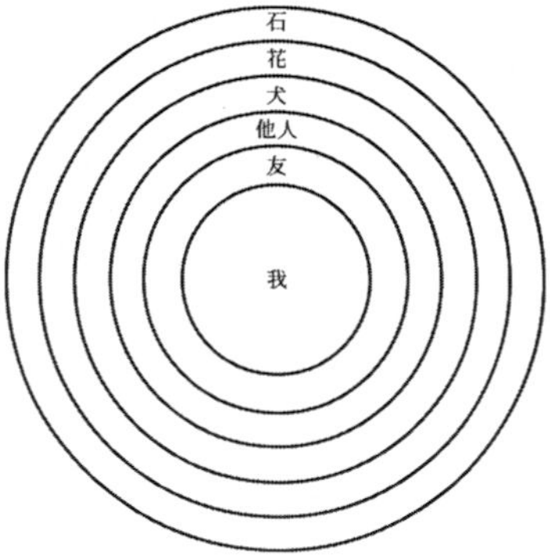

乙圖 荀子的性惡圖

孟子講性善，有兩個證據，第一個證據是：「孩提之童，無不知愛其親，及其長也，無不知敬其兄。」前已繪圖證明，是發源於為我之心，根本上與厚黑學相通。他第二個證據是：「今人乍見孺子將入於井，皆有怵惕惻隱之心。」我們細細推求，仍是發源於為我之心，仍與厚黑學相通。茲說明如下：

怵惕是驚懼的意思，是自己畏死的表現。假如我們共坐談心的時候，陡見前面有一人提一把白亮亮的刀追殺一人，我們一齊吃驚，各人心中都要跳幾下。這個現象，即是怵惕。這是因為各人都有畏死的本性，看見刀彷彿是殺我一般，所以心中會跳，所以會怵惕。我略一審視，曉得不是殺我，是殺別人，登時就會把畏死的念頭放大，化我身為被迫的人，對乎他起一種同情心，就想救護他。這就是惻隱。先有怵惕，後有惻隱，是天然的順序，不是人力安排的。由此可知：惻隱是從怵惕生出來的，莫得怵惕，就不會惻隱，可以說惻隱二字，仍發源於我字。

見孺子將入井的時候，共有三物，一曰我，二曰孺子，三曰井。我們把他繪為圖：第一圈是我，第二圈是孺子，第三圈是井。我與孺子同是人類，井是無生之物，孺子對於井生出死生存亡的關係，我當然對孺子表同情，不能對井表同情。有了第一圈的我，才有第二圈的孺子。因為我怕死，才覺得孺子將入井是不幸的事；假如我不怕死，就叫我自己入井，我也認為不要緊的事，不起怵惕心。看見孺子將入井，也認為不要緊的事，斷不會有惻隱心。莫得我，即莫得孺子，莫行怵惕，即莫得惻隱，道理本是極明白的。孺子是我身的放大形，惻隱是怵惕的放大形，孟子看見怵惕心能放大而為惻隱心，就叫人把惻隱心再放大起來，擴充到四海。道理本是對的，只因少說一句：「惻隱是怵惕擴充出來的。」就生出宋儒的誤會。宋儒言性，從惻隱二字講起來，捨去怵惕二字不講，成了有惻隱無怵惕，知有第二圈之孺子，不知有第一圈之我。宋儒學說，許多迂曲難通，其病根就在這一點。

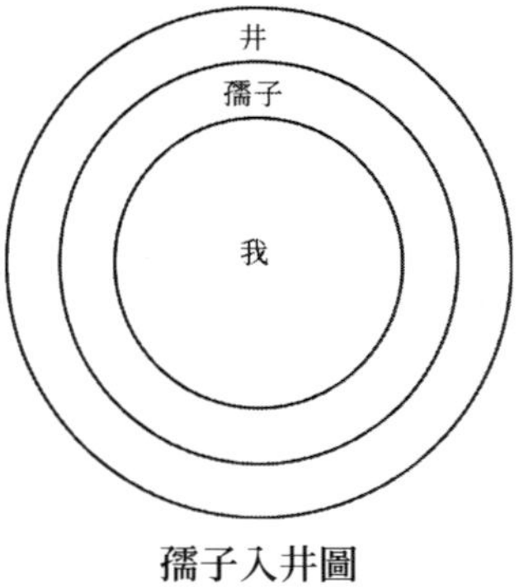

孺子入井圖

我們把甲乙兩圖詳加玩味，就可解決孟荀兩家的爭執。甲圖是層層放大，由我而親，而兄，而鄰人，而本省人，而本國人，而外國人，其路線是由內向外，越放越大。孟子看見人心有此現象，就想利用他，創為性善說。所以他說：「老吾老，以及人之老；幼吾幼，以及人之幼……舉斯心，加諸彼……推恩足以保四海。」力勸人把圈子放大點。孟子喜言詩，詩是宣暢人的性情，含有利導的意思。乙圖是層層縮小，由石而花，而犬，而人，而友，而我，其路線是由外向內，越縮越小。荀子看見人心有此現象，就想制止他，創為性惡說。所以他說：「妻子具而孝衰於親，嗜慾得而信衰於友，爵祿盈而忠衰於君。」又說：「拘木待檃栝（矯正木材彎曲的器具）蒸矯然後直，鈍金待礱（去掉稻殼的工具，形狀像磨）礪然後利，人待師法然後正，得禮義然後治，」生怕人把圈子縮小了。荀子習於禮，禮是範圍人的行為，含有制裁的意思。甲乙兩圖，都是代表人心的現象，甲圖是離心力現象，乙圖是向心力現象。從力學方面說，兩種現象俱不錯，即可說孟荀二人的說法俱不錯。無奈他二人俱是各說一面，我們把甲乙二圖一看，孟荀異同之點就可瞭然了。事情本是一樣，不過各人的看法不同罷了。我們詳玩甲乙二圖，就可把厚黑學的基礎尋出來。

王陽明講的致良知，是從性善說生出來的。我講的厚黑學，是從性惡說生出來的。王陽明說：「滿街都是聖人。」我說：「滔滔天下，無在非厚黑中人。」此兩說何以會極端相反呢？因為同是一事，可以說是性善之表現，也可以說是性惡之表現。舉例言之：假如有個友人來會我，辭去不久，僕人來報導：「剛才那個友人，出門去就與人打架角孽，已被警察將雙方捉去了。」我聽了，就異常關心，立命人去探聽。聽說警察判友人無罪，把對方關起了，我就很歡喜。倘判對方無罪，把友人關起，我就很憂悶。請問我這種心理，究竟是善是惡？假如我去問孟子，孟子一定說：「這明明是性善的表現，何以故呢？你的朋友與人相爭，與你毫無關係，你願你的朋友勝，不願他敗，這種愛友之心，是從天性中不知不覺流露出來的。此種念頭，是人道主義的基礎。所謂博施濟眾，是從此種念頭生出來的，所謂民胞物與，也是從此種念頭生出來的，所以人們起了此種念頭，就須把他擴充起來。」假如我去問荀子，荀子一定說：「這明明是性惡的表現，何以故呢？你的朋友是人，和他打架的也是人，人與人相爭，你不考察是非曲直，只是願友勝不願友敗；這種自私之心，是從天性中不知不覺流露出來的。此種念頭，是擾亂世界和平的根苗。日本以武力佔據東北四省，是從此種念頭生出來的，墨索里尼用飛機轟炸阿比西尼亞，也是從此種念頭生出來的，所以人們起了此種念頭，即把他制伏下去。」我們試看上面的說法，兩邊都有道理，卻又極端相反，這是甚麼緣故呢？我們要解決荀孟兩家的爭執，只消繪圖一看，就自然明白了。如圖：第一圈是我，第二圈是友，第三圈是他人，此心願友得勝，即是第二圈。請問這第二圈，是大是小呢？孟子尋個我字，與友字比較，即是在外面畫個小圈來比較，說第二圈是個大圈。荀子尋個人字，與友字比較，即是在外面畫個大圈來比較，說第二圈是個小圈。孟子以為第二圈是第一圈放大而成，其路線是向人字方面擴張出去，故斷定人之性善。荀子以為第二圈是由第三圈縮小而成，其路線是向我字方面收攏來，故斷定人之性惡。其實第二圈始終只有那麼大，並未改變。單獨畫一個圈，不能斷他是大是小；單獨一種愛友之心，不能斷他是善是惡。畫了一圈之後，再在內面或外面畫一圈，才有大小之可言。因愛友而做出的事，妨害他人，或不妨害他人，才有善惡之可言。

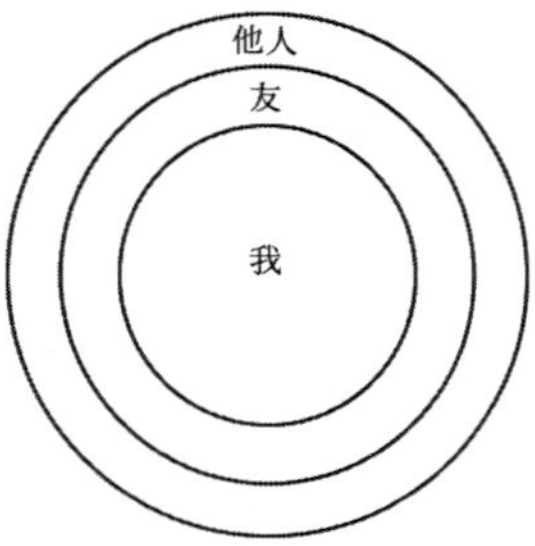

荀、孟爭論圖

願友勝不願友敗之心理，是一種天然現象，乃人類之通性，不能斷他是善是惡，只看如何應用就是了。本此心理，可做出相親相愛之事，也可做出相爭相奪之事，猶之我們在紙上畫了一圈之後，可以在內面畫一小圈，也可以在外面畫一大圈。孟子見人畫了一圈，就斷定他一定會把兩腳規張開點，在外面畫一個較大之圈。荀子見人畫了一圈，就斷定他一定會把兩腳規收攏點，在內面畫一個較小之圈。若問他二人的理由，孟子說：「這個圈，明明是由一個小圈放大而成。依著它的趨勢，當然會再放大，在外面畫一個更大之圈。」荀子說：「這個圈明明是由一個大圈縮小而成。依著它的趨勢，當然會再縮小，在內面畫一個更小之圈。」這些畫法，真可算無謂之爭。

我發表厚黑學後，繼續研究，民國九年，創出一條公例：「心理變化，循力學公例而行。」並繪出甲乙二圖，因知孟子的性善說和荀子的性惡說，都帶有點詭辯的性質。同時悟得：我民國元年講的厚黑學，和王陽明講的致良知，也帶有點詭辯的性質。甚麼是詭辯呢？把整個的道理蒙著半面，只說半面，說得條條有理，是之謂詭辯。戰國策士，遊說人主，即是用的此種方法。其時，堅白異同之說甚盛，孟荀生當其時，染得有點此種氣習，讀者切不可為其所愚。我是厚黑先生，不是道學先生，所以我肯說真話。

力有離心、向心兩種現象，人的心理也有這兩種現象。孟荀二人，各見一種，各執一詞。甲乙兩圖，都與力學公例不悖，故孟荀兩說，能夠對峙二千餘年，各不相下。我們明白這個道理，孟荀兩說就可合而為一了。孟荀兩說合併，就成為告子的說法。告子說：「性無善無不善。」任從何方面考察，他這個說法都是對的。

人性本是無善無惡，也可說是：可以為善，可以為惡。孟子出來，於整個人性中裁取半面以立說，成為性善說。遺下了半面，荀子取以立論，就成為性惡說。因為各有一半的道理，故兩說可以並存。又因為只佔得真理之一半，故兩說互相攻擊。

有孟子之性善說，就有荀子之性惡說與之對抗。有王陽明的致良知，就有李宗吾的厚黑學與之對抗。王陽明說：「見父自然知孝，見兄自然知悌。」把良知二字講得頭頭是道。李宗吾說：「小孩見著母親口中糕餅，自然會取來放在自己口中。在母親懷中食乳食糕餅，見哥哥近前，自然會用手推他打他。」我把厚黑二字也講得頭頭是道。有人呼我為教主，我何敢當？我在學術界，只取得與陽明對等的位置罷了。不過陽明在孔廟中配享，吃冷豬肉，我將來只好另建厚黑廟，以廖大聖人和王簡恆、雷民心諸人配享。

我的厚黑學，本來與王陽明的致良知有對等的價值，何以王陽明受一般人的推崇，我受一般人的訾議呢？因為自古迄今，社會上有一種公共的黑幕，這種黑幕，只許彼此心心相喻，不許揭穿，揭穿了，就要受社會的制裁。這算是一種公例。我每向人講厚黑學，只消連講兩三點鐘，聽者大都津津有味，說道：「我平日也這樣想，不過莫有拿出來講。」請問：心中既這樣想，為甚麼不拿出來講呢？這是暗中受了這種公例支配的原故。我赤裸裸地揭穿出來，是違反了公例，當然為社會不可。

社會上何以會生出這種公例呢？俗語有兩句：「逢人短命，遇貨添錢。」諸君都想知道，假如你遇著一個人，你問他尊齒？答：「今年五十歲了。」你說：「看你先生的面貌，只像三十幾的人，最多不過四十歲罷了。」他聽了，一定很歡喜，是之謂「逢人短命」。又如走到朋友家中，看見一張桌子，問他買成若干錢？他答道：「買成四元。」你說：「這張桌子，普通價值八元，再買得好，也要六元，你真是會買。」他聽了一定也很喜歡。是之謂「遇貨添錢」。人們的習性，既是這樣，所以自然而然地就生出這種公例。主張性善說者，無異於說：「世間儘是好人，你是好人，我也是好人。」說這話的人，怎麼不受歡迎？主張性惡說者，等於說：「世間儘是壞人，你是壞人，我也是壞人。」說這話的人，怎麼不受排斥？荀子本來是入了孔廟的，後來因為他言性惡，把他請出來，打脫了冷豬肉，就是受了這種公例的制裁。於是乎程朱派的人，遂高坐孔廟中，大吃其冷豬肉。

《孟子》書上有「閹然媚於世也」一句話，可說是孟子與宋明諸儒定的罪案，也即是孟子自定的罪案。何以故呢？性惡說是箴世，性善說是媚世。性善說者曰：你是好人，我也是好人，此妾婦媚語也。性惡說者曰：你是壞人，我也是壞人，此志士箴言也。天下妾婦多而志士少，箴言為舉世所厭聞，荀子之逐出孔廟也宜哉。嗚呼！李厚黑，真名教罪人也！

近人蔣維喬著《中國近三百年哲學史》說：「荀子在周末，倡性惡說，後儒非之者多，絕無一人左袒之者，歷一千九百餘年，俞曲園獨毅然贊同之……我國主張性惡說者，古今只有荀俞二氏。」云云。俞曲園是經學大師，一般人只研究他的經學，他著的《性說》上下二篇，若存若亡，可以說中國言性惡之書，除荀子而外，幾乎莫有了。箴言為舉世所厭聞，故敢於直說的人，絕無僅有。

滔滔天下，皆是諱疾忌醫的人，所以敢於言性惡者，非天下的大勇者不能，非捨得犧牲者不能。荀子犧牲孔廟中的冷豬肉不吃，才敢於言性惡。李宗吾犧牲英雄豪傑不當，才敢於講厚黑學。將來建厚黑廟時，定要在後面與荀子修一個啟聖殿，使他老人家藉著厚黑教主的餘蔭，每年春秋二祭，也吃吃冷豬肉。

常常有人向我說道：「你的說法，未免太偏。」我說：誠然，唯其偏，才醫得好病，芒硝大黃，薑桂附片，其性至偏，名醫起死回生，所用皆此等藥也。藥中之最不偏者，莫如泡參甘草，請問世間的大病，被泡參甘草醫好者自幾？自孟子而後，性善說充塞天下，把全社會養成一種不癢不痛的大腫病，非得痛痛地打幾針，燒幾艾不可。所以聽我講厚黑學的人，當說道：「你的議論，很痛快。」因為害了麻木不仁的病，針之灸之，才覺得痛；針灸後，全體暢適，才覺得快。

有人讀了《厚黑叢話》，說道：「你何必說這些鬼話？」我說：我逢著人說人話，逢著鬼說鬼話，請問當今之世，不說鬼話，說甚麼？我這部《厚黑叢話》，人見之則為人話，鬼見之則為鬼話。

我不知過去生中，與孔子有何冤孽，他講他的仁義，偏偏遇著一個講厚黑的我，我講的厚黑，偏偏遇著一個講仁義的他。我們兩家的學說，極端相反，永世是衝突的。我想：「冤家宜解不宜結。」我與孔子講和好了。我想個折衷調和的法子，提出兩句口號：「厚黑為裡，仁義為表。」換言之，即是枕頭上放一部《厚黑學》，案頭上放一部《四書五經》；心頭上供一個大成至聖先師李宗吾之神位，壁頭上供一個大成至聖先師孔子之神位。從此以後，我的信徒，即是孔子的信徒，孔子的信徒，即是我的信徒，我們兩家學說，永世不會衝突了。千百年後，有人出來作一篇《仲尼宗吾合傳》，一定說道：「仁近於厚，義近於黑，宗吾引繩墨，切事情，仁義之弊，流於麻木不仁，而宗吾深遠矣。」

諱疾忌醫，是病人通例，因之就成了醫界公例。荀子向病人略略針灸了一下，醫界就譁然，說他違反了公例，把他逐出醫業公會，把招牌與他下了，藥鋪與他關了。李宗吾出來，大講厚黑學，叫把衣服脫了，赤條條地施用刀針。這是自荀子而後，二千多年，都莫得這種醫法，此李厚黑所以又名李瘋子也。

昨有友人來訪，見我桌上堆些《宋元學案》、《明儒學案》一類書，詫異道：「你怎麼看這類書？」

我說：「我怎麼不看這類書？相傳某國有一井，汲飲者，立發狂。全國人皆飲此井之水，全國人皆狂。獨有一人，自鑿一井飲之，獨不狂。全國人都說他得了狂病，捉他來，針之灸之，施以種種治療，此人不勝其苦，只得自汲狂泉飲之。於是全國人都歡欣鼓舞，道：『我們國中，從此無一狂人了。』我怕有人替我醫瘋病再針之灸之，只好讀宋明諸儒的書，自己治療。」

人性是渾然的，彷彿是一個大城，王陽明從東門攻入，我從西門攻入，攻進去之後，所見城中的真相，彼此都是一樣。人性以告子所說，無善無不善，最為真確。王陽明倡致良知之說，是主張性善的，而他教人提出：「無善無噁心之體，有善有惡意之動」等語，請問此種說法，與告子何異？我民國元年發表《厚黑學》，是性惡說這面的說法。民國九年，我創一條公例：「心理變化，循力學公例而行。」這種說法，即是告子的說法。告子曰：「性猶湍水也。」湍水之變化，即是循著力學公例走的，所以「性猶湍水也」五個字，換言之，即是「心理變化，循力學公例而行」。

有人難我道：「告子說：『性無善無不善。』陽明說：『無善無噁心之體。』一個言性，一個言心體，何能混為一談？至於你說『心理變化』，則是就用上言之，更不能牽涉到體上。」我說：我的話不足為憑，請看陽明的話。陽明曰：「心統性情，性，心體也，情，心用也，夫體用一源也，知體之所以為用，則知用之所以為體矣。」心體即是性，這是陽明自己下的定義。我說：「陽明的說法，即是告子的說法。」難道我冤誣了陽明嗎？

告子曰：「性猶湍水也。」決諸東方則東流，決諸西方則西流，請問東流西流，是不是就用上言之？請問水之流東流西，能否逃出力學公例？我說：「『性猶湍水也』五個字，換言之，即是『心理變化，循力學公例而行。』似乎不是穿鑿附會。」

陽明曰：「性，心體也，情，心用也。」世之言心言性者，因為體不可見，故只就用上言之，因為性不可見，故只就情上言之。孟子曰：「孩提之童，無不知愛其親也。」又曰：「今人乍見孺子將入於井，皆有怵惕惻隱之心。」皆是就情上言之。也即是就用上言之。由此知：孟子所謂性善者，乃是據情之善。因以斷定性之善。試問人與人的感情，是否純有善而無惡？所以孟子的話，就會發生問題，故陽明易之曰：「有善有惡意之動。」意之動即用也，即情也。陽明的學力，比孟子更深，故其說較孟子更圓滿。

王陽明從性善說悟入，我從性惡說悟入，同到無善無惡而止。我同人講厚黑學，等於用手指月，人能循著手看去，就可以看見天上之月，人能循著厚黑學研究去，就可以窺見人性之真相。常有人執著厚黑二字，跟我刺刺不休，等於在我手上尋月，真可謂天下第一笨人。我的厚黑學，拿與此等人讀，真是罪過。

厚黑叢話．卷四

成都《華西日報》民國二十四年十一月十二日

現在國內學者，已經把聖人攻擊得體無完膚，中國的聖人，已是日暮途窮。我幼年曾受過他的教育，本不該乘聖人之危，墜井下石，但我要表明我思想之過程，不妨把當日懷疑之點略說一下。底稿早不知拋往何處，只把大意寫出來。

兩月前成都某報總編輯對我說：「某君在宴會席上說道：李宗吾作了一篇《我對於聖人之懷疑》，把孔子的面子太傷了，我當著一文痛駁之。」靜待至今，寂然無聞，究竟我那篇文字，對於孔子的面子，傷莫有傷，尚待討論，原文於民國十六年載入拙著《宗吾臆談》內，某君或許只聽人談及，未曾見過，故無從著筆。茲特重揭報端，凡想打倒厚黑教主者，快快地聯合起來。原文如下：

我先年對於聖人，很為懷疑，細加研究，覺得聖人內面有種種黑幕，曾作了一篇《聖人之黑幕》。民國元年，本想與厚黑學同時發表，因為厚黑學還未登載完，已經眾議譁然，這篇文字更不敢發表了，只好藉以解放自己的思想。現在國內學者，已經把聖人攻擊得體無完膚，中國的聖人，已是日暮途窮。我幼年曾受過他的教育，本不該乘聖人之危，墜井下石，但我要表明我思想之過程，不妨把當日懷疑之點略說一下。底稿早不知拋往何處，只把大意寫出來。

世間頂怪的東西，要算聖人，三代以上，產生最多，層多疊出，同時可以產出許多聖人，三代以下，就絕了種，並莫產生一個。秦漢而後，想學聖人的，不知有幾千百萬人，結果莫得一個成為聖人，最高的不過到了賢人地位就止了。請問聖人這個東西，究竟學得到學不到？如說學得到，秦漢而後，有那麼多人學，至少也該出一個聖人。如果學不到，我們何苦朝朝日日，讀他的書，拚命去學。

三代上有聖人，三代下無聖人，這是古今最大怪事。我們通常所稱的聖人，是堯舜禹湯文武周公孔子。我們把他分析一下，只有孔子一人是平民，其餘的聖人，儘是開國之君，並且是後世學派的始祖，他的破綻，就現出來了。

原來周秦諸子，各人特創一種學說，自以為尋著真理了，自信如果見諸實行，立可救國救民，無奈人微言輕，無人信從。他們心想，人類通性，都是悚慕權勢的，凡是有權勢的人說的話，人人都肯聽從，世間權勢之大者，莫如人君，尤莫如開國之君；兼之那個時候的書，是竹簡做的，能夠得書讀的很少，所以新創一種學說的人，都說道，我這種主張：是見之書上，是某個開國之君遺傳下來的。於是道家託於黃帝，墨家託於大禹，倡並耕的託於神農，著本草的也託於神農，著醫書的，著兵書的，俱託於黃帝。此外百家雜技，與夫各種發明，無不託始於開國之君。孔子生當其間，當然也不能違背這個公例。他所託的更多，堯舜禹湯文武之外，更把魯國開國的周公加入，所以他是集大成之人。周秦諸子，每人都是這個辦法，拿些嘉言懿（美好）行，與古帝王加上去，古帝王坐享大名，無一個不成為後世學派之祖。

周秦諸子，各人把各人的學說發佈出來，聚徒講授，各人的門徒，都說我們的先生是個聖人。原來聖人二字，在古時並不算高貴，依《莊子・天下篇》所說，聖人之上，還有天人、神人、至人等名稱，聖人列在第四等，聖字的意義，不過是「聞聲知情，事無不通」罷了，只如果聰明通達的人，都可呼之為聖人，猶之古時的朕字一般，人人都稱得，後來把朕字、聖字收歸御用，不許凡人冒稱，朕字聖字才高貴起來。周秦諸子的門徒，尊稱自己的先生是聖人，也不為僭（超越本分）妄。孔子的門徒，說孔子是聖人，孟子的門徒，說孟子是聖人，老莊楊墨諸人，當然也有人喊他為聖人。到了漢武帝的時候，表章六經，罷黜百家，從周秦諸子中把他挑選出來，承認他一個是聖人，諸子的聖人名號，一齊削奪，孔子就成為御賜的聖人了。孔子既成為聖人，他所尊崇的堯舜禹湯文武周公，當然也成為聖人。所以中國的聖人，只有孔子一個是平民，其餘的都是開國之君。

周秦諸子的學說，要依託古之人君，也是不得已而為之。這可舉例證明：南北朝有個張士簡，把他的文字拿與虞訥看，虞訥痛加詆斥。隨後士簡把文改作，託名沈約，又拿與虞訥看，他就讀一句，稱讚一句。清朝陳修園，著了一本《醫學三字經》，其初託名葉天士，及到其書流行了，才改歸己名，有修園的自序可證。從上列兩事看來，假使周秦諸子不依託開國之君，恐怕他們的學說早已消滅，豈能傳到今日？周秦諸子，志在救世，用了這種方法，他們的學說，才能推行，後人受賜不少。我們對於他們是應該感激的，但是為研究真理起見，他們的內幕是不能不揭穿的。

孔子之後，平民之中，也還出了一個聖人，此人就是人人知道的關羽。凡人死了，事業就完畢，唯有關羽死了過後，還幹了許多事業，竟自掙得聖人的名號，又著有《桃園經》、《覺世真經》等書，流傳於世。孔子以前那些聖人的事業與書籍，我想恐怕也與關羽差不多。

現在鄉僻之區偶然有一人得了小小富貴，講因果的，就說他陰功積得多，講堪輿的，就說他墳地葬得好，看相的，算命的，就說他面貌生庚與眾不同。我想古時的人心，與現在差不多，大約也有講因果的人，看見那些開基立國的帝王，一定說他品行如何好，道德如何好。這些說法流傳下來，就成為周秦諸子著書的材料了。兼之，凡人皆有我見，心中有了成見，眼中所見東西，就會改變形象，戴綠色眼鏡的人，見凡物皆成綠色，戴黃眼鏡的人，見凡物皆成黃色。周秦諸子，創了一種學說，用自己的眼光去觀察古人，古人自然會改變形象，恰與他的學說符合。

我們權且把聖人中的大禹提出來研究一下。他胼無胈脛無毛，憂其黔首，顏色黎墨，宛然是摩頂放踵的兼愛家。韓非子說：「禹朝諸侯於會稽，防風氏之君後至而禹斬之。」他又成了執法如山的大法家。孔子說：「禹，吾無間然矣。菲飲食而致孝乎鬼神，惡衣服而致美乎黻（古代禮服上鏽的半青半黑的花紋）冕，卑宮室而盡力乎溝洫。」儼然是恂恂儒者，又帶點棲棲不已的氣象。讀魏晉以後禪讓文，他的行徑，又與曹丕、劉裕諸人相似。宋儒說他得了危微精一的心傳，他又成了一個析義理於毫芒的理學家。雜書上說他娶塗山氏女，是個狐狸精，彷彿是《聊齋》上的公子書生。說他替塗山氏造敷面的粉，又彷彿是畫眉的風流張敞。又說他治水的時候，驅遣神怪，又有點像《西遊記》上的孫行者，《封神榜》上的姜子牙。據著者的眼光看來，他始而忘親事仇，繼而奪仇人的天下，終而把仇人逼死蒼梧之野簡直是厚黑學中重要人物。他這個人，光怪陸離，真是莫名其妙。其餘的聖人，其神妙也與大禹差不多。我們略加思索，聖人的內幕，也就可以瞭然了。因為聖人是後人幻想結成的人物，各人的幻想不同，所以聖人的形狀有種種不同。

我做了一本《厚黑學》，從現在逆推到秦漢是相合的，又逆推到春秋戰國，也是相合的，可見從春秋以至今日，一般人的心理是相同的。再追溯到堯舜禹湯文武周公，就覺得他們的心理神祕莫測，盡都是天理流行，唯精唯一，厚黑學是不適用的。大家都說三代下人心不古，彷彿三代上的人心，與三代下的人心，成為兩截了，豈不是很奇的事嗎？其實並不奇。假如文景之世，也像漢武帝的辦法，把百家罷黜了，單留老子一家，說他是個聖人，老子推崇的是黃帝，當然也是聖人，於是乎平民之中，只有老子一人是聖人，開國之君，只有黃帝一人是聖人。老子的心，「微妙玄通，深不可識」。黃帝的心，也是「微妙玄通，深不可識」。「其政悶悶，其民淳淳。」黃帝死後，人心就不古了，堯奪哥哥的天下，舜奪婦翁的天下，禹奪仇人的天下，成湯文武以臣叛君，周公以弟殺兄。我那本《厚黑學》，直可逆推到堯舜而止。三代上的人心，三代下的人心，就融成為一片了。無奈再追溯上去，黃帝時代的人心，與堯舜而後的人心，還是要成為兩截的。

假如老子果然像孔子那樣際遇，成了御賜的聖人，我想孟軻那個亞聖名號，一定會被莊子奪去，我們讀的四子書，一定是老子、莊子、列子、關尹子，所讀的經書，一定是靈樞、素問，孔孟的書與管商申韓的書，一齊成為異端，東諸高閣，不過遇著好奇的人，偶爾翻來看看，《大學》、《中庸》在《禮記》內，與《王制》、《月令》並列。人心唯危十六字，混在日若稽古之內，也就莫得甚麼精微奧妙了。後世講道學的人，一定會向《道德經》中，玄牝之門，埋頭鑽研，一定又會造出天玄人玄、理牝欲牝種種名詞，互相討論。依我想聖人的真相，不過如是（著者按：後來我偶翻《太玄經》，見有天玄地玄人玄等名詞，唯理牝欲牝的名詞，我還未看見）。

儒家的學說，以仁義為立足點，定下一條公例：「行仁義者昌，不行仁義者亡。」古今成敗，能合這個公例的，就引來做證據，不合這個公例的，就置諸不論。舉個例來說，太史公《殷本紀》說：「西伯歸，乃陰修德行善。」《周本紀》說：「西伯陰行善。」連下兩個陰字，其作用就可想見了。齊世家更直截了當地說道：「周西伯昌之脫羑裡歸，與呂尚陰謀修德以傾商政，其事多兵權與奇計。」可見文王之行仁義，明明是一種權術，何嘗是實心為民？儒家見文王成了功，就把他推尊得了不得。徐偃王行仁義，漢東諸侯，朝者三十六國，荊文王惡其害己也，舉兵滅之。這是行仁義失敗了的，儒者就絕口不提。他們的論調完全與鄉間講因果報應的一樣，見人富貴，就說他積得有陰德，見人觸電器死了，就說他忤逆不孝，推其本心，固是勸人為善，其實真正的道理，並不是那麼樣。

古來的聖人，真是怪極了，虞芮質成，腳踏了聖人的土地，立即洗心革面，聖人感化人，有如此的神妙。我不解管蔡的父親是聖人，母親是聖人，哥哥弟弟是聖人，四面八方被聖人圍住了，何以中間會產生鴟鴞？清世宗呼允禩為阿其那，允禟為塞思赫，翻譯出來，是豬狗二字。這個豬狗的父親是聖人，哥哥是聖人，侄兒也是聖人。鴟鴞豬狗，會與聖人錯雜而生，聖人的價值，也就可以想見了。

李自成是個流賊，他進了北京，尋著崇禎帝后的屍，載以宮扉，盛以柳棺，放在東華門，聽人祭奠。武王是個聖人，他走至紂死的地方，射他三箭，取黃鉞把頭斬下來，懸在太白旗上，他們爺兒，曾在紂名下稱過幾天臣，做出這宗舉動，他的品行，連流賊都不如，公然也成為唯精唯一的聖人，真是妙極了。假使莫得陳圓圓那場公案，吳三桂投降了，李自成豈不成為太祖高皇帝嗎？他自然也會成為聖人，他那闖太祖本紀所載深仁厚澤，恐怕比《周本紀》要高幾倍。

太王實始翦商，王季、文王繼之，孔子稱武王纘太王、王季、文王之緒，其實與司馬炎纘懿師昭之緒何異？所異者，一個生在孔子前，得了世世聖人之名，一個生在孔子後，得了世世逆臣之名。

後人見聖人做了不道德的事，就千方百計替他開脫，到了證據確鑿，無從開脫的時候，就說書上的事跡出於後人附會。這個例是孟子開的。他說：以至仁伐至不仁，斷不會有流血的事，就斷定楚成王血流漂杵那句話是假的。我們從殷民三叛，多方大誥那些文字看來，可知伐紂之時，血流漂杵不假，只怕「以至仁伐至不仁」那句話有點假。

子貢曰：「紂之不善，不如是之甚也。是以君子惡居下流，而天下之惡皆歸焉。」我也說：「堯舜禹湯文武周公之善，不如是之甚也。是以君子願居上流，而天下之美皆歸焉。」若把下流二字改作失敗，把上流二字改作成功，更覺確切。

古人神道設教，祭祀的時候，叫一個人當屍，向眾人指說：「這就是所祭之神。」眾人就朝著他磕頭禮拜。同時又以聖道設教，對眾人說：「我的學說，是聖人遺傳來的。」有人問：「哪個是聖人？」他就順手指著堯舜禹湯文武周公說道：「這就是聖人。」眾人也把他當如屍一般，朝著他磕頭禮拜。後來進化了，人民醒悟了，祭祀的時候，就把屍撤銷，唯有聖人的迷夢，數千年未醒，堯舜禹湯文武周公，竟受了數千年的崇拜。

講因果的人，說有個閻王，問「閻王在何處？」他說：「在地下。」講耶教的人，說有個上帝，問「上帝在何處？」他說：「在天上。」講理學的人，說有許多聖人，問「聖人在何處？」他說：「在古時。」這三種怪物，都是隻可意中想像，不能目睹，不能證實。唯其不能證實，他的道理就越是玄妙，信從的人就越是多。在創這種議論的人，本是勸人為善，其決固可嘉，無如事實不真確，就會生出流弊。因果之弊，流為拳匪，聖人之弊，使真理不能出現。

漢武帝把孔子尊為聖人過後，天下的言論，都折衷於孔子，不敢違背。孔融對於父母問題討論一下，曹操就把他殺了。嵇康菲薄湯武，司馬昭也把他殺了。儒都能夠推行，全是曹操、司馬昭一般人維持之力。後來開科取士，讀書人若不讀儒家的書，就莫得進身之路。一個死孔子，他會左手拿官爵，右手拿鋼刀，哪得不成為萬世師表？宋元明清學案中人，都是孔聖人馬蹄腳下人物，他們的心坎上，受了聖人的摧殘，他們的議論，焉得不支離穿鑿？焉得不迂曲難通？

中國的聖人，是專橫極了，他莫有說過的話，後人就不敢說，如果說出來，眾人就說他是異端，就要攻擊他。朱子（朱熹）發明瞭一種學說，不敢說是自己發明的，只好把孔門的格物致知加一番解釋，說他的學說是孔子嫡傳，然後才有人信從。王陽明發明一種學說，也只好把格物致知加一番新解釋，以附會己說，說朱子講錯了，他的學說，才是孔子嫡傳。本來朱王二人的學說，都可以獨樹一幟，無須依附孔子，無如處於孔子勢力範圍之內，不依附孔子，他們的學說，萬萬不能推行。他二人費盡心力去依附，當時的人，還說是偽學，受重大的攻擊，聖人專橫到了這個田地，怎麼能把真理研究得出來？

韓非子說得有個笑話：「郢人致書於燕相國，寫書的時候，天黑了，喊：『舉燭。』寫書的人，就寫上舉燭二字，把書送去。燕相得書，想了許久，說道：『舉燭是尚明，尚明是任用賢人的意思。』以此說進之燕王。燕王用他的話，國遂大治。雖是收了效，卻非原書本意。」所以韓非說：「先王有郢書，後世多燕說。」究竟「格物致知」四字作何解釋，恐怕只有手著《大學》的人才明白，朱王二人中，至少有一人免不脫「郢書燕說」的批評。豈但「格物致知」四字，恐怕《十三經註疏》、《皇清經解》，宋元明清學案內面許多妙論，也逃不脫「郢書燕說」的批評。

學術上的黑幕，與政治上的黑幕，是一樣的。聖人與君主，是一胎雙生的，處處狼狽相依。聖人不仰仗君主的威力，聖人就莫得那麼尊崇。君主不仰仗聖人的學說，君主也莫得那麼猖獗。於是君主把他的名號分給聖人。聖人就稱起王來了。聖人把他的名號分給君主，君主也稱起聖來了。君主箝制人民的行動，聖人箝制人民的思想。君主任便下一道命令，人民都要遵從；如果有人違背了，就算是大逆不道，於法律所不容。聖人便發一種議論，學者都要信從；如果有人批駁了，就算是非聖無法，為清議所不容。中國的人民，受了數千年君主的摧殘壓迫，民意不能出現，無怪乎政治紊亂。中國的學者，受了數千年聖人的摧殘壓迫，思想不能獨立，無怪乎學術消沉。因為學說有差誤，政治才會黑暗，所以君主之命該革，聖人之命尤其該革。

我不敢說孔子的人格不高，也不敢說孔子的學說不好，我只說除了孔子，也還有人格，也還有學說。孔子並莫有壓制我們，也未嘗禁止我們別創異說，無如後來的人，偏要抬出孔子，壓倒一切，使學者的思想不敢出孔子範圍之外。學者心坎上，被孔子盤踞久了，理應把他推開，思想才能獨立，宇宙真理才研究得出來。前時，有人把孔子推開了，同時達爾文諸人就闖進來，盤踞學者心坎上，天下的言論，又熱衷於達爾文諸人，成一個變形的孔子，執行聖人的任務。有人違反了他們的學說，又算是大逆不道，就要被報章雜誌罵個不休。如果達爾文諸人去了，又會有人出來執行聖人的任務。他的學說，也是不許人違反的。依我想，學術是天下公物，應該聽人批評，如果我說錯了，改從他人之說，於我也無傷，何必取軍閥態度，禁人批評。

凡事以平為本。君主對於人民不平等，故政治上生糾葛。聖人對於學者不平等，故學術上生糾葛。我主張把孔子降下來，與周秦諸子平列，我與閱者諸君一齊參加進去，與他們平坐一排，把達爾文諸人迎進來，分庭抗禮，發表意見，大家磋商，不許孔子、達爾文諸人高踞我們之上，我們也不高踞孔子、達爾文諸人之上，人人思想獨立，才能把真理研究得出來。

我對於聖人既已懷疑，所以每讀古人之書，無在不疑。因定下讀書三訣，為自己用功步驟。茲附錄於下：

第一步，以古為敵：讀古人之書，就想此人是我的勁敵，有了他，就莫得我，非與他血戰一番不可。逐處尋他縫隙，一有縫隙，即便攻入；又代古人設法抗拒，愈戰愈烈，愈攻愈深。必要如此，讀書方能入理。

第二步，以古為友：我若讀書有見，即提出一種主張，與古人的主張對抗，把古人當如良友，互相切磋。如我的主張錯了，不妨改從古人；如古人主張錯了，就依著我的主張，向前研究。

第三步，以古為徒：著書的古人，學識膚淺的很多。如果我自信學力在那些古人之上，不妨把他們的書拿來評閱，當如評閱學生文字一般。說得對的，與他加幾個密圈；說得不對的，與他畫幾根槓子。世間俚語村言，含有妙趣尚且不少，何況古人的書，自然有許多至理存乎其中。我評閱越多，智識自然越高，這就是普通所說的教學相長了。如遇一個古人，智識與我相等，我就把他請出來，以老友相待，如朱晦庵待蔡元定一般。如遇有智識在我上的，我又把他認為勁敵，尋他縫隙，看攻得進攻不進？

我雖然定下三步功夫，其實並莫有做到，自己很覺抱愧。我現在正做第一步功夫，想達第二步，還未達到。至於第三步，自量終身無達到之一日。譬如行路，雖然把路徑尋出，無奈路太長了，腳力有限，只好努力前進，走一截，算一截。

以上就是《我對聖人之懷疑》的原文。這原是我滿清末年的思想，民國十六年才整理出來，刊入《宗吾臆談》內。因為有了這種思想，才會發明厚黑學。此文同《厚黑學》，在我的思想上，算是破壞工作。自民國九年著《心理與力學》起，以後的文字，算是我的建設工作。而《心理與力學》

一文，是我全部思想的中心點。

民國九年，我定出一條公例：「心理變化，循力學公例而行。」又繪出甲乙兩圖，以後一切議論，都以之為出發點。批評他人的學說，就以之為基礎，合得這個方式的，我就說他對，合不到的，我就說他不對。這是我自己造的一把尺子，用以度量萬事萬物。我也自知不脫我見，但我開這間鋪子，是用的這把尺子，不能不向眾人宣告。

我們試就甲乙兩圖，來研究孟荀楊墨四家的學說：孟子講「差等之愛」，層層放大，是很合天然現象的，但他言「親親而仁民，仁民而愛物」與夫「老吾老，以及人之老」一類話，總是從第二圈說起走，對於第一圈之我，則渾而不言。楊子主張為我，算是把中心點尋出了，他卻專在第一圈之我字上用功，第二以下各圈，置之不論。墨子摩頂放踵，是拋棄了第一圈之我，他主張「愛無差等」，是不分大圈小圈，統畫一極大之圈了事。楊子（楊朱）有了小圈，就不管大圈；墨子有了大圈，就不管小圈。他兩家都不知：天然現象，是大圈小圈層層包裹的。孟荀二人，把層層包裹的現象看見了，但孟子說是層層放大，荀子說是層層縮小，就不免流於一偏了。我們取楊子的我字，作為中心點，在外面加一個差等之愛，就與天然現象相合了。孟言性善，荀言性惡，楊子為我，墨子兼愛，我們只用「擴其為我之心」一語，就可將四家學說折衷為一。

孟子言「乍見孺子將入於井，皆有怵惕惻隱之心」。怵惕是自己畏死，惻隱是憫人之死。孟子知道人之天性，能因自己畏死，就會憫人之死，怵惕自然會擴大為惻隱，因教人再擴大之，推至於四海。道理本是對的，只因少說了一句：「惻隱是從怵惕擴充出來」，又未把「我與孺子同時將入井，此心作何狀態」提出來討論，以致生出宋明諸儒的誤會，以為人之天性一發出來，就是惻隱，忘卻惻隱之上還有怵、惕二字。一部宋元明清學案，總是盡力發揮惻隱二字，把怵惕二字置之不理，就流弊百出了。

怵惕是利己心之表現，惻隱是利人心之表現。怵惕擴大即為惻隱，利己擴大即為利人。荀子知人有利己心，故倡性惡說；孟子知人有利人心，故倡性善說。我們可以說：荀子的學說，以怵惕為出發點；孟子的學說，以惻隱為出發點。譬如竹子，怵惕是第一節，惻隱是第二節。孟子的學說，叫人把利人心擴充出來，即是從第二節生枝發葉。荀子的學說，主張把利己心加以制裁，是怕他在第一節就生枝發葉橫起長，以致生不出第二節。兩家都是勉人為善，各有見地，宋儒揚孟而抑荀，未免不對。我解釋《厚黑經》，曾經「漢高祖之分杯羹，唐太宗之殺建成、元吉，是充其本然之厚黑。」這即是竹子在第一節，就生枝發葉橫起長。

王陽明《傳習錄》說：「孟子從源頭上說來，荀子從流弊說來。」荀子所說，是否流弊，姑不深論，怵惕之上，有無源頭，我們也不必深求，唯孟子所講之惻隱，則確非源頭。怵惕是惻隱之源，惻隱是怵惕之流。陽明所下流源二字，未免顛倒了。

孟子的學說，雖不以怵惕為出發點，但人有為我之天性，他是看清了的，怵惕二字，是明明白白提出了的。他對齊宣王說：「王如好貨，與民同之。」又說：「王如好色，與民同之。」知道自己有一個我，同時又顧及他人之我，這本是孟子學說最精粹處。無奈後儒以為孟子這類話，是對時君而言，叫人把好貨好色之根搜除盡淨，別求所謂危微精一者，真是舍了康莊大道不去走，反去攀援絕壁，另尋飛空鳥道來走。

孟子說：「老吾老，以及人之老；幼吾幼，以及人之幼。」又說：「人人親其親長其長而天下平。」吾字其字，俱是我字的代名詞。孟子講學，不脫我字；宋儒講學，捨去我字。所以孟子的話，極近人情；宋儒的話，不近人情。例如程子說：「婦人餓死事小，失節事大。」這是捨去了我字。韓昌黎說：「臣罪當誅兮天王聖明。」程子很為嘆賞，這也是捨去了我字。其原因就由宋儒讀孺子將入井章，未能徹底研究，其弊流於自己已經身在井中，宋儒還怪他不救孺子。諸君試取宋儒語錄及胡致堂著的《讀史管見》讀之，處處可見。

孟子的學說，不脫我字，所以敢於說：「聞誅一夫紂矣，未聞弒君也。」敢於說：「民為貴，社稷次之，君為輕。」敢於說：「君視臣如草芥，則臣視君如寇仇。」宋儒的學說，捨去我字，不得不說：「臣罪當誅，天王聖明。」

宋儒創出「去人慾存天理」之說，天理隱貼惻隱二字，把他存起，自是很好，唯人慾二字，界說不清。其流弊至於把怵惕認為人慾，想盡法子去剷除，甚至有身蹈危階，練習不動心，這即是剷除怵惕的工作。於是「去人慾，存天理」變成了「去怵惕，存惻隱」。試思：怵惕為惻隱的來源，把怵惕去了，怎樣會有惻隱？何以故呢？孺子為我身之放大形，惻隱為怵惕之放大形，我者圓心也，圓心既無，圓形安有？怵惕既無，惻隱安有？宋儒呂希哲目睹轎伕墜水淹死，安坐轎中，漠然不動。張魏公枒離之敗，死人三十萬，他終夜鼾聲如雷，其子南軒，還誇其父心學很精。宋儒自稱上承孟子之學，孟子曰：「今有同室之人鬥者救之，雖被髮纓冠而救之可也。」呂希哲的轎伕，張魏公的部下，當然要算同室之人，像他們這樣漠不動心，未免顯違孟氏家法。大凡失去了怵惕的人，就會流於殘忍，殺人不眨眼的惡匪，身臨刑場，往往談笑自若，就是明證。

我們研究古今人之學說，首先要研究他對於人性之觀察，因為他對於人性是這樣的觀察，所以他的學說，才有這樣的主張。把他學說的出發點尋出了，才能批評他這學說之得失。

小孩與母親發生關係，共有三個場所：（一）一個小孩，一個母親，一個外人，同在一處，小孩對乎母親特別親愛。這個時候，可以說小孩愛親；（二）一個小孩，一個母親，同在一處，小孩對乎母親依戀不捨。這個時候，可以說小孩愛親；（三）一個小孩，一個母親，同在一處，發生了利害衝突，例如：有一塊糕餅，母親吃了，小孩就莫得吃，母親放在口中，小孩就伸手取來，放在自己口中。這時候，斷不能說小孩愛親。

孟子看見前兩種現象，忘了第三種，故創性善說。荀子看見第三種現象忘了前兩種，故創性惡說。宋儒卻把三種現象同時看見，但不知這三種現象原是一貫的，乃造出氣質之性的說法，隱指第三種現象；又用義理之性四字，以求合於孟子的性善說。人的性只有一個，宋儒又要顧孟子，又要顧事實，無端把人性分而為二，越講得精微，越不清。

孟子創性善說，以為凡人都有為善的天性，主張把善念擴充之以達於天下。荀子創性惡說，以為凡人都有為惡的天性，主張設法制裁，使不至為害人類。譬諸治水，孟子說水性向下，主張疏瀹，使之向下流去。孟子喜言詩，詩者宣導人之意志，此疏瀹之說也。荀子說水會旁溢，主張築堤，免得漂沒人畜。荀子喜言禮，禮者約束人之行止，此築堤之說也。告子曰：「性猶湍水也。」

治水者疏瀹與築堤二者並用。我們如奉告子之說，則知孟荀二家的學說可以同時並用。

蘇東坡作《荀卿論》，以為：荀卿是儒家，何以他的門下會有李斯，很為詫異，其實不足怪。荀卿以為人之性惡，當用禮以制裁之。其門人韓非，以為禮之制裁力弱，不若法律之制裁力大，於是改而為刑名之學，主張嚴刑峻法，以制止軌外的行動。李斯與韓非同門，故其政見相同。我們提出性惡二字，即知荀卿之學變而為李斯，原是一貫的事。所以說：要批評他人的政見，當先考察他對於人性之觀察。蘇東坡不懂這個道理，所以入了全集中，論時事，論古人，俱有卓見，獨於這篇文字，未免說外行話。

學問是進化的。小孩對於母親有三種現象，孟子只看見前兩種，故倡性善說；荀子生在孟子之後，看見第三種，故倡性惡說；宋儒生在更後，看得更清楚，看見小孩搶奪母親口中糕餅的現象，故倡物慾說。這物慾二字，是從《禮記》上「感於物而動，性之慾也」兩句話生出來的。物者何？母親口中糕餅是也。感於物而動，即是看見糕餅，即伸手去搶也。宋儒把三種現象同時看見，真算特識。所以朱子注孟子，敢於說：「以事理考之，程子較孟子為密。」其原因就是程子於性字之外，發明瞭一個氣字，說道「論性不論氣不備。」問：「小孩何以會搶母親口中糕餅？」曰：「氣為之也，氣質之性為之也。」宋儒雖把三種現象同時看見，惜乎不能貫通為一。把小孩愛親敬兄認為天理，搶奪母親口中糕餅認為人慾，把一貫之事剖分為二，此不能不待厚黑先生出而說明也。

宋儒造出物慾的名詞之後，自己細思之，還是有點不妥，何也？小兒見母親口中糕餅，伸手去搶，可說感於物而動，但我與孺子同時將入井，此時只有赤裸裸一個怵惕之心，孟子所謂惻隱之心，忽然不見，這是甚麼道理呢？要說是物慾出現，而此時並無所謂物，於是又把物慾二字改為人慾。搶母親口中糕餅是人慾，我與孺子同時將入井，我心只有怵惕而無惻隱，也是人慾，在宋儒之意，提出人慾二字，就可把二者貫通為一了。他們這種組織法，很像八股中做截搭題的手筆。我輩生當今日，把天理人慾物慾氣質等字念熟了，以為吾人心性中，果有這些東西，殊不知這些名詞，是宋儒憑空杜撰的。著者是八股先生出身，才把他們的手筆看得出來。

宋儒又見偽古文尚書上有「人心唯危，道心唯微」二語，故又以人心二字替代人慾，以道心二字替代天理。朱子（朱熹）中庸章句序曰：「人莫不有是形，故雖上智不能無人心，亦莫不有是性，故雖下愚不能無道心。」無異於說：當小孩的時候，就是孔子也會搶母親口中糕餅，我與孺子同時將入井，就是孔子也是隻有怵惕而無惻隱。何以故？雖上智不能無人心故。因為凡人必有這種天性，故生下地才會吃乳，井在我面前，才不會跳下去。朱子曰：「人莫不有是形，雖上智不能無人心。」換言之，即是人若無此種心，世界上即不會有人。道理本是對的，無奈這種說法，已經侵入荀子學說範圍去了。據閻百詩考證：「人心唯危」十六字，是撰偽古文尚書者，竊取荀子之語，故曰侵入荀子範圍。因為宇宙真理，明明白白擺在我們面前，任何人只要留心觀察，俱見得到，荀子見得到，朱子也見得到，故不知不覺與之相合。無如朱子一心一意，想上繼孟子道統，研究出來的道理，雖與荀子暗合，仍攻之不遺餘力，無非是門戶之見而已。

細繹朱子之意，小孩搶母親口中糕餅是人心，愛親敬兄是道心，人心是氣，是人慾，道心是性，是天理，人心是形氣之私，道心是性命之正。這些五花八門的名詞，真把人鬧得頭悶眼花。奉勸讀者，與其讀宋元明清學案，不如讀厚黑學，詳玩甲乙二圖，則小孩搶母親口中糕餅也，愛親敬兄也，均可一以貫之，把天人理氣等字一掃而空，豈不大快！

最可笑者，朱子中庸章句序又曰：「必使道心常為一身之主，而人心每聽命焉。」主者對僕而言，道心為主，人心為僕。道心者，為聖為賢之心，人心者，好貨好色之心，聽命者，僕人職供驅使，唯主人之命是聽也。細繹朱子之意，等於說，我想為聖為賢，人心即把貨與色藏起，我想吃飯，抑或想「男女居室，人之大倫」，人心就把貨與色獻出來。必如此方可曰：「道心常為一身之主，而人心每聽命焉。」總而言之，宋儒有了性善說橫亙胸中，又不願抹煞事實，故創出的學說，無在非迂曲難通。此《厚黑叢話》之所以不得不作也。予豈好講厚黑哉，予不得已也。

怵惕與惻隱，同是一物，天理與人慾也同是一物，猶之煮飯者是火，燒房子者也是火。宋明諸儒，不明此理，把天理人慾看作截然不同之二物，創出去人慾之說，其弊往往流於傷害天理。王陽明傳習錄說：「無事時，將好色好貨好名等私，逐一追究搜尋出來，定要拔去病根，永不復起，方始為快。常如貓之捕鼠，一眼看著，一耳聽著，才有一念萌動，即與克去，斬釘截鐵，不可姑容，與他方便，不可窩藏，不可放他出路，方是真實用功，方能掃除廓清。」這種說法，彷彿是：見了火會燒房子，就叫人以後看見了一星之火，立即撲滅，斷絕火種，方始為快。傳習錄又載：「一友問：欲於靜坐時，將好名好色好貨等根，逐一搜尋出來，掃除廓清，恐是剜肉做瘡否？先生正色曰：這是我醫人的方子，真是去得人病根。更有大本事人，過了十數年，亦還用得著。你如不用，且放起，不要作壞我的方法，是友愧謝。少問曰，此量非你事，必吾門稍知意思者，為此說以誤汝，在座者悚然。」我們試思：王陽明是很有涵養的人，他平日講學，任人如何問難，總是勤勤懇懇的講說，從未動氣？何以門人這一問，他會動氣，何以始終未把那門人誤點指出？又何以承認說這話的人，是稍知意思者呢？因為陽明能把知行二者合而為一，能把明德親民二者合而為一，能把格物、致知、誠意、正心、修身五者看作一事，獨不能把天理人慾看作一物。這是他學說的缺點，他的門人這一問，正擊中他的要害，所以他就動起氣來了。究竟剜肉做瘡四字，怎樣講呢？肉喻天理，瘡喻人慾。剜肉做瘡，即是把天理認作人慾，去人慾即未免傷及天理。門人的意思，即是說：「我們如果見了一星之火，即把他撲滅，自然不會有燒房子之事，請問拿甚麼東西來煮飯呢？換言之，即是把好貨之心連根去盡，人就不會吃飯，豈不餓死嗎？把好色之心連根去盡，就不會有男女居室之事，人類豈不滅絕嗎？」這個問法何等厲害！所以陽明無話可答，只好忿然作色。宋明諸儒主張去人慾存天理，所做的即是剜肉做瘡的工作。其學說之不能饜服人心，就在這個地方。

以上一段，是從拙作《社會問題之商榷》第三章「人性善惡之研究」中錄出來的，我當日深知陽明講學極為圓通，處處打成一片，何至會把天理、人慾歧而為二，近閱《龍溪語錄》所載「天泉證道記」，錢緒山謂「無善無噁心之體，有善有惡意之動，知善知惡是良知，為善去惡是格物」四語，是師門定本。王龍溪謂：「若悟得心是無善無惡之心，意即是無善無惡之意，知即是無善無惡之知，物即是無善無惡之物。」時陽明出征廣西，晚坐天泉橋上，二人因質之。陽明曰：「汝中（龍溪字）所見，我久欲發，恐人信不及，徒增躐等之弊，故含蓄到今。此是傳心祕藏，顏子明道所不敢言，今既是說破，亦是天機該發洩時，豈容復祕？」陽明至洪都，門人三百餘人來請益，陽明曰：

「吾有向上一機，久未敢發，以待諸君自悟。近被王汝中拈出，亦是天機該發洩時。」明年廣西平，陽明歸，卒於途中。龍溪所說，即是把天理、人慾打成一片。陽明直到晚年，才揭示出來，由此知：門人提出剜肉做瘡之問，陽明忿然作色，正是恐增門人躐等之弊。《傳習錄》是陽明早年的門人所記，故其教法如此。

錢德洪極似五祖門下的神秀，王龍溪極似慧能，德洪所說，時時勤拂拭也，所謂漸也。龍溪所說，本來無一物也，所謂頓也。陽明曰：「汝中須用德洪功夫，德洪須透汝中本旨，二子之見，止可相取，不可相病，」此頓悟漸修之說也。《龍溪語錄》所講的道理，幾與六祖壇經無異，成了殊途同歸，何也？宇宙真理，只要研究得徹底，彼此所見，是相同的。

就真正的道理來說，把孟子的性善說、荀子的性惡說合而為一，理論就圓滿了。二說相合，即成為告子性無善無不善之說。人問：孟子的學說，怎樣與荀子學說相合？我說：孟子曰：「人少則慕父母，知好色則慕少艾。」荀子曰：「妻子具而孝衰於親。」請問二人之說，豈不是一樣嗎？孟子曰：「大孝終身慕父母，五十而慕者，予於大舜見之矣。」據孟子所說：滿了五十歲的人，還愛慕父母，他眼中只看見大舜一人。請問人性的真相，究是怎樣？難道孟荀之說不能相合嗎？

性善說與性惡說，既可合而為一，則王陽明之致良知，與李宗吾之厚黑學，即可合而為一。人問：怎麼可合為一？我說：孟子曰：「大孝終身慕父母。」《厚黑經》曰：「大好色終身慕少艾。」孟子曰：「五十而慕父母者，予於大舜見之矣。」《厚黑經》曰：「八百歲而慕少艾者，予於彭祖見之矣。」愛親是不學而能，不慮而知的，好色也是不學而能，不慮而知的。用致良知的方法，能把孩提愛親的天性致出來，做到終身慕父母。同時就可把少壯好色的天性致出來，做到終身慕少艾。昔人說：王學末流之弊，至於蕩檢逾閒，這就是用致良知的方法，把厚黑學致出來的原故。

依宋儒之意，孩提愛親，是性命之正，少壯好色，是形氣之私。此等說法，真是穿鑿附會。其實孩提愛親，非愛親也，愛其飲我食我也。孩子生下地，即交乳母撫養，則只愛乳母不愛生母，是其明證。愛乳母，與慕少艾，慕妻子，其心理原是一續的，無非是為我而已。為我為人類天然現象，不能說他是善，也不能說他是惡，故告子性無善無不善之說，最為合理。告子曰：「食、色性也。」孩提愛親者，食也，少壯慕少艾慕妻子者，色也。食、色為人類生存所必需，求生存者，人類之天性也。故告子又曰：「生之謂性。」

告子觀察人性，即是這樣，則對於人性之鼾，又當怎樣呢？於是告子設喻以明之曰：「性猶湍水也，決諸東方則東流，決諸西方則西流。」又曰：「性猶杞柳也，義猶桮棬（一種木編的容器）也，以人性為仁義，猶以杞柳為桮棬，」告子這種主張，是很對的。人性無善無惡，也即是可以為善，可以為惡。譬如深潭之水，平時水波不興，看不出何種作用。從東方決一個口，則可以灌田畝，利行舟；從西方決一個口，則可以漂房舍，殺人畜。我們從東方決口好了。又譬如一塊木頭，可製為棍棒以打人，也可製為碗盞裝食物。我們把他製為碗盞好了。這個說法，真可與孟荀合一之。

孟子書中載告子言性者五：曰性猶杞柳也，曰性猶湍水也，曰生之謂性，曰食色性也，曰性無善無不善也，此五者原是一貫的。朱子注食色章曰：「告子之辯屢屈，而屢變其說以求勝。」自今觀之，告子之說，始終未變，而孟子亦卒未能屈之也。朱子（朱熹）注杞柳章，以為告子言仁義，必待矯揉而後成，其說非是。而注公都子章則曰：「氣質所稟，雖有不善，而不害性之本善。性雖本善，而不可以無省察矯揉之功。」忽又提出矯揉二字，豈非自變其說乎？

朱子注「生之謂性」章曰：「杞柳湍水之喻，食色無善無不善之說，縱橫繆戾，紛紜舛錯，而此章之誤，乃其本根。」殊不知告子言性者五，原是一貫說下，並無所謂縱橫繆戾，紛紜舛錯。「生之謂性」之生字，作生存二字講，生存為人類重心，是世界學者所公認的。告子言性，以生存二字為出發點，由是而有「食色性也」之說，有「性無善無不善」之說，又以杞柳湍水為喻，其說最為合理。宋儒反認為根本錯誤，一切說法，離開生存立論，所以才有「婦人餓死事小，失節事大」一類怪話。然朱子能認出「生之謂性」一句為告子學說根本所在，亦不可謂非特識。

宋儒崇奉儒家言，力闢釋道二家之說，在《尚書》上尋得「人心唯危，道心唯微，唯精唯一，允執厥中」四語，詫為虞廷十六字心傳，遂自謂生於一千四百年之後，得不傳之學於遺經。嗣經清朝閻百詩考出，這四句出諸偽古文尚書，作偽者系採自荀子，荀子又是引用道經之語。閻氏的說法，在經學界中，算是已定了的鐵案。這十六字是宋儒學說的出發點，根本上就雜有道家和荀學的原素，反欲借孔子以排道家，借孟子以排荀子，遂無往而不支離穿鑿。朱子曰：「氣質所稟，雖有不善，而不害性之本善。性雖本善，而不可以無省察矯揉之功。」又要顧事實，又要回護孟子，真可謂「縱橫繆戾，紛紜舛錯」也。以視告子扼定生存二字立論，明白簡易，何啻天淵。

告子不知何許人，王龍溪說是孔門之徒，我看不錯。孔子贊易，說：「天地之大德日生」，告子以生字言性，可說是孔門嫡傳。孟子學說，雖與告子微異，而處處仍不脫生字。如云：「黎民不饑不寒，然而不王者，未之有也。」又云：「內無怨女，外無曠夫，於王何有？」仍以食色二字立論，竊意孟子與告子論性之異同，等於子夏、子張論交之異同，其大旨要不出孔氏家法。孟子與告子之交誼，當如子夏與子張之交誼，平日辨疑析難，互相質證。孟子曰：「告子先我不動心。」心地隱微之際亦知之，交誼之深可想。宋儒有道統二字橫亙在腦，左袒孟子，力詆告子為異端，而其自家之學說，則截去生字立論，叫婦人餓死，以殉其所謂節，叫臣子無罪受死，以殉其所謂忠。孟子有知，當必引告子為同調，而斥程朱為叛徒也。

孟子說：「人少則慕父母，知好色則慕少艾，有妻子則慕妻子，仕則慕君。」全是從需要生出來的。孩提所需者食也，故慕飲我食我之父母；少壯所需者色也，故慕能滿色慾之少艾與妻子，出仕所需者功名也，君為功名所自出，故慕君。需要者目的物也，亦即所謂目標，目標一定，則只知向之而趨，旁的事物，是不管的。目標在功名，則吳起可以殺其妻，漢高祖可以分父之羹，樂羊子可以食子之羹。目標在父母，則郭巨可以埋兒，姜詩可以出妻，伍子胥可以鞭平王之屍。目標在色慾，則齊襄公可以淫其妹，衛宣公可以納其媳，晉獻公可以烝父妾。著者認為：人的天性，既是這樣，所以性善性惡問題，我們無須多所爭辯，負有領導國人之責者，只須確定目標，糾正國人的目標就是了。我國現在的大患，在列強壓迫，故當提出列強為目標，手有指，指列強，口有道，道列強，使全國人之視線集中在這一點。於是乎吳起也、漢高祖也、樂羊子也、郭巨也、姜詩也、伍子胥也、齊襄公也、衛宣公也、晉獻公也，一一向目標而趨。救國之道，如是而已。全國四萬萬人，有四萬萬根力線，根根力線，直達列強。根根力線，挺然特立，此種主義，可名之曰「合力主義」，而其要點，則從人人思想獨立開始。

有人問我道：「你既自稱厚黑教主，當然無所不通，無所不曉。據你說：你不懂外國文，有人勸你看西洋心理學譯本，你也不看，像你這樣的孤陋寡聞，怎麼夠得上稱教主？」我說道：「我試問，你們的孔夫子，不唯西洋譯本未讀過，連西洋這個名詞，都未聽過，怎樣會稱至聖先師？你進文廟去把他的牌位打來燒了，我這厚黑教主的名稱，立即登報取消。我再問：西洋希臘三哲，不唯連他們西洋大哲學家康德諸人的書一本未讀過，並且恐怕現在英法德美諸國的字，一個也認不得，怎麼會稱西洋聖人？更奇者：釋迦佛，中國字、西洋字一個都認不得，中國人的姓名，西洋人的姓名，一個都不知道，他之孤陋寡聞，萬倍於我這個厚黑教主，居然成為五洲萬國第一個大聖人，這又是甚麼道理？籲，諸君休矣！道不同不相為謀，我正在劃出厚黑區域，建立厚黑哲學，我行我是，固不暇同諸君嘵嘵置辯也。」

我是八股學校的修業生，生平所知者，八股而已。常常有人向我說道：「可惜你不懂科學，所以你種種說法，不合科學規律。」我說：「我在講八股，你怎麼跟我講起科學來了？我正深恨西洋的科學家不懂八股，一切著作，全不合八股義法。我把達爾文的《種源論》，史密斯（今譯亞當．斯密）的《原富》，孟德斯鳩的《法意》，以評八股之法評之，每書上面，大批二字，曰：「不通」……

天下文章之不通，至八股可謂至矣盡矣，蔑以加矣，而不謂西洋科學家文章之不通，乃百倍於中國之八股。現在全世界紛紛擾擾，就是幾部死不通的文章釀出來的。因為達爾文和史密斯（今譯亞當．斯密）的文章不通，世界才會第一次大戰、第二次大戰。因為孟德斯鳩的文章不通，我國過去二十四年，才會四分五裂，中央政府，才會組織不健全。人問：「這部書也不通，那部書也不通，要甚麼書才通？」我說：「只有厚黑學，大通而特通。」

幸哉！我只懂八股而不懂科學也！如果我懂了科學，恐怕今日尚在朝朝日日地喊：「達爾文聖人也，史密斯聖人也，孟德斯鳩聖人也，墨索里尼、希特勒，無一非聖人也。怎麼會寫《厚黑叢話》呢！如果要想全世界太平，除非以我這《厚黑叢話》為新刑律，把古之達爾文、史密斯（今譯亞當·斯密）、孟德斯鳩，今之墨索里尼、希特勒，一一處以槍斃，而後國際上、經濟上、政治上，乃有曙光之可言。」

中國的八股研究好了，不過變成迂腐不堪的窮骨頭，如李宗吾一類人是也。如果把西洋科學家，達爾文諸人的學說研究好了，立即要「屍骨成山，血水成河」。等我把中國聖人的話說完了，再來懷疑西洋聖人。

我之所以成為厚黑教主者，得力處全在不肯讀書，不唯西洋譯本不喜讀，就是中國書也不認真讀。凡與我相熟的朋友，都曉得我的脾氣，無論甚麼書，抓著就看，先把序看了，或只看首幾頁，或從末尾倒起看，或隨在中間亂翻來看，或跳幾頁看，略知書中大意就是了。如認為有趣味的幾句，我就細細地反覆咀嚼，於是一而二，二而三，就想到別個地方去了。無論甚麼高深的哲學書，和最粗淺的戲曲小說，我心目中都是一例視之，都是一樣讀法。

我認為世間的書有三種，一為宇宙自然的書，二為我腦中固有的書，三為古今人所著的書。我輩當以第一種、第二種融合讀之，至於第三種，不過藉以引起我腦中蘊藏之理而已，或供我之印證而已。我所需於第三種者，不過如是。中國之書，已足供我之用而有餘，安用疲敝精神，讀西洋譯本歟？

我讀書的祕訣，是「跑馬觀花」四字，甚至有時跑馬而不觀花。中國的花圃，馬兒都跑不完，怎能說到外國？人問：「你讀書既是跑馬觀花，何以你這《厚黑叢話》中，有時把書縫縫裡細微事說得津津有味？」我說：「說了奇怪！這些細微事，一觸目即刺眼。我打馬飛跑時，瞥見一朵鮮豔之花，即下馬細細賞玩。有時覺得芥子大的花兒，反比斗大的牡丹更有趣味，所以書縫縫裡細微事，也會跳入《厚黑叢話》中來。」

我是懶人，懶則不肯苦心讀書，然而我有我的懶人哲學。古今善用兵者，莫如項羽，七十餘戰，戰無不勝，到了烏江，身邊只有二十八騎，還三戰三勝。然而他學兵法，不過略知其意。古今政治家，推諸葛武侯為第一，他讀書也是隻觀大略。陶淵明在詩界中，可算第一流，他乃是一個好讀書不求甚解的人。反之，熟讀兵書者莫如趙括，長平之役，一敗塗地。讀書最多者莫如劉歆，輔佐王莽，以周禮治天下，鬧得天怒人怨。注《昭明文選》的李善，號稱書簏，而作出的文章就不通。書這個東西，等於食物一般，食所以療饑，書所以療愚。食吃多了不消化，會生病，書讀多了不消化，也會作怪。越讀得多，其人越愚，古今所謂書呆子是也。王安石讀書不消化，新法才行不通。程伊川（程頤）讀書不消化，才有洛蜀之爭。朱元晦讀書不消化，才有慶元黨案，才有朱陸之爭。

世界是進化的，從前的讀書人是埋頭苦讀，進化到項羽和諸葛武侯，發明瞭讀書略觀大意的法子。夫所謂略觀大意者，必能了解大意也。進化到了陶淵明，好讀書不求甚解，則並大意亦未必了解。再進化到厚黑教主，不求甚解，而並且不好讀書。將來再進化，必至一書不讀，一字不識，並且無理可解。嗚呼，世無慧能，斯言也，從誰印證？

我寫《厚黑叢話》，遇著典故不夠用，就杜撰一個來用。人問：何必這樣幹？我說：自有宇宙以來，即應該有這種典故，乃竟無這種典故出現，自是宇宙之罪，我杜撰一個所以補造化之窮。人說：這類典故，古書中原有之，你書讀少了，宜乎尋不出。我說：此乃典故之罪，非我之罪。典故之最古者，莫如天上之日月，晝夜擺在面前，舉目即見。既是好典故，我寫《厚黑叢話》時，為甚躲在書堆裡，不會跳出來？既不會跳出，即是死東西，這種死典故，要他何用！

近日有人向我說：「你主張思想獨立，講來講去，終逃不出孔子範圍。」我說：豈但孔子，我發明厚黑學，未逃出荀子性惡說的範圍；我說「心理變化，循力學公例而行」，未逃出告子「性猶湍水也」的範圍；我做有一本《中國學術之趨勢》，未逃出我家聃大公的範圍；特別還有一位說法四十九年的先生，更逃不出他的範圍。

宇宙真理，明明擺在我們面前，任何人只要能夠細心觀察，得出的結果，俱是相同。我主張思想獨立，揭出宗吾二字，以為標誌，一切道理，經我心考慮而過。認為對的即說出，不管人曾否說過。如果自己已經認為是對的了，因古人曾經說過，我就別創異說，求逃出古人範圍。則是：非對古人立異，乃是對我自己立異，是為以吾叛吾，不得謂之宗吾。孔子也、荀子也、告子也、老子也、釋迦也，甚至村言俗語，與夫其他等等也，合一爐而冶之，無畛域，無門戶，一一以我心衡之，是謂宗吾。

宗吾者，主見之謂也。我見為是者則是之，我見為非者則非。之前日之我以為是，今日之我以為非，則以今日之我為主。如或回護前日之我，則今日之我，為前日之我之奴，是曰奴見，非主見，仍不得謂之宗吾。

老子曰：「上士聞道，勤而行之；中士聞道，若存若亡；下士聞若則大笑，不笑不足以為道。」滔滔天下，皆周程朱張信徒也，皆達爾文諸人信徒也，一聽見厚黑學三字，即破口大罵。吾因續老子之語曰：「下下士聞道則大罵，不罵不足以為道。」

日前我同某君談話，引了幾句孔子的話。某君道：「你是講厚黑學的，怎麼講起孔子的學說來了？」我說：從前孔子出遊，馬吃了農民的禾，農民把馬捉住。孔子命子貢去說，把話說盡了，不肯把馬退還。回見孔子，孔子命馬伕去，幾句話說得農民大喜，立即退還。你想：孔門中，子貢是第一個會說的，當初齊伐魯，孔子命子貢去遊說，子貢一出而卻齊存魯，破吳霸越。以這樣會說的人，獨無奈何農民何。其原因是子貢智識太高，說的話，農民聽不入耳，馬伕的智識與之相等，故一說即入。觀世音曰：應以宰官身得度者，現宰官身而為說法。應以婆羅門身得度者，現婆羅門身而為說法。你當過廳長，我現廳長身而說法，你口誦孔子之言，我現孔子身而說法。一般人都說：「今日的人，遠不如三代以上。」果然不錯。鄙人雖不才，自問可以當孔子的馬伕，而民國時代的廳長，不如孔子時代的農民。

有一次我與友人某君談話，旁有某君警告之曰：「你少同李宗吾談些，謹防把你寫入《厚黑叢話》！」我說：「兩君放心，我這《厚黑叢話》中人物，是預備將來享厚黑廟的，兩君自問，有何功德，可以配享？你怕我把你們寫入《厚黑叢話》，我正怕你們將來混入厚黑廟。」因此我寫這段文字，記其事而隱其名。

我生怕我的厚黑廟中，五花八門的人，鑽些進來，鬧得來如孔廟一般。我撰有敬臨食譜序一篇，即表明此意，錄之如下：

春捲油中氽，百燙更沸滾。蝦仁雞絲餡最佳，韭菜肉絲臭而韌。春捲煎得黃瓢瓢，贏得妓院呼金條。自家不把金條吃，反敬客人真蹊蹺。

我有個六十二歲的老學生，黃敬臨，他要求入厚黑廟配享，我業已允許，寫入《厚黑叢話》，第一卷。讀者想還記得，他在成都百花潭側開一姑姑筵。備具極精美的餚饌，招徠顧主，讀者或許照顧過。昨日我到他公館，見他正在凝神靜氣，楷書《資治通鑒》。我詫異道：「你怎麼幹這個事？」他說：「我自四十八歲，即矢志寫書，已手寫十三經一通，補寫新舊唐書合鈔，李善註文選，相台禮記、坡門唱和集各一通，現打算再寫一部《資治通鑒》，以完夙願而垂示子孫。」我說：「你這種主意就錯了。你從前歷任射洪、巫溪、滎經等縣知事，我遊蹤所至，詢之人民，你政聲很好，以為你一定在官場努力，幹一番驚人事業。歸而詢知，退為庖師，自食其力，不禁大讚曰：『真吾徒也。』特許入厚黑廟配享，不料你在幹這個生活。須知：古今幹這一類生活的人，車載斗量，有你插足之地嗎？庖師是你特別專長，棄其所長而與人爭勝負，何若乃爾！鄙人所長者厚黑學，故專讀厚黑學，你所長者庖師，不如把所寫十三經與夫《資治通鑒》等等，一火而焚之，撰一部食譜，倒還是不朽的盛業。」

敬臨聞言，頗以為然，說道：「往所在成都省立第一女子師範學校充烹飪教師，曾分『燻、蒸、烘、爆、烤、醬、酢、鹵、糟、炙』十門教授學生，今打算就此十門條分縷析，作為一種教科書。但滋事體大，苦無暇晷，奈何！」我說：「你又太拘了，何必一做就想做完善。我為你計，每日高興時，任寫一二段，以隨筆體裁出之，積久成帙，有暇再把他分出門類，如不暇，既有底本，他日也有人替你整理。倘不及早寫出，將來老病侵尋，雖欲寫而力有不能，悔之何及？」敬臨深感餘言，乃著手寫去。

敬臨的烹飪學，可稱家學淵源。其祖父由江西宦遊到川，精於治饌，為其子聘婦，非精烹飪者不合選。聞陳氏女，在室，能制鹹菜三百餘種，乃聘之，即敬臨之母也。於是以黃陳兩家烹飪法冶為一爐。清末，敬臨宦遊北京，慈禧後賞以四品銜，供職光祿寺三載，復以天廚之味，融合南北之味。敬臨之於烹飪，真可謂集大成者矣。有此絕藝，自己乃不甚重視，不以之公諸世而傳諸後，不亦大可惜乎？敬臨勉乎哉！

古者有功德於民則祀之。我嘗笑：孔廟中七十子之徒，中間一二十人有言行可述外，其大半則姓名亦在若有若無之間，遑論功德？徒以依附孔子末光，高坐吃冷豬肉，亦可謂僭且濫矣。敬臨撰食譜喜惠後人，有此功德，自足廟食千秋，生前具美饌以食人，死後人具美饌以祀之。此固報施之至平，正不必依附厚黑教主而始可不朽也。人貴自立，敬臨勉乎哉！

孔子平日飯蔬飲水，後人以其不講餚饌，至今以冷豬肉祀之，腥臭不可向邇。他日厚黑廟中，有敬臨配享，後人不敢不以美饌進，吾可傲於眾曰：吾門有敬臨，冷豬肉可不入於口矣！是為序。

民國二十四年十二月六日，李宗吾，於成都。

近有某君發行某種月刊，叫我做文一篇。我說：我做則做，但有一種條件，我是專門講厚黑學的，三句不離本行，文成直署我名，你則非刊不可。他惶然大嚇，婉言辭謝。我執定非替他做不可，他沒法，只好「王顧左右而言他」。讀者只知我會講厚黑學，殊不知我還會作各種散文。諸君如欲表章先德，有墓誌傳狀等件，請我做，包管光生泉壤，絕不會蹈韓昌黎諛墓之嫌。至於作壽文，尤是我的拿手好戲，壽星老讀之，必多活若干歲。君如不信，有謝慧生壽文為證。壽文曰：慧生謝兄，六旬大慶，自撰徵文啟事云：「知舊矜之而錫之以言，以糾過去六十年之失，乃所願承。苟過愛而望其年之延，多為之辭，乃多持（慧生名）之慚且換，益不可仰矣。」等語。慧生與我同鄉，前此之失，唯我能糾之，若慾望其年之延，我也有妙法。故特撰此文以獻。

民國元年二三月，我在成都報上發表《厚黑學》。其時張君列五，任四川副都督，有天見著我，說道：「你瘋了嗎？甚麼厚黑學，天天在報上登載，成都近有一夥瘋子，巡警總監楊莘友，成都府知事但怒剛，其他如盧錫卿、方琢章等，朝日跑來跟我吵鬧，我將修一瘋人院，把這些瘋子一齊關起。你這個亂說大仙，也非關在瘋人院不可。」我說：「噫！我是救苦救難的大菩薩，你把他認為瘋子，我很替你的甑子擔憂。」後來列五改任民政長，袁世凱調之進京，他把印交了。第二天會著我，說道：「昨夜謝慧生說：『下細想來，李宗吾那個說法，真是用得著。』」我拍案叫道：「田舍奴，我豈妄哉！瘋子的話，都聽得嗎？好倒好，只是甑子已經倒了。今當臨別贈言，我告訴你兩句：往者不可諫，來者猶可追。」哪知他通道不篤，後在天津織襪，被袁世凱逮京槍斃。他在天牢內坐了幾個月，不知五更夢醒之時，會想及四川李瘋子學說否？宣佈死刑時，列五神色夷然，負手旁立，作微笑狀。同刑某君，呼冤忿罵。列五呼之曰：「某君！不說了！今日之事，你還在夢中。」大約列五此時，大夢已醒，知道今日之死，實系違反瘋子學說所致。

同學雷君鐵崖，留學日本，賣文為活，滿肚皮不合時宜，滿清末年跑在西湖白雲寺去做和尚。反正時，任孫總統祕書，未幾辭職。作詩云：「一笑飄然去，霜風透骨寒。八年革命黨，半月祕書官。稷下竿方濫，邯鄲夢已殘。西湖山色好，莫讓老僧看。」他對時事非常憤懣，在上海，曾語某君云：「你回去告訴李宗吾，叫他厚黑學少講些。」旋得瘋癲病，終日抱一酒瓶，逢人即亂說，常常獨自一人，倒臥街中，人事不省。警察看見，把他弄回，時愈時發，民國九年竟死。我這種學說，正是醫他那種病的妙藥，他不唯不照方服藥，反痛詆醫生，其死也宜哉！

列五、鐵崖，均系慧生兄好友，渠二人反對我的學說，結果如此。獨慧生知道，瘋子的學說，用得著，居然活了六十歲。倘循著這條路走去，就再活六十歲也是很可能的。我發明厚黑學二十餘年，私淑弟子遍天下，盡都轟轟烈烈，做出許多驚天動地的事業，偏偏跟我講學的幾個朋友，列五、鐵崖而外，如廖君緒初、楊君澤溥、王君簡恆、謝君綬青、張君荔丹，對於吾道，均茫無所得，先後憔悴憂傷以死。慧生於吾道似乎有明瞭的認識了，獨不解何以蟄居海上，寂然無聞？得非過我門而不入我室耶？然因其略窺涯，亦獲享此高壽，足徵吾道至大，其用至妙，進之可以幹驚天動地的事業，退之亦可延年益壽。今者遠隔數千里，不獲登堂拜祝，謹獻此文，為慧生兄慶，兼為吾黨勸。想慧生兄讀之，當亦掀髯大笑，滿飲數觴也。民國二十四年元月，弟宗吾拜撰。

後來我在重慶，遇著慧生侄又華新自上海歸來，說道：「家叔見此文，非常高興，說道：『李先生說我，還要再活六十歲，那個時候，你們都八九十歲了，恐怕還活我不贏！』」子章骷髏不過愈瘧疾而已，陳琳檄文不過愈頭風而已，我的學說，直能延年益壽。諸君試買一本讀讀，比吃紅色補丸、參茸衛生丸，功效何啻萬倍！

民國二年，討袁失敗後，我在成都會著一人，瘦而長，問其姓名，為隆昌黃容九。他問了我的姓名，而現驚愕色，說道：「你是不是講厚黑學那個李某？」我說：「是的，你怎麼知道？」他說：「我在北京聽見列五說過。」我想：列五能在北京宣傳吾道，一定研究有得，深為之慶幸。民三下半年，我在中壩省立第二中校，列五由天津致我一信，歷敘近況及織襪情形，並說當局如何如何與他為難，中有云：「復不肯乞憐於心性馳背之人！」我讀了，失驚道：「噫！列五死矣，知而不行，奈何！奈何！」不久，即聞被逮入京。此信我已裱作手卷，請名人題跋，以為通道不篤者戒。

列五是民國四年一月七日在天津被逮，三月四日在北京槍斃，如今整整地死了二十一年。我這瘋子的徽號，最初是他喊起的。諸君旁觀者清，請批評一下：「究竟我是瘋的，他是瘋的？」宋朝米芾，人呼之為「米癲」。一日蘇東坡請客，酒酣，米芾起言曰：「人呼我為米癲，我是否癲？請質之子瞻。」東坡笑曰：「吾從眾。」我請諸君批評，我是不是瘋子？諸君一定說：「吾從眾。」果若此，吾替諸君危矣！且替中華民國危矣！何以故？曰：有張列五的先例在，有民國過去二十四年的歷史在。

厚黑叢話・卷五

成都《華西日報》民國二十五年一月二日

我發明厚黑學，一般人未免拿來用反了，對列強用厚字，搖尾乞憐，無所不用其極；對國人用黑字，排擠傾軋，無所不用其極，以致把中國鬧得這樣糟。我主張翻過來用，對國人用厚字，事事讓步，任何氣都受，任何舊帳都不算；對列強用黑字，凡可以破壞帝國主義者，無所不用其極，一點不讓步，一點氣都不受，一切舊帳，非算清不可。

去歲元旦，華西報的元旦增刊上，我做有一篇文字，題曰《元旦預言》。我的預言，是「中國必興，日本必敗」八個字，這是從我的厚黑史觀推論出來，必然的結果，不過其中未提明厚黑二字罷了。今年華西報發元旦增刊，先數日總編輯請我做篇文字。我說：做則必做，但我做了，你則非刊上不可，我的題目，是「厚黑年」三字。他聽了默然不語，所以二十五年華西報元旦增刊，諸名流都有文字，獨莫得厚黑教主的文字，就是這個原因，我認為民國二十五年，是中國的厚黑年，也即是一千九百三十六年，為全世界的厚黑年。諸君不信，且看事實之證明。

昔人說：「丈夫不能流芳百世，亦當遺臭萬年。」我民國元年發表《厚黑學》，至今已二十五年，遺臭萬年的工作，算是做了四百分之一，俯仰千古，常以自豪。所以民國二十五年，在我個人方面，也可說是厚黑年，是應該開慶祝大會的。我想我的信徒，將來一定會仿耶穌紀年的辦法，以厚黑紀年，使厚黑學三字與國同休，每二十五年，開慶祝大會一次，自今以後，再開三百九十九次，那就是民國萬年了。我寫至此處，不禁高呼曰：中華民國萬歲！厚黑學萬歲！

去年吳稚暉在重慶時，新聞記者友人毛暢熙，約我同去會他。我說：「我何必去會他呢？他讀盡中外奇書，獨莫有讀過《厚黑學》。他自稱是大觀園中的劉姥姥，此次由重慶，到成都，登峨眉，遊嘉定，大觀園中的風景和人物，算是看遍了，獨於大觀園外面，有一個最清白的石獅子，他卻未見過。歡迎吳先生，我也去了來，他的演說，我也聽過，石獅子看見劉姥姥在大觀園進進出出，劉姥姥獨未看見石獅子！我不去會他，特別與他留點憾事。」

有人聽見厚黑學三字，即罵曰：「李宗吾是壞人！」我即還罵之曰：「你是宋儒。」要說壞，李宗吾與宋儒同是壞人，要說好，李宗吾與宋儒同是聖人。就宋學言之，宋儒是聖人，李宗吾是壞人，就厚黑學言之，李宗吾是聖人，宋儒是壞人。故罵我為壞人者，其人即是壞人，何以故？是宋儒故。

我所最不了解者，是宋儒去私之說。程伊川（程頤）身為洛黨首領，造成洛蜀相攻，種下南渡之禍，我不知他的私字去掉了莫有？宋儒講性善，流而為洛黨，在他們目中視之，人性皆善，我們洛黨，儘是好人，唯有蘇東坡，其性與人殊，是一個壞人。王陽明（王守仁）講致良知，滿街都是聖人，一變而為東林黨。吾黨儘是好人，唯有力抗滿清的熊廷弼是壞人，是應該拿來殺的。清朝的皇帝，披覽廷弼遺疏，認為他的計劃實行，滿清斷不能入關，憫其忠而見殺，下詔訪求他的後人，優加撫卹。而當日排擠廷弼最力，上疏請殺他的，不是別人，乃是至今公認為忠臣義士的楊漣、左光斗等。這個道理，拿來怎講？嗚呼洛黨！嗚呼東林黨！我不知倉頡夫子，當日何苦造下一個黨字，拿與程伊川（程頤）、楊漣、左光斗一般賢人君子這樣用！奉勸讀者諸君，與其研究宋學，研究王學不如切切實實地研究厚黑學。研究厚黑學，倒還可以做些福國利民的事。

宋儒主張去私，究竟私是個甚麼東西，非把他研究清楚不可。私字的意義，許氏說文，是引韓非子之語來解釋。韓子原文，是「倉頡作書，自環者謂之私，背私謂之公。」環即是圈子。私字古文作ㄙ，篆文是㠯，畫一個圈圈。公字，從八從ㄙ，八是把一個東西破為兩塊的意思，故八者背也。「背私謂之公」，即是說：把圈子打破了，才謂之公。假使我們只知有我，不顧妻子，這是環吾身畫一個圈；妻子必說我徇私，我於是把我字這個圈子撤去，環妻子畫一圈；但弟兄在圈之外，弟兄又要說我徇私，於是把妻子這個圈撤去，環弟兄畫一個圈；但鄰人在圈之外，又要說我徇私，於是把鄰人這個撤去，環國人畫一個圈；但他國人在圈外，又要說我徇私，這只好把本國人這個圈撤了，環人類畫一個大圈，才可謂之公。但還不能謂之公。假使世界上動植礦都會說話，禽獸一定說：你們人類為甚麼要宰殺我們？未免太自私了！草木問禽獸道：你為甚麼要吃我們？你也未免自私。泥土沙石問木道：你為甚麼要吸取我的養料？你草木未免自私。並且泥土沙石可以問地心道：你為甚麼把我們向你中心牽引？你地心也未免自私。地球又問太陽道：你為甚麼把我向你牽引？你未免自私。太陽又可問地球道：我牽引你，你為甚麼不攏來！時時想向外逃走，並且還暗暗地牽引我？你也未免自私。再反過來說：假令太陽怕地球說他徇私，他不牽引地球，地球也不知飛向何處去了。地心怕泥土沙石說他徇私，也不牽引了，這泥土沙石，立即灰飛而散，地球也就立即消滅。

我們從上項推論，繪圖如丙，就可得幾個要件如下：

（一）遍世界尋不出公字。通常所謂公，是畫了範圍的，範圍內人謂之公，範圍外人，仍謂之私。

（二）人心之私，通於萬有引力，私字除不掉，等於萬有引力之除不掉，如果除掉了，就會無人類，無世界。無怪宋儒去私之說，行之不通。

（三）我們討論人性善惡問題，曾繪出甲乙兩圖，說：「心理的現象，與磁場相像，與地心引力相像。」現在討論私字，繪出丙圖，其現象仍與甲乙兩圖相合。所以我們提出一條原則：「心理變化，循力學公例而行」，想來不會錯。

我們詳玩丙圖，中心之我，彷彿一塊磁石，周圍是磁場，磁力之大小，與距離成反比例。孟子講的差等之愛，是很合天然現象的。墨子講兼愛，只畫一個人類的大圈，主張愛無差等，內面各小圈俱無之，宜其深為孟子駁斥。

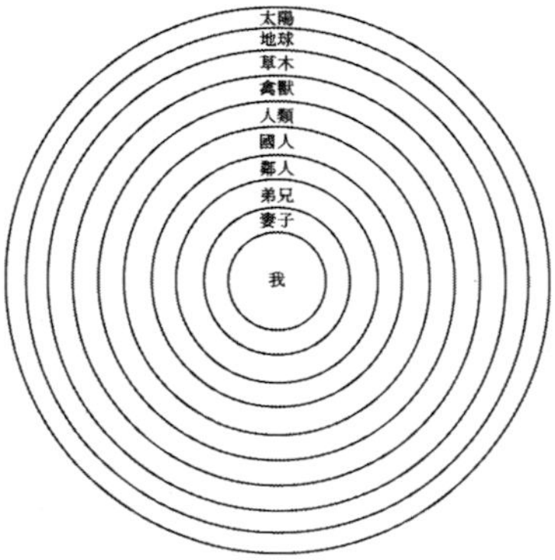

丙圖 私與公的推演圖

墨子志在救人，摩頂放踵以利天下。楊朱主張為我，叫他拔一毛以利天下，他都不肯。在普通人看來，墨子的品格，宜乎在楊朱之上，乃孟子曰：「逃墨必歸於楊，逃楊必歸於儒。」認為楊子在墨子之上，去儒家為近，豈非很奇的事嗎？這正是孟子的卓見，我非宜下細研究。

凡人在社會上做事，總須人己兩利，乃能通行無礙。孔孟的學說，正是此等主張。孔子所說：「己立立人，己達達人。」《大學》所說：「修齊治平。」孟子所說：「王如好貨，與民同之。」「王如好貨，與民同之」等語，都是本著人己兩利的原則立論。叫儒家損人利己，固然絕對不做，就叫他損己利人，他也認為不對。觀於孔子答宰我「井有人焉」之問，和孟子所說「君視臣如草芥，則臣視君如寇仇」等語，就可把儒家真精神看出來，此等主張，最為平正通達。墨子摩頂放踵以利天下，捨去我字，成為損己利人之行為，當然為孔門所不許。

楊子為我，是尋著了中心點，故孟子認為他的學說，高出墨子之上。楊子學說中最精粹的，是

「智之所貴，存我為貴；力之所賤，侵物為賤」四語（見《列子》）。他知道自己有一個我，把他存起；同時知道，他人也有一個我，不去侵犯他。這種學說，真是精當極了，然而尚為孟子所斥，這是甚麼道理呢？因為儒家的學說，是人己兩利，楊子只做到利己而無損於人，失去人我之關聯。孔門以仁字為主，仁字從二人，是專在人我間做工作，以我之所利，普及於人人。所以楊子學說，亦為孟子所斥。

我因為窮究厚黑之根源，造出甲乙丙三圖，據三圖以評判各家之學說，就覺得若網在綱，有條不紊了。即如王陽明（王守仁）所講的「致良知」，與夫「知行合一」，都可用這圖解釋。把圖中之我字作為一塊磁石，磁效能相推用引，是具有離心向心兩種力量。陽明所說的良知，與孟子所說的良知不同：孟子之良知，指仁愛之心而言，是一種引力；陽明之良知，指是非之心而言，是者引之使近，非者推之使遠，兩種力量俱具備了的。故陽明的學說，較孟子更為圓通。陽明所謂致良知，在我個人的研究，無非是把力學原理應用到事事物物上罷了。

王陽明講「知行合一」，說道：「知是行的主意，行是知的工夫；知是行之始，行是知之成。」這個道理，用力學公例一說就明白了。例如我聞友人病重想去看他，我心中這樣想，即是心中發出一根力線，直射到友人方面。我由家起身，走到病人面前，即是沿著這根力線一直前進。知友人病重，是此線之起點，走到病人面前，是此線的終點，兩點俱一根直線上，故曰：「知行合一。」一聞友病，即把這根路線畫定，故曰「知是行的主意」。畫定了，即沿著此線走去，故曰：「行是知的工夫。」陽明把明德親民二者合為一事，把博學、審問、慎思、明辨、篤行五者合為一事，把格致誠正、修齊治平八者合為一事，即是用的這個方式，都是在一根直線上，從起點說至終點。

王陽明解釋《大學．誠意章》「如好好色，如惡惡臭」二句，說道：「見好色屬知，好好色屬行。只見好色時，已自好了，不是見後又立個心去好。聞惡臭屬知，惡惡臭屬行。只聞惡臭時，已自惡了，不是聞後別立一個心去惡。」他這種說法，用磁電感應之理一說就明白了。異性相引，同性相推，是磁電的定例。能判別同性異性者知也，推之引之者行也。我們在講室中試驗，即知磁電一遇異性，立即相引，一遇同性，立即相推，並不是判定同性異性後，才去推之引之，知行二者，簡直分不出來，恰是陽明所說「即知即行」的現象。

歷來講心學者，每以鏡為喻，以水為喻，我們用磁電來說明，尤為確切。倘再進一步，說：「人之性靈，與地球之磁電同出一源。」講起來更覺圓通。人事與物理，就可一以貫之。科學家說：「磁電見同性自然相推，見異性自然相引。」王陽明說：「凡人見父自然知孝，見兄自然知悌。」李宗吾說：「小孩見母親口中有糕餅，自然會取來放在自己口中，在母親懷中吃乳吃糕餅，見哥哥近前來，自然會推他打他。」像這樣地講，則致良知也，厚黑學也，就成為一而二，二而一了。

萬物有引力。萬物有離力。引力勝過離力，則其物存，離力勝過引力，則其物毀。目前存在之物，都是引力勝過離力的，故有「萬有引力」之說。其離力勝過引力之物，早已消滅，無人看見，所以「萬有離力」一層，無人注意。地球是現存之物，故把外面的東西向內部牽引；心是現存之物，故把六塵緣影向內部牽引。小兒是求生存之物，故見外面的東西，即取來放入自己口中；人類是求生存之物，故見有利之事，即牽引到自己身上。我們曠觀宇宙，即知天然現象，無一不是向內部牽引，地球也，心也，小兒也，人類也，將來本是要由萬有離力的作用，消歸烏有的，但是未到消滅的時候，他那向內牽引之力，無論如何是不能除去的。宋儒去私之說，等於想除去地心吸力，怎能辦得到？只好承認其私，提出生存二字為重心，人人各遂其私，使人人能夠生存，天下自然太平。此鄙人之厚黑學所以不得不作，閱者諸君所以不得不研究也。

人人各遂其私，可說是私到極點。也即是公到極點。楊朱的學說，即是基於此種學理生出來的。他說道：「智之所貴，存我為貴」，即是「各遂其私」的說法；同時他又恐各人放縱其私，妨害他人之私，所以跟著即說：「力之所賤，侵物為賤。」這種學說，真是精當極了，施之現今，最為適宜，我們應當特別闡揚。所以研究厚黑學的人，同時應當研究楊朱的學說。楊氏之學，在吾道雖為異端，然亦可借證，對鈍根人不能說上乘法，不妨談談楊朱學說。

地球是一個大磁石，磁石本具有引之推之兩種力量，其被地球所推之物，已不知推到何方去了，出了我們視覺之外，只能看見他引而向內的力量，看不出推而向外的力量，所以只能說地球有引力，不能說地球有推力。人心猶如一塊磁石，是具備了引之推之兩種力量，由這兩種力相推相引，才構成一個社會，其組織法，絕像太空中眾星球之相推相引一般。人但知人世相賊相害，是出於人心之私，不知人世相親相愛，也出於人心之私。人但知私心擴充出來，可以造成戰爭，擾亂世界和平；殊不知人類由漁獵，而遊牧，而農業，而工商業，造成種種文明，也由於一個私字在暗中鼓蕩。斯義也，彼程朱諸儒，烏足知之！此厚黑學所以為千古絕學也。

厚黑二字，是從一個私字生出來的，不能說他是好，也不能說他是壞，這就是我那個同學朋友謝綬青跋《厚黑學》所說的：「如利刃然，用以誅盜賊則善，用以屠良民則惡，善與惡何關於刃，故用厚黑以為善則為善人，用厚黑以為惡，則為惡人……」我發明厚黑學，等於瓦特發明蒸汽，無施不可。利用蒸汽，造成火車，駕駛得法，可以日行千里，駕駛不得法，就會跌下巖去。我提出「厚黑救國」的口號，就是希望司機先生駕駛火車，向列強衝去，不要向前朝巖下開，也不要在街上橫衝直撞，碾死行人。

物質不滅，能力不滅，這是科學家公認的定律。吾人之性靈，算是一種能力，請問：其生也從何而來，其死也從何而去，豈非難解的問題嗎？假定：吾人之性靈，與地球之磁電，同出而異名，這個問題，就可解釋了。其生也，地球之物質，變為吾身之毛髮骨血，同時地球之磁電，變為吾之性靈；其死也，毛髮骨血，退還地球，仍為泥土，是謂物質不滅。同時性靈退還地球，仍為磁電，是謂能力不滅。我們這樣的解釋，則昔人所謂「浩氣還太虛」，所謂「天地有正氣，下為河嶽，上為日星，於人曰浩然」，所謂「自其不變者而觀之，則物與我皆無盡也？」種種說法，就不是得空談了。倘有人問，靈魂是否存在？我們可以說：「這是在各人的看法：吾人一死，此身化為泥土，性靈化為磁電，可謂之靈魂消滅。然吾身雖死，物質尚存，磁電尚存，即謂之靈魂尚存，亦無不可。性靈者吾人之靈魂也，磁電者地球之靈魂也，性靈與磁電，同出一源。我所繪甲乙丙三圖，即基於此種觀察生出來的，是為厚黑哲學的基礎。至於實際的真理是否如此，我不知道，我只自己認為合理，就寫出來，是之謂宗吾。

我雖講厚黑學，有時亦涉獵外道諸書，一一以厚黑哲理繩之。佛氏說：佛性是不生不滅，不增不滅，無邊際，無終始；楞嚴七處徵心，說心不在內，不在外，不在中間。我認為吾人之性靈，與地球之磁電，同出而異名，則佛氏所說，與太空磁電何異？佛說：「本性圓融，周遍法世。」又說：「非有非無。」推此與磁電中和現象何異？黄宗羲著《明儒學案》自序，開口第一句曰：「盈天下皆心也。」高攀龍自序為學之次弟云：「程子謂：『心要在腔子裡』，不知腔子何所指，果在方寸間否耶？覓注不得，忽於小學中見其解曰：『腔子猶言身子耳』，以為心不專在方寸，渾身是心也。」我們要解釋黃高二氏之說，可假定宇宙之內，有一至靈妙之物，無處不是灌滿了的。就其灌滿全身軀殼言之，名之曰心，就其灌滿宇宙言之，名之曰磁電，二者原是二而一，一而二的。佛氏研究心理，西人研究磁電，其途雖殊，終有溝通之一日。佛有天眼通，天耳通，能見遠處之物，能聞遠處之語。西人發明催眠術，發明無線電，也是能見遠處之物，能聞遠處之語，這即二者溝通之初基。

我們把物質的分子加以分析，即得原子，把原子再分析，即得電子。電子是一種力，這是科學家業已證明瞭的。我們的身體，是物質集合而成，也即是電子集合而成。身與心本是一物，所以我們心理的變化，逃不出磁電學的規律，逃不脫力學的規律。

人類有誇大性，自以為萬物之靈，彷佛心理之變化，不受物理學的支配。其實只能說，人是物中之較高等者，終逃不出物理學的大原則。我們試驗理化，溫度變更，或參入他種藥品，形狀和性質均要改變。吾人遇天氣大熱，心中變煩躁，這是溫度的關係。飲了酒，性情也會改變，這是參入一種藥品，起了化學作用。從此等地方觀察，人與物有何區別？故物理學中的力學規律，可適用到心理學上。

王陽明（王守仁）說「知行合一」，即是「思想與行為合一」。如把知字改作思想二字，更為明瞭。因為人的行為，是受思想的支配，所以觀察人的行為，即可窺見其心理，知道他的心理，即可預料其行為，古人說：「誠於中，形於外。」又說：「中心達於面目。」又說：「根於心，見於面，盎於背，施於四體。」這都是心中起了一個念頭，力線一發動，即依著直線進行的公例，達於面目，跟著即見於行事了。但有時心中起了一個念頭，竟未見諸實行，這是甚麼緣故呢？這是心中另起一種念頭，把前線阻住了，猶如我起身去看友人之病，行至中途，因事見阻一樣。

陽明說的「知行合一」，不必定要走到病人面前才算行，只要動了看病人的念頭，即算行了。他說：「見好色屬知，好好色屬知。」普通心理學，分知、情、意三者，這「好好色」，明明是情，何以謂之行呢！因為一動念，這力線即注到色字上去了，已是行之始，故陽明把情字看作行字。他說的「知行合一」，可說是「知情合一」。

人心如磁石一般。我們學過物理，即知道：凡是鐵條，都有磁力，因為內部分子凌亂，南極北極相消，才顯不出磁力來。如用磁石在鐵條上引導一下，內部分子，南北極排順，立即發出磁力。我國四萬萬人，本有極大的力量，只因內部凌亂，致受列強的欺凌。我們只要把內部力線排順，四萬萬人的心理，走在同一的線上，發出來的力量，還了得嗎？問：內部分子，如何才能排順？我說：你只有研究厚黑學，我所寫的《厚黑叢話》，即是引導鐵條的磁石。

我國有四萬萬人，只要能夠聯為一氣，就等於聯合了歐洲十幾國。我們現受日本的壓迫，與其哭哭啼啼，跪求國聯援助，跪求英美諸國援助，毋寧哭哭啼啼，跪求國人，化除意見，協助中央政府，先把日本驅逐了，再說下文。人問：國內意見，怎能化除？我說：你把厚黑學廣為宣傳，使一般人了解厚黑精義及厚黑學使用法，自然就辦得到了。

我發明厚黑學，一般人未免拿來用反了，對列強用厚字，搖尾乞憐，無所不用其極；對國人用黑字，排擠傾軋，無所不用其極，以致把中國鬧得這樣糟。我主張翻過來用，對國人用厚字，事事讓步，任何氣都受，任何舊帳都不算；對列強用黑字，凡可以破壞帝國主義者，無所不用其極，一點不讓步，一點氣都不受，一切舊帳，非算清不可。然此非空言所能辦到，其下手方法，則在調整內部，把四萬萬根力線排順，根根力線，直射列強，這即是我說「厚黑救國」。

人問我：對外的主張如何？我說：我無所謂主張，日本是入室之狼，俄國是當門之虎，歐美諸強國，是宅左宅右之獅豹，請問諸君，處此環境，室內人當如何主張？

世界第二次大戰，迫在眉睫，有主張聯英美以抗日本的，有主張聯合日本以抗俄國的，又有主張如何如何的，若以我的厚黑哲學推論之，都未免錯誤。我寫的《厚黑叢話》第二卷內面，曾有「厚黑國」這個名詞，邇來外交緊急，我主張將「厚黑國」從速建立起來，即以厚黑教主兼充厚黑國的國王，將來還要欽頒厚黑憲法。此時東鄰日本，有甚麼水鳥外交、啄木外交，我先把我的厚黑外交提出來，跟我的厚黑弟子討論一下：

我們學物理化學，可先在講室中試驗。唯有國家這個東西，不能在講室中試驗，據我看來，還是可以試驗，現在五洲之中，各國林立，諸大強國，互相競爭，與我國春秋戰國時代是一樣的。我們可以說：現在五洲萬國，是春秋戰國的放大形，當日的春秋戰國，即是我們的試驗品。

春秋戰國，賢人才士最多，他們研究出來的政策，很可供我們的參考。那個時候，共計發生兩大政策：第一是春秋時代，管仲「尊周攘夷」的政策。第二是戰國時代，蘇秦「聯六國以抗強秦」的政策。自從管仲定下「尊周攘夷」的政策，齊國遂崛起為五霸之首：後來晉文稱霸，也沿襲他的政策；就是孔子修春秋，也不外「尊周攘夷」的主張。這個政策，很值得我們研究。戰國時，蘇秦倡「聯六國以抗強秦」之議，他的縱約成功，秦人不敢出關者十五年，這政策，更值得研究。我國現在情形，即與春秋戰國相似，我主張把管仲、蘇秦的兩個法子融合為一，定為厚黑國的外交政策。管仲的政策，是完全成功的，蘇秦的政策，是始而成功，終而失敗。究竟成功之點安在？失敗之點安在？我們可以細細討論。

春秋時，周天子失去統馭能力，諸侯互相攻伐，外夷乘間侵入，弱小國很受蹂躪，與現在情形是一樣的。楚國把漢陽諸姬滅了，還要問鼎中原，與日本滅了琉球、高麗，進而佔據東北四省，進而佔據平津，是一樣的。那個時候，一般人正尋不著出路，忽然跳出一個大厚黑家，名曰管仲，霹靂一聲，揭出「尊周攘夷」的旗幟，用周天子的名義驅逐外夷，保全弱小國家的領土，大得一般人的歡迎。他的辦法，是九合諸侯，把弱小民族的力量集中起來，向外夷攻打，伐山戎以救燕，伐狄以救衛邢。這是一種合力政策，把外夷各個擊破。以那時國際情形而論，楚國是第一強國，齊雖泱泱大國，但經襄公荒淫之後，國內大亂。桓公即位之初，長勺之戰，連魯國這種弱國都戰不過，其衰弱情形可想。召陵之役，竟把楚國屈伏，全由管仲政策適宜之戰。我國在世界「弱小民族」中，弱則有之，小則未也，絕像春秋時的齊國，天然是盟主資格。當今之世，「管厚黑」復生，他的政策，一定是：「擁護中央政府，把全國力量集中起來，然後進而聯合『弱小民族』，把全世界力量集中起來，向諸大強國攻打。」基於此種研究，我國當「九一八」事變之後，早就該使下厚黑學，退出國際聯盟，另組一個「世界弱小民族聯盟」，與那個分贓集團的國聯成一個對抗形勢，由我國出來，當一個齊桓公，領導全世界被壓迫民族，對諸大強國奮鬥。

到了戰國，國際情形又變，齊楚燕趙韓魏秦，七雄並立，周天子已經扶不起來，紙老虎成了無用之物，尊周二字，說不上了。秦楚在春秋時，為夷狄之國，到了此時，攘夷二字更不適用。七國之中，秦最強，確乎有併吞六國之勢，於是第二個大厚黑家蘇秦，挺身出來，倡議聯合六國，以抗秦國，即是聯合眾弱國，攻打一強國，仍是一種合力政策，可說是「管厚黑政策的變形」。基於此種研究，我們可把日俄英美法意德諸國，合看為一個強秦，把全世界「弱小民族」看作六國，當然組織一個「弱小民族聯盟」，以與諸強國周旋。

諸君莫把蘇秦的法子小視了，他是經過引錐刺股的工夫，揣摩期年，才研究出來。他這個法子，含有甚深的學理。他讀的是《太公陰符》，陰符是道家之書。古陰符不傳，現行的陰符，是偽書。我們既知是道家之書，就可借老子的《道德經》來說明。《老子》一書，包藏有很精深的厚黑原理。戰國時厚黑大家文種、范蠡，漢初厚黑大家張良、陳平等，都是從道家一派出來的。管子之書，《漢書．藝文志》列入道家，所以管仲的內政外交，暗中以厚黑二字為根據。鄙人發明厚黑學，進一步研究，創出一條定理：「心理變化，循力學公例而行。」還讀老子之書，就覺得處處可用力學公例來解釋，將來我講「中國學術」時，才來逐一說明。此時談厚黑外交，談到蘇秦，我只能說，蘇大厚黑的政策，與老子學說相合，與力學公例相合。

老子曰：「天之道，其猶張弓歟？高者抑之，下者舉之，有餘者損之，不足者補之。」這明明是歸到一個平字上。力學公例，兩力平衡，才能穩定。水不平則流，人不平則鳴。蘇秦窺見這個道理，遊說六國，抱定一個平字立論，與近世孫中山學說相合。他說六國，每用「寧為雞口，無為牛後」和「稱東藩，築帝宮，受冠帶，祠春秋」一類話，激動人不平之氣。孫中山說：中國人，連高麗、安南等亡國人都不如，位置在「殖民地」之下，當名曰「次殖民地」。其論調是一樣的，無非是求歸於平而已。蘇秦的對付秦國的法子，是「把六國聯合起來，秦攻一國，五國出兵相救」。此種辦法，合得到克魯泡特金「互助」之說。秦雖強，而六國聯合起來，力量就比秦大，合得到達爾文「強權競爭」之說。他把他的政策定名為「合縱」，更可尋味。齊楚燕趙韓魏六國，發出六根力線，取縱的方向，向強秦攻打，明明是力學上的合力方式。他這個法子，較諸管仲政策，含義更深，所以必須揣摩期年，才研究得出來。他一研究出來，自己深信不疑地說道：「此真可以說當世之君矣。」果然一說就行，六國之君，都聽他的話。《戰國策》曰：「當此之時，天下之大，萬民之眾，王侯之威，謀臣之權，皆決於蘇秦之策。」又曰：「廷說諸侯之王，杜左右之口，天下莫之能抗。」你想：戰國時候，百家爭鳴，是學術最發達時代，而「蘇厚黑」的政策，能夠風靡天下，豈是莫得真理嗎？

管蘇兩位大厚黑家定下的外交政策。形式雖不同，裡子是一樣的，都是合眾弱國以攻打強國，都是合力政策，然而管仲之政策成功，蘇秦之政策終歸失敗，縱約終歸解散，其原因安在呢？管仲和蘇秦，都是起的聯軍，大凡聯軍，總要有負責的首領。唐朝九節度相州之敗，中有郭子儀、李光弼諸名將，卒至潰敗者，就由於莫得負責的首領。齊國是聯軍的中堅分子，戰爭責任，一肩擔起，其他諸國，立於協助地位。六國則彼此立於對等地位，不相統轄，缺乏重心。蘇秦當縱約長，本然是六國的重心，無奈他這個人，莫得事業心，當初只因受了妻不下機，嫂不為炊的氣，才發憤讀書，及佩了六國相印，可以驕傲父母妻嫂，就志滿意得，不復努力。你想當首領的人，都這個樣子，怎能成功？假令管大厚黑來當六國的縱約長，是決定成功的。

蘇秦的政策，確從學理上研究出來，而後人反鄙視之，其故何也？這只怪他早生了二千多年，未能領教李宗吾的學說。他陳書數十篋，中間缺少了一部《厚黑叢話》，要知道「厚黑為裡，仁義為表」的法子。他遊說六國，純從利害上立論，赤裸裸地把厚黑表現出來，忘卻在上面糊一層仁義，所以他的學說，就成為邪說，無人研究，這是很可惜的。我們用厚黑史觀的眼光看去，他這個人，學識有餘，實行不足，平生事跡，可分兩截看：從刺股至當縱約長，為一截，是學理上之成功；當縱約長以後，為一截，是實行上之失敗。前一截，我們當奉以為師；後一截，當引以為戒。

我們把春秋戰國外交政策研究清楚了，再來研究魏蜀吳三國的外交政策。三國中，魏最強，吳、蜀俱弱。諸葛武侯，在隆中，同劉備定的大政方針，是東聯孫吳，北攻曹魏，合兩弱國以攻一強國，仍是蘇大厚黑的法子。史稱：孔明自比管、樂。我請問讀者一下：孔明治蜀，略似管仲治齊，自比管仲，尚說得去，唯他平生政績，無一點與樂毅相似，以之自比，是何道理？這就很值得研究了。考之《戰國策》：燕昭王伐齊，是合五國之兵，以樂毅為上將軍。他是聯軍的統帥，與管仲相桓公，帥諸侯之兵以攻楚是一樣。燕昭王欲伐齊，樂毅獻策道：「夫齊霸國之餘教，而聚勝之遺事也，閒於兵甲，習於戰攻，王若欲攻之，則必舉天下而圖之。」因主張合趙楚魏宋以攻之。孔明在隆中，對劉先帝說道：「曹操擁百萬之眾，挾天子以令諸侯，此誠不可與爭鋒。」因主張：西和諸戎，南撫夷越，東聯孫權，然後北伐曹魏，其政策與樂毅完全一樣。樂毅曾奉昭王之命，親身赴趙，把趙聯好了，再合楚魏宋之兵，才把齊打破。孔明奉命入吳，說和孫權，共破曹操於赤壁，其舉動也是一樣，此即孔明自比樂毅所由來也。至於管仲糾合眾弱國，以討伐最強之楚，與孔明政策相同，更不待言。由此知孔明聯吳伐魏的主張，不外管仲、樂毅的遺策。

東漢之末，天子失去統馭能力，群雄並起，與春秋戰國相似。孔明隱居南陽時，與諸名士討論天下大勢，大家認定：曹操勢力最強，非聯合天下之力，不能把他消滅，希望有春秋時的管仲和戰國時的樂毅這類人才出現。於是孔明遂自許：有管仲、樂毅的本事，能夠聯合群雄，攻打曹魏。這是所謂「自比管樂」了。不過《古史簡略》，只記「自比管仲樂毅」一句，把他和諸名士的議論概行刪去了，及到劉先帝三顧草廬時，所有袁紹、袁術、呂布、劉表等，一一消滅，僅剩一個孫權，所以隆中定的政策，是東聯孫吳，北攻曹魏。這種政策，是同諸名士細細討論過的，故終身照著這個政策行去。

「聯合眾弱國攻打強國」的政策，是蘇秦揣摩期年研究出來的，是孔明隱居南陽，同諸名士討論出來的，中間含有絕大的道理。人稱孔明為王者之才，殊不知：孔明澹泊寧靜，頗近道家，他生平所讀的，是最粗淺的兩部厚黑教科書，第一部是《韓非子》，他治國之術，純是師法申韓，曾手寫申韓以教後主，申子之書不傳，等我講厚黑政治時再談。第二部是《戰國策》，他的外交政策，純是師法蘇秦。《戰國策》載：蘇秦說韓王曰：「臣聞鄙諺曰：『寧為雞口，無為牛後。』今大王西面交臂而臣事秦，何以異於牛後乎？」韓王忿然作色，攘臂按劍，仰天嘆息曰：「寡人雖死，必不能事秦。」《三國志》載：孔明說孫權，叫他案兵束甲，北面降曹，孫權勃然曰：「吾不能舉全吳之地，十萬之眾，受制於人！」我們對照觀之，孔明的策略，則不是與蘇厚黑一樣？

「聯眾弱國，攻打強國」的政策，非統籌全域性從大處著眼看不出來。這種政策，在蜀只有孔明一人能了解，在吳只有魯肅一人能了解。魯肅主張捨出荊州，以期與劉備聯合，其眼光之遠大，幾欲駕孔明而上之。蜀之關羽，吳之周瑜，呂蒙、陸遜，號稱英傑，俱只見著眼前小利害，對於這種大政策全不了解。劉備孫權有相當的了解，無奈認不清，拿不定，時而聯合，時而破裂，破裂之後，又復聯合。最了解者，莫如曹操。他聽見孫權把荊州借與劉備，二人實行聯合了，正在寫字手中之筆都落了。其實孫劉聯合，不過抄寫蘇厚黑的舊文章，曹操是千古奸雄，聽了都要心驚膽顫，這個法子的厲害，也就可想而知了。

從上面的研究，可得一結論曰：「當今之世，諸葛武侯復生，他的政策，決定是：退出國聯，組織世界『弱小民族聯盟』，向諸大強國進攻。」

我們倡出「弱小民族聯盟」之議，聞者必惶然大駭，以為列強勢力這樣的大，我們組織弱小民族聯盟，豈不觸列強之怒，豈不立取滅亡？這種疑慮，是一般人所有的。當時六國之君，也有這樣疑慮。張儀知六國之君膽怯，就乘勢恐嚇之，說道：「你們如果這樣幹，秦國必如何如何地攻打你。我勸你還是西向事秦，將來有如何的好處。」六國聽他的話，遂連袂事秦，卒至一一為秦所滅。

歷史俱在，諸君試取戰國策細讀一過，看張儀對六國的話，像不像現在列強勢力，去恐嚇弱小國一般？六國信張儀的話而滅亡，然而為小民族計，何去何從，不言而決。

蘇秦說六國聯盟，是從利害立論，說得娓娓動聽；張儀勸六國事秦，也是從利害立論，也是說得娓娓動聽。同是就利害立論，二說極端相反，何以俱能動聽呢？其差異之點：蘇秦所說利害，是就大者遠者言之，張儀是就小者近者言之。常人目光短淺，只看到眼前利害，雖以關羽、周瑜、呂蒙、陸遜這類才俊之士尚不免為眼前小利害所惑，何況六國昏庸之主？所以張儀之言，一說即入。由後日的事實來證明，從張儀之說而亡國，足知蘇秦之主張是對的。今之論者，怕觸怒列強，不敢組織弱小民族聯盟，恰走入張儀途徑。願讀者深思之！深思之！

蘇秦與張儀同學，自以為不及儀，後來回到家中，引錐刺股，揣摩期年，加了一番自修的苦功，其學力遂超出張儀之上，說出的話，確有真理。孟子對齊宣王曰：「海內之地，方千里者九，齊集有其一，以一服八，何以異於鄒敵楚哉？」這種說法，宛然合縱聲口。孟子譏公孫衍、張儀以順為正，是妾婦之道，獨不說及蘇秦。我們細加研究，公孫衍、張儀教六國事秦，儼如妾婦事夫，以順為正，若蘇秦之反抗強秦，正是孟子所謂「威武不能屈」之大丈夫。

孟子之學說，最富於獨立性。我們讀孟子答滕文公「事齊事楚」之問，答「齊人築薛」之問，答「事大國則不得免焉」之問，獨立精神，躍然紙上。假令孟子生今之世，絕不會仰承列強鼻息，絕不會接受喪權辱國的條件。

宇宙真理，只要能夠徹底研究，得出的結果，彼此是相同的，所以管仲「尊周攘夷」的政策，律以孔子的《春秋》是合的，蘇秦「合眾弱國以抗一個強國」的政策，律以孟子的學說，也是合的，司馬光著《資治通鑒》，也說合縱是六國之利，足證蘇秦的政策是對的。我講厚黑學有兩句祕訣：「厚黑為裡，仁義為表。」假令我們明告於眾曰：「我們應當師法蘇秦聯合六國之法，聯合世界弱小民族。」一般人必詫異道：「蘇秦是講厚黑學的，是李瘋子一流人物，他的話都信得嗎？信了立會亡國。」我們改口說道：「此孔孟遺意也，此諸葛武侯之政策也，此司馬溫公之主張也。」聽者必歡然接受。

大丈夫寧為雞口，無為牛後，寧為玉碎，無為瓦全。我國以四萬萬民眾之國，在國聯中求一理事而不可得，事事唯列強馬首是瞻，亡國之禍，迫於眉睫。與其坐以待斃，孰若起而攻之？與其在國聯中仰承列強鼻息，受列強之宰割，曷若退而為弱小民族之盟主，與列強為對等之周旋？春秋之義，雖敗猶榮，而況乎斷斷不敗也。

晉時李特入蜀，周覽山川形勢，嘆曰：「劉禪有如此江山而降於人，豈非庸才？」我國有這樣的土地人民，而受制於東鄰三島，千秋萬歲後，讀史者將謂之何！餘豈好講厚黑哉，餘不得已也，凡我四萬萬民眾，快快地厚黑起來，一致對外！全世界被壓迫民族，快快地厚黑起來，向列強進攻。

《孫中山演說集》，載有一段故事，日俄戰爭的時候，俄國把波羅的海的艦隊調來，繞過非洲，走入日本對馬島，被日本打得全軍覆沒。這個訊息傳出來，孫中山適從蘇伊士河經過，有許多土人，看見孫中山是黃色人，現出很喜歡的樣子來問道：「你是不是日本人呀？」孫中山說道：「我是中國人。你們為甚麼這樣的高興呢？」他答應道：「我們東方民族，總是被西方民族壓迫，總是受痛苦，以為沒有出頭的日子。這次日本打敗俄國，我們當如自己打勝仗一樣，這是應該歡喜的，所以我們便這樣的高興。」我們試想：日本打敗俄國，與蘇伊士河邊的土人何關？日本又從莫說過要替他們解除痛苦的話。他們現在這種樣子，世界弱小民族心理，也就可想見了。威爾遜提出「民族自決」的口號，大受「弱小民族」的歡迎。我們組織「弱小民族聯盟」，於「民族自決」之外，再加以「弱小民族互助」的口號，對內自決，對外互助，當然更受歡迎。且威爾遜不過徒呼口號而已，我們組織弱小民族聯盟，有特設之機關提挈之，更容易成功。

威爾遜「民族自決」之主張，其所以不能成功者，由於本身上有矛盾的。弱小民族，是被壓迫者，威爾遜代表美國，美國是列強之一，是站在壓迫者方面。威爾遜個人雖有這種主張，其奈美國立場不同何？我國與弱小民族是站在一個立場，出來提倡「民族自決」，組織弱小民族聯盟，彼此互助，是決定成功的。

至於和會上威爾遜之所以失敗者，則由威爾遜是教授出身，不脫書生本色，未曾研究過厚黑學。美國參戰之初，提出「十四條原則」，主張「民族自決」。巴黎和會初開，全世界「弱小民族」，把威爾遜當如救世主一般，以為他們的痛苦可以在和會上解除了。哪知英國的路易．喬治，法國的克里蒙梭，都是精研厚黑學的人，就說克里蒙梭，綽號「母大蟲」，尤為凶悍，初聞威爾遜鼎鼎大名，見面之後，才知黔驢無技，時時奚落他，甚至說道：「上帝只有十誡，你提出十四條，比上帝還多了四條，只好拿在天國去行使。」威爾遜只好忍受。後來義大利全權代表下旗歸國，日本全權代表也要下旗歸國，就把威爾遜嚇慌了，俯首帖耳，接受他們要求，而「民族自決」四字遂成泡影。

假令我這個厚黑教主是威爾遜，我就裝痴賣呆，聽憑他們奚落，坐在和會席上，一言不發，直待義大利下旗歸國，日本下旗歸國，已經出了國門，猝然站起來，在席上一拍巴掌說道：「你們要這樣幹嘛？我當初提出『十四條原則』，主張『民族自決』，你們認了可，我美國才參戰，而今你們這樣幹，使我失信於美國人民，失信於全世界「弱小民族」，而今只好領率全世界「弱小民族」，向你們英法意日四國決一死戰，才可以見諒於天下後世。你母大蟲說我這十四條應拿在天國行使，你看我於一個星期內，用鮮血將這個地球染紅，就從這鮮血中現出一個天國，與你母大蟲看！」說畢，退出和會，應用我的補鍋法，把鍋敲破了再說，三十分鐘內，通電全世界，叫所有弱小民族一致起來，對列強反戈相向，由美國指揮作戰。這樣一來，請問英法敢開戰嗎？當日事實俱在，我們不妨研究一下，德國戰鬥力並未損失，最感痛苦者，食料被列國封鎖耳。只要接濟他的糧食，單是一個德國，已夠英法對付。大戰之初，英法許殖民地許多權利，「弱小民族」拋棄舊日嫌怨，一致贊助。印度甘地，也叫他的黨徒幫助英國，原想戰勝之後，可以抬頭，哪知和會上，列強食言，弱小民族，正在含血噴天。有了威爾遜這樣的主張，他們在戰地，還有不立即倒戈的嗎？兼之美國是生力軍，國家又富，英法已是精疲力倦，如果實行開戰，可斷定：一個星期，把英法打得落花流水。這個戰火，請問英法敢打嗎？如果要我美國不打，除非十四條，條條實行，並須加點利息，特別增加兩條。何以故呢？因為你英法諸國，素無信義，明明白白地承認了條件，都要翻悔，所以十四條之外，非增加兩條，以資保障不可。威爾遜果然這樣幹，難道「民族自決」之主張，不能實現嗎？無奈威爾遜一見義大利和日本的使臣下旗歸國，就手忙腳亂，用「鋸箭法」了事，竟把千載一時之機會失去，惜哉！惜哉！不久箭頭在內面陸續發作，我國東北四省，無端失去，阿比西尼亞，無端受義大利之摧殘。世界第二次大戰，行將爆發。凡此種種，都由威爾遜在和會席上少拍了一巴掌之故。甚矣，厚黑學之不可不講也！

上述的辦法，以威爾遜的學識，難道見不到嗎？就說威爾遜是書呆子，不懂厚黑學，同威爾遜一路到和會的，有那麼多專門人才，那麼多外交家，一個個都是在厚黑場中來來往往的人，難道這種粗淺的厚黑技術都不懂得，還待李瘋子來說嗎？他們懂是懂得的，只是不肯這樣幹，其原因就是「弱小民族」是被壓迫者，美國是壓迫者之一，根本上有這種大矛盾，美國怎能這樣幹呢？

威爾遜提出「民族自決」四字，與他本國的立場是矛盾的。日本是精研厚黑學的，窺破威爾遜有此弱點，就在和會上提出「人種平等」案，朝著他的弱點攻去，意若曰：「你會唱高調，等我唱個高調，比你更高。」這本是厚黑學的妙用，果然把威爾遜制住了。然而威爾遜畢竟是天稟聰明，他並莫有讀過《厚黑學》譯本，居然懂得厚黑哲理，他明知「民族自決」之主張，為列強所不許，為本國所不許，竟大吹大擂起來，鬧得舉世震驚，此即是鄙人「辦事二妙法」中之「補鍋法」也，把鍋之裂痕，敲得長長的，乘勢大出風頭，迨至義大利和日本全權代表要下旗歸國，他就馬馬虎虎了事，此「辦事二妙法」中之「鋸箭法」也。威爾遜可以昭告世界曰：「民族自決之主張，其所以不能貫徹者，非我不盡力也，其奈環境不許何！其奈英法意日之不千萬何。」是無異外科醫生對人說道：「我之只鋸箭桿而不取箭頭者，非外科醫生不盡力也，其奈內科醫生袖手旁觀何！」噫，威爾遜真厚黑界之聖人哉！

中國八股先生有言曰：「東海有聖人，西海有聖人，此心同，此理同也。」鄙人發明補鍋法、鋸箭法，此先知先覺之東方聖人也。威爾遜實行補鍋法、鋸箭法，不勉而中，不思而得，雖欲不謂之西方聖人，不可得已。

我當日深疑：威爾遜是個老教書匠出身，是一個書呆子，何以會懂得補鍋法、鋸箭法？後來我多方考察，才知他背後站有一位軍師，豪斯大佐，是著名的陰謀家，是威爾遜的腦筋。威爾遜之當總統，他出力最多。威爾遜的閣員，大半是他推薦的。所有美國絕悶參戰也，山東問題也，都是此公的主張。他專門唱後台戲，威爾遜不過登場之傀儡罷了。威爾遜聽信此公的話，等於劉邦之聽信張子房。我們既承認劉邦為厚黑聖人，就呼威爾遜為厚黑聖人，也非過譽。

一般人都以為巴黎和會，威爾遜厚黑失敗，殊不知威爾遜之失敗，即是威爾遜之成功；他當美國第二十八代的總統，試問：從前二十七位總統，讀者諸君，記得幾人姓名？我想除了華盛頓、林肯二人，鼎鼎大名而外，第三恐怕要數威爾遜了。任人如何批評，他總算是歷史上有名人物。問其何修而得此，無非是善用補鍋法、鋸箭法罷了，假使他不懂點厚黑學，不過混在從前二十七位總統中間，姓名若有若無，威爾遜三字，安能赫赫在人耳目？由是知：厚黑之功用大矣哉！成則建千古不朽之盛業，敗亦留宇宙大名，讀者諸君快快地與我拜門，只要把臉兒弄得厚厚的，心兒弄得黑黑的，跳上國際舞台，包管你名垂宇宙，包管你把世界列強打得棄甲曳兵而逃。

巴黎和會，聚世界厚黑家於一堂，鉤心鬥角，彷彿一群拳術家在擂台上較技。我們站在台下，把他們的拳法看得清清楚楚，當用何種拳法才能破他，台下人了瞭然然，台上人反漠然不覺。當初威爾遜提出「民族自決」之主張，大得弱小民族之歡迎，深為英法意日所不喜，可知「民族自決」四字，可以擊中列強的要害。及後日本提出「人種平等」案，威爾遜就啞口無言，而「民族自決」案就無形打消，可知「人種平等」四字，可以擊中歐美人的要害。我國如出來提倡「弱小民族聯盟」，把威爾遜的「民族自決」案和日本的「人種平等」案合一爐而冶之，豈不更足以擊中他們的要害嗎？

美國和日本，是站在壓迫者方面的，威爾遜主張的「民族自決」，日本主張的「人種平等」，不過口頭拿來說說，並無實行的決心，已經鬧得舉世震驚，列強大嚇；我國是站在被壓迫者方面，循著這個路子做去，口頭這樣說，實際就這樣做，並且猛力做，當然收很大的效果。

譬之打戰，先要偵探一下，再用兵略略攻打一下，才知敵人某處虛、某處實，既把虛實明瞭了，然後才向著他的弱點猛攻。陸遜大破劉先帝，就是用的這個法子。劉先帝連營七百里，陸遜先攻一營不利，對眾人說道：「他的虛實，我已知道了，自有破之法。」於是縱火燒之，劉先帝遂全軍潰敗。威爾遜提出「民族自決」案，舉世震動，算替「弱小民族」偵探了一下，日本提出「人種平等」案，就把威爾遜挾持著了，算是向列強略略攻了一下。他們幾位厚黑家，把自家的弱點盡情暴露，我們就向著這個弱點猛力攻去，他們的帝國主義，當然可以一舉而摧滅之。

劉先帝之失敗，是由於連營七百里，戰線太擺寬了。陸遜令軍士每人持一把茅，隔一營，燒一營，同時動作，劉先帝首尾不能相顧，遂至全軍潰敗。列強殖民地太寬，彷彿劉先帝連營七百里一般。我們糾約世界「弱小民族」，同時動作，等於陸遜燒連營，遍地是火，列強首尾不能相顧，他們的帝國主義，當然潰敗。英國自誇：凡是太陽所照之地，都有英國的國旗。我們把「弱聯會」組織好了，可說：凡是太陽所照之地，英國人都該捱打。

劉先帝身經百戰，矜驕極了，以為陸遜是個少年，不把他放在眼裡。不知陸遜能夠忍辱負重，是厚黑界後起之秀，猝然而起，出其不意，把這位老厚黑打得一敗塗地。列強自恃軍械精利，把我國看不在眼，矜驕極了。我國備受欺凌，事事讓步，忍辱負重，已經到了十二萬分，當然學陸遜，猝然而起，奮力一擊。

有人謂：「弱小民族」，極形渙散，不易聯合。這也不必慮，以歷史證之：嬴秦之末，天下苦秦苛政，陳涉振臂一呼，山東豪俊，群起響應，立即嬴秦滅了。這是甚麼道理呢？因為人人積恨嬴秦已久，人人都想推倒他，心中發出的力線，成為方向相同的合力線，所以陳涉起事之初，並未派人去聯絡山東豪俊，而山東豪俊，自然與行動一致。現在列強壓迫「弱小民族」，苛虐情形，較諸嬴秦，有過之無不及，嬴秦亡國條件，列強是具備了的。我國出來，當一個陳涉，振臂一呼，世界當然聞風響應（見陳涉起義豪俊響應圖）。

劉備、孫權兩位厚黑家，本是郎舅之親，大家的眼光注射在荊州上，劉備把他向西拖，孫權把他向東拖，力線相反。（其圖如A）於是郎舅決裂，夫婦生離，關羽被殺，七百里之連營被燒，劉先帝東徵兵敗，身死白帝城，吳蜀二國，幾成了不共戴天之仇。後來諸葛亮遣鄧芝入吳，約定同齊伐魏，目標一變，心理即變。（其圖如B）於是仇讎之國，立即和好。心理變化，循力學公例而行。A圖力線，是橫的方向，彼此是衝突的，B圖的力線，是縱的方向，是合力的方式，彼此不生衝突。

我國連年內亂，其原因是由國人的目光注射在國內之某一點，彼此的力線，成了橫的方向，當然生衝突。我們應當師法諸葛武侯，另提目標，使力線成縱的方向，國內衝突，立即消滅。問：「提甚麼目標？」答曰：提出組織弱小民族聯盟之主張，全國人一致去幹這種工作。譬之射箭，以列強為箭堆，四萬萬人，有四萬萬支箭，支支箭向同一之箭堆射去，成了方向相同之合力線，每支箭是

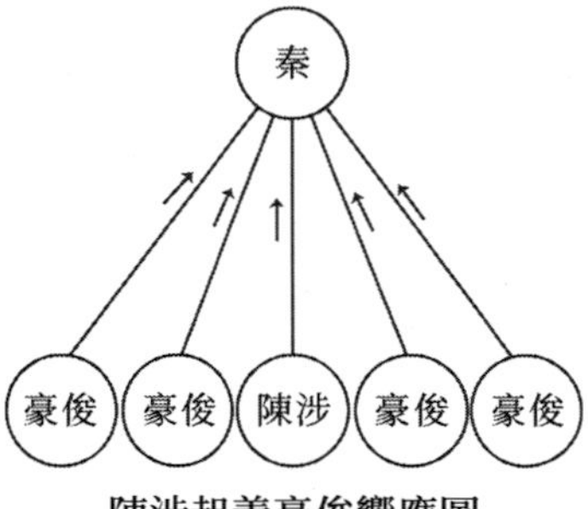

陳涉起義豪俊響應圖

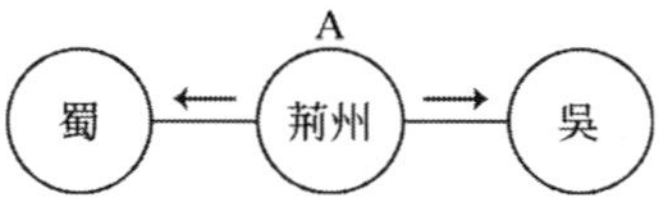

蜀吳爭荊州圖

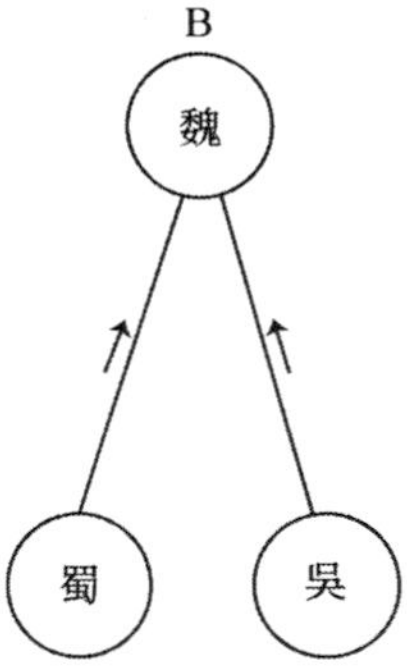

三國蜀吳聯合抗魏圖

不生衝突的。於是安內也，攘外也，就成為二而一、一而二了。奉勸讀者諸君，如果有志救國，非研究我的厚黑學不可。

我們學過物理學，即知道凡是鐵條，都有磁力。只因內部分子凌亂，南極北極相消，才顯不出磁力來。如用磁石在鐵條上引導了一下，內部分子，南北極排順，立即發出磁力。我國四萬萬人，本有極大的力量，只因內部凌亂，故受外人的欺凌。我們只要把內部排順了，四萬萬人的心理，走在同一的線上，發出來的力量，還了得嗎？問：「四萬萬人的心理，怎能走在同一的線上呢？」我說：我發明的厚黑學，等於一塊磁石，你把他向國人宣傳，就等於在鐵條上引導了一下，全國分子，立可排順，以此制敵，何敵不摧？以此圖功，何功不克？只要把厚黑學研究好了，何畏乎日本？何畏乎列強？

日本的厚黑家，可以反詰我道：據你說，吳蜀二國結下不解之深仇，諸葛武侯提出伐魏之說，以魏為目標，二國立即和好。而今你們中國仇視日本，我日本提出「中日聯合，抵抗蘇俄」的主張，以蘇俄為目標，豈不與諸葛武侯聯吳伐魏的政策一樣嗎？怎麼你這個厚黑教主，還說要攻打日本呢？我說：你這話可謂不通之極！荊州本是孫權借與劉備的，孫權取得荊州，物歸原主，吳蜀二國，立於對等地位，故能說聯合伐魏的話。日本佔據東四省，進窺平津，純是劫賊行為，世間哪有同劫賊聯合之理？必須恢復了「九一八」以前的狀況，荊州歸還了孫權，才能說聯合對俄的話。日本是入室之狼，俄國是臥門之虎，歐美列強，是宅左宅右之獅豹，必須把室中之狼驅逐出去了，才能說及門前之虎，才能說及宅左宅右之獅豹。

厚黑叢話・卷六

成都《華西日報》二十五年三月四日

我講厚黑學，分三步功夫，諸君想還記得。第一步：臉皮之厚，厚如城牆；心子之黑，黑如煤炭。第二步：厚而硬，黑而亮。第三步：厚而無形，黑而無色。日本對於我國，時而用劫賊式，武力侵奪，時而用娼妓式，大談親善，狼之毒，狐之媚，二者俱備。所謂厚如城牆，黑如煤炭，他是做到了的，厚而硬，也是做到了的，唯有黑而亮的功夫，他卻毫未夢見。

我是八股學校的修業生，中國的八股，博大精深，真所謂宗廟之美，百官之富。我寢饋數十年，只能說是修業。不敢言畢業。我作八股有兩個祕訣：一曰：抄襲古本；二曰：作翻案文字。先生出了一道題，尋一篇類似的題文，略略改換數字，沐手敬書地寫去，是曰抄襲古本。我主張「弱小民族」聯盟，這是抄襲管仲、蘇秦和諸葛亮三位的古本。人說我冬瓜做不得甑子，我說，冬瓜做得甑子，並且冬瓜做的甑子，比世界上任何甑子還要好些。何以故呢?世界上的甑子，只有裡面蒸的東西吃得，甑子吃不得，唯有冬瓜做的甑子，連甑子都可以當飯吃。此種說法，即所謂翻案文字也。我說：厚黑可以救國，等於說冬瓜可以做甑子，所以我的學說最切實用，是可以當飯吃的。

剿襲陳言，為作文之大忌，俾斯麥唱了一出鐵血主義的戲，全場喝彩，德皇威廉第二，重演一出，一敗塗地，日本接著再演，將來決定一敗塗地。諸君不信，請拭目以觀其後。

抄襲古本，總要來得高明，諸葛武侯，治國師法申韓，外交師法蘇秦，明明是縱横雜霸之學，後人反說他有儒者氣象，明明是霸佐之才，反說他是王佐之才。此公可算是抄襲古本的聖手。

剿寫文字的人，每喜歡剿寫中式之文，殊不知應當剿寫落卷，「鐵血主義」四字，俾斯麥中式之文也，我們萬不可剿寫，「民族自決」四字，是威爾遜的落卷，「人種平等」四字，是日本的落卷，如果沐手敬書出來，一定高高中式。「九一八」這類事，與其訴諸國聯，訴諸英美，毋寧訴諸非洲澳洲那些人，訴諸高麗……表面看去，似是做翻案文字，實在是抄寫威爾遜的落卷，抄寫日本的落卷。

川省未修馬路以前，我每次走路，見著推車的、抬轎的、邀馱馬的、挑擔子的，來來往往，如螞蟻一般，寬坦的地方，安然過去，一到窄路，就彼此大罵，你怪我走得不對，我怪你走得不對。我心中暗暗想道：何嘗是走得不對，無非是路窄了的關係。我國組織、政權集中在上面，任你有何種抱負，非握得政權施展不出來，於是你說我不對，我說你不對。其實非不對也，政治舞台，地位有限，容不了許多人，等於走入窄路一般。無怪乎全國中志堅士，吵鬧不休。

以外交言之，我們當闢一條極寬的路來走，不能把責任屬諸當局的幾個人。甚麼是寬路呢？提出組織「弱小民族聯盟」的主張，這個路子就極寬了，舞台就極大了，任有若干人，俱容得下。在國外的商人、留學生和遊歷家，可以直接向弱小民族運動；在國內的，無論在朝在野，無論哪一界，都可擔任種種工作。四萬萬人的目標，集中於弱小民族聯盟之一點，根根力線，不相衝突，不言合作，而合作自在其中。有了這種寬坦的大路可走，政治舞台，只算一小部分，不需取得政權，救國的工作，也可表現出來，在野黨、在朝黨，也就無須吵吵鬧鬧的了。

民主國人民是皇帝，無奈我國四萬萬人，不想當英明的皇帝，大家都以阿斗自居，希望出一個諸葛亮，把日本打倒，把列強打倒，四萬萬阿斗，好坐享其成。我不禁大呼道：陛下誤矣！阿斗者，亡國之主也！有阿斗就有黃皓，諸葛亮千載不出一，且必三顧而後出，黃皓則遍地皆是，不請而自來。我國之所以瀕於危亡者，正由全國人以阿斗自居所致。我只好照抄一句《出師表》曰：「陛下不宜妄自菲薄。」我們何妨自己就當一個諸葛亮，自己就當一個劉先帝。我這個厚黑教主，不揣冒昧，自己就當起諸葛亮來，我寫的《厚黑叢話》，即是我的「隆中對」。我希望讀者諸君，大家都來當諸葛亮，各人提出一種主張，四萬萬人就有四萬萬篇「隆中對」。同時我們又化身為劉先帝，成了四萬萬劉先帝，把四萬萬篇「隆中對」加以選擇。假令把李厚黑的「弱小民族聯盟」選上了，我們四萬萬劉先帝，就親動聖駕，做聯吳伐魏的工作，想出種種法子，去把非洲澳洲那些人，與夫高麗、安南、緬甸那些人聯為一氣，向世界列強進攻。

欲求我國獨立，必先求四萬萬人能獨立。四萬萬根力線挺然特立，根根力線，直射列強，欲求國之不獨立，不可得已。問：四萬萬力線何以能獨立？曰：先求思想獨立。能獨立乃能合作，我國四萬萬人不能合作者，由於四萬萬人不能獨立之故。不獨立則為奴隸，奴隸者，受驅使而已，獨立何有！合作何有！

野心家辦事，包攬把持，視眾人如奴隸，彼所謂抗日者，率奴隸以抗日以謂也。日本在東亞，包攬把持，視中國人如奴隸，彼所謂抗俄者，率奴隸以抗俄之謂也。既無獨立的能力，哪有抵抗的能力，所以我們要想抵抗日本，抵抗列強，當培植人民的獨立性，不當加重其奴隸性。我寫這部《厚黑叢話》，千言萬話，無非教人思想獨立而已。故厚黑國的外交，是獨立外交，厚黑國的政策，是合力政策。軍商政學各界的厚黑家，把平日的本事直接向列強行使，是之謂厚黑救國。

孔子謂子夏曰：「汝為君子儒，無為小人儒。」我教門弟子曰：「汝為大厚黑，無為小厚黑。」請問大小厚黑，如何分別？張儀教唆六國互相攻打，是小厚黑。孫權和劉備，互爭奪荊州，是小厚黑。要管仲和蘇秦的法子，才算大厚黑。日本佔據東北四省，佔據平津，是小厚黑。歐美列強，掠奪殖民地，是小厚黑。鄙人主張運動全世界「弱小民族」，反抗日本和列強，才算大厚黑。孟子曰：「小固不可以敵大。」我們的大厚黑成功，日本和列強的小厚黑，當然失敗。

我國只要把弱小民族聯盟明定為外交政策，政府與人民打成一片，全國總動員，一致去做這種工作，全國目光，注射國外，成了方向相同的合力線，不但內爭消滅，並且抵抗日本和列強，也就綽綽然有餘裕了，開戰也可，不開戰也可。惜乎諸葛武侯死了，恨不得起斯人於地下，而與之細細商榷。

我們一談及「弱小民族聯盟」，反抗列強，聞者必疑道：列強有那樣的武力，弱小民族如何敵得過？殊不知戰爭的方式最多，武力只佔很小一部分。以戰爭之進化而言，最初只有戈矛弓矢，後來進化，才有槍彈，這是舊式戰爭。現進化有飛機炸彈，這是日本在淞滬之役用以取勝的，是墨索里尼在阿比西尼亞用以取勝的。再進化則為化學戰爭，有毒瓦斯、毒菌等，這是第二次世界大戰，一般人所凜凜畏懼的。再進化則為經濟戰爭，英國對意制裁，即算是用這種戰術。人問：經濟戰爭之上，還有戰術莫得？我答道：還有，再進化則為心理戰爭。三國時馬謖曾說：「用兵之道，攻心為上，攻城為下，心戰為上，兵戰為下。」這即是心理戰爭。心理戰爭的學說我國發明最早。戰國時，孟子說：「天時不如地利，地利不如人和。」此心理戰爭之說也。又云：「……則鄰國之民，仰之若父母矣，率其子弟，攻其父母，自生民以來，未有能濟者也，如此則無敵於天下。」此心理戰爭之說也。我們從表面上看去，這種說法，豈非極迂腐的怪話嗎？而不知這是戰術中最精深的學說，一般人行未之思耳。

現在列強峙立的情形，很像春秋戰國時代。春秋戰國，為我國學術最發達時代，賢人才士最多。一般學者所倡的學說，都是適應環境生出來的，都是經過苦心研究，想實際的解決時局，並不是徒託空談，所以他們的學說很可供我們今日之參考。即以兵爭一端而論，春秋時戰爭劇烈，於是孫子的學說應運而生，他手著的《十三篇》，所談的是軍事上最高深的學理。這是中外軍事家所公認的。到了戰國時代，競爭更激烈，孫子的學說已經成了普通常識。於是孟子的學說，又應運而生，發明瞭心理戰爭的原則，說道：「可使制挺，以撻秦楚之堅甲利兵。」無奈這種理論太高深了，一般人都不了解，以為世間哪有這類的事！哪知孟子死後，未及百年，陳涉揭竿而起，立把強秦推倒，孟子的說法居然實現，豈非很奇的事嗎？

現在全世界兵爭不已，識者都認為非到世界大同，人民是不能安定的。戰國時情形也是這樣，所以梁襄王問：「天下惡乎定？」孟子對曰：「定於一。」也認為：非統一是不能安定的。然則用何種方法來統一呢？現今的人，總是主張武力統一，而孟子的學說則恰恰相反。梁襄王問：「孰能一之？」孟子曰：「不嗜殺人者能一之。」主張武力統一者，正是用殺字來統一，孟子的學說，豈非又是極迂腐的怪話嗎？後來秦始皇併吞六國，算是用武力把天下統一了，迨至漢高入關，除秦苛政，約法三章，從「不嗜殺」三字做去，竟把秦的天下奪了。孟子的學說，又居然實現，豈不更奇嗎？楚項羽坑秦降卒二十餘萬人於新安城南，又屠咸陽，燒秦宮室，火三月不絕，其手段之殘酷，豈不等於淞滬之役，日本用飛機炸彈任意轟炸嗎？豈不等於墨索里尼在阿比西尼亞種種暴行嗎？然而項羽武力統一的迷夢，終歸失敗，死在漢高祖的手裡。這是甚麼道理呢？因為漢高祖的謀臣是張良、陳平，他二人是精研厚黑學的，懂得心理戰爭的學理，應用最高等戰術，故把項羽殺死。這是歷史上的事實，很可供我們的研究。

秦始皇和楚項羽，純恃武力，是用一個殺字來統一；漢高祖不嗜殺人，是用一個生字來統一。生與殺二者，極端相反，然而俱有統一之可能，這是甚麼道理呢？因為凡人皆怕死，你不服從我，我要殺死你，所以殺字可以統一；凡人皆貪生，你如果擁護我，我可以替你謀生路，所以生字也可以統一。孟子說的：「不嗜殺人者能一之」，完全是從利害二字立論，律以我的厚黑學，是講得通的，所以他的學說，能夠生效。

當舉世戰雲密佈的時候，各弱小國的人民，正在走投無路，不知死所，忽然有一個國家，定出一種大政方針，循著這個方針走去，是唯一的生路，這個國家，豈不等於父母替子弟謀生路嗎？難道不受弱小國的人民熱烈擁戴嗎？孟子說：「鄰國之民，仰之若父母，率其子弟，攻其父母，自生民以來，未有能濟者也。」就是基於這種原則生出來的。不過我這種說法，道學先生不承認的，他們認為：「孟子的學說，純是道德化人，若參有利害二字，未免有損孟子學說的價值。」這種說法，我也不敢深辯，只好跟我的及門弟子和私淑弟子研究研究！

秦始皇、楚項羽，用殺字震懾人民，漢高祖用生字歆動人民，人之天性，好生而惡死，故秦皇、項羽為人民所厭棄，漢高祖為人民所樂戴。秦項敗，而漢獨成功，都是勢所必至，理有固然。由引知殺字政策，敵不過生字政策。日本及列強，極力擴張軍備，用武力鎮壓殖民地，是走的秦皇、項羽的途徑。大戰爆發在即，全世界「弱小民族」，正在走投無路，我們趁此時機，提倡「弱小民族聯盟」，向他們說道：「這是唯一的生路，所謂民族自決也，人種平等也，掃滅帝國主義也，唯有走這條路，才能實現。你們如果跟著列強走，將來大戰爆發，還不是第一次大戰一樣，只有越是增加你們的痛苦。」我們倡出這種論調，「弱小民族」還有不歡迎的嗎？我們獲得「弱小民族」的同情，把「弱聯會」組織起，以後的辦法就很多很多，外交方面，就進退裕如了。

楚漢相爭，項羽百戰百勝，其力最強，高祖百戰百敗，其力最弱，而高祖卒把項羽打敗者，他有句名言：「吾寧鬥智不鬥力。」這即是楚漢成敗的關鍵。漢高祖是厚黑界的聖人，他的聖訓，我們應該細細研究。日本和歐美列強，極力擴張軍備，是為鬥力，我們組織世界「弱小民族聯盟」，採用經濟戰爭和心理戰爭，是為鬥智。我們也不是廢去武力不用，只是專門研究經濟和心理兩種戰爭的方術，輔之以微弱的武力，就足以打倒帝國主義而有餘了。

請問：漢高祖鬥智，究竟用的甚麼法子呢？他從彭城大敗而回，問群臣有甚麼策略，張良勸他把關以東之地捐與韓信、彭越、黥布三人，信為齊王，越為梁王，黥布為九江王。高祖聯合他們，仍是一種聯軍方式。高祖用主力兵，在滎陽城，與項羽相持，而使信、越等三人，從他方面進攻，項羽遂大困。鴻溝議和後，項羽引兵東還，高祖追之，項羽還擊，高祖大敗，乃用張良之計，把睢陽以北之地劃歸彭越，陳以東之地劃歸韓信，於是諸侯之師，會於垓下，才把項羽殺死。由是知：漢高祖所謂鬥智者，還不是襲用管厚黑、蘇厚黑的故智，起一種聯軍罷了。

我們從歷史上研究，得出一種公例：「凡是列國紛爭之際，弱國唯一的方法，是糾合眾弱國，攻打強國。」任是第一流政治家，如管仲、諸葛武侯諸人，第一流謀臣策士，如張良、陳平諸人，都只有走這一條路，已成了歷史上的定例。然而同是用這種法子，其結果則有成有敗，其原因安在呢？我們可再加研究。

我們在前面，曾舉出五個實例：(一) 管仲糾合諸侯，以伐狄，伐戎，伐楚，這是成了功的。(二) 樂毅合五國之兵以伐齊，這是成了功的。(三) 蘇秦聯合六國以攻秦，卒之六國為秦所滅，這是失敗了的。(四) 漢高祖合諸侯之兵以攻項羽，這是成了功的。(五) 諸葛亮倡吳蜀聯盟之策，諸葛亮和孫權在時，尚能支援曹魏，他二人死後，後人秉承遺策做去，而吳蜀二國，終為司馬氏所滅，這也算是失敗了的。我們就這五種實例推求成敗之原因，又可得出一種公例：「各國聯盟，中有一國為主幹，其餘各國為協助者，則成功；各國立於對等對位，不相統屬者，則失敗。」齊之稱霸，是齊為主幹，其他諸侯則為協助；燕之伐齊，燕為主幹，其他四國則為協助；漢之滅楚，漢高祖為主幹，眾諸侯為協助，所以皆能成功。六國聯盟，六國不能統屬；吳蜀聯盟，二國也不相統屬，所以俱為敵人所滅。我國組織「弱聯會」，我國當然是主幹，當然成功。

現在國際的情形，既與春秋戰國相似，我們就應該把春秋時管厚黑的方法和戰國時蘇厚黑的方法，融合為一而用之，管仲的政策，是尊周攘夷，先揭出尊周的旗幟，一致擁護周天子，把全國力量集中起來，然後才向外夷攻打，伐狄，伐戎，伐楚，各個擊破。蘇秦的政策，是合六個弱國，攻打一個強秦。我們可把全世界「弱小民族」，看作戰國時之六國，把英法德美意日諸強國，合看為一個強秦，先用管仲的法子，把全國力量集中起來，擁護中央政府，以整個的中國與全世界「弱小民族」聯合，組織一個聯盟會；迨至這種聯盟組織成功，即用堂堂之鼓，正正之旗，向列強一致進攻……帝國主義，自然崩潰。

有人問：中國內部這樣的渙散，全國力量，怎能集中起來？我說：我所謂集中者，是思想集中，全國人的心理，走在一條線上，不必定要有何種形式。例如：我李瘋子提出「弱小民族聯盟」之主張，有人說：這種辦法是對的，又有人說不對，大家著些文字，在報章雜誌上討論，結果一致認為不對，則不用說，如一般人認為對，政府也認為對，我們就實行幹去。如此，則不言擁護中央政府，自然是擁護中央政府，不言全國力量集中，自然是全國力量集中。所以我們要想統一全國，當先統一全國思想。所謂統一思想者，不是強迫全國人之思想必須走入某一條路，乃是使人人思想獨立，從學理上、事勢上徹底研究，大家公認為某一條路可以走，才謂之思想統一。

有人難我道：你會講厚黑學，聯合「弱小民族」，向列強進攻，難道列強不能講厚黑學，一齊聯合起來，向「弱小民族」進攻嗎？我說：這是不足慮的，證以過去的歷史，他們這種聯合，是不能成功的。

戰國時，六國聯盟，有人批評他：「連雞不能俱飛。」六國之失敗，就是這個原因。如果列強想聯合起來，對付「弱小民族」，恰犯了連雞不能俱飛之弊。語曰：「蛇無頭而不行。」列強不相統屬，尋不出首領，是謂無頭之蛇。我們出來組織「弱小民族聯盟」，我國是天然的首領，是謂有之暐。列強與列強，利害衝突，矛盾之點太多，步調斷不能一致，要聯合，是聯合不起的。「弱小民族」，利害共同，彼此之間，尋不出絲毫衝突之點，一經聯合，團體一定很堅固。

前次大戰，列強許殖民地許多權利，戰後食言，不唯所許利益不能得，反增加許多痛苦。殖民地含恨在心，如果大戰重開，斷難得殖民地之贊助，且或乘機獨立，這是列強所深慮的。日本精研厚黑學，窺破此點，所以「九一八」之役，悍然不顧，硬以第二次大戰相威脅，列強相顧失色。就中英國殖民地更寬，怕得更厲害，因此國聯只好犧牲我國的滿洲，任憑日本為所欲為。德國窺破此點，乘機撕毀和約，英法也無如之何。墨索里尼窺破此點，以武力壓迫阿比西尼亞，英國也無如之何。其唯一之方法，無非是以第二次大戰相威脅而已，無非是實厚黑學而已。

世界列強，大講其厚黑學，看這個趨勢，第二次世界大戰是斷不能避免的。戰爭結果，無論誰勝誰負，「弱小民族」總是供他們犧牲的。我們應該應用厚黑哲理，趁大戰將發未發之際，趕急把「弱小民族聯盟」組織好，乘機予列強一種威脅，這個大戰，與其由列強造成，「弱小民族」居於被動地位，毋寧由「弱小民族」造成，使列強居於被動地位。明明白白告訴列強道：「你不接受我們「弱小民族」的要求，我們就把第二次大戰與你們造起來。」請問世界「弱小民族」，哪個敢談這個話呢？這恐怕除了我中華民國，再莫有第二個。請問我中國怎敢談這類強硬話呢？則非聯合世界「弱小民族」為後盾不可。

從前陳涉起事，曾經說過：「逃走也死，起事也死，同是一死，不如起事好了。」「弱小民族」今日所處地位，恰與陳涉相同，大戰所以遲遲未發者，由於列強內部尚未準備完好，我們與其坐受宰割，毋寧先發制人，約集全世界「弱小民族」，死中求生。不然他們準備好了，大戰一開，「弱小民族」就永無翻身之日了。

全世界已劃為兩大戰線，一為壓迫者，一為被壓迫者，孫中山講民族主義，已斷定第二次世界大戰是被壓迫者對壓迫者作戰，是十二萬萬五千萬人對二萬萬五千萬人作戰，無奈……日本人口……全國約計六千萬，也辜負孫中山之期望，變為明火劫搶之惡賊。所以我們應當秉承孫中山遺教，糾集被壓迫之人向帝國主義……作戰，才算順應進化之趨勢。現在這夥強盜，互相火並，乃是全世界被壓迫民族同時起事的好機會，我們平日練習的厚黑本事，正好拿出來行使，以大厚黑破他的小厚黑。不然，第二次大戰：仍是列強與列強作戰，「弱小民族」，牽入漩渦，受無謂之犧牲，豈不違反中山遺訓嗎？豈不違反進化公例嗎？

我講厚黑學，分三步功夫，諸君想還記得。第一步：臉皮之厚，厚如城牆；心子之黑，黑如煤炭。第二步：厚而硬，黑而亮。第三步：厚而無形，黑而無色。日本對於我國，時而用劫賊式，武力侵奪，時而用娼妓式，大談親善，狼之毒，狐之媚，二者俱備。所謂厚如城牆，黑如煤炭，他是做到了的，厚而硬，也是做到了的，唯有黑而亮的功夫，他卻毫未夢見。曹操是著名的黑心子，而招牌則透亮，天下豪俊奔集其門，明知其為絕世奸雄，而處處覺得可愛，令人佩服。日本則「心子與招牌同黑」，成了世界公敵，如蛇蠍一般，任何人看見，都喊「打！打！」所以日本人的厚黑學越講得好，將來失敗越厲害。何以故？黑而不亮故。它只懂得厚黑學的下乘法，不懂上乘法，他同不懂厚黑學的人交手，自然處處獲勝，若遇著對手，當然一敗塗地。

我們組織「弱小民族」聯盟，向列強攻打，用以消滅……帝國主義，本是用的黑字訣，然而這種方法，是從威爾遜「民族自決」四字抄襲出來，全世界都歡迎，是之謂黑而亮。聞者必起來爭辯道：「威爾遜主義，是和平之福音，是大同主義之初基，豈是面厚心黑的人乾得來嗎？實行這種主義，尚是謂之厚黑嗎？」李瘋子聞而嘆曰：「然哉！然哉！是謂『厚而無形，黑而無色』。」

有人難我道：「你主張聯合弱小民族，向列強攻打。我請問，一個日本，我國都對付不了，何敢去惹世界列強？日本以武力壓迫我國，歐美列強，深抱不平，很同情於我國，我們正該聯合他們，去攻打日本，你反要聯合世界「弱小民族」，去攻打列強，這種外交，豈非瘋子外交嗎？你這類話，前幾年說可以，再過若干年後來說也可以，現在這樣說，真算是瘋子。」我說：我歷來都是這樣說，不是今日才說，數年前我寫有一篇《世界大戰：我國應走的途徑》，即是這樣說的。四川省立國書館，存有原印本，可資考證。這個話，前幾年該說，現在更該說，再過若干年，也就無須說。你說是瘋子外交，這是由於你不懂厚黑學的原故。我講厚黑學，不是有鋸箭法和補鍋法嗎？我們把「弱小民族聯盟」組織好了，就應用補鍋法中之敲鍋法，手執鐵錘，向某某諸國說道：「信不信，我這一錘敲下去，叫你這鍋立即破裂，再想補也補不起！」口中這樣說，而手中之鐵錘則欲敲下不敲下，這其間有無限妙用。如列強不睬，就略略敲一下，使鍋上裂痕增第一點；再不睬，再敲一下。如果日本和列強，要倒行逆施，宰割「弱小民族」，供他們的欲壑，我們就一錘下去，把裂痕增至無限長，糾合全世界被壓迫人類，一齊暴動起來……被壓迫者對壓迫者作戰，而孫中山先生之主張，於是乎實現。但是我們著手之初，則在組織「弱小民族」聯盟，把「弱聯會」組織好，然後鐵錘在手，操縱自如，在國際上才能平等自由。

敲鍋要有藝術，輕不得，重不得。輕了鍋上裂痕不能增長，是無益的；敲重了，裂痕太長補不起。要想輕重適宜，非精研厚黑學不可。戲劇中有《補缸》一出，一錘下去，把缸子打得粉碎。這種敲法，未免太不高明。我們在國際上，如果這樣幹，真所謂瘋子外交，豈足以言厚黑學！

我講厚黑學，曾說：「管仲勸齊桓公伐楚，是把鍋敲爛了來補。」他那種敲法，是很藝術的。講到楚之罪名共有二項，一為周天子在上，他敢於稱王；二為漢陽諸姬，楚實盡之，這本是彰彰大罪。乃楚遣使問出師理由，桓公使管仲對曰：「爾貢包茅不入，王祭不共，無以縮酒，寡人是徵。」又曰：「昭王南征而不復，寡人是問。」捨去兩大罪，而責問此極不要緊之事，豈非滑天下之大稽？昭王渡漢水，船覆而死，與楚何關？況且事隔數百年，更是毫無理由。管子（管仲）為天下才，這是他親自答覆的，難道莫得斟酌嗎？他是厚黑名家，用補鍋法之初，已留鋸箭法地步。假令把楚國真實罪狀宣佈出來，叫他把王號削去，把漢陽諸姬的地方退出來，楚國豈不與齊拚命血戰嗎？你想長勺之役，齊國連魯國這種弱國都戰不過，他敢與楚國打硬戰嗎？只好借周天子之招牌，對楚國輕輕敲一下罷了。楚是堂堂大國，管仲不敢傷他的面子，責問昭王不復一事，故意使楚國有抗辯的餘地。楚王可以對臣下說道：「他責問二事，某一事，我與他罵轉去，罵得他啞口無言，包茅是河邊上蘆葦一類東西，周天子是我的舊上司，砍幾捆送他就是了。」這正是管仲的妙用，口罵無憑，貢包茅有實物表現，齊桓公於是背著包茅，進之周天子，作為楚國歸服之實證。古者國之大事唯祀與戎，周天子祭祀的時候，把包茅陳列出來，貼一紅紙簽，寫道：「這是楚國貢的包茅」。助祭的諸侯看見，周天子面上豈不光輝光輝？楚國都降伏了，眾小國敢有異議嗎？我寫《厚黑傳習錄》曾說：「召陵一役，以補鍋法始，以鋸箭法終。」其妙用如是如是。我們把「弱小民族聯盟」組織好了，就用鐵錘在列強的鍋上輕輕敲他一下，到達相當時機，就鋸箭桿了事。到某一時期，再敲一下，箭桿出來一截，又鋸一截。像這樣不斷地敲，不斷地鋸，待到終局，箭頭退出來了，輕輕用手拈去，於是乎鋸箭法告終，而鍋也補起了。

外交上，原是鋸箭法、補鍋法二者互用，如車之雙輪，鳥之雙翼，不可偏廢。我國外交之失敗，其病根在專用鋸箭法。自五口通商以來，所有外交，無一非鋸箭桿了事。「九一八」以後，尤為顯著。應該添一個補鍋法，才合外交方式。我們組織「弱小民族聯盟」，即是應用補鍋法的學理產生出來的。

現在日本人的花樣，層出不窮，殺得我國只有招架之功，並無還兵之力，並且欲招架而不能。我們就應該還他一手，揭出「弱小民族聯盟」的旗幟。你會講「大亞細亞主義」，想把中國吞下去，進而侵略亞洲各國，進而窺伺全世界，我們就進「弱小民族聯盟」，以中國為主幹……而琉球，而高麗，而安南、緬甸，而暹羅、印度，而澳洲、非洲一切民族。日本把一個「大亞細亞主義」大吹大擂，我們也把一個「弱小民族聯盟」大吹大擂，這才是旗鼓相當，才足以濟補鍋法之窮。

民國二年，我在某機關任職，後來該機關裁撤，我與同鄉陳健人借銀五十元，以和歸計。他回信說道：「我現無錢，好在為數無多，特向某某人轉借，湊足五十元，與你送來。」信末附一詩云：「五十塊錢不為多，借了一塴塴塴又一坡，我今專人送與你，特別再送一首歌。」我讀了，詩興勃發，不可遏止，立復一通道：「捧讀佳作，大發詩興。奉和一首，敬步原韻。辭達而已，工拙不論。君如不信，有詩為證。詩曰：『厚黑先生手藝多，哪怕甑子滾下坡。討口就打蓮花落，放牛我會唱山歌』。」詩既成，餘舉未已，又作一首：

「大風起兮甑滾坡，收拾行李兮回舊窩，安得猛士兮守沙鍋。」我出東門，走至石橋趕船，望見江水滔滔，詩興又來了，又作一首曰：「風蕭蕭兮江水寒，甑子一去兮不得還。」千古倒甑子的人，聞此歌，定當同聲一哭。

近來軍政各機關，常常起大風，甑子一批一批地向坡下滾去，許多朋友，向我嘆息道：「安得猛士兮守沙鍋。」我說道：你的學問，而今長進了，沙鍋無須守，也無須請猛士，只須借你的手杖向對方的沙鍋一敲，他的沙鍋打破，你的沙鍋遂巋然獨存。你如果莫得敲破對方沙鍋的本事，自己的沙鍋斷不能儲存。

東北四省，被日本佔去，國人都有「甑子一去兮不復還」的感想，見日本在華北華南積極進行，又同聲說道：「安得猛士兮守沙鍋。」這都是我先年的見解，應當糾正。甑子與沙鍋，是一物之二名，日本人想把我國的甑子打破，把裡面的飯貯入他的沙鍋內，國人只知雙手把甑子掩護，真是乾的笨事！我們四萬萬人，每人拿一根打狗棒，向日本的沙鍋敲去，包管發生奇效。問：「打狗棒怎樣敲法？」曰：組織弱小民族聯盟。

我們對於日本，應該取攻勢，不該取守勢，對於列強，取威脅式，不取乞憐式。我們組織弱小民族聯盟，即是對日本取攻勢，對列強取威脅式。日本侵略我國，列強抱不平，對我國表同情，難道是懷好意嗎？豈真站在公理立場上嗎？日本希望的是獨佔，列強希望的是共管，方式雖不同，其為厚黑則一也。為我國前途計，應該極力聯合世界「弱小民族」，努力促成世界大戰，被壓迫者對壓迫者作戰，全世界弱小民族，同齊暴動，把列強的帝國主義打破，即是把列強的沙鍋打破，「弱小民族」的沙鍋，才能儲存。

威爾遜播下「民族自決」的種子，一天一天地潛滋暗長，現在快要成熟了。我國出來當一個陳涉，振臂一呼，揭出「弱小民族聯盟」的旗幟，與威爾遜主義遙遙相應，全世界「弱小民族」，當然聞風響應。嬴秦亡國條件，列強是具備了的，而以日本具備尤多。一般人震於日本和列強之聲威，反抗二字，生怕出諸口，這是由於平日不研究厚黑學，才會這樣的畏懼。如果把我的《厚黑學》單行本熟讀一萬遍，立即發生一種勇氣來，區區日本和列強，何足道哉！他們都是外強中乾，自身內部，矛盾之點太多，譬諸築牆，基礎莫有穩固。我們組織「弱小民族聯盟」，直向牆腳攻打，「弱聯」一成功，日本和列強的帝國主義，當然崩潰。

我們聯合「弱小民族」之初……只埋頭幹「弱聯」的工作，並且加緊工作……等到「弱聯」組織成功了，任何不平等條約，撕了即是，到了那時，他們敢於不接受我們的要求，就糾合全世界「弱小民族」，同時動作，以武力解決，由我國當主帥，指揮作戰，把蘇秦的老法子拿來行使，「秦攻一國，五國出兵助之，或出兵撓秦之後」。像這樣幹去……帝國主義哪有不崩潰之理！以英國言之，他自誇凡是太陽所照之地，都有英國人的國旗，我們的「弱聯」組織成功，可以說：凡是太陽所照之地，英國人都有捱打的資格。這樣幹，才是圖謀和平的根本辦法。機會一成熟，立把箭頭取出，無須再用鋸箭法。我們不從此種辦法著手……日本倡言親善，如果就同他親善，事事仰承日本鼻息，不敢反抗不敢組織「弱小民族聯盟」，更是厚黑界之小醜，夠不上談厚黑哲理。

日本是我國室中之狼，俄國是門前之虎，歐美列強，是宅左宅右之獅豹。日本是我國的仇國，當然無妥協餘地，其他列強，為敵為友，尚不能預定，何也？因其尚在門前，尚在宅左宅右也。

威爾遜倡「民族自決」，想成立一個國際聯盟，以實現他的主張。哪知一成立，就被列強利用，成為分贓的集團，與威爾遜主義背道而馳。孫中山曾講過「大亞細亞主義」，意在為黃種人吐氣，哪知日本就想利用這種主張，以遂他獨霸東亞之野心。所以我們成立「弱小民族聯盟」，首先宣告，英美德法意俄日等國永無入會之資格，日本不用說了。我們把英美等國劃在會外，也不一定視為敵人，為敵為友，視其行為而定。如能贊助「弱聯」，我們也可視為良友，但只能在會外，不能在會中說話，使他莫得利用操縱之機會。

我們對日抗戰，當發揮自力，不能依賴某某強國，請他幫助。就使有時想列強幫助，也不能向他說乞憐語，更不能許以絲毫權利，只是埋頭幹「弱小民族聯盟」的工作，一眼覷著列強的沙鍋，努力攻打。要我不打破你的沙鍋，除非幫助我把日本驅出東北四省，恢復「九一八」以前狀況，我們也可以鋸箭桿了事。因為「九一八」之變，是國聯不能執行任務釀出來的，當然尋國聯算帳，當然成一個「弱聯」，推翻現在的「國聯」。所以對付列強，當如對付橫牛，牽著鼻子走，不能同他善說。問：列強的鼻子，怎能受我們的牽？曰努力地聯合「弱小民族」，即是牽列強的鼻子，如列強扭著鼻子不受我們牽，我們就實行把沙鍋與他打爛，實現孫中山之主張……被壓迫者對……壓迫者實行作戰，忍一下痛苦，硬把箭頭取出，廢去鋸箭法不用，更是直截了當。我認為這種辦法，是我國唯一的出路，請全國厚黑同志研究研究。

和平是整個的，現在世界關聯密切，一處發生戰事，就波動全世界，就有第二次世界大戰的可能。列強殖民地太寬，弱小民族受了威爾遜的宣傳，早已蠢蠢欲動，大戰爭一發生，列強的沙鍋就有破裂的危險。這一層，日本和列強都是看得很清楚的。日本自「九一八」以後，一切事悍然不顧，墨索里尼侵佔阿比西尼亞，也悍然不顧，都是看清此點，以世界大戰相威脅，料定國聯不敢動作。果然國聯顧忌此點，不敢實行制裁，只好因循敷衍，犧牲「弱小民族」利益，以飽橫暴者之貪囊，暫維目前狀況，於是國際聯盟，就成為列強的分贓集團。我們看清此點，知道「國聯」已經衰朽不適用了，就乘機推翻他，新興一個「弱聯」，以替代「國聯」這種機構，催促威爾遜之主張早日實現。這種辦法，才適合時代之要求。這種責任，應由我國出來擔負，除了我國，其他國家是擔負不起的。

我們組織「弱小民族聯盟」，把甘地辦法擴大之，改良之，當然發生絕大的效果……甘地是赤手空拳，尚能有那樣的成績。我國是堂堂的獨立大國，有強大的戰鬥力，淞滬之役，已所得效果，當然百倍甘地。這種辦法，我想一般厚黑同志，絕對贊成的。

我是害了兩重病的，一曰瘋病，二曰八股病，而我之瘋病，是從八股病生出來的。八股家遇著長題目，頭緒紛繁，抑或合數章為一題，其做法，往往取題中一字，或一句，或一章作主，用以貫穿全題。曾國藩者，八股之雄也，其論作文之法曰：「萬山磅礴，必有主峰，龍袞九章，但挈一領。」斯言也，通於治國，通於厚黑學。我國內政外交，處處棘手，財政軍政，紛如亂絲，這就像八股家遇著了合數章書的長題目，頭緒紛繁，無從著筆。如果枝枝節節而為之，勢必費力不討好，所以我們解決時局，就該應用八股，尋出問題之中心點，埋頭幹去，紛亂的時局，自必釐然就緒。我們做這篇八股，應該提出抗日二字為中心點，基於抗日之主張，生出內政外交之辦法。內政外交的方針既定了，一切措施，都與這個方針適應，是之謂：「萬山磅礴，必有主峰，龍袞九章，但挈一領。」我以後所寫文字，就本此主張寫去，但我從滿清末年，就奔走宦場，發明求官六字真言，做官六字真言，八股一道，荒廢已久，寫出的文字，難免不通，希望八股老同志糾正糾正。

科舉時代的功令，作八股必遵朱注，試場中片紙不準夾帶，應考的人，只好把朱子的《四書集註》讀來背得，所以朱子可稱為八股界之老祖宗。而他解決時局的辦法，是很合八股義法的。他生當南宋，初見宋孝宗即說道：「當今之世，要首先認定：金人是我不共戴天之敵，斷絕和議，召還使臣，這層決定了，一切事才有辦法。一般懷疑的人，都說根本未固，裝置未周，進不能圖恢復，退不能謀防禦，故不得已而暫與金人講和，以便從容準備，殊不知這話大錯了。其所以根本不固，裝置不周，進不能攻，退不能守者，正由有講和之說的原故。一有講和之說，則進無決死之心，退有遷延之計，其氣先餒，而人心遂渙然離沮。故講和之說不罷，天下事無一可成。為今之計，必須閉門絕和，才可激發忠勇之氣，才可言恢復。」這是朱子在隆興元年對孝宗所說的話。他這篇文字，很合現在的題目，我們可以全部抄用。首先認定日本是仇國，使全國人有了公共的目標，然後才能說「對內團結，對外抵抗」的話。我國一般人，對於抗日，本下了最大決心，不過循著外交常軌，口頭不能不說說親善和調整這類話，不知親善和調整這類名詞，是西洋的八股話，對於中國全不適用，其弊害，朱子說得很明白。

國人見國勢日危，主張儲存國粹，主張讀經，這算是從根本上治療了。八股是國粹的結晶體，我的厚黑學，是從八股出來的，算是根本之根本。我希望各校國文先生，把朱子對孝宗說的這段文字選與學生讀，培養點中國八股智識，以便打倒西洋八股。

中國的八股，有甚深的歷史，一般文人，涵濡其中，如魚在水，所以今人文字，以鼻嗅之，大都作八股氣，酸溜酸溜的。章太炎文字，韓慕廬一類八股也；嚴又陵文字，管韞山一類八股也；康有為文字，「十八科闈墨」一類八股也；梁啟超文字，「江漢炳靈」一類八股也；鄙人文字，小試場中，截搭題一類八股也；當代文豪，某某諸公，則是《聊齋》上的賈奉雉，得了仙人指點，高中經魁之八股也。「諸君莫笑八股酸，八股越酸越革命。」黃興、蔡松坡，秀才也；吳稚暉、於右任，舉人也；譚延闓、蔡元培，進士翰林也。我所知的同鄉同學，幾個革命專家，廖緒初舉人也；雷鐵崖、張列五、謝慧生，秀才也；曹叔實，則是一個屢試不售的童生。猗歟！盛哉！八股之功用大矣哉！滿清末年，一夥八股先生，起而排滿革命，我甚願今之愛國志士，把西洋八股一火焚之，返而研究中國的八股，才好與我們的仇國日本奮鬥到底。

唐宋八家中，我最喜歡三蘇，因為蘇氏父子，俱懂得厚黑學。老泉之學，出於申韓。申子之書不傳，老泉《嘉祐集》，一切議論，極類韓非，文筆之峭厲深刻，亦復相似。老泉喜言兵，他對於孫子也很有研究。東坡之學，是戰國縱橫者流，熟於人情，明於利害，故辯才無礙，嬉笑怒罵，皆成文章。其為文詼詭恣肆，亦與戰國策文字相似。子由深於老子，著有《老子解》。明李卓吾有言曰：「解老子者眾矣，而子由獨高。」子由文汪洋淡泊，在八家中，最為平易。漸於黃老者深，其文固應爾爾。《孫子》、《韓非子》和《戰國策》，可說是古代厚黑學教科書。《老子》一書，包涵厚黑哲理，尤為宏富。諸君如想研究孔子的學說，則孔子所研習的《詩經》、《書經》、《易經》，不可不熟讀；萬一想研究厚黑學，只讀我的作品，不過等於讀孔子的《論語》，必須上讀《老子》、《孫子》、《韓非子》和《戰國策》諸書，如儒家之讀《詩》、《書》、《易》諸書，把這些書讀熟了，參之以二十五史和現今東西洋事變，融會貫通，那就有得厚黑博士之希望了。

有人問我：厚黑學三字，宜以何字作對？我說：對以道德經三字。李老子的《道德經》和李瘋子的《厚黑學》，不但字面可以相對，實質上，二者原是相通，於何證之呢？有朱子（朱熹）之言可證。《朱子全書》中有云：「老氏之學最忍，他閒時似個虛無卑弱底人，莫教緊要處，發出來，更教你支援不住，如張子房（張良）是也。子房皆老氏之學，如嶢關之戰，與秦將聯和了，忽乘其懈擊之。鴻溝之約，與項羽講和了，忽回軍殺之。這個便是他卑弱之發處，可畏可畏。他計策不須多，只消兩三處如此，高祖之業成矣。」依朱子這樣說：老子一部《道德經》，豈不明明是一部《厚黑學》嗎？我在《厚黑叢話》卷二之末，曾說：「蘇東坡的《留侯論》，全篇是以一個厚字立柱。」朱子則直將子房之黑字揭出，並探本窮源，說是出於老子，其論尤為精到。朱子認為嶢關、鴻溝，這些狠心事，是卑弱之發處，足知厚黑二者，原是一貫之事。

厚與黑，是一物體之二面，厚者可以變而為黑，黑者亦可變而為厚。朱子曰：「老氏之學最忍。」他以一個忍字，總括厚黑二者。忍於己之謂厚。忍於人之謂黑。忍於己，故閉時虛無卑弱；忍於人，故發出來教你支援不住。張子房替老人取履，跪而納之，此忍於己也；嶢關、鴻溝，背盟棄約，置人於死，此忍於人也。觀此則知厚黑同源，二者可以互相為變。我特告訴讀者諸君，假如有人在你面前脅肩諂笑，事事要好，你須謹防他變而為黑。你一朝失勢，首先墜井下石，即是這類人。又假如有人在你面前肆意凌侮，諸多不情，你也不須怨恨，你若一朝得志，他自然會變而為厚，在你面前，事事要好。歷史上這類事很多，諸君自去考證。

我發明厚黑學，進一步研究，得出一條定理：「心理變化，循力學公例而行。」有了這條定理，厚黑學就有哲理上之根據了。水之變化，純是依力學公例而變化。有時徐徐而流，有物當前，總是避之而行，總是向低處流去，可說是世間卑弱之物，無過於水。有時怒而奔流，排山倒海，任何物不能阻之，阻之則立被摧滅，又可說世間凶悍之物，無過於水。老子的學說，即是基於此種學理生出來的。其言曰：「天下之物莫柔弱於水，而攻堅強者，莫之能勝。」諸君能把這個道理會通，即知李老子的《道德經》和鄙人的《厚黑學》，是莫得甚麼區別的。

忍於己之謂厚，忍於人之謂黑，在人如此，在水亦然。徐徐而流，避物而行，此忍於己之說也；怒而奔流，人物阻擋之，立被摧滅，此忍於人之說也。避物而行和摧滅人物，現象雖殊，理實一貫，人事與物理相通，心理與力學相通，明乎此，而後可以讀李老子的《道德經》，而後可以讀李瘋子的《厚黑學》。

老子學說，純是取法於水。《道德經》中，言水者不一而足，如曰：「上善若水，水善利萬物而不爭，處眾人之所惡，故幾於道。」又曰：「江海所以為百谷王者，以其善下之，故能為百谷王。」水之變化，循力學公例而行，老子深有契於水，故其學說，以力學公例繩之，無不一一吻合。唯其然也，宇宙事事物物，遂逃不出老子學說的範圍。

老子曰：「吾言甚易知，甚易行，天下莫能知，莫能行。」這幾句話，簡直是他老人家替厚黑學做的贊語。面厚心黑，哪個不知道？哪個不能做？是謂「甚易知，甚易行」。然而「厚黑學」三字，載籍中絕未一見，必待李瘋子出來才發明，豈非「天下莫能知」的明證嗎？我國受日本和列強的欺凌，管厚黑、蘇厚黑的法子俱在，不敢拿來行使，厚黑聖人勾踐和劉邦對付敵人的先例俱在，也不一加研究，豈非「天下莫能行」的明證嗎？

我發明的厚黑學，是一種獨立的科學，與諸子百家的學說絕不相類，但是會通來看，又可說諸子百家的學說無一不與厚黑學相通，我所講一切道理，無一不經別人說過，我也莫有新發明。我在厚黑界的位置，只好等於你們儒家的孔子。孔子祖述堯舜，憲章文武，述而不作，信而好古，他也莫得甚麼新發明。然而嚴格言之，儒家學說與諸子百家，又絕不相類，我之厚黑學，亦如是而已。孔子曰：「知我者，其唯春秋乎！罪我者，其唯春秋乎！」鄙人亦曰：「知我者，其唯厚黑學乎！罪我者，其唯厚黑學乎！」

老子也是一個「述而不作，信而好古」的人，他書中如「建言有之」，如「用兵有言」，如「古所謂」……一類話，都是明明白白的引用古書。依朱子的說法，《老子》一書，確是一部厚黑學，而老子的說法，又是古人遺傳下來的，可見我發明的厚黑學，真是貫通古今，可以質諸鬼神而無疑，百世以俟聖人而不惑。

據學者的考證，周秦諸子的學說，無一人不淵源於老子，因此周秦諸子，無一不帶點厚黑氣味。我國諸子百家的學說，當以老子為總代表。老子之前，如伊尹，如太公，如管子（管仲）諸人，《漢書．藝文志》都把他列入道家，所以前乎老子和後乎老子者，都脫不了老子的範圍。周秦諸子中，最末一人，是韓非子。與非同時，雖有《呂覽》一書，但此書是呂不韋的食客纂集的，是一部類書，尋不出主名，故當以韓非為最末一人。非之書有《解老》、《喻老》兩篇，把老子的話一句一句解釋，呼老子為聖人。他的學問，是直接承述老子的，所以說：「刑名原於道德。」由此知周秦諸子，徹始徹終，都是在研究厚黑這種學理，不過莫有發明厚黑這個名詞罷了。

韓非之書，對於各家學說俱有批評，足知他於各家學說，都一一研究過，然後才獨創一派學說。商鞅言法，申子言術，韓非則合法、術而一之，是周秦時代法家一派之集大成者。據我看來，他實是周秦時代厚黑學之集大成者。不過其時莫得厚黑這個名詞，一般批評者，只好說他慘刻少恩罷了。

老子在周秦諸子中，如崑崙山一般，一切山脈，俱從此處發出；韓非則如東海，為眾河流之總匯處。老子言厚黑之證，韓非言厚黑之用，其他諸子，則為一支山脈或一支河流，於厚黑哲理，都有發明。

道法兩家的學說，根本上原是相通，斂之則為老子之清靜無為，發之則為韓非之慘刻少恩，其中關鍵，許多人都看不出來。朱了是好學深思的人，獨看破此點。他指出張子房（張良）之可畏，是他卑弱之發處，算是一針見血之語。卑弱者，斂之之時，所謂厚也；可畏者，發之之時，所謂黑也。即厚與黑，原不能歧而為二。

道法兩家，原是一貫，故史遷修《史記》，以老莊申韓合為一傳，後世一孔之儒，只知有一個孔子，於諸子學術源流，茫乎不解，至有謂李耳與韓非同傳，不倫不類，力詆史遷之失，真是夢中囈語。史遷父子，是道家一派學者，所著《六家要旨》，字字是內行話。史遷論大道則先頁老，老子是他最崇拜的人。他把老子與韓非子同列一傳，豈是莫得道理嗎？還待後人為老子抱不平嗎？世人連老子與韓非的關係都不了解，豈足上窺厚黑學？宜乎李厚黑又名李瘋子也。

厚黑這個名詞，古代莫得，而這種學理，則中外古今，人人都見得到。有看見全體的，有看見一部分的，有看得清清楚楚的，有看得依稀恍惚的，所見形態千差萬別。所定的名詞，亦遂千差萬別。老子見之，名之日道德，孔子見之，名之日仁義，孫子見之，名之日廟算，韓非見之，名之日法術，達爾文見之，名之日競爭，俾斯麥見之，名之日鐵血，馬克思見之，名之日唯物，其信徒威廉見之，名之日生存，其他哲學家，各有所見，各創一名，真所謂「橫看成嶺側成峰，遠近高低無一同，不識廬山真面目，只緣身在此山中」。

有人詰問我道：「你主張『組織弱小民族聯盟，向列強攻打。』這本是一種正義，你何得呼之為厚黑？」我說：「這無須爭辯，即如天上有兩個亮殼，從東邊溜到西邊，從西邊溜到東邊，溜來溜去，晝夜不停。這兩個東西，我們中國人呼之為日月，英國人則呼之為Sun為Moon，名詞雖不同，其所指之物則一。我們看見英文中之Sun、Moon二字，即譯為日月二字。讀者見了我的厚黑二字，把他譯成正義二字可也，即譯之為道德二字或仁義二字，也無不可。」

周秦諸子，無一人不是研究厚黑學理，唯老子窺見至深，故其言最為玄妙。非有朱子這類好學深思的人，看不出老子的學問。非有張子房（張良）這類身有仙骨的人，又得仙人指點，不能把老子的學問用得圓轉自如。

周秦諸子，表面上，眾喙爭鳴，裡子上，同是研究厚黑哲理，其學說能否適用，以所含厚黑成分多少為斷。《老子》和《韓非》二書，完全是談厚黑學，所以漢文帝行黃老之術，郅治為三代下第一；武侯以申韓之術治蜀，相業為古今所豔稱。孫吳蘇張，於厚黑哲理，俱精研有得，故孫吳之兵，戰勝攻取，蘇秦、張儀，出而遊說，天下風靡。由是知：凡一種學說，含有厚黑哲理者，施行出來，社會上立即發生重大影響。儒家高談仁義，仁近於厚，義近於黑，所得者不過近似而已。故用儒術治國，不癢不痛，社會上養成一種大腫病，儒家強為之解曰：「王道無近功。」請問漢文帝在位，不過二十三年，武侯治蜀，亦僅二十年，於短時間收大效，何以會有近功？難道漢文帝是用的霸術嗎？諸葛武侯，豈非後儒稱為王佐之才嗎？究竟是甚麼道理？請儒家有以語我來，厚黑是天性中固有之物，周秦諸子無一不窺見此點，我也不能說儒家莫有窺見，惜乎窺見太少，此其所以「博而寡要，勞而少功」也。此其所以「迂遠而闊於事情」也。

老莊申韓，是厚黑學的嫡派。孔孟是反對派。吾國二千餘年以來，除漢之文景、蜀之諸葛武侯、明之張江陵之外，皆是反對派執政，無怪乎治日少而亂日多也。

我深恨厚黑之學不明，把好好一個中國鬧得這樣糟，所以奮然而起，大聲疾呼，以期喚醒世人。每日在報紙上，寫厚黑叢話一二段，等於開辦一個厚黑學的函授學校。經我這樣的努力，果然生了點效。許多人向我說道：「我把你所說的道理，證以親身經歷的事項，果然不錯。」又有個朋友說道：「我把你發明的原則，去讀《資治通鑒》，讀了幾本，覺得處處俱合。」我聽見這類話，知道一般人已經有了厚黑常識，程度漸漸增高，我講的學理，不能不加深點，所以才談及周秦諸子，見得我發明的厚黑學，不但證以一部二十四史，處處俱合，就證以周秦諸子的學說，也無一不合。讀者諸君，尚有志斯學，請細細研究。

教授學生，要用啟發式、自修式，最壞的是注入式。我民國元年發表《厚黑學》，只舉曹操、劉備、孫權、劉邦、司馬懿幾人為例，其餘的，叫讀者自去搜尋，我寫的《厚黑經》和《厚黑傳習錄》，也只簡簡單單地舉出綱要，不一一詳說，恐流於注入式，致減讀者自修能力。此次我說：周秦諸子的學說，俱含厚黑哲理，也只能說個大概，讓讀者自去研究。

《詩經》、《書經》、《易經》、《周禮》、《儀禮》等書，是儒門的經典，凡想研究儒學的，這些書不能不熟讀。周秦諸子的書，是厚黑學的經典，如不能遍讀，可先讀《老子》和《韓非子》二書，知道了厚黑的作用，再讀諸子之書，自然頭頭是道。凡是研究儒家學說的人，開口即是「詩曰、書曰」，鄙人講厚黑哲理，不時也要說幾句「老子曰、韓非曰」。

四書五經，雖是外道的書，苟能用正法眼讀之，也可尋出許多厚黑哲理。即如孟子書上的「孩提愛親」章、「孺子將入井」章，豈非儒家學說的基礎嗎？鄙人就此兩章書，繪出甲乙兩圖，反成了厚黑學的哲學基礎，這是鄙人治厚黑的祕訣。諸君有志斯學，不妨這樣地研究。

第四部　我對於聖人之懷疑

世間頂怪的東西，要算聖人，三代以上，產生最多，層見疊出，同時可以產生許多聖人。三代以下，就絕了種，並莫產出一個。秦漢而後，想學聖人的，不知有幾千百萬人，結果莫得一個成為聖人，最高的，不過到了賢人地位就止了。請問聖人這個東西，究竟學得到學不到？如說學得到，秦漢而後，有那麼多人學，至少也該再出一個聖人；如果學不到，我們何苦朝朝日日，讀他的書，拚命去學？

自序

我做了那兩種文字之後，心中把一部二十四史，一部宋元明清學案掃除乾淨，另用物理學的規律來研究心理學，覺得人心的變化，處處是跟著力學軌道走的，從古人事跡上，現今政治上，日用瑣事上，自己心坎上，理化數學上，中國古書上，西洋學說上，四面八方，印證起來，似覺處處可通。

我原來是孔子的信徒，小的時候父親與我命的名，我嫌他不好，見《禮記》上孔子說，儒有今人與居，古人與稽，今世行之，後世以為楷，就自己改名世楷，字宗儒，表示信從儒教之意。光緒癸卯年，我從富順赴成都讀書，與友人雷君民心皆同路，每日步行百里，途中無事，縱談時局，並尋些經史，彼此討論。他對於時事，非常憤慨，心想鐵肩擔宇宙，就改字鐵崖。我覺得儒家學說，有許多缺點，心想與其宗孔子，不如宗自己，因改字宗吾。從此之後，我的思想，也就改變，再讀古人的書，就有點懷疑，對於孔子，雖未宣佈獨立，即是宗吾二字，是我思想獨立的旗幟，二十多年前，已經樹立了。

我見二十四史上一切是非都是顛倒錯亂的，曾做了一本《厚黑學》，說古來成功的人，不過面厚心黑罷了，民國元年，曾在成都報紙上發表。我對於堯舜禹湯文武周公孔子十分懷疑，做了一篇《我對於聖人之懷疑》。這篇文字，我從前未曾發表。

我做了那兩種文字之後，心中把一部二十四史，一部宋元明清學案掃除乾淨，另用物理學的規律來研究心理學，覺得人心的變化，處處是跟著力學軌道走的，從古人事跡上，現今政治上，日用瑣事上，自己心坎上，理化數學上，中國古書上，西洋學說上，四面八方，印證起來，似覺處處可通。我於是創設了一條臆說：心理之變化，循力學公例而行。這是我一人的拘墟之見（形容狹隘短淺的見識），是否合理，不得而知，特著《心理與力學》一篇，請閱者賜教。

我應用這條臆說，覺得現在的法令制度，很有些錯誤的地方，我置身學界把學制拿來研究，曾做了一篇《考試制之商榷》，又著了一篇《學業成績考察會之計劃》，曾在成都報紙發表，並經四川教育廳印行。那個時候，我這個臆說，還未發表，文中只就現在的學制陳說利弊，我的根本原理，未曾說出，諸君能把那兩篇文字，與這篇《心理與力學》對看，合併賜教，更是感激。我近日做有一篇《推廣平民教育之計劃》，也附帶請教。

第四部　我對於聖人之懷疑

我從癸卯年，發下一個疑問，孔孟的道理，既是不對，真正的道理，究竟在甚麼地方？這個疑團，蓄在心中，遲至二十四年，才勉強尋出一個答案，真可謂笨極了，我重在解釋這個疑問，很希望閱者指示迷津，我絕對不敢自以為是，指駁越嚴，我越是感激。如果我說錯了，他人說得有理，我就拋棄我的主張，改從他人之說，也未嘗不可。諸君有賜教的，請在報紙上發表，如能交成都《國民公報》社社長李澄波先生，或成都《新四川日刊》社社長周雁翔先生代轉，那就更好了。

我從前做的《厚黑學》及《我對於聖人之懷疑》，兩種文字的底稿，早已不知拋往何處去了，我把大意寫出來，附在後面，表明我思想之過程。凡事有破壞，才有建設，這兩篇文字，算是一種破壞，目的在使我自己的思想獨立，所以文中多偏激之論，我們重在尋求真理，無須乎同已死的古人爭鬧不休，況且我們每研究一理，全靠古人供給許多材料，我們對於古人，只有感謝的，更不該吹毛求疵。這兩篇文字的誤點，我自己也知道，諸君不加以指正也使得。

民國十六年一月十五日　李世楷序於成都

我對於聖人之懷疑

三代上有聖人，三代下無聖人，這是古今最大怪事，我們通常所稱的聖人，是堯舜禹湯文武周公孔子。我們把他分析一下，只有孔子一人是平民，其餘的聖人，儘是開國之君，並且是後世學派的始祖，他的破綻，就現出來了。

我先年對於聖人，很為懷疑，細加研究，覺得聖人內面有種種黑幕，曾做了一篇《聖人的黑幕》。民國元年本想與《厚黑學》同時發表，因為《厚黑學》還未登載完，已經眾議譁然，說我破壞道德，煽惑人心，這篇文字，更不敢發表了，只好藉以解放自己的思想。現在國內學者，已經把聖人攻擊得身無完膚，中國的聖人，已是日暮途窮。我幼年曾受過他的教育，本不該乘聖人之危，落井下石，但是我要表明我思想的過程，不妨把我當日懷疑之點，略說一下。

世間頂怪的東西，要算聖人，三代以上，產生最多，層見疊出，同時可以產生許多聖人。三代以下，就絕了種，並莫產出一個。秦漢而後，想學聖人的，不知有幾千百萬人，結果莫得一個成為聖人，最高的，不過到了賢人地位就止了。請問聖人這個東西，究竟學得到學不到？如說學得到，秦漢而後，有那麼多人學，至少也該再出一個聖人；如果學不到，我們何苦朝朝日日，讀他的書，拚命去學？

第四部　我對於聖人之懷疑

三代上有聖人，三代下無聖人，這是古今最大怪事，我們通常所稱的聖人，是堯舜禹湯文武周公孔子。我們把他分析一下，只有孔子一人是平民，其餘的聖人，儘是開國之君，並且是後世學派的始祖，他的破綻，就現出來了。

原來周秦諸子，各人特創一種學說，自以為尋著真理了，自信如果見諸實行，立可救國救民，無奈人微言輕，無人信從。他們心想，人類通性，都是悚慕權勢的，凡是有權勢的人說的話，人人都能夠聽從。世間權勢之大者，莫如人君，尤莫如開國之君，兼之那個時候的書，是竹簡做的，能夠得書讀的很少，所以新創一種學說的人都說道，我這種主張，是見之書上，是某個開國之君遺傳下來的。於是道家託於黃帝，墨家託於大禹，倡並耕的託於神農，著本草的也託於神農，著醫書的，著兵書的，俱託於黃帝。此外百家雜技，與夫各種發明，無不託始於開國之君。孔子生當其間，當然也不能違背這個公例。他所託的更多，堯舜禹湯文武之外，更把魯國開國的周公加入，所以他是集大成之人。周秦諸子，個個都是這個辦法，拿些嘉言懿行，與古帝王加上去，古帝王坐享大名，無一個不成為後世學派之祖。

周秦諸子，各人把各人的學說發佈出來，聚徒講授，各人的門徒，都說我們的先生是個聖人。原來聖人二字，在古時並不算高貴，依《莊子．天下篇》所說，聖人之上，還有天人、神人、至人等名稱，聖人列在第四等；聖字的意思，不過是聞聲知情、事無不通罷了，只如果聰明通達的人，都可呼之為聖人，猶之古時的朕字一般，人人都稱得，後來把朕字、聖字收歸御用，不許凡人冒稱，朕字、聖字才高貴起來。周秦諸子的門徒，尊稱自己的先生是聖人，也不為僭妄。孔子的門徒，說孔子是聖人，孟子的門徒說孟子是聖人，老莊楊墨諸人，當然也有人喊他為聖人。到了漢武帝的時候，表彰六經，罷黜百家，從周秦諸子中，把孔子挑選出來，承認他一人是聖人，諸子的聖人名號，一齊削奪，孔子就成為御賜的聖人了。孔子既成為聖人，他所尊崇的堯舜禹湯文武周公當然也成為聖人。所以中國的聖人，只有孔子一人是平民，其餘的是開國之君。

周秦諸子的學說，要依託古之人君，也是不得已而為之，這可舉例證明。南北朝有個張士簡，把他的文章拿與虞訥看，虞訥痛加詆斥。隨後張士簡把文改作，託名沈約，又拿與虞訥看，他就讀一句，稱讚一句。清朝陳修園，著了一本《醫學三字經》，其初託名葉天士，及到其書流行了，才改歸己名。有修園的自序可證。從上列兩事看來，假使周秦諸子不依託開國之君，恐怕他們的學說早已消滅，豈能傳到今日？周秦諸子，志在救世，用了這種方法，他們的學說才能推行，後人受賜不少。我們對於他們是應該感謝的，但是為研究真理起見，他們的內幕，是不能不揭穿的。

孔子之後，平民之中，也還出了一個聖人，此人就是人人知道的關羽。凡人死了，事業就完畢，唯有關羽死了過後，還幹了許多事業，竟自掙得聖人的名號，又著有《桃園經》、《覺世真經》等書，流傳於世。孔子以前，那些聖人的事業與書籍，我想恐怕也與關羽差不多。

現在鄉僻之區偶然有一人得了小小富貴，講因果的，就說他陰功積得多，講堪輿的，就說他墳地葬得好，看相的，算命的，就說他面貌生庚與眾不同。我想古時的人心與現在差不多，大約也有講因果的人，看見那些開基立國的帝王，一定說他品行如何好，道德如何好，這些說法流傳下來，就成為周秦諸子著書的材料了。兼之，凡人皆有我見，心中有了成見，眼中所見的東西，就會改變形象。戴綠眼鏡的人，見凡物皆成綠色；戴黃眼鏡的人，見凡物皆成黃色。周秦諸人，創了一種學說，用自己的眼光去觀察古人，古人自然會改形變相，恰與他的學說符合。

我們權且把聖人中的大禹提出來研究一下。他腓無肉，脛無毛，憂其黔首，顏色黎黑，宛然是摩頂放踵的兼愛家。韓非子說：「禹朝諸侯於會稽，防風氏之君後至而禹斬之。」他又成了執法如山的大法家。孔子說：「禹，吾無間然矣。菲飲食而致孝乎鬼神，惡衣服而致美乎黻冕，卑宮室而盡力乎溝洫。」儼然是恂恂儒者，又帶點棲棲不已的氣象。讀魏晉以後禪讓文，他的行徑，又與曹丕、劉裕諸人相似。宋儒說他得了危微精一的心傳，他又成了一個析義理於毫芒的理學家。雜書上說他娶塗山氏女，是個狐狸精，彷彿是《聊齋》上的公子書生；說他替塗山氏造傅面的粉，又彷彿是畫眉的風流張敞；又說他治水的時候，驅遣神怪，又有點像《西遊記》上的孫行者，《封神榜》上的姜子牙。據著者的眼光看來，他始而忘親事仇，繼而奪仇人的天下，終而把仇人逼死蒼梧之野，簡直是厚黑學中重要人物。他這個人，光怪陸離，真是莫名其妙。其餘的聖人，其神妙也與大禹差不多。我們略加思索，聖人的內幕，也就可以瞭然了。因為聖人是後人幻想結成的人物，各人的幻想不同，所以聖人的形狀，有種種不同。

我做了一本《厚黑學》，從現在逆推到秦漢是相合的，又推到春秋戰國，也是相合的，可見從春秋以至今日，一般人的心理是相同的。再追溯到堯舜禹湯文武周公，就覺得他們的心理神妙莫測，盡都是天理流行，唯精唯一，厚黑學是不適用的。大家都說三代下人心不古，彷彿三代上的人心，與三代下的人心，成為兩截了，豈不是很奇的事嗎？其實並不奇。假如文景之世，也像漢武帝的辦法，把百家罷黜了，單留老子一人，說他是個聖人，老子推崇的黃帝，當然也是聖人，於是乎平民之中，只有老子一人是聖人，開國之君，只有黃帝一人是聖人。老子的心，微妙玄通，深不可識。黃帝的心，也是微妙玄通，深不可識。其政悶悶，其民淳淳。黃帝而後，人心就不古：堯奪哥哥的天下，舜奪婦翁的天下，禹奪仇人的天下，成湯文武以臣叛君，周公以弟弒兄。我那本《厚黑學》，直可逆推到堯舜而止，三代上的人心，三代下的人心，就融成一片了。無奈再追溯上去，黃帝時代的人心，與堯舜而後的人心，還是要成為兩截的。

假如老子果然像孔子那樣際遇，成了御賜的聖人，我想孟軻那個亞聖名號，一定會被莊子奪去，我們讀的四子書，一定是《老子》、《莊子》、《列子》、《關尹子》，所讀的經書，一定是靈樞、素問，孔孟的書，與管商申韓的書，一齊成為異端，束諸高閣，不過遇著好奇的人，偶爾翻來看看，《大學》、《中庸》在《禮記》內，與《王制》、《月令》並列。人心唯危十六字，混在日若稽古之內，也就莫得甚麼精微奧妙了。後世講道學的人，一定會向《道德經》中，玄牝之門，埋頭鑽研，一定又會造出天玄人玄，理牝欲牝種種名詞，互相討論。依我想，聖人的真相不過如是。

儒家的學說，以仁義為立足點，定下一條公例，行仁義者昌，不行仁義者亡。古今成敗，能合這個公例的，就引來做證據，不合這個公例的，就置諸不論。舉個例來說，太史公《殷本紀》說：「西伯歸，乃陰修德行善。」《周本紀》說：「西伯陰行善。」連下兩個陰字，其作用就可想見了。《齊世家》更直截了當說道：「周西伯昌（姬昌，即周文王）之脫羑裡歸，與呂尚（姜子牙）陰謀修德以傾商政，其事多兵權與奇計。」可見文王之行仁義，明明是一種權術，何嘗是實心為民。

儒家見文王成了功，就把他推尊得了不得。徐偃王行仁義，漢東諸侯朝者三十六國，荊文王惡其害己也，舉兵滅之。這是行仁義失敗了的，儒者就絕口不提。他們的論調，完全與鄉間講因果報應的一樣，見人富貴，就說他積得有陰德，見人觸電器死了，就說他忤逆不孝。推其本心，固是勸人為善，其實真正的道理，並不是那麼樣。

古來的聖人，真是怪極了！虞芮質成，腳踏了聖人的土地，立即洗心革面。聖人感化人，有如此的神妙，我不解管蔡的父親是聖人，母親是聖人，哥哥弟弟是聖人，四面八方被聖人圍住了，何以中間會產生鴟鴞（鳥，頭大，嘴短而彎曲。種類很多，如貓頭鷹等）？清世宗（雍正帝）呼允禩為何其那，允禟為塞思赫，翻譯出來，是「豬狗」二字。這個豬狗的父也是聖人，哥哥也是聖人，鴟鴞豬狗，會與聖人錯雜而生，聖人的價值，也就可以想見了。

李自成是個流賊，他進了北京，尋著崇禎帝后的屍，載進宮扉，盛以柳棺，放在東華門，聽人祭奠。武王是個聖人，他走至紂死的地方，射他三箭，取黃鉞把頭斬下來，懸在太白旗上。他們爺兒，曾在紂名下稱過幾天臣，做出這宗舉動，他們的品行連流賊都不如，公然也成為唯精唯一的聖人，真是妙極了。假使莫得陳圓圓那場公案，吳三桂投降了，李自成豈不成為太祖高皇帝嗎？他自然也會成為聖人，他那闖太祖本紀，所載深仁厚澤，恐怕比周本紀要高幾倍。

太王實始翦商，王季、文王繼之，孔子稱武王纘太王、王季、文王之緒，其實與司馬炎纘懿師昭之緒何異?所異者，一個生在孔子前，得了世世聖人之名，一個生在孔子後，得了世世逆臣之名。

後人見聖人做了不道德的事，就千方百計替他開脫，到了證據確鑿，無從開脫的時候，就說書上的事跡，出於後人附會。這個例是孟子開的，他說以至仁伐至不仁，斷不會有流血的事，就斷定武成上血流漂杵那句話是假的。我們從殷民三叛，多方大誥，那些文字看來，可知伐紂之時，血流漂杵不假，只怕以至仁伐至不仁那句話有點假。

子貢曰：「紂之不善，不如是之甚也。是以君子惡居下流，而天下之惡皆歸焉。」我也說：「堯舜禹湯文武周公之善，不如是之甚也。是以君子願居上流，而天下之美皆歸焉。」若把下流二字改作失敗，把上流二字改作成功，更覺確切。

古人神道設教，祭祀的時候，叫一個人當屍，向眾人指說道：「這就是所祭之神。」眾人就朝著他磕頭禮拜。同時又以至道設教，對眾人說：「我的學說，是聖人遺傳下來的。」有人問：「哪個是聖人？」他就順手指著堯舜禹湯文武周公說道：「這就是聖人。」眾人也把他當如屍一般，朝著他磕頭禮拜。後來進化了，人民醒悟了，祭祀的時候，就把屍撤消，唯有聖人的迷夢，數千年未醒，堯舜禹湯文武周公，竟受了數千年的崇拜。

講因果的人，說有個閻王，問閻王在何處，他說在地下。講耶教的人，說有個上帝，問上帝在何處，他說在天上。講理學的人，說有許多聖人，問聖人在何處，他說在古時。這三種怪物，都是隻可意中想像，不能目睹，不能證實。唯其不能證實，他的道理就越是玄妙，信從的人就越是多。在創這種議論的人，本是勸人為善，其意固可喜嘉，無如事實不真確，就會生出流弊。因果之弊，流為拳匪聖人之弊，使真理不能出現。

漢武帝把孔子尊為聖人過後，天下的言論，都折衷於孔子，不敢違背。孔融對於父母問題，略略討論一下，曹操就把他殺了。嵇康非薄湯武，司馬昭也就把他殺了。儒教能夠推行，全是曹操、司馬昭一般人維持之力，後來開科取士，讀書人若不讀儒家的書，就莫得進身之路。一個死孔子，他會左手拿官爵，右手拿鋼刀，哪得不成為萬世師表？宋元明清學案中人，都是孔聖人馬蹄腳下人物，他們的心坎上受了聖人的摧殘蹂躪，他們的議論，焉得不支離穿鑿？焉得不迂曲難通？

中國的聖人，是專橫極了，他莫有說過的話，後人就不敢說，如果說出來，眾人就說他是異端，就要攻擊他。朱子（朱熹）發明瞭一種學說，不敢說是自己發明的，只好把孔門的「格物致知」加一番解釋，說他的學說，是孔子嫡傳，然後才有人信從。王陽明（王守仁）發明一種學說，也只好把「格物致知」加一番新解釋，以附會己說，說朱子（朱熹）講錯了，他的學說才是孔子嫡傳。本來朱、王二人的學說，都可以獨樹一幟，無須依附孔子，無如處於孔子勢力範圍之內，不依附孔子，他們的學說萬萬不能推行。他二人費盡心力去依附當時的人，還說是偽學，受重大的攻擊。聖人專橫到了這個田地，怎麼能把真理搜尋得出來。

韓非子說得有個笑話，郢人致書於燕相國，寫書的時候，天黑了，喊「舉燭」，寫書的人，就寫上「舉燭」二字，把書送去。燕相得書，想了許久，說道，舉燭是尚明，尚明是任用賢人的意思，就對燕王說了。燕王聽他的話，國遂大治。雖是收了效，卻非原書本意，所以韓非說：「先王有郢書，後世多燕說。」究竟「格物致知」四字作何解釋，恐怕只有手著《大學》的人才明白，朱、王二人中，至少有一人免不脫郢書燕說的批評，豈但「格物致知」四字，恐怕十三經註疏，皇清經解，宋元明清學案內面，許多妙論也逃不脫郢書燕說的批評。

學術上的黑幕，與政治上的黑幕，是一樣的。聖人與君主，是一胎雙生的，處處狼狽相依。聖人不仰仗君主的威力，聖人就莫得那麼尊崇；君主不仰仗聖人的學說，君主也莫得那麼猖獗。於是君主把他的名號分給聖人，聖人就稱起王來了；聖人把他的名號分給君主，君主也稱起聖來了。君主箝制人民的行動，聖人箝制人民的思想。君主任便下一道命令，人民都要遵從；如果有人違背了，就算是大逆不道，為法律所不容。聖人任便發一種議論，學者都要信從；如果有人批駁了，就算是非聖無法，為清議所不容。中國的人民，受了數千年君主的摧殘壓迫，民意不能出現，無怪乎政治紊亂；中國的學者，受了數千年聖人的摧殘壓迫，思想不能獨立，無怪乎學術銷沉。因為學說有差誤，政治才會黑暗，所以君主之命該革，聖人之命尤其該革。

我不敢說孔子的人格不高，也不敢說孔子的學說不好，我只說除了孔子，也還有人格，也還有學說。孔子並莫有壓制我們，也未嘗禁止我們別創異說，無如後來的人，偏要抬出孔子，壓倒一切，使學者的思想不敢出孔子的範圍之外。學者心坎上被孔子盤踞久了，理應把他推開，思想才能獨立，宇宙真理才研究得出來。前幾年，有人把孔子推開了，同時杜威、羅素就闖進來，盤踞學者心坎上，天下的言論，又熱衷於杜威、羅素，成一個變形的孔子，有人違反了他的學說，又算是大逆不道，就要被報章雜誌罵個不休。如果杜威、羅素去了，又會有人出來，執行孔子的任務。他的學說，也是不許人違反的。依我想，學術是天下公物，應該聽人攻擊，如果說錯了，改從他人之說，於己也無傷，何必取軍閥態度，禁人批評。

凡事以平為本。君主對於人民不平等，故政治上生糾葛；聖人對於學者不平等，故學術上生糾葛。我主張把孔子降下來，與周秦諸子平列，我與閱者諸君一齊參加進去，與他們平坐一排，把杜威、羅素諸人歡迎進來，分庭抗禮，發表意見，大家磋商，不許孔子、杜威、羅素高踞我們之上，我們也不高踞孔子、杜威、羅素之上，人人思想獨立，才能把真理研究得出來。

我對於眾人既已懷疑，所以每讀古人之書，無在不疑，因定下讀書三訣，為自己用功步驟。茲附錄於下。

讀書三訣：

第一步，以古為敵。讀古人之書，就想此人是我的勁敵，有了他，就莫得我，非與他血戰一番不可。逐處尋他縫隙，一有縫隙，即便攻入；又代古人設法抗拒，愈戰愈烈，愈攻愈深。必要如此，讀書方能入理。

第二步，以古為友。我若讀書有見，即提出一種主張，與古人的主張對抗，把古人當如良友，互相切磋。如我的主張錯了，不妨改從古人；如古人主張錯了，就依著我的主張，向前研究。

第三步，以古為徒。著書的古人，學識膚淺的很多，如果我自信學力在那些古人之上，不妨把他們的書拿來評閱，當如評閱學生文字一般。說得對的，與他加幾個密圈；說得不對的，與他畫幾根槓子。我想世間俚語村言，含有妙趣的，尚且不少，何況古人的書，自然有許多至理存乎其中，我評閱越多，智識自然越高，這就是普通所說的教學相長了。如遇一個古人，智識與我相等，我就把他請出來，以老友相待，如朱晦庵待蔡元定一般。如遇有智識在我上的，我又把他認為勁敵，尋他縫隙，看攻得進攻不進。

我雖然定下三步功夫，其實並莫有做到，自己很覺抱愧。我現在正做第一步功夫，想達第二步還未達到。至於第三步，自量終身無達到之一日。譬如行路，雖然把路徑尋出，無奈路太長了，腳力有限，只好努力前進，走一截，算一截。

第五部　社會問題之商榷

《社會問題之商榷》一書發表後，據朋友的批評，大概言：「理論尚不大差，唯辦法不易實行，並且有些辦法，恐非數百年後辦不到。」這種批評，我很承認。我以為，改革社會，等於修房子，應當先把圖樣繪出，然後才按照修造，如或財力不足，可先修一部分，陸續有款，陸續添修，最終就成為一個很完整的房子了。

房子是眾人公共住的，我們要想改修，當多繪些樣式，經眾人細細研究，認為某種樣式好，才著手修去。不能憑著一己的意見，把眾人公住的房子，隨便拆來亂修。我心中有了這種想法，就不揣冒昧，先繪個樣式出來，請閱者嚴加指駁，將不合的地方指出；同時就說：「這個辦法，應當如何修改」，另繪一個樣式，我們大家斟酌。

自序

我以為，改革社會，等於修房子，應當先把圖樣繪出，然後才按照修造，如或財力不足，可先修一部分，陸續有款，陸續添修，最終就成為一個很完整的房子了。倘莫得全部計劃，隨便修幾間來住，隨後人多了，又隨便添修幾間，再多又添幾間，結果雜亂無章，不改修，則人在裡面，擁擠不通，欲改修，則須全行拆掉，籌款另建，那就有種種困難了。

我從二十四年八月一日起，在成都《華西日報》寫《厚黑叢話》。每日寫一二段，初意是想把平日一切作品拆散來，連同新感想，融合寫之。乃寫至二十五年四月底止，歷時九月，印了三小冊，覺得心中想寫的文字，還莫有寫出好多。長此寫去，閱者未免討厭，因變更計劃，凡新舊作品，已經成了一個系統者，各印專冊。《厚黑叢話》暫行停寫，其他心中想寫的文字，有暇時，再寫一種《厚黑餘談》。

我打算刊為專冊的，計：(一)《厚黑學》；(二)《心理與力學》；(三)《社會問題之商榷》；(四)《考試制之商榷》；(五)《中國學術之趨勢》共五種。《厚黑學》業於本年五月內印行，茲特將《社會問題之商榷》付印。

民國十六年，我做了一篇《解決社會問題之我見》，載入《宗吾臆談》內，十七年擴大為一單行本，十八年印行，名曰：《社會問題之商榷》。此書發表後，據朋友的批評，大概言：「理論尚不大差，唯辦法不易實行，並且有些辦法，恐非數百年後辦不到。」這種批評，我很承認。我以為，改革社會，等於修房子，應當先把圖樣繪出，然後才按照修造，如或財力不足，可先修一部分，陸續有款，陸續添修，最終就成為一個很完整的房子了。倘莫得全部計劃，隨便修幾間來住，隨後人多了，又隨便添修幾間，再多又添幾間，結果雜亂無章，不改修，則人在裡面，擁擠不通，欲改修，則須全行拆掉，籌款另建，那就有種種困難了。東西各國，舊日經濟之組織，漫無計劃，就是犯了這種弊病。

大凡主持國家大計的人，眼光必須注及數百年後，斷不能為區區目前計。史密斯（今譯亞當・斯密）著《原富》（今譯《國民財富的性質和原因的研究》，簡稱《國富論》）缺乏此種眼光，造成資本主義，種下社會革命之禍胎。達爾文缺乏此種眼光，倡優勝劣敗之說，以強權為公理，把全世界造成一個虎狼社會。孟德斯鳩，缺乏此種眼光，倡三權分立之說，互相牽制，因而激成反動，產出墨索里尼、希特勒等專制魔王，為擾亂世界和平的罪魁，這是很可痛心的。

我輩改革社會，當懸出最遠大的目標，使人知道前途無有止境，奮力做去，社會才能日益進化。並且有了公共的目標，大家向之而趨，步驟一致，社會才不至紛亂。

《禮記》上有《禮運》一篇，本是儒家的書，又有人說是道家的思想，書中提出大同的說法，至今二千多年，並未實現。當日著書的人，明知其不容易實現，而必須這樣說者，即是懸出最遠大的目標，使數千年後之人，向之而趨。也即是繪出一個房子的樣式，使後人依照這個樣式修造，經過若干年，這個完整的房子，終當出現。著《禮運》的人，雖然提出此種目標，而實際上，則從小康下手，一步一步地做去。至於釋迦佛所說的境界，更非歷劫不能到，然而有了此種目標，學佛的人，明知今生不能達到，仍不能不苦苦修習。東方儒釋道三個教主，眼光之遠大，豈是西洋史密斯（今譯亞當・斯密）一類學者所能夢見？有了西洋這類目光短淺的學者，才會釀成世界第一次大戰，直接間接死了數千萬人。大戰過後，仍不能解決，跟著又要第二次大戰，如不及早另尋途徑，可斷跟著又要第三次大戰，第四次大戰。

墨索里尼、希特勒和日本少壯軍人，真是瞎子牽瞎子，一齊跳下巖。我國自辛亥革命，至今已二十五年，政治和經濟，一切機構，完全打破，等於舊房子，全行拆掉，成了一片平地，我們應當斟酌國情，另尋一條路來走。如果盲目地模仿西洋，未免大錯而特錯。

房子是眾人公共住的，我們要想改修，當多繪些樣式，經眾人細細研究，認為某種樣式好，才著手修去。不能憑著一己的意見，把眾人公住的房子，隨便拆來亂修。我心中有了這種想法，就不揣冒昧，先繪個樣式出來，請閱者嚴加指駁，將不合的地方指出；同時就說：「這個辦法，應當如何修改」，另繪一個樣式，我們大家斟酌。

本書前四章是理論，第五章是辦法，有了這種理論，就不能不有這種辦法。十八年刊行之本，有吳郝姚楊四君的序文。本年四月再版《厚黑學》，已刻入，茲不贅刻，我有自序一首，也刪去。第六章《各種學說之調和》，中間刪去數段，其餘一概仍舊，未加改竄。現在我覺得辦法上，有許多地方，應該補充和修改，將來寫入《厚黑餘談》，借見前後思想之異同。

二十五年六月十二日李宗吾於成都

公私財產之區分

各人有一個身體，這個身體即算是各人的私有物。身體既是各人私有物，則腦之思考力和手足之運動力，即該歸諸個人私有，不能把他當做社會公有物，不能說使用了不給代價。故我主張的第三項，即是各人的腦力體力，應該歸諸個人私有。

我們要想解決社會問題，首先當研究的，就是世界上的財物，哪一種應當歸諸社會公有，哪一種應當歸諸個人私有，先把這一層研究清楚了，然後才有辦法。茲將我所研究者分述如下：

第一項，地球的生產力：地球上未有人類，先有禽獸。禽獸渴則飲水，饑則食果實，那個時候地球上的天然物，是禽獸公有的，即可以說那個時候的地球，是禽獸公有物。隨後人類出來，把禽獸打敗了，也如禽獸一般，渴飲饑食，地球上的天然物，歸人類所有。我們可以說那個時候的地球，是人類公有物，任何人都有享受地球上天然物的權利。後來人類繁興，地球上的天然物不夠用，才興耕稼，把地球內部蘊藏的生產力，設法取出來，以供衣食之用。於是大家佔據地球上面一段，作為私有物，就有所謂地主了。地主佔據之方法有二，最初是用強力佔據，後來才用金錢買賣。無論哪一種都是把地球的生產力攘為私有，我們須知這地球的生產力，是人類的公有物，不唯不該用強力佔據，並且不該用金錢買賣，不唯資本家不該佔有，就是勞動家也不該佔有。為甚麼勞動家不該佔有呢？例如我們請人種樹，每日給以工資口食費一元，這一元算是勞力的報酬，所種之樹，經過若干年，出售與人，得十元百元或千元，我們所售者，是地球內部的生產力，不是種樹人的勞力，因為他的勞力，是業已報酬了的。當初種樹的工人，即無分取樹價之權。

地球是人類公有物，此種生產力，即該人類平攤，故我主張的第一項，即是地球生產力，應該歸諸社會公有。

第二項，機器的生產力：最初人民做工，全靠手足之力，後來機器發明，他那生產力就大得了不得。我們川省轎伕擔夫的工價，大約每日一元，如用手工製出之貨，每日至多不過獲利一元，這一元算是勞力的報酬。如改用機器，一人之力，可抵十人百人千人之力，所獲之利，十元百元或千元不等。這多得的九元，或九十九元，或九百九十九元，是機器生產力的效果，不是勞力的效果，也應該人類公有，不該私人佔有。就說工人勞苦功高，有了機器，莫得勞力，他的生產力不能出現，我們對於工人，加倍酬報，每人每日給以二三元，或四五元罷了，所餘的五元，或九十五元，或九百九十五元，也應該人類平攤。被資本家奪去，固是不平之事，全歸工人享用，也是不平之事。因為發明家發明機器，是替人類發明的，不是替哪個私人發明的。猶之前輩祖人遺留的產業一般，後世子孫，各有一份，我們對發明家，予以重大的報酬，他那機器，就成為人類公有物。現在通行的機器，發明家早將發明權拋棄了，成了無主之物，他的生產力，即該全人類公共享受。故我主張的第二項，即是機器生產力，應該歸諸社會公有。

上面所舉種樹人及在工廠做工之人，是就勞力之顯著者而言，若精密言之，則種樹時尚有規劃者，種後有守護者，砍售時有砍者售者，工廠中亦有經理監工售貨種種勞工，除去此等人之報酬外，才是純粹的地球生產力和機器生產力，才應歸社會公有。

第三項，人的腦力體力：各人有一個身體，這個身體即算是各人的私有物。身體既是各人私有物，則腦之思考力和手足之運動力，即該歸諸個人私有，不能把他當做社會公有物，不能說使用了不給代價。故我主張的第三項，即是各人的腦力體力，應該歸諸個人私有。

我們把上面三項的性質研究清楚了，就可定出一個公例曰：「地球生產力和機器生產力，是社會公有物，不許私人用強力佔據，或用金錢買賣。腦力體力，是個人私有物，如果要使用他，必須給予相當的代價。」

（一）史密斯（今譯亞當．斯密）的學說，律以上述公例，就發現一個大缺點，各工廠除開支工資而外，所得純利，明明是機器生出來的效果，乃不歸社會公有，而歸廠主私有，這就是掠奪了機器的生產力，是極不合理的事。又田地中產出之物，地主把他劃作兩部分，一部分歸佃農自用，這是勞力的報酬，是很正當的，另一部分，作為租息，由地主享用，這一部分明明是使用地球的代價，乃不歸社會公有，而歸地主私有，這就是掠奪了地球的生產力，也是極不合理的事。史密斯的學說，承認廠主有享受純利之權，承認地主有享受租息之權，犯了奪公有物以歸私之弊。有了這個缺點，所以歐美實行他的學說，會造成許多資本家，會釀出勞資的大糾紛。

（二）孫中山的學說，律以上述公例，就覺得他的學說，是很圓滿的，是與公例符合的。閱者如果不信，試取孫中山所著三民主義，反覆熟讀，再遍覽他的著作及一切演說詞，無論如何，總尋不出他奪私有物以歸公的地方，也尋不出奪公有物以歸私的地方。

人性善惡之研究

研究心理學，自然以佛家講得最精深，但他所講的是出世法，我們現在研究的是世間法。佛家言無人無我，此章是研究人我的關係，目的各有不同，故不能高談佛理。

大凡研究古人之學說，首先要研究他對於人性之主張，把他學說之出發點尋出了，然後才能把他學說之真相研究得出來。我們要解決社會問題，非先把人性研究清楚了，是無從評判的。孟子主張性善，荀子主張性惡，二說對峙不下，是兩千餘年未曾解決之懸案。所以中國學術史上，生出許多糾紛，其實二說俱是一偏之見。宋以後儒者，篤信孟子之說，一部宋元明清學案，觸處皆是穿鑿矛盾，中國如此，歐洲亦然。因為性善說性惡說，是對峙的兩大派。所以經濟學上就生出個人主義和社會主義兩大派，一派說人有利己心，一派說人有同情心，各執一詞，兩派就糾紛不已了。

史密斯認定人人都是徇私的，人人都有利己心，但他以為這種自私自利之心，不唯於社會上無損，並且是非常有益的。因為人人有貪利之心，就可以把宇宙自然之利，開發無遺，社會文明，就因而進步，雖說人有自私自利之心，難免不妨害他人，但是對方也有自私自利之心，勢必起而相抗，其結果必出於人己兩利，各遂其私之一途。他全部學說，俱是這種主張，他不料後來資本家專橫到了極點，勞動家毫無抵抗能力，致受種種痛苦。他的學說，得了這樣的結果。

社會主義之倡始者，如聖西門等人，都是悲天憫人之君子，目睹工人所受痛苦，倡為共產之說。他們都說：「人性是善良的，上帝造人類，並沒有給人類罪惡痛苦，人類罪惡痛苦，都是惡社會製成的。」我們看他這種議論，即知道共產主義的學說，是以性善說為出發點。

孟子主張性善，他舉出的證據，共有兩個：（一）「孩提之童，無不知愛其親」；（二）「乍見孺子將入井，皆有怵惕惻隱之心」。他這兩個證據，都是有破綻的。他說「孩提之童，無不知愛其親」。這話誠然不錯，但是我們可以任喊一個當母親的，把他的親生孩子，抱出來當眾試驗。母親手中拿一塊糕餅，小兒見了，就伸手來拖，母親如不給他，把糕餅放在自己口中，小兒就會伸手，從母親口中把糕餅取出，放入他的口中。請問孟子，這種現象算不算愛親呢？孟子又說：「今人乍見孺子將入於井，皆有怵惕惻隱之心。」這個說法，我也承認，但是我要請問孟子，這句話中，明明是「怵惕惻隱」四字，何以下文說：「惻隱之心，仁之端也」，「無惻隱之心非人也」？憑空把「怵惕」二字摘來丟了，是何道理？又孟子所舉的證據，是孺子對於井，生出死生存亡的關係，那個時候，我是立在旁邊，超然於利害之外。請問孟子，假使我與孺子，同時將入井，此心作何狀態？請問此剎那間發出來的念頭，究竟是惻隱？是怵惕？不消說，這剎那間，只是有怵惕而無惻隱，惻隱是仁，怵惕斷不可謂之為仁，怵惕是驚懼的意思，是從自己怕死之心生出來的。吾人怕死之心，根於天性，乍見孺子將入井，是猝然之間，有一種死的現象呈於吾前。我見了不覺大吃一驚，心中連跳幾下，這即是怵惕。我略一審視，知道這是孺子死在臨頭，不是我死在臨頭，立即化我身而為孺子，化怵惕而為惻隱。孺子是我身之放大形，惻隱是怵惕之放大形，先有我而後有孺子，先有怵惕而後有惻隱，天然順序，原是如此。怵惕是利己之心，惻隱是利人之心，利人心是利己心放大出來的。主張性善說者，每每教人把利己心剷除了單留利人之心，皮之不存，毛將安附？既無有我，焉得有孺子？既無怵惕，焉得有惻隱？

研究心理學，自然以佛家講得最精深，但他所講的是出世法，我們現在研究的是世間法。佛家言無人無我，此章是研究人我的關係，目的各有不同，故不能高談佛理。孟子言怵惕惻隱，我們從怵惕惻隱研究起走就是了。怵惕是利己心，惻隱是利人心。荀子知道人有利己心，故倡性惡說，孟子知道人有利人心，故倡性善說。我們可以說：荀子的學說，以怵惕為出發點，孟子的學說，以惻隱為出發點。王陽明（王守仁）《傳習錄》說：「孟子從源頭上說來，荀子從流弊上說來。」荀子所說，是否流弊，姑不深論。怵惕之上，有無源頭，我們也不必深求。唯孟子所講之惻隱，則確非源頭。怵惕是惻隱之源，惻隱是怵惕之流，王陽明所下「源流」二字，未免顛倒了。

孟子的學說，雖不以怵惕為出發點，但「怵惕」二字，他是看清楚了的。他知道惻隱是從怵惕擴充出來的，因教人再擴而充之，以達於四海，其說未嘗不圓滿。他的學說，純是推己及人，所以他對齊宣王說：「王如好貨，與民同之」，「王如好色，與民同之」，又說「老吾老，以及人之老；幼吾幼，以及人之幼」，又說：「人人親其親，長其長，而天下平。」「吾」字其字，俱是「己」字的代名詞，孟子的學說，處處顧及「己」字，留得有「己」字的地位，本無何種弊害，惜乎他的書上，少說了一句「惻隱是怵惕擴充出來的」。傳至宋儒，就誤以為人之天性，一發動出來，即是惻隱，以「惻隱」二字為源頭，抹殺了「怵惕」二字。元明清儒者，承繼其說，所以一部宋元明清學案，總是盡力發揮「惻隱」二字，把「怵惕」二字置之不理，不免損傷「己」字，因而就弊端百出。

宋儒創「去人慾存天理」之說，天理隱貼「惻隱」二字，把他存起，自是很好。唯「人慾」二字，界說不清，有時把怵惕也認為人慾，想設法把他除去，成了「去怵惕存惻隱」，那就壞事不小了。程子說：「婦人餓死事小，失節事大。」他不知死之可畏，這可算是去了怵惕的。程子（程頤）是主張去人慾之人，他發此不通之論，其病根就在抹殺了「己」字。這是由於他讀孟子書，於怵惕惻隱四字，欠了體會的緣故。張魏公苻離之敗，死人無算，他終夜鼾聲如雷，其子南軒，誇其父心學很精，這也算是去了怵惕的。怵惕是惻隱的根源，去了怵惕，就無惻隱，就會流於殘忍，這是一定不移之理。許多殺人不眨眼的惡匪，身臨刑場，談笑自若，就是明證。

據上項研究，可知怵惕與惻隱，同是一物，天理與人慾，也同是一物，猶之煮飯者是火，燒房子者也是火一般。宋儒不明此理，把天理人慾，看做截然不同之二物，創出「去人慾」之說，其弊往往流於傷天害理。王陽明說：「無事時，將好色好貨好名等私，逐一追究搜尋出來，定要拔去病根，永不復起，方始為快。常如貓之捕鼠，一眼看著，一耳聽著，才有一念萌動，即與克去，斬釘截鐵，不可姑容，與他方便，不可窩藏，不可放他出路，方是真實用功，方能掃除廓清。」這種說法，彷彿是見了火會燒房子，就叫人以後看見了一星之火，立即把他撲滅，斷絕火種，方始為快。《傳習錄》中又說：「一友問，欲於靜坐時，將好名好色好貨等根，逐一搜尋，掃除廓清，恐是剜肉做瘡否？先生正色曰：這是我醫人的方子，真是去得人病根，更有大本事人，過了十數年，亦還用得著，你如不用，且放起，不要作壞我的方子，是友愧謝。少間曰：此量非你事，必吾門稍知意思者，為此說以誤汝。在座者悚然。」我們試思，王陽明是很有涵養的人，他平日講學，任人如何問難，總是勤勤懇懇地講說，從未動氣，何以門人這一問，他會動氣？何以始終未把那門人之誤點指出？何以又承認說這話的人是稍知意思者呢？因為陽明能把知行二者合而為一，能把明德親民二者合而為一，能把格物致知誠意正心修身五者看做一事，獨不能把天理人慾看做一物，這是他學說的缺點，他的門人這一問，正擊中他的要害，所以他就動起氣來了。

究竟「剜肉做瘡」四字，怎樣講呢？肉喻天理，瘡喻人慾，剜肉做瘡，即是把天理認作人慾，去人慾即未免傷及天理，門人的意思，即是說：我們如果見了一星之火，即把他撲滅，自然不會有燒房子之事，請問拿甚麼東西去煮飯呢？換言之，即是把好貨之心連根去盡，人就不會吃飯，豈不餓死嗎？把好色之心連根去盡，就不會有男女居室之事，人類豈不滅絕嗎？這個問法，何等厲害！所以陽明無話可答，只好憤然作色了。宋儒去人慾，存天理，所做的是剜肉做瘡的工作。

我們如果知道怵惕與惻隱同是一物，天理與人慾同是一物，即知道個人主義與社會主義，並不是截然兩事。史密斯（今譯亞當．斯密）說人有利己心，是以怵惕為出發點，講共產的人，說人有同情心，是以惻隱為出發點，前面曾說惻隱是怵惕之放大形，因而知同情心是利己心之放大形，社會主義、個人主義之放大形。

據我的研究，人性無所謂善，無所謂惡，善惡二字，都是強加之詞。我舉一例，就可證明瞭：假如有友人某甲來訪我，坐談許久，我送他出門去後，旋有人來報，說某甲走至街上，因事與人互毆，非常激烈，現刻正在難解難分之際。我聽了這話，心中生怕某甲受傷，趕急前往救援。請問這種生怕某甲受傷之心，究問是善是惡？假使我們去問孟子，孟子一定說：「此種心理即是性善的明證。因為某甲是你的朋友，你怕他受傷，這即是愛友之心。此種心理，是從天性中不知不覺自然流出，人世種種善舉，由此而生，古之大聖大賢，民胞物與，是從此念擴充出來的。現在所謂愛國，所謂愛人類，也是從此念擴充出來。此種心理是維持世界和平之基礎，你應該把他好生儲存，萬不可失掉。」假如我們去問荀子，荀子一定說：「此種心理，即是性惡的明證。因為某甲是人，與某甲相毆之某乙也是人，人與人相毆，你不怕某乙受傷，而怕某甲受傷，不去救某乙，而去救某甲，這即是自私自利之心。此種心理，是從天性中不知不覺自然流出，人世種種惡事，由此而生。歐洲大戰數年，死人無算，是從此念擴充出來的。日本在濟南任意慘殺，也是從此念擴充出來的。此種心理，是擾亂世界和平之根苗，你應該把他剷除淨盡，萬不可存留。」上面所舉之例，同是一事，兩面說來，俱是持之有故，言之成理，所以性善性惡之爭，就數千年而不能解決。因為研究人性，有兩說對抗不下，所以個人主義和社會主義，就對抗不下。

據我的研究，聽見友人與人鬥毆，就替友人擔憂，怕他受傷，這是心理中一種天然現象，猶如磁電之吸引力一般，不能說他是善，也不能說他是惡，只能名之曰天然現象罷了。我們細加考察，即知吾人任發一念，俱是以我字為中心點，以距我之遠近，定愛情之厚薄。小兒把鄰人與哥哥相較，覺得哥哥更近，故小兒更愛哥哥；把哥哥與母親相較，覺得母親更近，故小兒更愛母親；把母親與己身相較，自然更愛自己，故見母親口中糕餅，就取來放在自己口中。把朋友與別人相較，覺得朋友更近，故聽見朋友與別人鬥毆，就去救朋友。由此知人之天性，是距我越近，愛情越篤，愛情與距離，成反比例，與磁電的吸引力相同，此乃一種天然現象，並無善惡之可言。我所說小兒奪母親口中食物的現象，和孟子所說孩提愛親、少長敬兄的現象，俱是一貫的事，並不生衝突。孟子看見小兒愛親敬兄的現象，未看見奪母親口中食物的現象，故說性善；荀子看見奪母親口中食物的現象，未看見愛親敬兄的現象，故說性惡。各人看見半截，就各執一詞，我們把兩截合攏來，孟荀兩說，就合而為一了，現在所講的個人主義和社會主義，也就聯為一貫了。

古今學說之衝突，都是由於人性之觀察點不同，才生出互相反對之學說，其病根就在對於人性，務必與他加一個善字或惡字，最好是把善惡二字除去了，專研究人性之真相。如物理學家，研究水火之性質一般，只要把人性的真相研究出來，自然就有解決的方法。假如研究物理的人，甲說水火性善，乙說水火性惡，問他們理由，甲說水能潤物，火能煮飯，是有益於人之物，是謂性善，乙說水能淹死人，火會燒房子，是有害於人之物，是謂性惡，像這樣的說法，可以爭辯數千年不能解決。不幸孟子之性善說，荀子之性惡說，其爭辯的方式，純是爭辯水火善惡之方式，所以兩說對峙兩千餘年而不能解決。物理學家只是埋頭研究水火之性質，用其利，避其害，絕不提及善惡二字，此種研究法，我們是應該取法的。

著者嘗謂小兒愛親敬兄，與夫奪母親口中食物等事，乃是一種天然現象，與水流濕火就燥的現象是一樣的，不能說他是善，也不能說他是惡。我多方考察，知道凡人任起一念，俱以我字為中心點，曾依孟子所說性善之理，繪出一圖，又依荀子性惡之理，繪出一圖，拿來照規之，兩圖俱是一樣，兩圖俱與物理學中磁場現象相似（見拙著《心理與力學》），因臆斷人之性靈，和地球之引力，與夫磁氣電氣，同是一物。我們把地球物質的分子解剖之，即得原子，把原子解剖之，即得電子，據科學家研究，電子是一種力，這是業經證明瞭的。吾身之物質，無一不從地球而來，將吾身之物質解剖之，亦是由分子而原子、而電子，也是歸於一種力而後止。吾人的身體，純是電子集合而成，所以吾人心理的現象，與磁電的現象絕肖，與地球的吸引力也絕肖。

人有七情，大別之只得好惡二者，好者引之使近，惡者推之使遠，其現象與磁電相推相引是一樣的。磁電同性相推，異性相引，與人類男女相愛，同業相嫉是一樣。人的心，分知、情、意三者，意是知、情的混合物，只算有知、情二者。磁電相推相引，是情的作用。能判別同性異性，是知的作用。足知磁電之性與人性相同，小兒生下地即會吸乳，與草木之根能吸取地中水分是一樣的。小兒見了食物，伸手取來，放在口中，其作用與地心遇著物體就吸是一樣的。小兒有了這種天然作用，小兒才能生活。地球有了這種天然作用，地球才能成立。小兒奪取食物，固然是求生存，地心吸引物體，草木之根吸取地中水分，與夫磁電之相推相引，都是求生存的現象，不如此，即無磁電，無草木，無地球，無人類了。基於此種研究，可知孫中山說：「生存是社會問題的重心。」真是不錯。

物理種種變化，逃不出力學公例。人為萬物之一，故吾人心理種種變化，也逃不出力學公例。著者用物理學規律去研究心理學，覺得人心的變化，處處是循著力學軌道走的，可以一一繪圖說明，於是多方考察，從歷史事跡上，現今政治上，日常瑣事上，自己心坎上，理化數學上，中國古書上，西洋哲學上，四面八方，印證起來，似覺處處可通。我於是創了一條臆說：「心理變化，循力學公例而行。」曾著一文，題曰：《心理與力學》。所有引證及圖解，俱載原作，茲不備述。我於緒論中，曾說：「治國之術，有主張用道德感化的，其說出於孔孟，孔孟學說，建築在性善說上，性善說有缺點，所以用道德治國，會生流弊。有主張用法律制裁的，其說出於申韓，申韓學說，建築在性惡說上，性惡說有缺點，所以用法律治國，也會生出流弊。我主張治國之術，當採用物理學，一切法令制度，當建築在力學之上等語，我因此主張國家所定製度，當使離心向心二力保持平衡，猶如地球繞日一般。地球對於日，有一種離力，時時想向外飛去，日又有一種引力，去把地球牽引著，二力平衡，成橢圓狀，所以地球繞日，萬古如一，我們這個世界，就因而成立了。國家一切制度，當採用此種原理，才能維持和平。例如甲女不必定嫁乙男，是謂離力，而乙男之愛情，足以繫著她，是謂引力；乙男不必定娶甲女，是謂離力，而甲女之愛情，足以繫著他，是謂引力，二力保其平衡，甲乙兩男女之婚姻遂成，故自由結婚之制度，是具備了引離二力的，是為最良之制度。中國的舊婚制，父母之命，媒妁之言，一與之齊，終身不改，只有向心力而無離心力，故男女兩方，均以為苦。又如歐洲資本家專制，工人不入工廠做工，就會餓死，離不開工廠，缺乏了離力，故釀成勞資的糾紛。」本書第五章，主張做工與否，聽其自由，這是一種離力。對於做工者，優予報酬，使人見而生羨，這是一種引力。二力保持平衡，願做工者做工，不願做工者聽其自由，社會就相安無事了。

著者著了《心理與力學》過後，再去讀孫中山的三民主義，覺得他的學說處處與力學公例符合。他講民族主義說：「世界是天然力和人為力湊合而成，人為力最大的有兩種，一種是政治力，一種是經濟力。我們中國同時受這三種力的壓迫，應該設個方法，去打消這三個力量。」他處處提出「力」字。又《孫中山演說集》講五權憲法說：「政治裡頭，有兩個力量，一個是自由的力量，一個是維持秩序的力量，政治中有這兩個力量，好比物理學裡頭有離心力與向心力一樣，離心力是要把物體裡頭的分子離開向外的，向心力是要把物體裡頭的分子吸收向內的，如果離心力過大，物體便到處飛散，沒有歸宿；向心力過大，物體愈縮愈小，擁擠不堪。總要兩力平衡，物體才能夠保持平常的狀態。政治裡頭，自由太過，便成了無政府，束縛太緊，便成專制，中外數千年來，政治變化，總不外乎這兩個力量之往來衝動。」又說：「兄弟所講的自由同專制，這兩個力量，是主張雙方平衡，不要各走極端，像物體的離心力和向心力互相保持平衡一樣，如果物體是單有離心力，或者是單有向心力，都是不能保持常態的，總要兩力相等，兩方調和，才能夠令萬物均得其平，成現在的安全現象。」這簡直是明明白白的引用力學公例。

《民權主義》第六講說：「現在分開權與能，所造成的政治機關，就是像物質的機器一樣，其中有機器本體的力量，有管理機器的力量，現在用新發明來造新國家，就要把這兩種力量分別清楚……像這樣的分開，就是把政府當做機器，把人民當做工程師，人民對於政府的態度，就好比是工程師對於機器一樣，有了這樣的政治機關，人民和政府的力量，才可以彼此平衡。」這就是孫中山把力學上兩力平衡之理，運用到政治上的地方。

他又說：「現在做種種工作的機器，像火車輪船，都是有來回兩個方向的動力。蒸汽推動活塞前進以後，再把活塞推回，來往不息，機器的全體，便運動不已。人民有了這選舉罷免兩個權，對於政府之中的一切官吏，一面可以放出去，又一面可以調回來，來去都可以從人民的自由，這好比是新式的機器，一推一拉，都可以用機器的自動。」推出去是離心力，拉回來是向心力，這也是應用力學原理的地方。這類話很多，不及備引。

孫中山《民權主義》第六講：「中國有一段最有系統的政治哲學，在外國的大政治家，還沒有見到，還沒有說到那樣清楚的，就是《大學》中所說的格物致知、誠意正心、修身齊家治國平天下那一段的話，把一個人從內發揚到外，由一個人的內部做起，推到平天下止，像這樣精微開展的理論，無論甚麼政治哲學家，還沒有見到，都沒有說出。」我們試把《大學》這段文字拿來研究，格致誠正，是我身內部的工作，暫不必說，今從我身說起：「身修而後家齊，家齊而後國治，國治而後天下平。」試繪一圖，第一圈是我，第二圈是家，第三圈是國，第四圈是天下，層層放大，是一種離心力現象。「欲明明德於天下者，先治其國，欲治其國者，先齊其家，欲齊其家者，先修其身。」層層縮小，是一種向心力現象。這種現象，與磁場現象絕肖。孟子的學說，由怵惕擴充而惻隱，再擴充之以達於四海，又說「老吾老，以及人之老；幼吾幼，以及人之幼」，又說「親親而仁民，仁民而愛物」，都是層層放大。孟子主張愛有差等，即是大圈包小圈的現象，孟的學說，是個人主義和社會主義兩相調和的。楊子拔一毛而利天下不為也，有個人而無社會，照上面之法繪出圖來，只有第一圈之我，我以外各圈俱無。墨子愛無差等，摩頂放踵以利天下，有了社會，卻無個人，如果繪出圖來，只有天下之一個大圈，內面各圈俱無。吾人的愛情，如磁氣之吸引力一般，楊墨兩家的學說，繪出圖來，均與磁場現象不類，可知他們的學說，是違反了天然之理。孟子因為楊墨的學說不能把個人主義和社會主義調和為一，故出死力去排斥他；因為孔子的學說能把個人主義和社會主義調和為一，故終身崇拜孔子。現在歐洲講個人主義的和講社會主義的，都是落了楊墨兩家的窠臼，把兩主義看作截然不相容之二物，孫中山不取他們學說，返而取《大學》的說法，真是卓識。

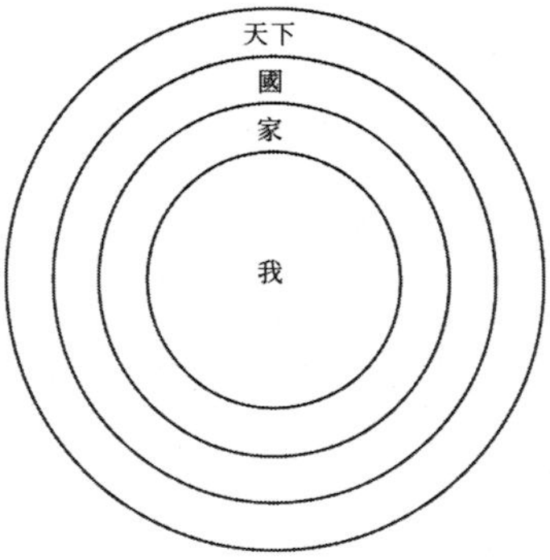

修齊治平圖

他說：「外國是以個人為單位，他們的法律，對於父子弟兄姊妹夫婦，各個人的權利，都是單獨保護的。打起官司來，不問家族的情形是怎麼樣，只問個人的是非怎麼樣。再由個人放大，便是國家，在個人和國家的中間，便是空的。」我們把他繪出圖來，只有內部一個「我」字小圈和外部一個「國」字大圈，不像《大學》那個圖層層包裹，故孫中山說他中間是空的。孫中山又說：「中國國民和國家結構的關係，先有家族，再推到宗族，再然後才是國族，這種組織，一級一級的放大，有條不紊。」我們細繹「一級一級的放大」這句話，儼然把磁場現象活畫紙上，我們由此知，孫中山的學說，純是基於宇宙自然之理的。

中國的舊家庭，以父子弟兄叔侄同居為美談，這種制度是淵源於儒家之性善說。歐洲社會主義倡始者，如聖西門諸人，都說「人性是善良的」，與儒家之學說相同，故生出來的制度也就相同。福利埃主張建築同居舍，以一千六百人同居一舍，其制尤與中國家庭相似。講共產的人，主張「各盡所能，各取所需」，我國聖賢所創的家庭制，即是想實行此種主張，一家之中，父子弟兄叔侄，實行共產，能讀書的讀書，能耕田的耕田，能做官的做官，其餘能作何種職業，即作何種職業，各人所得之錢，一律歸之公有，這即是「各盡所能」了；一家人食費，疾病時藥醫費，兒童的教育費，老人的贍養費，一律由公上開支，這可謂「各取所需」了。我們試想，以父子兄弟叔侄骨肉之親，數人以至數十人，在一個小小場所，施行「各盡所能，各取所需」的組織，都還行之不通，都還要分家，何況聚毫無關係之人，行大規模之組織，怎麼會辦得好？中國歷代儒者，俱主張性善說，極力提倡道德，極力剷除自私自利之心，卒之他們自己的家庭，也無一不是分析了的，這都是由於性善說有破綻的原故。

孫中山的理想社會則不然，他主張的共產，是公司式的共產，不是家庭式的共產。他建國方略之二，結論說：「吾之國際發展實業計劃，擬將一概工業，組成一極大公司，歸諸中國人民公有。」民國十三年，一月十四日，他對廣州商團警察演說道：「民國是公司生意，賺了錢，股東都有份。」又說：「中華民國是一個大公司，我們都是這個公司內的股東，都是應該有權力來管理公司事務的。」十三年三月十日，對東路討賊軍演說道：「把國家變成大公司，在這個公司內的人，都可以分紅利。」又說：「中華民國，是四萬萬人的大公司，我們都是這個公司內的股東。」由此可知，孫中山的理想社會是公司式的組織，絕非家庭式的組織，現在歐美的大公司，即可說是孫中山主義的試驗場所。歐美各公司的組織法，比中國家庭的組織法好得多，這是無待說的，所以我們講共產，應當採歐美公司式，不當採中國家庭式。家庭式的共產制，建築在性善說上，帶得有道德作用和感情作用，公司式的共產制，是建築在經濟原則上，脫離了道德和感情的關係。歐洲人的家庭組織，與中國人不同，他不知中國家庭之弊，故理想中的社會走入了中國家庭式的軌道，孫中山是中國人，深知舊式家庭之弊，所以他的理想社會，採取歐美公司式，真可謂真知灼見。現在崇拜歐化的人，一面高呼打倒舊家庭，一面又主張「各盡所能，各取所需」的家庭式共產制度，未免自相矛盾。

孫中山民生主義，是建築在經濟原則上，脫離了道德和感情的關係，我這話，是有實證的。民生主義第四講說：「洋布便宜過於土布，無論國民怎麼提倡愛國，也不能夠永久不穿洋布，來穿土布……或者一時為愛國心所激動，寧可願意犧牲，但是這樣的感情衝動，是和經濟原則相反，是不能持久的。」我們讀這一段文字，即知孫中山對於人性之觀察……唯公司式的共產則不然，股東中有在公司中辦事的人，予以相當的報酬，不願在公司中辦事的人，聽其自由，如此則「有所能而不盡」，也就無妨於事了。股東要需用公司中所出物品，由各人拿錢來買，自然不會有「取所需而無厭」的事，這就是公司式的共產遠勝家庭式共產的地方。中國的舊家庭，往往大家分小家，越分越小，歐美的公司，往往許多小公司，合併為一大公司，越合越大。中國舊家庭，數人或十數人，都會分裂，歐美大公司，任是幾百萬人，幾千萬人，都能容納，我們把這種公司制擴大，使他容納四萬萬人，就可成為全國共產，再擴之能容納十五萬萬人，就可成為世界共產，這即是大同世界了。

我把中國的舊家庭，看作歐洲社會主義者的試驗場所，把歐美的大公司，看作孫中山主義的試驗場所，就試驗的結果，下一斷語曰：「公司式的共產制，可以實行，家庭式的共產制不可實行。」將來我們改革社會，訂立制度的時候，凡與中國家庭制類似的制度，都該避免，遇有新發生的事項，我們即在歐美公司中搜尋先例，看公司中遇有此類事項，是用甚麼方法解決，如此辦去，方可推行無阻，著者有了此種意見，所以第五章解決社會問題的辦法，是採用公司制的辦法。

我著《心理與力學》，創一臆說曰：「心理變化，循力學公例而行。」此發表後，很有些人說我是牽強附會的，後來我曾經考得：歐洲十七世紀時，有白克勒者，曾說：「道德吸引，亦若物理之吸力。」他嘗用離心力和向心力，以解釋人類自私心和社交本能。又十八世紀與十九世紀之初，曾有人用牛頓之引力律，以解釋社會現象。可知我所說的，古人早已說過，並不是何種新奇之說。又我主張性無善無惡，這個說法，中國告子早已說了的，告子說：「性猶湍水也。」湍水之動作，純是循著力學公例走的。我說：「心理變化，循力學公例而行。」算是把告子和白克勒諸人之說，歸納攏來的一句話，既是中外古人，都有此種學說，我這個臆說，或許不會大錯。我用這個臆說去考察孫中山的學說，就覺得他是深合宇宙自然之理的，他改革社會的辦法，確與力學公例符合。茲再舉兩例如下：

孫中山主張平均地權，他說：「令人民自己報告地價，政府只定兩種條件，一是照原報的價抽稅，一是照價由政府收買。這個辦法，可使人人不敢欺矇政府，不敢以多報少，或以少報多，效用是很妙的。因為人民以少報多，原意是希望政府去買那塊地皮，假設政府不買，要照原報之價去抽稅，豈不受重稅之損失嗎？至於以多報少，固然可以減輕稅銀，假若政府要照原價收買，豈不是因為減稅，反致虧本嗎？地主知道了這種利害，想來想去，都有危險，結果只有報一個折中的實價，法則之善，是再無有復加的。」（見《孫中山演說集》第一編三民主義）他這個辦法，即是暗中運用力學原理。地價報多報少，可以自由，這是離心力，但是報多報少，都怕受損失，暗中有一種強制力，即是向心力，兩力平衡，就成為折中之價了。孫中山講民權主義曾說：「機器之發動，全靠活塞，從前的活塞，只能推過去，不能推回來，必用一個小孩子，去把他拉轉來，後來經一個懶孩子的發明，逐漸改良，就成了今日來往自如的活塞，推過去了之後，又可以自動地拉回來。」這是由於從前的機器，只有推出去的離心力，沒得拉回來的向心力，後來經懶孩子的發明，把二力配置停勻，機器就自能運動不已，不需派人拉動了。外國對於地價一層，設專官辦理，不時還要發生訴訟之事，就像從前的活塞要派小孩子拉動一樣，偶爾管理不周，機器就會發生毛病，這是由於此種制度，未把二力配置停勻之故。孫中山定地價的法子，內部藏有自由和強制兩個力量，這兩個力量是平衡的，所以不需派人去監督，人民自然不會報多報少，真是妙極了，非怪他自己稱讚道：「法則之善，無有復加。」

更以孫中山之考試制言之，中國施行考試制的時候，士子願考與否，聽其自由，這是離力，考上了有種種榮譽，使人歆羨，又具有引力，二力是平衡的，所以那個時候計程車子，政府不消派人去監督他，他自己會三更燈火五更雞，發憤用功。現在的學生，若非教職員督課嚴密，學生就不會用功，就像從前機器中的活塞，要派一個小孩子去拉動一般。現在各省設教育廳，設省視學，各縣設教育局，設縣視學，各校又設校長和管理員，督促不可謂不嚴，而教育之窳（指事物惡劣；壞）敗也如故，學生之嬉惰也如故，其所以然之理，也就可以想見了。孫中山把考試制採入五權憲法，釐定各種考試制度，以救選舉制度之窮，可算特識。

綜上所述，可知孫中山主義，純是基於宇宙自然之理，其觀察人性，絕未落性善性惡窠臼，我們用物理學的眼光看去，他的主張，無一不循力學公例而行，無一不合科學原理。

世界進化之軌道

我的主張，可以二語括之曰：「對內調和，對外奮鬥。」現在列強以不平等待我，故當取奮鬥主義，等到他們以平等待我了，對外即改取調和主義。我們此時唯一的辦法，在首先調和內部，必須內部調和，才能向外奮鬥，能夠向外奮鬥，內部才能調和，二者是互相關聯的，但是根本上調和的方法，尤在使全國人思想一致，要想使全國人思想一致，非先把各種學說調和一致不能成功。

大凡一國之中，每一制度俱與其他制度有連帶關係，我們試把古今中外會通視之，即知每一時期的制度，都有共通的性質，都與那個時期的情形相適應，猶之冬寒夏暑一般，每一時期的飲食衣服，俱與那個時期氣候相適應。我們如想改革社會，應當先把世界進化之趨勢，審察清楚，一切設施才不至違背潮流。前一章，人性善惡之研究，是置身在史密斯（今譯亞當．斯密）和孫中山學說之內部，搜尋他的立足點，這一章，是站在他們學說之外部，鳥瞰世界之趨勢。譬如疏導河流者，必須站在河側高山之上，縱覽山川趨勢，與夫河流方向，才知道何處該疏漏，何處該築堤。茲將我所研究者，拉拉雜雜的寫他出來。我這種研究，有無錯誤，還望閱者諸君指正。

禹會諸侯於塗山，執玉帛者萬國，成湯時三千國，周武王時，一千八百國，到了春秋的時候，只有二百幾十國，到了戰國的時候，只有七國，到了秦始皇的時候，就成為一統。以後雖時有分裂，然不久即混一，仍不害其為一統之局。歐洲從前，也是無數小國，後來也是逐漸合併，成為現在的形勢。由此知世界的趨勢，總是由數小國，合併為一大國，由數大國，合併成一更大之國，漸合漸大，國數亦漸少，由這種趨勢觀去，終必至全球混一而後止。現在國際聯盟，是全球混一的動機，發明瞭世界語，是世界同文的預兆，這種由分而合的趨勢，我們是應該知道的。

我們熟察宇宙一切事變，即知道社會進化，是以螺旋線進行，不是以直線進行。螺旋式的狀態，是縱的方面越深，橫的方面越寬。例如現在列強並峙，彷彿春秋戰國一般，但是現在範圍更廣大，文化更進步，這就是螺旋式的進化。古人每說：「天道迴圈，無往不復。」可知他們已窺見這種迴旋狀態，但他們不知是螺旋形，誤以為是環形，所以才有「迴圈無端」之說。假使宇宙事事物物之進行，都是循著一個圈子，旋轉不已，怎麼會有進化呢？我國古來流傳有迴圈無端的諺語，所以才事事主張復古，這都是由於觀察錯誤所致。古人說：「天道迴圈。」今人說：「人類歷史，永無重複。」我們把這兩說合併攏來，就成一個螺旋式的狀態了。

我國的兵制，可分為三個時期。春秋戰國的時候，國與國競爭劇烈，非竭全國之力，不足以相抗，故那時候行徵兵制，全國皆兵，這算是第一個時期。後來全國統一了，沒得國際的戰爭，雖間有外夷之患，其競爭也不劇烈，無全國皆兵之必要，故第二個時期，就依分工之原則，兵與民分而為二，民出財以養兵，兵出死以衛民，就改行募兵制。現在入了第三個時期，歐亞交通，列強並峙，國際競爭劇烈，非竭全國之力，不能相抗，又似有全國皆兵之趨勢。但務必強迫人民當兵，回覆第一時期的制度，社會上一定紛擾不堪。這個時期的辦法，應取螺旋進化的方式，參用第一時期的徵兵制而卻非完全徵兵制，把募兵制與全國皆兵之制，融為一致。平日用軍事教育訓練人民，即寓全國皆兵之意，有事時仍行招募法，視戰事之大小，定招募之多寡，規定每省出兵若干，由各省酌派每縣募若干，再由各縣向各鄉村分募，以志願當兵者充之。我國人口四萬萬，世界任何國之人口，俱不及我國之多，故與任何國開畔，均無須驅全國之人與之作戰，只須招募志願當兵之人，已經夠了。鼓之以名譽，予之以重賞，自不患無人應募，且此等兵出諸自願，其奮勇敵愾之心，自較強迫以為兵者，熱烈得多。否則把那些怯懦無勇的人，強迫到軍中來，湊足人數，反是壞事不小。這個辦法，可用力學公例來說明。當兵與否，聽其自由，這是一種離力，當兵者享美名，得厚賞，又足以使人欣羨，是為一種引力。二力保其平衡，願當兵者與不願當兵者，各得所欲，社會上自然相安。又戰事終了之後，解散軍隊，最為困難，如用上述招募法，事平後，由原籍之省縣，設法安插，就容易辦理了。

我國婚姻制度，也可分為三個時期。上古時男女雜交，無所謂夫婦，生出之子女，知有母而不知有父，這個時候的婚制，只有離心力而無向心力，是為第一個時期。後來制定婚制，一與之齊，終身不改，夫婦間即使有非常的痛苦，也不能輕離，是為有向心力而無離心力，這是第二個時期的婚制。到了現在，已經是入了第三個時期，這個時期，是結構自由，某女不必定嫁某男，而某男之愛情足以係引她，某男不必定娶某女，而某女之愛情足以係引他，由離心向心二力之結合，就成為第三時期的自由婚制。此種婚制，本來參得有一半上古婚制，也是依螺旋式進化的，許多青年男女，看不清這種軌道，以為應該回覆上古那種雜交狀態，就未免大錯了。

歐洲人民的自由，也可分為三個時期。上古人民，穴居野處，純是一盤散沙，無拘無束，極為自由，是為第一個時期。中古時，人民受君主之壓制，言論思想，極不自由，是為第二個時期。自法國革命後，政府干涉的力量和人民自由的力量保持平衡，是為第三個時期。以力學公例言之，第一時期，有離心力而無向心力，第二個時期，有向心力而無離心力，第三時期，向心離心二力，保其平衡。從表面上觀之，這第三時期中，參有第一時期的自由狀態似乎是回覆第一時期了，而實非回覆第一時期，乃是一種似回覆非回覆的螺旋狀態。盧梭生當第二時期之末，看見那種迴旋的趨勢，誤以為應當回覆到第一時期，所以他的學說，完全取第一時期之制以立論，以返於原始自然狀態，為第一要義。他說：「自然之物皆善，一入人類之手，乃變而為惡。」他的學說，有一半合真理，有一半不合真理，因其有一半合真理，所以當時備受一般人之歡迎，因其有一半不合真理，所以法國大革命的時候，釀成非常騷動的現象，結果不得不由政府加以干涉，卒至政府干涉的力量，與人民自由的力量，保持平衡，社會方才安定，此乃天然之趨勢。惜乎盧梭倡那種學說之時，未把這螺旋式進化的軌道看清楚，以致法國革命之初，冤枉死了許多人。

人類分配財產的方法，第二章內，曾經說明，是分三個時期。第一個時期，地球上的貨財，為人類公有，第二個時期，把地球上的貨財，攘為各人私有，第三個時期，公有私有，並行不悖。到了第三時期，儼然是把個人私有物分出一半，公諸社會，帶得有點回覆第一時期的狀態，實際是依螺旋式進化，並非回覆到第一時期。

我們把時代劃分清楚，就知道何種學說適宜，何種學說不適宜。我們現在所處的時代，是第二時期之末，將要入第三時期了，史密斯自由競爭的學說，達爾文優勝劣敗的學說，都是第二時期的產物，故施行起來能生效，其說能聳動一時，但律以第三時期，則格不相入。所以史密斯之學說，會生出資本家專制之結果，達爾文之學說，會生出歐洲大戰之結果，窮則變，因而產出共產主義，以反對史密斯之學說，產出互助論，以反對達爾文之學說。這共產主義和互助論，宜乎是第三時期的學說了，而卻又不然，因為第三時期之學說，當折中第一時期和第二時期之間。

克魯泡特金之互助論，確是第三時期的人應當行的軌道，惜乎克魯泡特金發明這種學說，是旅行西伯利亞和滿洲等處，從觀察動物和野蠻人生活狀態得來的，他理想中的社會，是原始的狀態。換言之，即是無政府狀態。因之他極力提倡無政府主義，他的學說，也是有一半可取，有一半不可取。

我們會通觀之，凡是反對第二時期制度之人，其理想中的社會，俱是第一時期的社會，中國人之夢想華胥國，夢想唐虞，與夫歐洲倡社會主義的人，倡無政府主義的人，倡民約論的人，俱是把第一時期的社會，作為他們理想中的社會，俱是走入相同的軌道，他們這些人，都說人性皆善，也是走入相同的軌道，這是很值得研究的事。此外凡是不滿意現在制度的人，其理想中的社會，無一不是原始狀態，例如打倒知識階級，與夫戀愛自由等說法，都是回覆原始時狀態。我們用這種眼光，去研究現在各種學說，孰得孰失，就瞭如指掌了。

孫中山的學說，是公有的貲財，和私有的貲財並行不悖。他主張把那應該歸公有者，歸還公家，似乎是回覆第一時期了，然而私有權仍有切實之保障，則又非完全回覆第一時期。這種似回覆非回覆的狀態，恰是依著螺旋進化的軌道走的。

我們要解決社會問題，當知我國情形與歐美迥然不同，我國未通商以前，無論誰貧誰富，金錢總是在國內流轉，現在國內金錢，如水一般，向外國流去。例如外國運洋紗洋油，到中國來賣，我們拿金錢向他買，不久衣穿爛了，油點幹了，金錢一去，永不回頭，這是一種變相的搶劫。我國現在的情形，猶如匪徒劫城，全城之人，無一不被動，不過受害有輕重罷了。我們對付外國劫城，當行堅壁清野之法，不購外貨，使他無從掠奪，才是正辦。外國工人，受歐美資本家之壓迫，我國人民，也受歐美資本家之壓迫，彼此的敵人是相同的，我國抵制外貨和外國工人罷工，乃是一貫的策略，歐美工人攻其內，我們防堵於外，那些大資本家，自然就崩潰了。孫中山主張收回關稅，以免外貨之壓迫，即是堅壁清野的辦法，所以孫中山主義，在我國是很適宜的。

資本家的剩餘價值，是從掠奪機器生產力得來，換言之，即是掠奪了全人類的勞力，他並莫有掠奪自己廠內工人的勞力，因為廠內工人，他給了相當的工價，就不能坐以掠奪之罪，唯有他把廠內製出之貨，銷售於世界各國，全世界的人，就受其掠奪了。例如我國人口四萬萬，男女各半，我國女子，自古以紡織為業，自從洋紗洋布輸入中國，女子紡織之事，遂至絕跡，這就是掠奪了二萬萬女子的職業，雖有勞力，無所用之。諸如此類，不勝列舉。由此知歐美工業發達，全人類的勞力，都被資本家掠奪了，所以凡是由機器生出來的純利，必須全人類平攤，在道理上才講得通。

世界上的金錢，與夫一切物品，都是從地球中取出來的，我們人類，如果缺乏金錢，抑或想享受愉快的生活，只消向地球索取就是了。不料歐洲那些講強權競爭、優勝劣敗的學者，只教人向人類奪取，不知向地球索取，真可謂誤人誤己。地球是擁有寶庫的主角，人類猶如盜賊一般，任你如何劫壓，主人毫不抗拒。歐洲大戰，殺人數千萬，恰像一夥劫賊，在主人門外，互相劫殺，你剝我的衣服，我搶你的財物，並不入主人門戶一步，鬧到一齊受傷，遍體流血，這夥劫賊，才講和而散。地球有知，當亦大笑不止，推原禍始，那充當群盜謀主的達爾文，實在不能辭其責。孫中山的實業計劃，是劫奪地球的策略。

世界的紛爭，實由機器生產力和地球生產力不相調協，才釀出來的。歐洲工業國，機器生產力，發達到了極點，不能不在國外尋銷場，尋原料，所以釀成大戰；而世界之農業國，則地中生產力，蘊藏而不能出，貨棄於地，殊為可惜，有了這種情形，農業國，工業國，就有通功易事之必要了。無如列強專以侵奪為目的，迷夢至今未醒，奈何奈何！

列強既執迷不悟，我們斷無坐受宰割之理，也無向他搖尾乞憐之理，只有修明內政，準備實力，與之周旋，一面組織弱小民族聯盟，仿蘇秦聯合六國的辦法，去對付五大強國即是了，以修明內政為正兵，以聯合弱小民族為奇兵。蘇秦的方法，是「秦攻一國，則五國各出銳師以撓秦，或救之，有不如約者，五國共攻之。」現在五大強國是秦人，世界弱小民族是六國，我們把世界弱小民族聯合起來，互相策應，多方以撓之，這個辦法，有種種勝算：（一）世界弱小民族人數多，各強國人數少；（二）弱小民族利害相同，容易聯合，各強國利害衝突，舉動不能一致；（三）弱小民族大概是農業國，列強大概是工業國，他們的原料和銷場，嘗仰給農業國，可以說強國人民的衣食，仰給於弱小民族，弱小民族的衣食，不仰給於他們。以上三者，皆是弱小民族佔優勝。我們把弱小民族聯合起來，向列強進攻，與他一個重大打擊，其入手方法，即是不供給他的原料，不購他的貨物，採用甘地的辦法，為大規模之組織。列強能悔禍固好，如可開釁，我們就一致動作起來，明知世界大戰，終不能免，不如我們先動手，經過一次大戰，然後才有和平之可言。這是弱小民族，生死關頭，斷無退讓之理，等到各強國創痛巨深，向弱小民族求和的時候，才提出最平等之條件，與之議和，農業國出土地和工人，工業國出機器和技師，所得利益，按照全世界人口平均分攤，不達到此專案的，絕不與之妥協。只要弱小民族能夠努力，大同世界，未必不能實現。此種辦法，是順著進化軌道走的，這種軌道孫中山看得極清楚，他主張聯合弱小民族的十二萬萬五千萬人，去攻打列強的二萬萬五千萬人，就是順著這軌道走的。

蘇秦聯合六國以抗強秦的法子，是他發篋讀書，經過了刺股流血的功夫，揣摩期年，才把他發明出來的，我們不可因蘇秦志在富貴，人格卑下，就連他的法子都輕視了。蘇秦的法子，含得有真理，是以「平」字為原則，與孫中山所講民族主義相同。他說六國，純用「寧為雞口毋為牛後」等語，以激動人不平之氣，與孫中山所講次殖民地等語，措辭相同。蘇秦窺見了真理，自信他的法子會生效，所以他自己說道：「此真可以說當世之君矣。」果然出來一說就生效，六國都聽他的話，以他為縱約長，他的計劃成了，秦人不敢出關者十五年，這個法子的效力，也就可以想見了。可惜蘇秦志在富貴，佩了六國相印，就志滿意得，不復努力，以致六國互相攻伐，縱約破裂，後來誤信張儀之話，聯袂事秦，遂一一為秦所滅。今日主張親美親日親英法等，都是走入了六國西向以事強秦之軌道，可為寒心！

現在弱小民族，被列強壓制久了，一旦有人出來聯合，是非常容易的。威爾遜揭出「民族自決」之標語，大得世界之歡迎，但自決云者，不過叫他自己解決罷了，還沒有說幫助他，我們如果揭出「弱小民族互助」的標語，當然受加倍的歡迎。《孫中山演說集》說：日俄戰爭的時候，俄國由歐洲調來的艦隊，被日軍打得全軍覆沒，這個訊息傳出來，孫中山適從蘇伊士運河經過，有許多土人，看見孫中山是黃色人，現出很歡喜的樣子來問道：「你是不是日本人呀？」孫中山答應道：「我是中國人，你們為甚麼這樣高興呢？」他們答應道：「我們東方民族，總是被西方民族壓迫，總是受痛苦，以為沒有出頭的日子，這次日本打敗俄國，我們當做是東方民族打敗西方民族，日本打勝仗，我們當做是自己打勝仗一樣，這是一種應該歡喜的事，所以我們便這樣高興。」（見《演說集》第五編大亞洲主義）我們讀了這段故事，試想日本打敗俄國，與蘇伊士運河側邊的土人何關？日本又沒有說過一句要替他們解除痛苦的話，他們表現出這種狀態，世界弱小民族的心理，也可窺見一般了。我們中國，如果揭出「弱小民族互助」的旗幟，真可謂世界幸福，這種辦法，是促成世界大同的動機，將來世界大同了，不但是弱小民族之幸，也是列強之幸。

世界革命，是必然之趨勢，社會主義國際化，也是當然之事，而今應該由中國出來，擔負世界革命的任務，把三民主義普及全世界。其方法也和革滿清的命一樣，從宣傳入手。我國人民四萬萬，世界各處都佈散得有，宣傳起來，非常容易。我們須知世界大戰，爆發在即，一開戰我國勢必牽入漩渦，那時費盡氣力，飽受犧牲，還不得好結果，不如我們早點從事此項工作，或許能夠制止大戰，使他不至發生，何以言之呢？因為前次歐戰，列強全靠屬國之兵助戰，我國用宣傳的方法，把他屬國人民的心理改變了，釜底抽薪，未必非制止大戰之一法。

現在之國際聯盟，可以說是強國聯盟，是他們宰割弱小民族之分贓團體，像我國濟南慘案這類事，與其訴諸國際聯盟，不如訴諸弱小民族，與其派人到歐美去宣傳，不如派人到印度非洲南洋等處去宣傳。我國在列強中，誠渺乎其小，但在被壓迫民族中，則是堂堂一大國。我國素重王道，向不侵凌小國，在歷史上久為世界所深信，由我國出來提倡世界革命，當然比俄國更足取信於人，兼之孫中山三民主義之學理，講得更徹底，施行起來，任何民族都能滿意。我們對世界弱小民族，以平字為原則，對幾大強國，亦以平字為原則，絕不為絲毫已甚之舉，本著此項宗旨做去，一定收絕大效果。孫中山抱大同思想，以天下為公，將來把三民主義普及全世界，實現大同，完成孫中山之遺志，發揚中國之光輝，然後才可謂之革命成功。

我特別還有層意見，也可提出來研究。古人說：「外寧必有內憂。」幾乎成了一定不移之理。晉武平吳過後，跟著就有八王之亂，洪秀全取了南京，跟著就有韋楊之亂，去歲革命軍取得武漢江西南京之處，跟著就寧漢分裂，現在定都南京，全國統一，而內部意見分歧，明爭暗鬥，日益激烈。大家高呼打倒某某，剷除某某，其目標全在國內，我們應設法把目標移向國際去，使全國人的視線，一致注射外國，內部衝突之事，自然可以減免。我主張由我國出來組織弱小民族聯盟，大家努力去做世界革命的工作，這即是轉移目標之法，目標既已轉移了，內部意見，自然可以調和。

舉個例來說：劉備和孫權，本來是郎舅之親，因為大家都以荊州為目的物，互相爭奪，鬧得郎舅決裂，夫婦生離，關羽被殺，七百里之連營被燒，吳蜀二國，儼然成了不共戴天之仇。後來諸葛亮提出聯盟伐魏的政策，以魏為目的物，大家的視線，都注向魏國，吳蜀二國的感情，立即融洽，彼此合作到底。後來諸葛亮和孫權死了，後人還繼續他們的政策，直到司馬昭伐蜀，吳還遣兵相救，及聞後主降了，方才罷兵。這就是目標轉移了，感情就會融洽的明證。諸葛亮和孫權，都是人傑，他們這種政策，我們很可取法。

我的主張，可以二語括之曰：「對內調和，對外奮鬥。」現在列強以不平等待我，故當取奮鬥主義，等到他們以平等待我了，對外即改取調和主義。我們此時唯一的辦法，在首先調和內部，必須內部調和，才能向外奮鬥，能夠向外奮鬥，內部才能調和，二者是互相關聯的，但是根本上調和的方法，尤在使全國人思想一致，要想使全國人思想一致，非先把各種學說調和一致不能成功。這個道理，留到第六章再說。

解決社會問題之辦法

凡事以平為本，把私人的土地和機器搶歸公有，這算是極不平之事，不平則爭……關於這一點，孫中山認得最清楚，《民主主義》第二講：「我們所主張的共產，是共將來不共現在，這種將來的共產，是很公道的辦法，以前有了產的人，絕不至吃虧，和歐美所謂收歸國有，把人民已有了的產業，都搶去政府裡頭，是大不相同。」

改革社會，猶如醫生醫病一般，有病之部分，應該治療，無病之部分，不可妄動刀針，社會上有弊害的制度，應該改革，無弊害的制度，不可任意更張，致滋紛擾……這是我們應該注意的。前數章俱系理論上之討論，這一章是討論實施辦法。關於辦法上應該討論者，可分作兩層，一是舊社會之經濟制度，應如何結束，二是新社會之經濟制度，應如何規定，本章就是在這兩點上加以討論。

土地和機器，該歸公有，理由是很正當的。但是已經歸入私人之土地機器，究竟該用甚麼手段把他收歸公家，這是亟待研究的。我國私人的土地和機器，都是用金錢購來的，細察他們金錢之來源，除少數人，是用非理手段從人民手中奪取者外，餘人的金錢，大概是由勞心勞力得來的，換言之，即是用私有的腦力體力換來的。我們既承認腦力體力是個人私有物，如果把地主的土地和廠主的機器無代價地沒收了，就犯了奪私有物以歸公之弊，社會上當然起絕大的糾紛，當然發生流血慘禍。凡事以平為本，把私人的土地和機器搶歸公有，這算是極不平之事，不平則爭……關於這一點，孫中山認得最清楚，《民主主義》第二講：「我們所主張的共產，是共將來不共現在，這種將來的共產，是很公道的辦法，以前有了產的人，絕不至吃虧，和歐美所謂收歸國有，把人民已有了的產業，都搶去政府裡頭，是大不相同。」

從前美國北方各省，主張釋放黑奴，南方各省，也未嘗不贊成，只是要求給以相當的代價。那個時候，有幾百萬黑奴，其代價約需銀幾百萬萬元，政府無這筆款去償還黑奴的主人，才發生戰事。一共血戰五年，雙方都非常激烈，為世界大戰之一。此次戰爭，比美國獨立戰爭，損失更大，流的血也更多，後來南方戰敗，才無代價地把黑奴釋放了，我們可以說釋放黑奴之戰，是發源於債務的關係。假如當日的美國政府，有幾百萬萬元去償還黑奴的主人，這種流血慘禍，當然可以避免。後來雖說把黑奴釋放了，目的得達，但這五年血戰中，犧牲的生命財產，也就不少了，其代價也不可謂不大，猶幸是北方戰勝了，萬一戰敗，那更是無謂之犧牲了。現在把私人的土地和機器收歸公有，其事與釋放黑奴相類，美國當日勒令南方各省釋放黑奴，不給代價，才發生大殺戮，我們為避免大戰爭、大殺戮起見，當然採用孫中山辦法，購歸公有。

現在政局紛亂，一切改革事項，當然說不上，但是，就學理上言之，將來改革經濟制度，究竟當採用何種方式呢？我們不妨預先討論，等到有了人民可以信託之廉潔政府，才好實行。據著者個人的主張，凡是使用機器的工廠和輪船鐵道等，一律由公家辦理，其有私人業已辦理者，由公家照價收買，全國土地，一律由公家備價收買，私人要使用土地者，一律向公家承佃，把舊日繳與地主的租價，繳與公家，公家收得此款，作為全國人民公用，如此則全國之人，無一不享受租金之利，即是無一不享受地主之權，換言之：無一人不是佃戶，也即是無一人不是地主。孫中山所謂平均地權，就完全實現了。

但其中最困難者，就是收買的經費太大，無從籌措。現在中國工業未發達，使用機器的工廠也少，輪船鐵路也少，公家收買起來，倒還容易，只是中國土地如此之廣，地價如此之昂，如果照價收買，比釋放黑奴的代價不知高過若干萬倍，美國當日，尚苦無款償黑奴主人，我國今日，怎麼會有這宗鉅款，去償還地主？關於這一層，孫中山是慮到了的，所以他於照價收買之外，再定一個照價抽稅的法子。他的辦法，是把地價確定了，令地主按年納稅，以後地價增漲了，多得的利益，仍歸公家，遇必要時，才照價收買。他就是因為政府無這筆鉅款，來收買全國土地，才想出這種照價抽稅的辦法，以濟照價收買之窮。

現在亟須籌劃的，就是款項一端，這種收買全國土地的款，究竟從何籌措呢？著者主張第一步的辦法，就是規定銀行由國家設立，不許私人設立，人民有款者，應存入銀行，需款者應向銀行借貸，其有私相借貸者，將來有賴騙等事，法律上不予保護，人民以金錢存入外國銀行者，查確後，取消國籍，逐出國外。又於華僑所在地，設立國家銀行，儲存華僑之款，有款不存入本國銀行者，取消國籍，不予保護，一面由銀行發行國家鈔票，內地交易，純用國家鈔票，人民持外國鈔票向銀行存放者，不予收受。如此則外國鈔票即被驅逐了，人民的金錢，完全集中於國家之手，國家要收買土地和舉辦大實業，就不患無款了，孫中山所謂發達國家資本就算辦到了。

銀行貸出之息，與存入之息，為二與一之比，例如人民存入銀行之款，定為月息六釐，人民向銀行貸款，則定為月息一分二釐，如此則一進一出之間，銀行可得月息六釐，人民有款放借者，無異於將子金繳一半與公家。現在購買土地者，其利也不過幾釐，並且買地時須過稅，每年須上糧，不時還有派逗等事，今定為銀行存款，月息六釐，其利也不為薄。通常人民借貸之利，每月一分幾或二三分不等，以著者所居自流井之地言之，每當銀根枯窘時，月息有高至五六分者，今定為向銀行貸款得，月息一分二釐，其利也不為貴。像這樣辦去，公家坐享大利，而於存款者，貸款者，仍兩無所損，那些用大利盤剝的人，就無所用其技了。

有人主張廢除利息，這卻可以不必。因為人民的金錢，是從勞力得來的，人民以金錢存入銀行，由公家拿去做社會上種種公益，即無異把勞力貢獻到社會上，謀種種幸福。此等人是應該獎勵的，銀行給予之利息，即可視為一種獎勵金。

又有主張廢除金錢，發行勞動券者，更可以不必。資本家之專橫，是由於土地和機器許私人佔有才生出來的，與金錢制度何干？我們把土地機器收歸公有，又不許私相借貸，雖有金錢，成了英雄無用武之地，也就無害於社會了。拿勞動券去換取衣食住，其實效與金錢何異？現在的金錢，我們又何嘗不可把他當作一種勞動券呢？主張發行勞動券之人，其用心未免太迂曲了。

我們把銀行組織好了，就可著手收買全國的土地了。照孫中山的辦法，是命地主自將地價呈報到政府，我們收買之時，恐怕地主所報地價有以少報多之弊，可用投標競佃法（川省各縣教育局所轄產業，多作投標競佃法，頗稱便利），用投標競佃，以定租金，然後據租金之多寡，以轉定地價。例如某甲在鄉間，有地若干畝，由政府將其地投標競佃，假定投標結果，得年租七百二十元，以月息六釐計，即定為地價一萬元。由銀行收入某甲存款一萬元，月付息六十元，其欲用現款者，以鈔票付給之，公家收入之租息，與銀行支付之利息相等，彷彿公家是替私人經管產業一般，公家本然無利可圖，但經公家收買過後，可用大規模之組織來改良土地，每年增加的利益，就完全歸諸公有了。

投標之時，即以地主所報之價為標準，假定某甲所報地價是一萬元，投標結果，租息最高額是七百二十元，我們即認定地主所報之價是確定的，即由銀行收入某甲存款一萬元。如果投標結果，依租息計算，該一萬一千元，我們因為他原報之價是一萬元，銀行只能收入某甲一萬元，如果依租息計算，只該九千元，我們就認定某甲有意欺矇政府，罰他一千元，銀行中只收他八千元的存帳。我們定出此種辦法，地主呈報地價，自必非常審慎，絕不敢以少報多。

著者主張「全國土地，應一律由政府備價收買，不許私人佔有。」向友人談及，友人即說道：「中國哪有這筆鉅款來收買？」我即把組織銀行和集中全國金錢的辦法說與他聽，見得收買土地，不愁無款，聽者每每駁我道：「孫中山定的法子，是『照價抽稅』和『照價收買』兩種，你單取『照價收買』這一種，把『照價抽稅』那一種抹殺了，把私人所有權完全奪去，與孫中山主義不合；並且投標競佃之法，孫中山也莫有說過，施行起來，未免與他的辦法衝突。」我說道：「我所說的，與孫中山主義並無不合，辦法也無衝突。孫中山的辦法，是：『由地主呈報地價，政府照價抽稅，將來地價增加之利益，全歸公家，公家如要收買，照原報之價，給予地主。』照他這個辦法，則是地主報價之時，所有權已經轉移與公家去了，所以日後增加之利益，全歸公有，收買之時，只照原價給予，如果地主的所有權，尚未消失，則增加之利益，應歸地主所有，政府收買之時，當另行議價。我們因此知『照價抽稅』和『照價收買』，只算是一個辦法，並不是兩個辦法。孫中山本來想把全國土地，一律照價購歸公有，因為無此鉅款，才想出照價抽稅的辦法，先把所有權轉移了，把地價確定了。暫不付價，等到隨後有錢之時才付價，我們只要有款，早點付價，又何不可之有？」

土地是公有物，應該歸公，金錢是私人腦力體力調換來的，應該歸私。孫中山的民生主義，我可以替他下一條公例曰：「金錢可私有，土地不能私有。」因此之故，他才規定以金錢給地主，把土地收歸公有，所以我主張全國土地，一律由公家備價收買，與孫中山主義並無違反。至於我所說投標競佃的法子，乃是照價收買時，一種補充辦法，對於地主所報之價，予以一種測驗，與孫中山的辦法，絲毫沒有衝突。

社會問題中，最難解決的，就是土地問題，我們只要把土地問題解決了，其餘的就容易解決了，收買工廠和輪船鐵道等項，都是很容易的事，我主張解決社會問題的辦法，可括為數語曰：「地球生產力和機器生產力，完全歸公，腦力和體力，完全歸私，使用機器的工業歸公，不用機器的工業歸私，大商業歸公，小商業歸私，貸款的利息，一半歸公，一半歸私。」如此辦理，則個人主義和社會主義，兩相調和，與孫中山民生主義的精神就符合了。

我們既承認腦力體力是個人私有物，所以凡服務社會，就該給以相當代價，不能把他的腦力體力看作社會公有物，任意沒收。各人的資稟不同，才能不同，應聽其擇業自由，各就其性之所近，自去選擇職業，欲務農者，向公家承佃土地，欲作工者，向工廠尋覓工作，其願當官吏教員，及從事他種職業者亦同，因勞動的種類不同，所得的報酬也不同。表面上看去，似乎不平等，其實不然，這個道理，與民權主義是一樣。孫中山說：「天生萬物，除了水面以外，沒有一物是平的，各人的聰明才力，有天賦的不同，所以造就的結果，當然不同，造就既不同，自然不能平等，如果把他們壓下去，一律要平等，世界便莫有進步，人類便要退化。」所以孫中山主張的民權平等，是各人在政治上立足點平等，不是從上面壓下去，成為平頭線的平等。因此我們主張的經濟平等，也不是把平等線放在平頭上，成為國中貧富相等，是把平等線放在立足點，使各人致富的機會平等，或貧或富，純視各人努力與否以為斷。

關於商業問題，我以為日常生活必需之品，如果一律由國家經營，那就不勝其繁了，因此我主張大商業歸公，小商業歸私，但是大小界限，如何劃分，這是很費研究的。我主張施行之初，可定為國際貿易歸公，國內貿易歸私，國家向外國購買大批貨物，分售與人民，人民有貨欲銷售外國者，由國家承買，轉售與外國。我國閉關數千年，並未產生何種大資本家，可知國內貿易，並非造成資本制度之主因，故國內貿易，可以聽人民自由經營。我們把國際貿易歸公辦到了，再看國內情形如何，並可進而規定國內某種商業，亦應由國家經營，私人不得經營。關於機器方面，亦可規定某種機器，私人不得使用。此種辦法，必須到了實施之時，斟酌現情而為之，此時不能一一預定。我們不許私人購買土地，不許私人使用機器，不許私人設立銀行，不許私人經營國際貿易，孫中山所謂節制私人資本，就算達到了。

依上述辦法，國家把土地、機器、銀行和國際貿易收歸公有過後，國家每年收入，當然非常之多，自當儘量擴充實業教育與增加民眾利益之事。但是國家發達到了極點，每年餘款，究竟作何用途呢？我也想有一個辦法，孫中山屢屢向人演說，他要把中國變成一個大公司，四萬萬人都是股東，並且說：「這個公司內的人，都可以分紅利，子子孫孫，便不怕窮。」我們把土地、機器、銀行和國際貿易四者收歸公有，那麼四萬萬人都成為地主廠主，成為銀行和國際貿易的股東，孫中山理想中的大公司就出現了。這個大公司，是以每一個身體為一股，國中生了一人，即是增加一股，死了一人，即是取消一股，股權是非常明晰的。我們就可仿照公司分紅的辦法，政府每年除各項開支而外，其所有餘款，即按照全國人口數目，平均分攤，作為生活費，其分攤數目之多少，以國家每年餘款多少為斷，最大限度，以能維持生活為止。

有了這個辦法，社會上可以免去許多糾紛：（一）中國所謂育嬰恤嫠濟貧諸局，可以裁撤，外國所謂失業者救濟法，教員工人養老金等，俱可廢去了；（二）現在許多富有哲學文學科學等天才的人，每因饑寒所迫，兼營他業，或改營他業，國家受無形之損失，倘能發給生活費，使無凍餓之憂，則各人能就其性之所近，專心深造，於社會之文明，增進不少；（三）語云：衣食足而禮義興。又云：饑寒起盜心。有了發給生活費的辦法，則國民的道德可以增進。

有人問我道：人人都有飯吃，還有何人肯作工？還有何人肯努力？社會怎麼能夠進化？我道：人人有了飯吃，努力心或許減少一點，如謂人類就不努力，社會就不會進化，我卻不以為然。請問牛頓和達爾文諸人，其目的豈是因為要吃飯，才去研究學問嗎？難道他們有了飯吃，就不會研究學問嗎？我恐怕正是因為他們有了飯吃，才能專心研究，才能有此空前絕後的大發明。

孫中山把生活程度分作三級：第一級是需要，有衣穿才不會冷死，有飯吃才不會餓死。第二級是安適，穿的求其舒服，吃的求其甘美。第三級是奢侈，穿的要輕綃細絹，海虎貂鼠，吃的要山珍海味，魚翅燕窩。我所說的發給生活費，只算達到第一級，其第二級，第三級，則讓那些勤勉做工的人享受。

努力向上之心，人人都有，凡是稍知奮勉的人，斷莫有因為免去凍餒，就可滿足他的慾望，就不前進，其例甚多，無待詳舉。平心論之，人之天性不一，有因為生活問題解決了，就不去作工的，卻也有豐衣足食，還是孳孳不已的，若謂國家發了生活費，就無人作工，這層可以不慮。假使實施之時，果然有此現象，我們少發給點款，使他們所得者，不足維持生活，就不患無人作工了。作工與否，本是聽人自由，但作工者優予報酬，使人見而生羨，又不得不作工，於是作工者，不作工者，各遂所願，社會上就相安無事了。

有人問我道：全國人民，具何種資格，有坐領生活費之權利？政府為甚麼有發給生活費之義務？我說道：這有兩個理由：（一）地球是人類公有物，使用土地者，對於公家繳納租金，此項租金，即該人類平均分受；（二）發明家發明機器，是替人類發明的，由機器生出來的利益，應該人類平均分受。基於這兩種理由，故人民有領受生活費的權利，政府是掌管全國土地和工廠的機關，故有發給生活費的義務。孫中山講衣食住行四者曾說：「一定要國家來擔負這種責任，如果國家這四種需要，供給不足，無論何人，都可以來向國家要求。」可見國家有保證人民生存的義務，人民有向國家要求生存的權利。我主張發給生活費，即是國家擔負人民衣食等項的責任，保證人民的生存。此種辦法，與民生主義是很合的。

我提出解決社會問題的辦法，是採用公司式的組織，這是業經說明瞭的。我分配資財的方法，是從自然界中兩個地方取法得來：

一是取法身體分配血液的方法。身體中某部分越勞動，血液之灌注越多，除了彌補消耗之外，還有剩餘，因此人身越勞動的部分，就越發達，這就是人身獎勵勞動的方法。所以我們對於勞動者，應該從優報酬。我們身體中，還有些無用的部分，例如男子之乳，他是無用的東西，但是既已生在我們的身上，也不能不給以血液，不過男子之乳不勞動，灌注的血液很少，所以男子之乳，就漸漸縮小。我們發給生活費，不可過多，使不作工的人，如男子的乳一般，漸漸消縮，才合天然公理。

二是取法天空分配雨露的方法。自然界用日光照曬江海池沼，土地草木，把它的水蒸氣取出來，變為雨露，又向地上平均灑下，不唯乾枯之地，蒙其澤潤，就是江海池沼，本不需水，也一律散給；最妙的，是把草木中所含水分蒸發出來，又還給它，一轉移間，就蓬蓬勃勃的生長了；並且枯枝朽木，也一樣散給，不因為它莫得生機，就剝奪它享受雨露之權。灑在地上之水，聽憑草木之根吸取，無所限制，吸多吸少，純是草木自身的關係，自然界固無容心於其間。公家收入的租息，與夫銀行和工商業的純利，原是從人民身上取出來的，除公共開支而外，不問貧富，一律平均分給，致富的機會，人人均等，這就是取法雨露之無私。

孫中山把生活程度分作三級：（一）需要，即生存；（二）安適；（三）奢侈。現在的經濟組織，是以死字為立足點，進而求生存，再進而求安適，求奢侈，因為立足點是死字，一遇不幸的事，就有冷死的餓死的。著者主張發給生活費，是以生存為立足點，進而求安適，求奢侈，照孫中山民生主義說來，生存是社會問題的重心，國家倘能每年發給生活費，使人人能夠生存，這就算重心穩定了，重心既穩定，社會自然安靜。著者諄諄以發給生活費為言，意蓋在此。

本章所擬辦法，把土地、機器、銀行、國際貿易四者收歸國有，則擁有金錢之人，任他如何努力，絕不會造到鋼鐵大王、煤油大王、銀行大王、汽車大王、商業大王諸人的地位，每年由政府發給生活費，則勞動家任如何不幸，絕不會有凍餓之虞，像這樣的辦法，把富者的地位削低一級，把貧者的地位升高一級，貧富之間，就不會相差過遠了。現在痛恨資本制度的人，對於有資財者，設種種法子去抑制他，我們施行此種經濟制度之後，從上面削低一級，從下面升高一級，在兩級中間的地方，就可任人發展，不加限制；不唯不當限制，並且還要盡力提倡，社會才能進步。我主張把國際貿易收歸國有，把國內貿易留為人民活動之餘地，又主張人民存款在銀行者，應當付以利息，都是為提倡人民努力起見。有人說：這種辦法，仍不免貧富不平。我說：唯其不平，人民才肯努力，世界才能進化，猶如水之趨入大海一般，唯其地勢高下不平，才能奔趨不已，如果平而不流，就成為死水了。水不流則腐，人類不努力，世界便會退化，其理是相同的。世間至平者，莫過於水，故量物平否，以水為準，然而水之前進不已者，實在是由於不平，名為不平，實為至平。我們取水之原理，以改造社會，就與天然之理符合了。

政府每年發給生活費，其手續很麻煩，當由各都市，各鄉村，分頭辦理，每一都市和每一鄉村，應設立戶籍調查所，把人口調查清楚，確定某人的籍貫，隸屬某處，生活費由原籍的戶籍調查所轉發，即無錯誤了。某處死了一人，即由該處的戶籍調查所查明死者籍隸何處，即通知原籍的調查所，停止他的生活費，旅行在外，生下子女，就地報告該處調查所註冊，將來的生活費，即向該調查所承領，但經申請後，得由所生地的調查所，備文移歸原籍。人是活動之物，轉徙不常，調查之時，和發給生活費之時，從生死兩點注意，就可杜絕流弊了。

我們既規定人民有款者，當存入銀行，需款者當向銀行借，則各都市各鄉村，都要遍設銀行，人民取款存款，方才便利。政治方面之組織，是合各鄉村而成為一縣，合各縣而成為一省，合各省而成為一國。經濟方面，當與之相應，首都設中央銀行，各省設省銀行，各縣設縣銀行，各鄉村設鄉村銀行；各鄉村之銀行，隸屬於縣銀行，各縣之銀行，隸屬於省銀行，各省之銀行，隸屬於中央銀行。金錢是人民膏血，故銀行之分佈，當如脈絡一般，使之成為網狀，才能流通無阻。私人向銀行借款者，須有擔保人，擔保人須銀行中有存款，足供擔保者，否則以借款者或擔保者應得之生活費作抵押品。銀行與戶籍調查所，關係密切，二者宜並設一處。

施行本章所說辦法，有當慮及者，土地、機器、銀行、國際貿易四者集中於國家之手，全國人民的金錢，俱歸於銀行，政府每又要發給生活費，國家的權責太大，當局的人，舞起弊來，人民就受害不淺了。如果防弊的方法尚未想好，就冒冒昧昧地著手改革，把土地工廠等項收歸公有，倒不如不改革，不收歸公有還好點。所以我們要改革經濟制度，當先從改革政治入手，先把政治改革了，把防弊之方法想完善，然後才能說改革經濟制度。只要在政治方面，能把孫中山所說的選舉、罷免、創製、復決四權完全辦到了，則經濟方面，無論甚麼弊，都可防止了。本章所說解決社會問題的辦法，都是預定計劃，不能立即就辦，我們現在第一要著，就是努力去實行這四權，等到人民對於這四權能充分地行使了，再來改革經濟制度，那就無有流弊了。

銀行及戶籍調查所之職員，與夫銀行之監察員，及其他重要職員，由人民投票選舉或罷免。屬於一鄉村者，由全鄉村人民總投票，屬於全縣者，由全縣人民總投票，屬於全省全國者亦然，遇有大事，亦用總投票法公決。例如原定銀行存款月息六釐，有人提議，應改為四釐，又有人提議，應改為八釐，即將三者的理由，作具說明書，公佈全國，定期總投票。各人向本地戶籍調查所投票，其旅居異地者，可從郵局投遞，由戶籍調查所開票，總計主張四釐者若干票，主張六釐者若干票，主張八釐者若干票，匯報於縣，由縣匯報於省，由省匯報中央。假定主張四釐者佔多數，即改為存入銀行者，月息四釐，向銀行借款者，月息八釐。又如有人主張各人的資財，不可過多，存入銀行之款，應該加以限制，又有主張不應加以限制。究竟應限制？或不應限制？如應限制，則每人存款，究應至多以若干為限，可由全國人民總投票決定之。全國是一個大公司，四萬萬人是公司中之股東，人人有切己利害，有分紅息之希望，故投票時，不會受人運動，即使有舞弊者，亦必互相舉發，在公家服務之人，如有侵蝕虧吞等弊，亦必互相稽查。假無發給生活費之規定，人民與國家，不生關係，即使他人營私舞弊，亦不願因為公家之事，去開罪於私人。中國官吏，侵蝕公款，無人過問，其弊正在於此。今有發給生活費之規定，則人民與國家，居於利害共同的地位，侵蝕國家之款，即無異侵蝕私人之款，全國有四萬萬人，即是有四萬萬個監察員，侵蝕者無所藏其奸，孫中山主張的全民政治，即可出現。

關於遺產制一層，許多人都主張廢除，如照本章所說的辦法做去，土地工廠，一律歸公，私人也就無所謂產業了，所有者不過銀行中所存之金錢，我們只研究此項金錢，應否傳給子孫就是了。此事於各個人都有關係，將來可用全民投票法解決之。在我個人之主張，是可以聽其傳給的，因為我們既經承認各人的身體是各人私有物，由腦力體力換來的資財，就應該各人私有。各人所生子女，是他的身體化分出來的，當然有承受他的資財之權，如果歸為公有，也就犯了「奪私有物以歸公」之弊。普通人所以努力者，大都想積下資財，傳之後人。如果積下的金錢，不許傳之子孫，必會減少人類努力心，即是減少社會進化之速度。

富者過富，貧者過貧，欲廢除遺產制，以化除貧富階級，殊不知資本家之產生，與遺產制無甚關係。茲可舉例為證：美國鋼鐵大王卡內基，為貧人子，三歲時，為絲廠工徒，一週得工資一弗二十仙。煤油大王洛克依蘭，為農家兒，六七歲時，隨其母往山下拾柴，或隨其父在田間拔草。鐵道大王介姆舍爾，十五歲，父死，無以為生，乃入商店為學徒。韋爾德以架設太平洋海底電線，名聞天下，十六歲時，也在紐約商店為學徒。法國大銀行家勞惠脫，少時家貧，走至某銀行，向主人陳述，願執賤役，主人不許。他走出來之時，皮鞋上落下一釘，俯而拾之，主人因為他不忽細事，乃呼入，令在銀行服役。美國大富豪休窪布，系小村中織毛工人之子，少時助其父工作，或傭於農家，或為郵局馬伕。銅山王章洛克，為農人子，少時隨其父驅牛十餘頭，走數百里，夕與牛同寢，晨與牛同行。砂糖王斯布累克，德國人，十八歲時，航海至美國，抵岸後，檢視衣囊，左方餘砂糖數塊，右方剩金三弗，一身之外，別無長物。商業大王瓦納邁爾，為造磚工人之子，幼時家貧，無力就學，無冬無夏，皆跣行於街市。汽車大王福特，二十餘年前，他尚為鐘錶職工。以上諸人，都是貧人之子，並未承受遺產。唯銀行大王摩爾根之父，是美國著名富翁，但他之致富，全不依賴其父。他常說：「餘雖為斯派沙摩爾根之子，並不借此以立於世界，餘必為一個獨立之奇男子。」可見他之擁有巨資，也不是遺產的關係。我們細考諸人致富之源，都是掠奪地球和機器的生產力，否則經營國際貿易，抑或開設銀行，唯休窪布一人，未獨立營業，但他終身輔佐鋼鐵大王，他之資財，仍是從掠奪地球和機器生產力而來。如果把土地、機器、銀行和國際貿易四者收歸國有，那些在實業界稱王的人，斷不會產生，這才是根本治療之法。

至於改革社會之程式，我主張從鄉村辦起，以每一鄉村為一單位，各辦各的，因為改革之初，情形複雜，應該各就本地情形，斟酌辦理，才能適合，如有窒礙處，隨時改良。等到各鄉村辦好了，才把全縣聯合起來，各縣辦好了，才把全省聯合起來，各省辦好了，才把全國聯合起來，將來世界各國辦好了，把全球聯合起來，就是大同世界了。

改革社會，應該注意者有兩點：（一）所定法令規程，要多留各地方伸縮之餘地，越苛細，就窒礙越多，越是不能實行；（二）當從勸匯入手，使各地人民，喜喜歡歡的去辦理，不能用嚴刑峻罰，強迫人民辦理。其實施方法，當如下述：

政府把土地收歸公有後，即統計此一鄉村，共有土地若干，命全鄉村之人組織一個團體，公共管理，由這個團體把土地分佃與農民，全鄉村每年共收租息若干，政府責成這個團體繳交銀行，如租息是穀物等項，由這個團體公共變賣，以銀繳入銀行，政府立於監督地位，也就不繁難了。

全國土地，由國家出資財改善者，其利益歸國家所得，由各鄉村出資財改善者，其利益歸各鄉村所得，各鄉村改善土地後，增加之收入，由本鄉村人民平均分受。凡購置機器，改良肥料等，所需之款，向銀行息借，其息可緩至獲利後償付。若建築馬路，疏鑿溝渠等項，其工程施之土地上而含有永久性者，所用之款，政府與該鄉村各擔負一半。例如某鄉村因建路鑿渠，向銀行借款兩千元，工畢之日，政府派員勘驗認可後，政府擔負一半，銀行只列該鄉村借銀一千元就是了，政府名為負擔一半，實則仍無所損。因為銀行貸出之息與存入之息，為二與之一比。假定存入是月息六釐，貸出是一分二釐，人民向銀行存款兩千元，銀行應付月息十二元，某鄉村因築路鑿渠，借去兩千元，銀行只列該鄉村去銀一千元，其收入之月息十二元，恰與人民存款二千元之息相抵，不過政府多負擔一千元無息之債務罷了，只要政府不付利息，此項債務，就多擔負點也無妨。

孫中山所說農業上增加生產的方法，共計七種：第一是機器問題，第二是肥料問題，第三是換種問題，第四是除害問題，第五是製造問題，第六是運送問題，第七是防滅問題。應由政府派人到鄉村去，把改良辦法詳加講演，或用文字說明，務使農民心中瞭然，其採用與否，聽人民自由，不必用強力干涉。語云：「利之所在，人必趨之。」他們知道大利所在，自然會踴躍從事。孫中山曾說：「對中國人說要他去爭自由，他們便不明白，不情願附和，但是對他說請他去發財，便有很多人跟上來。」我們叫各鄉村組織團體，叫他改良土地，就是請他去發財，人民哪有不歡迎之理？即有懷疑之人，充其量不過不遵照改良就是了，斷不會出來阻撓，因為公家叫他們組織個團體，擔負繳納全鄉村租息，這個團體，盡可照公家原定租額轉佃出去，團體中人，不過費點力，代公家收租息就是了，並不至於賠累，他們何至出頭反對？只要這層辦到，鄉村中的事權，漸歸統一，將來一切事都好辦理，也就算收了效果了。

關於增加生產的事項，他們不願意改良，只好聽之，如其加以干涉，反轉多事，反會生出反響。我們總是盡力提倡，盡力勸導，聽其自由採用，只要某鄉村獲了大利，他們自然會爭先恐後地仿辦起來。這類事，如果督促嚴厲了，反轉會弊病叢生，王安石的青苗法，就是前車之鑒。宋朝那個時候的人民，於青黃不接之時，每每出重利向富室借貸，王安石創青苗法，由公家以較輕之利，借與農民，於秋收後付還，使利歸公家，而農民也不至受重利之苦，本是公私兩利的好法子，王安石雷厲風行地督促官吏實行，據散放青苗錢之多少，以定官吏之成績，於是那些地方官，就向民間估派，其有不需款之農民，與夫家資饒裕之富民，都強迫他領取青苗錢，鬧得天怒人怨，以最良之法，收最惡之果，都是由於強迫二字生出來的。蘇東坡說宋神宗求治太急，真是洞見癥結之論，我輩改革社會，當引為大誡。

天下事有當強迫者，有不當強迫者，例如把土地、機器、銀行和國際貿易四者收歸國有的時候，則當強制執行，任何人不能獨異。至於鄉村中改良事項，則當如上說的辦法，聽其自由。像這樣辦法，就與孫中山所主張「政府強制的力量，和人民自由的力量，雙方平衡」的原則相符合了。語云：十年樹木，百年樹人。教養人民，原是與種植樹木一樣，我們雖甚望樹木長成，亦只能把土壤弄好，把肥料弄好，等他自家生長，我們是不能替樹木幫忙的，這個道理，柳宗元的《郭橐駝傳》，說得很明白。現在新政繁興，民間大困，當局諸公，每每以福國利民之心，做出禍國害民之事，就是違反了柳宗元的說法。史密斯全部學論，純取放任自由，他說：「人民好利之心，根於天性，政府只消替他把障礙物除去了，利之所在，人民自然會盡力搜求，一切天然之利，就因而開發出來了。」他這個學說，在歐洲是生了大效的，我們開發鄉村利益的時候，本他這個學說做去，自然會生大效。

前面的辦法，實行之後，一人之身，可得兩重利益：（一）鄉村中改善土地，增加生產的利益，每人可得一份；（二）每年由政府按照全國人口發給生活費，這又是一份利益。有了這個原因，全鄉村之事和全國之事，人民就不能不過問了。現在的人，大都是「事不關己不勞心」。革命的人，拚命去爭民權，爭得之後，交給人民，叫他來行使。我恐怕鄉間的老百姓，還會嫌我們的多事，妨害他吃飯睡覺的時間，只好順著他們喜歡發財的天性，把「民權」二字附著在「發財」二字上面，交給與人民，人民接受發財這個東西，順便就把民權那個東西攜帶去了。他們知道官吏是替他經理銀錢的管事，不得不慎選其人，遇有不好的管事，不得不更換。如此則選舉權、罷免權，他們自然曉得行使了。他們知道一切章程，如不定好，就有人舞弊，公款就要受損失，他們將來就要少分點紅利，如此則創制權否決權也就曉得行使了。所以政府每年必要發給生活費，人民與政府才生得起關係，才能行使民權，人人有切己關係，才不會為少數人所把持，全民政治，乃能實現。

改革社會，千頭萬緒，猶如鐘錶一般，中間的機械，只要有了點小小毛病，全部動作，都會停止。我國土地，有如此之大，各地情形不同，實施的詳細辦法，豈是政府中幾個人能夠坐而揣測的，只好劃歸各地人民自去斟酌辦理，政府只消把大政方針與各種進行計劃宣佈出來，使人民知道政府的目的是怎麼樣，進行的途徑是怎麼樣，他們自然會朝著那個途徑做去，各鄉各縣，漸漸趨於一致，就可以漸漸聯合起來了。現在世界的大勢，是朝全民政治方面趨去，故一切事權，當散而給諸人民，才不至與潮流違反。民生主義與民權主義，是一個東西，不可分而為二，一面又須顧及世界民族的心理，順著大同的軌道做去，三民主義，就成為整個之物了。

各種學說之調和

中國人研究學問，往往能見其全體，而不能見其細微。古聖賢一開口即是天地萬物，總括全體而言之，好像遠遠望見一山，於山之全體是看見了的，只是山上之草草木木的真相，就說得依稀恍惚了。西人分科學研究，把山上之一草一木看得非常清楚，至於山之全體，卻不十分瞭然。將來中西學說，終必有融合之一日，學說匯歸於一，即是思想一致，思想既趨一致，即是世界大同的動機。

現在世界上紛紛擾擾，衝突不已，我窮原竟委的考察，實在是由於互相反對的學說生出來的。孟子之性善說，荀子之性惡說，是互相反對的；宗教之利人主義，進化論派之利己主義，是互相反對的；個人主義之經濟學，社會主義之經濟學，是互相反對的。凡此種種互相反對之學說，均流行於同一社會之中，從未折衷一是，思想上既不一致，行為上當然不能一致，衝突之事，就在所不免。真理只有一個，猶如大山一般，東西南北看去，形狀不同，遊山者各見山之一部分，所說山之形狀，就各不相同。我們研究事理，如果尋出了本源，任是互相反對之說，都可調和為一。性善與性惡，可以調和為一，利人與利己，可以調和為一，個人主義與社會主義，可以調和為一，這是前面業已說了的。著者對所有互相反對的學說加以研究，覺得無不可以調和。茲再舉兩例於下：

（甲）馬克思說：「人的意志為物質所支配。」又有人說：「物質為人的意志所支配。」這兩說可以調和為一的。茲用比喻來說明：假如我們租佃了一座房子，遷移進去，某處作臥房，某處作廚房，某處作會客室，器具如何陳設，字畫如何懸掛，一一要審度屋宇之形勢而為之。我們的思想，受了屋宇之支配，即是意志受了物質之支配，但是我們如果嫌屋宇不好，也可把他另行改造，屋宇就受我們之支配，即是物質受意志之支配。歐洲機器發明而後，工業大興，人民的生活情形，隨之而變，固然是物質支配了人的意志，但機器是人類發明的，發明家費盡腦力，機器才能出現，工業才能發達，這又是人的意志支配了物質。這類說法，與「英雄造時勢，時勢造英雄」是一樣的，單看一面，未嘗說不過去，但必須兩面合攏來，理論方才圓滿。有了物理數學等科，才能產出牛頓，有了牛頓，物理數學等科，又生大變化。有了鹹同的時局，才造出曾左諸人，有了曾左諸人，又造出一個時局。猶如雞生蛋，蛋生雞一般，表面看去，是輾轉相生，其實是前進不已的，後生蛋非前一蛋，後之雞非前之雞。物質支配人的意志，人的意志又支配物質，英雄造時勢，時勢又造英雄，而世界就日益進化了。倘若在進化歷程中，割取半截以立論，任他引出若干證據，終是一偏之見。我們細加考究，即知雞與蛋原是一個東西，心與物也是一個東西，雞之外無蛋，蛋之外無雞，心之外無物，物之外無心，唯心論，唯物論，原可合而為一的。

（乙）古人說：「非知之艱，行之維艱。」孫中山說：「知難行易。」這兩說也可合而為一的。古人因為世人只知坐而研究，不去實行，就對他說道：知是很容易的，行是很艱難的，你們總是趨重實行就是了。孫中山研究出來的學理，黨人不肯實行，孫中山就對他們說道：知是很艱難的，行是很容易的，我已經把艱難的工作做了，你們趕快實行就是了。古人和孫中山，都是注重在實行，有何衝突？「非知之艱，行之維艱」二語，出在偽古文《尚書》上，是傳說對武丁所說的，傳說原是勉勵武丁實行，並沒有說事情難了，叫武丁莫行，原書俱在，可以復按。發明輪船火車的人，費了無限心力，方才成功，發明之後，技師照樣製造，是很容易的，這是「知難行易」。初入工廠的學生，技師把製造輪船火車的方法傳授他，學生聽了，心中很瞭然，做起來卻很艱難，這是「知易行難」。孫中山的說法，和傳說的說法，其差異之點，即在知字的解釋不同。孫中山是指發明家發現真理而言，傳說是指學生聽講時心中了解而言，我們試取「孫文學說」讀之，他舉出的證據，是飲食、作文、用錢等十事和修理水管一事，都是屬乎發明方面的事。孫中山是革命界的先知先覺，他訓誡黨員，是發明家對技師說話，故說「知難行易」。傳說身居師保之位，他訓誡武丁，是技師對學生說話，故說「知易行難」。就實際言之，發明家把輪船火車發明，交與技師製造，技師又傳授學生，原是一貫的事，孫中山和傅說，各說半截，故二者可合而為一。由此知知易行難，和知難行易兩說，可以調和為一，世間的事，有知難行易者，有知易行難者，合二者而言之，理論就圓滿了。

著者把性善和性惡，利人和利己，個人主義和社會主義，唯心和唯物，知難行易和知易行難種種互相反對之學說加以研究之後，乃下一結論曰：「無論古今中外，凡有互相反對之二說，雙方俱持之有故，言之成理，經過長時間之爭辯，仍對峙不下者，此二說一定可以並存，一定是各得真理之一半，我們把兩說合而為一，理論就圓滿了。」

著者從前對於孫中山的學說，也不甚滿意，故去歲著《解決社會問題之我見》，系自闢蹊徑，獨立研究，不與民生主義相涉，自以為超出孫中山的範圍了。今歲著此文時，復取孫中山學說研究之，意欲尋出縫隙，加以攻擊，無如任從何方面攻擊，他俱躲閃得開，始知他的學說理論圓滿，他倡此種學說時，四面八方，俱是兼顧到了的，我去歲所擬解決社會問題各種辦法，已盡包括於民生主義之中。我當初討論這個問題，自有我的根據地，並未依傍孫中山，乃所得結果，孫中山早已先我而言之，因自愧學識之陋，而益服孫中山用力之深。真理所在，我也不敢強自立異，於是把我研究所得者，作為闡發孫中山學說之材料，閱者試取拙著《宗吾臆談》，與此文對照觀之，當知著者之信仰孫中山，絕非出於盲從。

著者幼年，極崇拜孔子，見《禮記》上有「儒有今人與居，古人與稽，今世行之，後世以為楷」等語，因改名世楷，字宗儒，後來覺得孔子學說，有許多地方不滿我意，乃改字宗吾，表示信仰自己之意，對於孔子宣佈獨立，而今下細研究，始知孔子的學問，原自精深，確能把個人主義和社會主義調和為一，遠非西洋哲學家所能企及。孔子學說，最貽人口實者，不過忠君一層，其實這是時代的關係，於他的學說，並無甚損。古時主權在君，故孔子說忠君，這不是尊君，乃是尊主權，現在主權在民，我們把他改為忠於民就是了。例如孔子說：「君使臣以禮，臣事君以忠。」我們改為「人民對政府要有禮，政府對人民要盡忠」，施行起來，就無流弊了。孫中山曾說：歐美人民，對於政府，常有反抗的態度。瑞士學者新發明一種說法，說「人民對政府要改變態度」。我們說：「人民對於政府要有禮」，也可算是新學說。像這樣的替孔子修正一下，他的學說，就成為現在最新的學說了。《大學》有格致誠正修齊治平一段話，把個人主義和社會主義融合為一，孫中山稱讚他是中國獨有的寶貝，外國大政治家沒有見到。孔子說：「大道之行也，天下為公。」孫中山常喜歡寫「天下為公」四字，因為孔子理想的社會，是大同世界，孫中山理想的社會，也是大同世界，所以孫中山對於孔子，極為心折。

宇宙事物，原是孳生不已的，由最初之一個，孳生出無數個，越孳生，越紛繁，自其相同之點觀之，無在其不同，自其相異之點觀之，無在其不異。古今講學的人，儘管分門別戶，互相排斥，其實越講越相合，即如宋儒排斥佛學，他們的學說中，參得有禪理，任何人都不能否認。孟子排告子，王陽明（王守仁）是崇拜孟子之人，他說「無善無噁心之體」，其語又絕類告子。諸如此類，不勝列舉。因為宇宙真理，同出一源，只要能夠深求，就會同歸於一。猶如山中生出草草木木一般，從他相異之點看去，草與木不同，此木與彼木不同，同是一木，發生出來的千花萬葉，用顯微鏡看之，無一朵相同之花，無一片相同之葉，可說是不同之極了，我們倘能會觀其通，從他相同之點看去，則花花相同，葉葉相同，花與葉相同，此木與彼木相同，木與草相同，再進之，草木和禽獸相同，精而察之，草木禽獸，泥土沙石，由分子，而原子，而電子，也就無所謂不同了。我們明白此理，即知世間種種爭端無不可以調和的。有人問我道：你說「心理變化，循力學公例而行」。請問各種學說，由同而異，又由異而同，是屬乎力學公例之哪一種？我說：水之變化，即是力之變化，同出一源之水，可分為數支，來源不同之水，可匯為一流，千派萬別，無不同歸於海，任他如何變化，卻無一不是循力學公例而行，宇宙事物，凡是可以用水來作比喻的，都可說是與力學公例符合。

中國人研究學問，往往能見其全體，而不能見其細微。古聖賢一開口即是天地萬物，總括全體而言之，好像遠遠望見一山，於山之全體是看見了的，只是山上之草草木木的真相，就說得依稀恍惚了。西人分科學研究究，把山上之一草一木看得非常清楚，至於山之全體，卻不十分瞭然。將來中西學說，終必有融合之一日，學說匯歸於一，即是思想一致，思想既趨一致，即是世界大同的動機。現在世界紛爭不已，純是學說分歧釀出來的，我們要想免除這種紛爭，其下手之方法，就在力求學說之一致。所謂一致者，不在勉強拉合，而在探索本源，只要把他本源尋出來，就自然歸於一致了。所以我們批評各家學說，務於不同之中，尋出相同之點，應事接物，務於不調和之中，尋覓調和的方法，才不至違反進化之趨勢，不是我們強為調和，因為他根本上，原自調和的。我看現在國中之人，往往把相同之議論，故意要尋他不同之點，本來可以調和的事，偏要從不調和方面做去，互相攻擊，互相排擠，無一事不從衝突著手，大亂紛紛，未知何日方止。

現在各黨各派，紛爭不已，除挾有成見，意氣用事者外，其他一切紛爭，實由於學說衝突醞釀出來的。要調和這種紛爭，依我想，最好是各人把各人所崇奉的學說，徹底研究，又把自己所反對的學說，平心觀察，尋覓二者異同之點，果能反覆推求，一定能把真正的道理搜尋出來，彼此之紛爭，立歸消滅。因為宇宙間的真理，只有一個，只要研究得徹底，所得的結果，必定相同。假使有兩人所得結果不同，其中必有一人研究不徹底，或是二人俱不徹底，如果徹底了，斷無結果不同之理，大家的思想，既趨於一致，自然就沒得紛爭了。

現在各種主義，紛然並立，彷彿世界各國紛然並立一樣，有了國界，此國與彼國，即起爭端，有了主義，此黨與彼黨，即起爭端，將來世界各國，終必混合為一而後止，各種主義，也必融合為一而後止。無所謂國，無所謂主義，國界與主義同歸消滅，這就是大同世界了。著者主張聯合世界弱小民族，攻打列強，可說是順著大同軌道走的，主張各種主義，公開研究，也可說是順著大同軌道走的。

耶教以博愛為主，後來宗教戰爭，同奉耶穌之人，互相焚燒屠殺，殘酷到了極點，與博愛之宗旨，完全背道而馳，倡民約論的人，何嘗不源於悲憫之一念，而其結果，則法國大屠殺，無復絲毫悲憫之念，並非咄咄怪事！著者求其故而不得，只好返求之於力學公例。人之思想感情，俱是以直線進行，耶穌、盧梭諸人的信徒，只知朝著他的目的物奔走，猶如火車汽車，開足了馬力，向前賓士，途中人畜，無不被其碾斃一樣。現在身操殺人之柄者，與夫執有手槍炸彈者，如果明白這個道理，社會上也就受賜不少了。

歐洲新舊教之爭，施行大屠殺，是學說衝突之關係，法國革命，施行大屠殺，也是學說衝突之關係，學說殺人，至於如此，真令人四顧蒼茫，無從說起。宗教之說，根本上令人懷疑，歐洲殉教諸人，前僕後繼，視死如歸，自我們的目光看去，彷彿吃了迷藥一般，而他們則自以為無上光榮。

第六部　中國學術之趨勢

我寫文字，有一種習慣，心中有一種感想，即寫一段，零零碎碎，積了許多段，才把他補綴起來，成了一篇文字。此次所發表者，是把許多小段，就其意義相屬者，放在一處，再視其內容，冠以篇名。因此成了四篇文字：（一）老子與諸教之關係；（二）宋學與蜀學；（三）宋儒之道統；（四）中西文化之融合，總題之曰：《中國學術之趨勢》。

自序

自開闢以來，人類在地球上，行行走走，自以為自由極了。三百年前，出了一個牛頓，發明地心引力，才知道：任你如何走，終要受地心引力的支配，這是業已成了定論的。人類的思想，自以為自由極了，我們試把牛頓的學說，擴大之，把他應用到心理學上，即知道：任你思想如何自由，終有軌道可循，人世上，一切事變，無不有力學規律，行乎其間，不過一般人，習而不察，等於牛頓以前的人，不知有地心引力一樣。

我生平喜歡研究心理學。於民國九年，作一文曰：《心理與力學》。創出一條臆說：「心理依力學規律而變化。」有了這條臆說，覺得經濟政治外交，與夫人世一切事變，都有一定軌道，於是陸陸陸續續，寫了些文字，曾經先後發表。

後來我又研究諸子百家的學說，覺得學術上之演變，也有軌道可循。我們如果知道，從前的學術是如何演變，即可推測將來的學術，當向何種途徑趨去，因成一文曰：《中國學術之趨勢》。自覺此種觀察，恐怕不確，存在篋中，久未發表。去歲在重慶，曾將原稿交《濟川公報》登載，茲把他印為單行本，讓閱者指正。

我說：「心理依力學規律而變化。」聞者嘗駁我道：「我的思想，行動自由，哪裡有甚麼規律？」殊不知我們受了規律的支配，自己還不覺得。譬如書房裡，有一鳥籠，鳥在籠中，跳來跳去，自以為活動自由了，而我們在旁觀之，任他如何跳，終不出籠之範圍。設使把籠打破，鳥在此室中，更是活動自由了，殊不知仍有一個書房，把他範圍著。漢唐以後的儒者，任他如何說，終不出孔子的範圍，周秦諸子和東西洋哲學家，可說是打破了孔子範圍，而他們的思想，仍有軌道可循，既有軌道可循，即是有規律。

自開闢以來，人類在地球上，行行走走，自以為自由極了。三百年前，出了一個牛頓，發明地心引力，才知道：任你如何走，終要受地心引力的支配，這是業已成了定論的。人類的思想，自以為自由極了，我們試把牛頓的學說，擴大之，把他應用到心理學上，即知道：任你思想如何自由，終有軌道可循，人世上，一切事變，無不有力學規律，行乎其間，不過一般人，習而不察，等於牛頓以前的人，不知有地心引力一樣。

我寫文字，有一種習慣，心中有一種感想，即寫一段，零零碎碎，積了許多段，才把他補綴起來，成了一篇文字。此次所發表者，是把許多小段，就其意義相屬者，放在一處，再視其內容，冠以篇名。因此成了四篇文字：（一）老子與諸教之關係；（二）宋學與蜀學；（三）宋儒之道統；（四）中西文化之融合，總題之曰：《中國學術之趨勢》。

寫文字是發表心中感想，心中如何想，即當如何寫，如果立出題目，來做文字，等於入場應試，心中受了題之拘束，所有感想，不能盡情寫出，又因題義未盡，不得不勉強湊補，於是寫出來的，乃是題中之文，不是心中之文。我發表這本書，本想出以隨筆體裁，許多朋友說不對，才標出大題目，小題目，我覺得做題目，比做文章更難，文章是我心中所有，題目是我心中所無，此書雖名《中國學術之趨勢》，而內容則非常的簡陋，對於題義，發揮未及十分之一，這是很抱歉的。

我寫文字，只求把心中感想表達出，即算完事。許多應當參考的書，也未參考，許多議論，自知是一偏之見，仍把他寫出來。是心中有了這種疑團，特發表出來，請閱者賜教，如蒙指駁，自當敬謹受教，不敢答辯，指駁越嚴，我越是感謝。

民國二十五年七月二日　李宗吾於成都

老子與諸教之關係

由道流而為德，為仁，為義，為禮，為刑，為兵，道是本源，兵是末流。老子屢言兵，他連兵都不廢，何至會廢禮？他說：「以道佐人主者，可以兵強天下。」又說：「夫慈以戰則勝。」慈即是仁，他用兵之際，顧及道字仁字，即是顧及本源之意。用兵顧及仁字，才不至窮兵黷武，用刑顧及仁字，才能哀矜勿喜，行禮顧及仁字，才有深情行乎其間，不至徒事虛文，行仁義顧及道德，才能到熙熙皡皡的盛世，不是相呴以濕，相濡以沫。

(一) 中國學術分三大時期

我國學術最發達有兩個時期，第一是周秦諸子，第二是趙宋諸儒。這兩個時期的學術，都有創造性。漢魏晉南北隋唐五代，是承襲周秦時代之學術而加以研究，元明是承襲趙宋時代之學術而加以研究，清朝是承襲漢宋時代之學術而加以研究，俱缺乏創造性。周秦是中國學術獨立發達時期，趙宋是中國學術和印度學術融合時期。周秦諸子，一般人都認孔子為代表，殊不知孔子不足以代表，要老子才足以代表。趙宋諸儒，一般人都認朱子為代表，殊不知朱子不足以代表，要程明道(程顥)才足以代表。

《老子》一書，當分兩部分看，他說致虛守靜，歸根覆命一類話，是出世法，莊列關尹諸人，是走的這條路。他說「以正治國，以奇用兵」一類話，是世間法。孔子以仁治國，墨子以愛治國，申韓以法治國等，皆是以正治國。在吳司馬穰苴，是以奇用兵，這都是走的世間法這條路。《老子》一書，是把世間法和出世法，一以貫之，兩無偏重。所以提出老子，可以總括周秦學術的全體。

漢明帝時，印度佛教傳入中國，歷魏晉南北朝隋唐五代，愈傳愈盛，與中國固有的學術成為兩大派，相推相蕩，到了程明道出來，把二者融合為一，是為宋明之理學，名為儒家，實是中國和印度兩方學術融合而成的新學說。程明道的學說出來後，跟著就分為兩大派：一派是程伊川（程頤）和朱子（朱熹），一派是陸象山（陸九淵）和王陽明（王守仁）。所以宋學，要以程明道為代表，朱子不足以代表。

從周秦至今，可分為三個時期。周秦諸子，為中國學術獨立發達時期。趙宋諸儒，為中國學術印度學術融合時期。現在已經入第三時期了。世界大通，天涯比鄰，中國印度西洋三方學說，相推相蕩，依天然的趨勢看去，這三者又該融合為一。故第三時期，為中西印三方學術融合時期。學術之進化，其軌道歷歷可循，知道從前中印兩方學術融合，出以某種方式即知將來中西印三方學術融合，當出以某種方式，我們用鳥瞰法，升在空中如看河流入海，就可把學術上的大趨勢看出來。

（二）《老子》一書是周秦學派之總綱

宇宙真理，是渾然的一個東西，最初是蒙矇昧昧的，像一個絕大的荒山，無人開採，後來偶有人在山上拾得點珍寶歸來，人人驚異，大家都去開採，有得金的，有得銀的，有得銅鐵錫的。雖是所得不同，總是各有所得。周秦諸子，都是上山開採的人，這夥人中，所得的東西，是以老子為最多。

老子是道家，道家出於史官，我國有史以來，零零碎碎的，留下許多學說，直到老子出來，才把它整理成一個系統。他生於春秋時代，事變紛繁，年紀又高，眼見的事又多。身為周之柱下史，是國立圖書館館長，讀的書又多。他自隱無名，不問外事，經過了長時間的研究，所以能把宇宙真理發現出來。

老子把古今事變融會貫通，尋出了它變化的規律，定名曰道。道者路也。即是說，宇宙萬事萬物，非走這條路不可，把這種規律，筆之於書，即名之曰：《道德經》。德者有得於心也，根據以往的事變，就可以推測將來的事變，故曰：「執古之道，以御今之有。」

他見到了真理的全體，講出來的道理，顛撲不破，後人要研究，只好本著他的道理，分頭去研究。他在周秦諸子中，真是開山之祖。諸子取他學說中一部分，引而申之，擴而大之，就獨成一派。

前乎老子者，如黃帝，如太公（姜子牙），如鬻子（鬻熊）管子（管仲）等，《漢書．藝文志》均列入道家，算是老子之前驅，周秦諸子中最末一人，是韓非，非之書有《解老》、《喻老》兩篇，把老子的話，一句一句地解釋，呼老子為聖人，可見非之學也出於老子。至呂不韋門客，所輯的《呂氏春秋》，也是推尊黃老。所以周秦時代的學說，徹始徹終，可用老子貫通之。老子的學說是總綱，諸子是細目，是從總綱中，提出一部分，詳詳細細地研究，只能說研究得精細，卻不能出老子的範圍。

至於老子年代問題，有人說：孔子問禮於老子，為春秋時人，著《道德經》之老子，為戰國時人，是兩人，不是一人，這層不必深問，我們只說：《道德經》一書，可以總括周秦學術之全體。其書出現於周秦諸子之前，是諸子淵源於老子，出現於周秦諸子中間，或在其後。我們可說：《道德經》可以貫通諸子，而集周秦學術之大成，無論他生在春秋時，生在戰國時，甚或生在嬴秦時，其為周秦學術之總代表則一也。

關於老子姓名問題，有種種說法，甚有謂老子姓老者。我想不必這樣講，古人的名字，有點像字學中之反切法，用兩個字，切出一個字，舉出其人之兩個特點，即知其為某人，名字之上，不必一定冠以姓，如祝鮀是名之上冠以官。行人子羽，是字之上冠以官。東裡子產，是字之上冠以地，叔梁紇，是名之上冠以字。司馬遷是史官，故稱史遷，曾受腐刑，又稱腐遷。他如髯參軍，短主簿，是官職之上，冠以形貌，只要舉出兩個特點，即可確定其為某人，大約老子耳有異狀，故姓李名耳，他是自隱無名的人，埋頭研究學問，世人得見他時，年已老矣，人人驚其學問之高深，因其須髮皓然，又是一個大耳朵，因呼之為老聃，聃是生前的綽號，不是死後之謚，他不是生而皓首，乃是世人得見他時，業已皓首了。一般學者，聞老子之名，都來請教。孔子也去問禮。各人取其學說之一部分，發輝光大之，就成為一家之言，發表出來，儘是新奇之說，人人都去研究。老子自隱無名，其出處存亡，世人也就不甚注意了。猶之四川廖平與康有為說一席話，康本其說，跟即著出《孔子改制考》，《新學偽經考》，震驚一世，而廖之書尚未出也，其人亦不甚為世注意。老子年齡，比孔子大二三十歲，孔子是七十幾歲死的，老子修神養身，享年最高，或許活到二百多歲，著道德經時，已入了戰國時代，這也是可能的事。

(三) 無為之意義

老子的「無為」，許多人都誤解了。《老子》一書，是有為，不是無為。他以為：要想有為，當從無為下手，所以說「無為則無不為」。他的書，大概每句中，上半句是無為，下半句是有為。例如：「慈故能勇，儉故能廣，不敢為天下先，故能成器長。」要想勇當從慈做起走。要想廣，當從儉做起走。要想成器長，當從不敢為天下先做起走。慈與儉，不敢為天下先，是無為；能勇，能廣，能成器長，即是有為。老子洞明盈虛消長之理，陰陽動靜，互相為根，凡事當從相反方面下手，如作文欲抑先揚，欲揚先抑，寫字欲左先右，欲右先左一般。老子說：「我無為而民自化，我好靜而民自正，我無事而民自富，我無慾而民自樸。」我無為，我好靜，我無事，我無慾，我無為；能使民化民正，能使民富民樸，是有為。「弱勝強，柔勝剛」。弱柔是無為，勝強勝剛，是有為。老子書中，這類話很多，都是「無為則無不為」的實證。

老子所說的無為，是順其自然，我無容心的意思。當為的就為，當不為的就不為，如果當為的不為，這是有心和自然反抗，這叫做有為，算不得無為。王弼注《老子》，就是這種見解。他注《老子》二十七章說道：「須自然而行，不造不始。」注二十九章說道：「萬物以自然為性，故可因而不可為也，可通而不可執也，物有常性而造為之，故必敗也，物有往來而執之，故必失矣。」可算得了老子的真諦。老子說：「輔萬物之自然而不敢為。」（韓非本作恃，按作輔義較長）。即是《陰符經》所說：「聖人知自然之不可違，因而制之。」（現在的《陰符經》，雖是偽書，但說的道理不錯。）也即是《易經》所說：「裁成天地之體，輔相天地之宜。」曹參為相，日飲醇酒，諸事不為，只可謂之「不輔萬物之自然」，「不裁成天地之道，不輔相天地之宜」，「知自然之不可違，因而不制之」。黃老之道，豈是這樣嗎?老子說：「其安易持，其未兆易謀，其脆易判，其微易散，為之於未有，治之於未亂，合抱之木，生於毫末，九層之台，起於累土，千里之行，始於足下。」老子把宇宙事事物物的來龍去脈，看得清清楚楚的，事未發動，或才發動，就把他弄好了。猶如船上掌舵的人，把水路看得十分清楚，只須輕輕地把舵一搬，那船就平平穩穩地下去了，這叫做無為。即是所謂，「善用兵者無赫赫之功」，何嘗是曹參那種辦法呢?文景行黃老，只是得點皮毛，於「為之於未有，治之於未亂」等工作，未免缺乏，所以不無流弊。但政治之修明，已成為三代下第一，黃老之道之大，也可想見了。

（四）「失道而後德，失德而後仁，失仁而後義，失義而後禮」之意義

老子說：「失道而後德，失德而後仁，失仁而後義，失義而後禮。」失字作流字解。道流而為德，德流而為仁，仁流而為義，義流而為禮，道德仁義禮五者，是連貫而下的。天地化生萬物，有一定規律，如道路一般，是之謂道，吾人懂得這個規律，而有得於心，即為德，本著天地生物之道，施之於人即為仁。仁是渾然的，必須制裁之，使之合宜，歸為義。但所謂合宜，只是空空洞洞的幾句話，把合宜之事，製為法式，是為飾文，即為禮。萬一遇著不守禮之徒，為之奈何？於是威之以刑。萬一有悖禮之人，刑罰不能加，又將奈何？於是臨之以兵。我們可續兩句曰：「失禮而後刑，失刑而後兵。」禮流而為刑，刑流而為兵。由道德至於兵，原是一貫而已。

老子洞明萬事萬物變化的軌道，有得於心，故老子言道德。孔子見老子後，明白此理，就用以治人，故孔子言仁。孟子繼孔子之後，故言仁必帶一「義」字。荀子繼孟子之後，注重禮學。韓非學於荀卿（荀子），知「禮」字不足以範圍人，故專講刑名。這都是時會所趨，不得不然。世人見道德流為刑名，就歸咎於老子，說申韓之刻薄寡恩，來源於老子。殊不知中間還有道德流為仁義一層，由仁義才流為刑名的。言仁義者無罪，言道德者有罪，我真要為老子叫屈。

孔子說：「志於道，據於德，依於仁，游於藝。」都是順著次序說的，韓昌黎（韓愈）說：「博愛之謂仁，行而宜之之謂義，由是而之焉之謂道，存乎己無待於外之謂德」，把道德放在仁義之下，就算弄顛倒了。

老子說：「夫禮者忠信之薄而亂之首也。」這句話很受世人的痛罵，這也是誤解老子。道流而為德，德流而為仁，仁流而為義，義流而為禮，禮流而為刑，刑流而為兵。這是天然的趨勢，等於人之由小孩而少年，而壯，而老，而死一般。老子說：「失道而後德，失德而後仁，失仁而後義，失義而後禮。」等於說：「失孩而後少，失少而後壯，失壯而後老。」他看見由道德流而為禮，知道繼續下去，就是為刑為兵，故警告人曰：「夫禮者忠信之薄而亂之首也。」等於說：「夫老者少壯之終而死之始也。」這本是自然的現象，說此等話的人，有何罪過。

要救死只有「復歸於嬰兒」，要救亂只有「復歸於無為」。吾人身體發育最快，要算嬰兒時代，嬰兒無知無慾，隨時都是半睡眠狀態。今之修養家，叫人靜坐，卻用種種方法，無非叫人達到無知無慾，成一種半睡眠狀態罷了。嬰兒的半睡眠狀態，是天然的，修養家的半睡眠狀態，是人工做成的，只要此心常如嬰兒之未孩，也就可以長生久存了。我們知：復歸於嬰兒，可以救死；即知：復歸於無為，可以救亂。

國家到了非用禮不可的時候，跟著就有不禮之人，非用刑不可，跟著就有刑罰不能加的人，非用兵不可。所以到了用禮之時，亂兆已萌，故曰：「亂之首。」然則為之奈何？老子曰：「化而欲作，吾將鎮之以無名之樸。」亂機雖動，用「無為」二字，即可把他鎮壓下去。老子用的方法，是：「我無為而民自化，我好靜而民自正，我無事而民自富，我無慾而民自樸。」他這個話不是空談，是有實事可以證明。春秋戰國，天下大亂，延至嬴秦，人心險詐，盜賊縱橫，與現在的時局是一樣的。始皇二世，用嚴刑峻罰，其亂愈甚。到了漢初，劉邦的謀臣張良陳平，是講黃老的人，曹參相惠帝用黃老，文景也用黃老，而民風忽然渾樸，儼然三代遺風，這就是實行「鎮之以無名之樸」。人民就居然自化自正，自富自樸了，足知老子所說「復歸於無為」，是治亂的妙法。「復歸於嬰兒」，可以常壯不老；「復歸於無為」，可以常治不亂。

由道流而為德，為仁，為義，為禮，為刑，為兵，道是本源，兵是末流。老子屢言兵，他連兵都不廢，何至會廢禮？他說：「以道佐人主者，可以兵強天下。」又說：「夫慈以戰則勝。」慈即是仁，他用兵之際，顧及道字仁字，即是顧及本源之意。用兵顧及仁字，才不至窮兵黷武，用刑顧及仁字，才能哀矜勿喜，行禮顧及仁字，才有深情行乎其間，不至徒事虛文，行仁義顧及道德，才能到熙熙皥皥的盛世，不是相呴以濕，相濡以沫。我們讀老子一書，當作如是解。老子用兵之際，都顧及本源，即知他無處不顧及本源。

老子說：「兵者不祥之器，非君子之器，不得已而用之，恬澹為主。」他對於兵是這種主張；即知他對於禮的主張，是說：「禮者忠信之薄而亂之首，不得已而用之，道德為主。」老子明知「兵之後必有凶年」，到了不得已之時，還是要用兵，即知他明知禮之後，必有兵刑，到了不得已之時，還是要用禮。吾故曰，老子不廢禮。唯其不廢禮，以知禮守禮名於世，所以孔子才去問禮。老子知兵之弊，故善言兵，知禮之弊，故善言禮。

用刑用兵，只要以道佐之，以慈行之，民風也可復歸於樸。莊子曰：「假道於仁，託宿於義，以遊於逍遙之虛……逍遙無為也。」由此知用刑用兵，也是假道於刑，託宿於兵，以達無為之域。我們識得此意，即知老子說：「失義而後禮」，「禮仁忠信之薄」，與孔子所說：「禮云禮云，玉帛云乎哉」同是一意。

(五) 絕聖棄智之作用

老子說：「絕聖棄智，民利百倍，絕仁棄義，民復孝慈，絕巧棄利，盜賊無有。」又說：「天地不仁，以萬物為芻狗，聖人不仁，以百姓為芻狗。」又說：「大道廢有仁義，智慧出有大偽。」等語很受世人的訾議，這也未免誤解。老子是叫人把自己的意思除去，到了無知無慾的境界，才能窺見宇宙自然之理，一切事，當順自然之理而行之，如果不絕聖棄智，本著個人的意見做去，得出來的結果，往往違反自然之理。宋儒即害了此病，並且害得很深。例如：「婦人餓死事小，失節事大」一類話，就是害的這個病，洛蜀分黨，也是害的這個病。他們所謂理，完全是他們個人的意見，戴東原（戴震）說：「宋以來儒者，以己之見，硬作為聖賢立言之意……其於天下之事也，以己所謂理，強斷行之。」又曰：「其所謂理者，同於酷吏所謂法，酷吏以法殺人，後儒以理殺人。」東原此語，可謂一針見血，假使宋儒能像老子絕聖棄智，必不會有這種弊病。

凡人只要能夠洞明自然之理，一切事順天而動，如四時之行，百物之生，不言仁義而仁義自在其中，《莊子》一書，全是發揮此理，蘇子由（蘇轍）解老子說道：「大道之隆也，仁義行於其中，而民不知，大道廢而後仁義見矣。世不知道之足以贍足萬物也，而以智慧加之，於是民始以偽報之矣。六親方和，孰非孝慈，國家方治，孰非忠臣，堯非不孝而獨稱舜，無瞽瞍也，伊尹周公非不忠也，而獨稱龍逢比干，無桀紂也，涸澤之魚，相濡以沫，相濡以濕，不知相忘於江湖。」子由這種解釋，深得老子本旨。昌黎（韓愈）說老子小仁義，讀了子由這段文字，仁義烏得不小。嬴秦時代，李斯趙高，挾智術以馭天下，叛者四起。即是「智慧出有大偽」的實證。漢初行黃老之術，民風渾樸，幾於三代，即是「絕巧棄利，盜賊無有」的實證。

老子絕聖棄智，此心渾渾穆穆，與造化相通，此等造詣極高。孔子心知之，亦曾身體力行之，但只能喻之於心，而不能喻之於口，只可行之於己，而不能責之於人，孔子不言性與天道，非不欲言也，實不能言也，即言之與人亦未必了解也。孔子曰：「天何言哉，四時行焉，百物生焉，天何言哉？」此等處可見孔老學術，原是一貫。重言「天何言哉」，反覆讚歎，與老子所說：「吾不知其誰之子，象帝之先」，「恍兮惚兮，其中有物」等言絕肖。蘇子由曰：「夫道不可言，可言皆其似者也，達者因似以識真，而昧者執似以陷於偽。」子由識得此旨，所以明朝李卓吾（李贄）稱之曰：「解老子者眾矣，而子由最高。」

要窺見造化流行之妙，非此心與宇宙融合不可，正常人自然做不到，我們既然做不到，而做出的事，如果違反了造化流行之理，又是要不得的，這拿來怎樣辦呢？於是孔門傳下一個最簡單最適用的法子，這個法子，即是孔子所說的良知良能，孔門教人，每發一念，就用自己的良心裁判一下，良心以為對的即是善，認為不對的即是惡。惡的念頭，立即除去，善的念頭，就把他存留下，這即是大學上的誠意工夫。這種念頭，與宇宙自然之理是相合的，何以故呢？人是宇宙一分子，我們最初發出之念，並未參有我的私意私見，可說是徑從宇宙本體發出來的，我把這個念頭，加以考察，即與親見宇宙本體無異，把這種念頭推行出來的，就可修身齊家治國平天下，這個法子，豈不簡單極了呢？有了這個法子，我們所做的事，求與自然之理相合，就不困難了，所難者，何者為善念，何者為惡念，不容易分別，於是孔門又傳下一個最簡單的法子，叫人閒居無事的時候，把眼前所見的事，仔細研究一下，何者為善，何者為惡，把他分別清楚，隨著我心每動一念，我自己才能分別善惡，這就是格物致知了。孔門正心誠意，格物致知，本是非常簡單，愚夫愚婦，都做得到，不料宋明諸儒，把他解得玄之又玄。朱子（朱熹）無端補入格致一章，並且說：「至於用力之久，而一旦豁然貫通焉，則眾物之表裡精粗無不到，而吾心之全體大用無不明矣。」直是禪門的頓悟，豈不與中庸所說「愚夫愚婦，與知與能」相悖嗎？我們把正心誠意，改作「良心裁判」四字，或改作「問心無愧」四字，就任何人都可做到了。

（六）盈虛消長之理

老子的學說，是本著盈虛消長立論的，甚麼是盈虛消長呢？試作圖說明之：如圖由虛而長，而盈，而消，迴圈不已，宇宙萬事萬物，都不出道德軌道。以天道言之：春夏秋冬，是循著這個軌道走的，以人事言之：國家之興衰成敗，和通常所謂「貧賤生勤儉，勤儉生富貴，富貴生驕奢，驕奢生淫逸，淫逸又生貧賤」，都是循著這個軌道走的。老子之學，純是自處於虛，以盈為大戒，虛是收縮到了極點，盈是發展到了極點。人能以「虛」字為立足點，不動則已，一動則只有發展的，這即是長了。如果到了「盈」字地位，則「消」字即隨之而來，這是一定不移之理，他書中所謂：「弱勝強，柔勝剛」，「高以下為基」，「功成身退天之道」，「強梁者不得其死」，「飄風不終朝，驟雨不終日」，「跂者不立，跨者不行」，「多藏必厚亡」，「高者抑之，下者舉之」，「將欲歙之，必固張之，將欲弱之，必固強之，將欲廢之，必固興之，將欲奪之，必固與之。」種種說法，都是本諸這個原則立論。這個原則，人世上一切事都適用，等於瓦特發明蒸汽（機），各種工業都適用。

（七）老子之兵法

老子把盈虛消長之理，應用到軍事上，就成了絕妙兵法。試把他言兵的話，匯齊來研究，即知他的妙用了。他說：「以道佐人主者，不以兵強天下，其事好還……善者果而已。」又曰：「夫佳兵者不祥之器，非君子之器，不得已而用之。」又曰：「以奇用兵。」又曰：「慈故能勇……夫慈以戰則勝，以守則固，天將與之，以慈衛之。」又曰：「善為士者不武，善戰者不怒，善勝敵者不爭。」又曰：「用兵有言，不敢為主而為客，不敢進寸而退尺，禍莫大於輕敵，輕敵幾喪吾寶，故抗兵相加，哀者勝矣。」又曰：「勇於敢則殺，勇於不敢則活。」又曰：「堅強者死之徒，柔弱者生之徒，是以兵強則不勝。」可知老子用兵，是出於自衛，出於不得已，以慈為主。慈有二意：一是恐我的人民為敵人所殺；二是恐敵人的人民為我所殺，所以我不敢為造事之主，如若敵人實在要來攻我，我才起而戰之，即所謂「不敢為主而為客」。雖是起而應之，卻不敢輕於開戰，「輕敵幾喪吾寶」。這個「寶」字，就是「我有三寶」的「寶」字，慈為三寶之一，輕於開戰，即是不慈，就算失去一寶了。我即不開戰，而敵人亦必來攻，我將奈何？老子的法子就是守，故曰：「以守則固。」萬一敵人猛攻，實在守不住了，又將奈何？老子就向後退，寧可退一尺，不可進一寸，萬一退到無可退的地方，敵人還要進攻，如再不開戰，坐視我的軍士，束手待斃，這可謂不慈之極了。到了此刻，是不得已了，也就不得不戰了，從前步步退讓，極力收斂，收斂到了極點，爆發出來，等於炸彈爆裂。這個時候，我的軍士，處處是死路，唯有向敵人衝殺，才是生路，人人悲憤，其鋒不可當，故曰「哀者勝矣」。敵人的軍士，遇著這種拚命死戰的人，向前衝是必死的路，向後轉是生路，有了這種情形，我軍當然勝，故曰「以戰則勝」。敵人的兵，恃強已極，「堅強者死之徒」，他當然敗。這真是極妙兵法，故曰：「以奇用兵。」韓信背水陣，即是應用這個原理。

孫子把老子所說的原理，推演出來，成書十三篇，就成為千古言兵之祖。孫子曰：「卑而驕之。」又曰：「少則逃之，不若則避之。」又曰：「不可勝者守也。」又曰：「善守者藏於九地之下。」又曰：「投之無所往，死且不北。」又曰：「兵士甚陷則不懼，無所往則固，深入則拘，不得已則鬥。」又曰：「投之無所往，諸、劌之勇也。」又曰：「帥與之期，如登高而去其梯，帥與之深入諸侯之地，而發其機，若驅群羊，驅而往驅而來，莫知所之，聚三軍之眾，投之於險，此將軍之事也。」又曰：「死地吾將示之以不活。」又曰：「投之亡地然後存，陷之死地然後生。」又曰：「始如處女，敵人開戶，後如脫兔，敵不及拒。」凡此種種，我們拿來與老子所說的對照參觀，其方法完全是相同的，都是初時收斂，後來爆發，孫子曰：「將軍之事靜以幽。」「靜」字是老子書上所常用，「幽」字是老子書上「玄」字「杳」字「冥」字，合併而成的，足知孫子之學，淵源於老子。所異者：老子用兵，以慈為主，出於自衛，出於不得已，被敵人逼迫，不得不戰，戰則必勝，孫子則出於權謀，故意把兵士陷之死地，以激戰勝之功，把老子「以奇用兵」的「奇」字，發揮盡致。開始凡是一種學說，發生出來的支派，都有這種現象，即是把最初之說，引而申之，擴而大之，唯其如此，所以獨成一派。老子的清靜無為，連兵事上都用得著，世間何事用不著。因為老子窺見了宇宙的真理，所以他的學說，無施不可。

（八）史記老莊申韓同傳之原因

韓非主道篇曰：「虛靜以待令。」又曰：「明君無為於上。」這「虛靜無為」四字，是老子根本學說，韓非明明白白提出，足見他淵源所自。其書曰：「若水之流，若船之浮，守自然之道，行無窮之令。」又曰：「不逆天理，不傷情性，不吹毛而求小疵，不洗垢而察難知，不引繩之外，不推繩之內，不急法之外，不緩法之內，守成理，因自然，禍福生於道德，而不出於愛惡。」可見他制定的法律，總是本於自然之理，從天理人情中斟酌而出，並不強人以所難。他說：「明主立可為之賞，設可避之罰，故賢者勸賞，而不肖者少罪。」可見他所懸的賞，只要能夠努力，人人都可獲得，所定的罰，只要能夠注意，人人都可避免，又曰：「明君之行賞也，曖（指光昏暗）乎如時雨，百姓利其澤，其行罰也，畏乎若雷霆，神聖不能解也，誠有功則雖疏賤必賞，誠有過則雖嬖（指受寵愛）而必誅。」事事順法律而行，無一毫私見。他用法的結果是：「因道全法，君子樂而大奸止，淡然閒靜，因天命，持大體，上下交順，以道為舍。」這是歸於無為而止。

老子講虛靜，講無為；韓非也是講虛靜，講無為。黃老之術，發展出來，即為申韓，申韓之術，收斂起來，即為黃老。二者原是一貫。史遷（司馬遷）把老莊申韓同列一傳，即是這個道理。後人不知此理，反痛詆史遷，以為韓非與李耳同傳，不倫不類。試思史遷父子，都是深通黃老的人，他論大道則先黃老，難道對於老氏學派，還會談外行話嗎？不過韓非之學，雖是淵源於老子，也是引而申之，擴而大之，獨成一派。老子曰：「我無為而民自化。」韓非曰：「明君無為於上，群臣竦懼乎下。」同是無為二字，在老子口中，何等恬適，一出韓非之口，而凜然可畏，唯其如此，所以才獨立成派。

莊子與韓非，同是崇奉老子，一出世，一入世，途徑絕端相反，而皆本之於無為。莊子事事放任，猶可謂之無為，韓非事事干涉，怎麼可謂之無為呢？莊子是順應自然做去，毫不參加自己的意見，所以謂之無為。韓非是順應自然，製出一個法律，我即依著法律實行，絲毫不出入，也是不參加自己的意見，故韓非之學說歸於無為，因為他執行法律時，莫得絲毫通融，不像儒家有議親議貴這類辦法，所以就蒙刻薄寡恩之名了。

韓非說：「故設柙非所以備鼠也，所以使怯弱能服虎也。」可見他立法是持大體，並不苛細。漢高祖用講黃老的張良為謀臣，入關之初，「除秦苛法，約法三章，殺人者死，傷人及盜抵罪」。「苛法」是捕鼠之物，把他除去，自是黃老舉動：「殺人者死，傷人及盜抵罪」，是設柙服虎，用的是申韓手段。我們從此等地方考察，黃老與申韓，有何衝突？

（九）老子與其他諸子

道流而為德，德流而為仁，仁流而為義，義流而為禮，禮流而為刑，刑流而為兵。道德居首，兵刑居末。孫子言兵，韓非言刑，而其源者出於老子。我們如果知道：兵刑與道德相通，即知諸子之學無不與老子相通了。老子三寶，一曰慈，二曰儉，三曰不敢為天下先。孔子溫良恭儉讓，儉字與老子同，讓即老子之不敢為天下先，孔子嘗言仁，即是老子之慈，足見儒家與老子相通。墨子之兼愛，即是老子之慈，墨子之節用，即是老子之儉。老子曰：「用兵有言，不敢為主而為客，不敢進寸而退尺。」又曰：「以守則固。」墨子非攻而善守，足見其與老子相通。戰國的縱橫家，首推蘇秦，他讀的書，是陰符，揣摩期年，然後才出而遊說，古陰符不傳，他是道家之書，大約是與老子相類。老子曰：「天之道其猶張弓乎，高者抑之，下者舉之。」老子此語，是以一個「平」字立論。蘇秦說六國，每用「寧為雞口，無為牛後」一類話，激動人不平之氣，暗中藏得有天道張弓的原理，與自然之理相合，所以蘇秦的說法，能夠披靡一世。老子所說「欲取姑予」等語，為後世陰謀家所祖，他如楊朱莊列關尹諸人，直接承繼老子之學，更不待說，周秦諸子之學，即使不盡出於老子，也可說老子之學，與諸子不相牴觸，既不牴觸，也就可以相通。後世講神仙，講符讖等等，俱託始於老子，更足知老子與百家相通。

漢朝汲黯，性情剛直，其治民宜乎嚴刑峻法了，乃用黃老之術，專尚清靜。諸葛武侯，淡泊寧靜，極類道家，而治蜀則用申韓。這都是由於黃老與申韓，根本上是共通的原故。孔孟主張仁義治國，申韓主張法律治國，看是截然不同的兩種，其實是一貫的。諸葛武侯說：「法行則知恩。」這句話真是好極了，足補四書五經所未及。要施恩先必行法做起走，行法即是施恩，法律即是仁義。子產治鄭用猛，國人要想殺他，說道：「孰殺子產，吾其與之。」後來感他的恩，又生怕他死了，說道：「子產而死，誰其嗣之。」難道子產改變了政策嗎？他臨死前還說為政要用猛，可見猛的宗旨，至死不變，而所收的效果，卻是惠字，《論衡》載：「子謂子產……其養民也惠。」又講：「或問子產，子曰：『惠人也。』」猛的效果是惠，此中關鍵，只有諸葛武侯懂得，所以他治蜀尚嚴，與子產收同一之效果。一般人說申韓刻薄寡恩，其實最慈惠者，莫如申韓。申子之書不傳，試取韓非子與諸葛武侯本傳，對照讀之，當知鄙言之不謬。

韓非之學，出於荀子，是主張性惡的。荀子以為人性惡，當用禮去裁制他。韓非以為禮的裁制力弱，法律的裁制力強，故變而論刑名，由此可知：黃老申韓孟荀，原是一貫。害何種病，服何種藥。害了嬴秦那種病，故漢初藥之以黃老，害了劉璋那種病，故孔明藥之以申韓，儒者見秦尚刑名，至於亡國，以為申韓之學，萬不可行，此乃不知通變之論。商鞅變法，秦遂盛強，逮至始皇，統一中國，見刑名之學，生了大效，繼續用下去，猶之病到垂危，有良醫開一劑芒硝大黃，服之立愈，病已好了，醫生去了，把芒硝大黃作為常服之藥，焉得不病？焉得不死？於芒硝大黃何尤？於醫生何尤？

（十）孔子不言性與天道之原因

《禮記》上，孔子屢言：「吾聞諸老聃曰。」可見他的學問，淵源於老子。至大限度，只能與老子對抗，斷不能駕老子而上之。《史記》載：「孔子適周，問禮於老子，去，謂弟子曰：『鳥吾知其能飛，魚吾知其能游，獸吾知其能走，走者可以為網，游者可以為綸，飛者可以為矰（古代射鳥用的拴著絲繩的箭），至於龍，吾不能知其乘風雲而上天，吾今日見老子，其猶龍耶。』」這種驚訝佩服的情形，儼如虬髯客見了李世民，默然心死一樣。《虬髯客傳》載：道士謂虬髯曰：「此世界非公世界，他方可也。」虬髯也就離開中國，到海外扶餘，另覓生活。孔子一見老子，恰是這種情形。老子曰：「失道而後德，失德而後仁，失仁而後義，失義而後禮。」道德已被老子講得透透徹徹，莫得孔子說的，孔子只好從仁字講起走了。老子學說，雖包含有治世法，但是略而不詳，他專言道德，於仁義禮三者，不加深論。孔子窺破此旨，乃終身致力於仁義禮，把治國平天下的方法，條分縷析地列出來。於是老子談道德，孔子談仁義禮，結果孔子與老子，成了對等地位。孔子是北方人，帶得有點強哉矯的性質，雖是佩服老子，卻不願居他籬下。這就像清朝惲壽平，善畫山水，見了王巖谷的山水，自量不能超出其上，再畫得好，也是第二手，乃改習花卉，後來二人竟得齊名。孔子對於老子，也是這樣。他二人一談道德，一談仁義禮，可說是分工的工作。

《論語》載：子貢曰：「夫子之文章，可得而聞也，夫子之言性與天道，不可得而聞也。」孔子何以不言性與天道呢？因為性與天道，老子已經說盡，莫得孔子說的了。何以故呢？言性言天道，離不得自然二字，老子提出自然二字，業已探驪得珠，孔子再說，也不能別有新理，所以就不說了。老子說：「致虛極，守靜篤。」請問致的是甚麼？守的是甚麼？這明明是言心言性，一部宋元明學案，虛字靜字，滿紙都是，說來說去，終不出「致虛守靜」的範圍，不過說得比較詳細罷了。老子書中言天道的地方很多，如云「天地之間，其猶橐籥乎，虛而不屈，動而愈出」。「天長地久，天地所以長且久者，以其不自生，故能長生」。「飄風不終朝，驟雨不終日，孰為此者天地，天地尚不能長久，而況於人乎」。「天網恢恢，疏而不失」。「天之道其猶張弓乎，高者抑之，下者舉之，有餘者損之，不足者補之。」老子這一類話，即把天地化生萬物，天人感應，天道福善禍淫，種種道理，都包括在內，從天長地久，說至天地不能長久，就叫孔子再談天道，也不能出其範圍，所以只好不說了。老子所說：「有物混成，先天地生。」孔子也是見到了的，他贊周易，名此物曰太極，曾極力發揮，唯理涉玄虛，對門人則渾而不言，故大學教人，從誠意做起走。

性與天道，離了「自然」二字，是不能講的。何以見得呢？一般人說宋儒是得了孔子真傳的，朱子是集宋學大成的，朱子畢生精力，用在《四書集註》上，試拿《集註》來研究「性與天道，不可得而聞也」這一章，朱子注曰：「性者人所受之天理，天道者天理自然之本體，其實一理也。」這不是明明白白地提出「自然」二字嗎？《中庸》：「天命之謂性，率性之謂道。」朱註：「率循也，道猶路也，人物各循其性之自然，則其日用事物之間，莫不各有當行之路，是則所謂道也。」豈不是又提出「自然」二字嗎？孟子曰：「天下之言性也，則故而已矣，故者以利為本，所惡於智者，為其鑿也，如智者若禹之行水也，則無惡於智矣，禹之行水也，行其所無事也，如智者亦行所無事，則智亦大矣。天之高也，星辰之遠也，苟求其故，千歲之日至，可坐而致也。」此章言性又言天道，朱註：「利猶順也，語其自然之勢也……其所謂故者，又必本其自然之勢……水之在山，則非自然之故矣……禹之行水，則因其自然之勢則導之……程子（程頤）曰，此章專為智而發。愚謂事物之理，莫非自然，順而循之，歸為大智。」朱注五提自然二字，足見性與天道，離卻自然二字，是講不清楚的。老子既已說盡，宜乎孔子不再說了。

（十一）三教異同之點

春秋戰國時，列國並爭，同時學術界，也有百家爭鳴，自秦以後，天下統一，於是學說隨君主之旨意，也歸於統一。秦時奉法家的學說，此外的學說，皆在所排斥。漢初改而奉黃老。到了漢武帝表章六經，罷黜百家，從此以後，專奉孔子之學。而老子的學說，勢力也很大。孔老二教，在中國成為兩大河流。隨後佛教傳入中國，越傳越盛，成了三大河流。同在一個區域內，相推相蕩，經過了很長的時間，天然有合併的趨勢，於是宋儒的學說，應運而生。

我們要談宋儒的學說，須先把三教異同研究一下。三教異同古人說得很多，無待我們再說，但我們可補充一下：三教均以返本為務。孟子曰：「天下之本在國，國之本在家，家之本在身。」但返至身，還不能終止。孟子又曰：「孩提之事，無不知愛其親也，及其長也，無不知敬其兄也。」可知儒家返本，以返至孩提為止。老子一書，屢言嬰兒，請問孟子之孩提，與老子的嬰兒，同乎不同？答曰：不同。何以故呢？孟子所說之孩提能愛親敬兄，大約是二三歲或一歲半歲。老子曰：「如嬰兒之未孩。」說文：孩，小兒笑也。嬰兒還未能笑，當然是指才下地者而言。老子又說：「骨弱筋柔而握固。」初生小孩，手是握得很緊的。可見老子所說的嬰兒，確指才下地者而言。孟子所說的孩提知愛知敬，是有知識的。老子曰：「常使民無知無慾。」是莫有知識的。可知老子返本更進一步，以返至才下地的嬰兒為止。

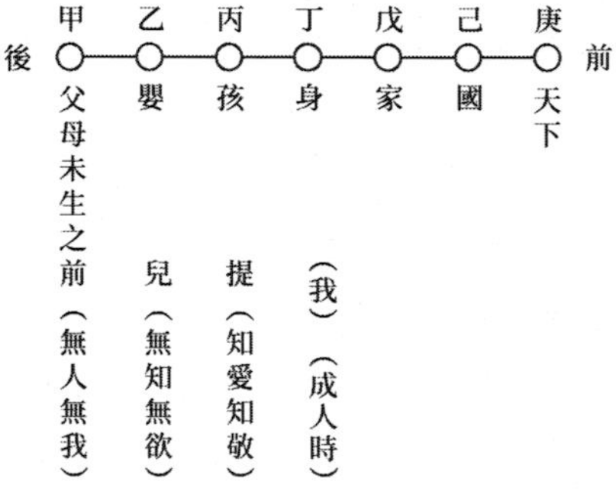

三教「返回本源」的線索圖

但老子所說的雖是無知無慾，然猶有心；故曰：「聖人當無心，以百姓心為心。」釋氏則並心而無之，以證入涅槃，無人無我為止。禪家常教人「看父母未生前面目」。竟是透過孃胎，較老子的嬰兒更進一步。他們三家俱是在一條線上，我們可作圖表示，如圖：儒家由庚返至丁，再由丁返至丙。老子由丁返至乙。佛氏由丁返至甲。我們可呼此線為「返本線」。由此可看出三家的異同。要說他們不同，他三家都沿著返本線向後而走，這是相同的。要說他們相同，則儒家返至丙點而止，老子返至乙點而止，釋氏直返至甲點方止，又可說是不同。所從三教同與異俱說得去，總看如何看法。《大學》說：「欲修其身者先正其心，欲正其心者先誠其意。」從身字追進兩層，直至意字，從誠意做起走。但是有意就有我，老子以為有了我即有人，人我對立，就生出許多膠膠擾擾的事，鬧個不休。有我即身，故曰：「吾所以有大患者，為吾有身。」倘若無有我身，則人與我渾而為一，就成了與人無忤，與世無爭，再不會有膠膠擾擾的事。故曰：「及吾無身，吾有何患？」莊子書上種種譏誚孔子的話，與夫老子謂孔子曰：「去子之驕氣與多欲，態色與淫志」等語，都是根據這個原理。試問如老子所說，是個甚麼境界呢？這就是所說的「恍兮惚兮，窈兮冥兮」了，也即是「嬰兒未孩」的狀態，自佛學言之，此等境界是為第八識，釋氏更進一步，打破此識，而為大圓鏡智，再進而連大圓鏡智也打破，即是心經所說「無智亦無得」了。

據上面所說，似乎佛氏的境界，非老子所能到，老子的境界，非孔子所能到，則又不然，佛氏說妙說常，老子曰：「覆命曰常。」又曰：「玄之又玄，眾妙之門。」佛氏的妙常境界，老子何嘗不能到呢？孔子毋意必固我，又曰：「無可無不可。」佛氏所謂法執我執，孔子何嘗莫有破呢？但三教雖同在一根線上，終是個個獨立。他們立教的宗旨，各有不同，佛氏要想出世，故須追尋至父母未生前，連心字都打破，方能出世，說是要出世，所以世間的禮樂刑政等等，也就不詳加研究了。孔門要想治世，是在人事上工作，人事之發生，以意念為起點，而意念之最純粹者，莫如孩提之童，故從孩提之童研究起來，以誠意為下手工夫，由是而正心修身，以至齊家治國平天下。他的宗旨，即是想治世，所以關於涅槃滅度的學理，也就不加探討了。老子重在窺探造化的本源，故絕聖棄智，無知無慾，於至虛至靜之中，領會那寂然不動，虛而逍遙之妙，故而像於初生之嬰兒。向後走是出世法，向前走是世間法。他說道：「多言數窮，不如守中。」這個「中」字，即指乙點而言，是介於入世出世之中。佛氏三藏十二部，孔子《詩》、《書》、《易》、《禮》、《春秋》，可算說得很多了。老子卻不願意多說，只簡簡單單五千多字，扼著乙點立論，含有「引而不發，躍如也」的意思。他的意思，只重在把入世出世，打通為一，揭出原理，等人自去研究，不願多言，所以講出世法莫得釋氏那麼精，講世間法莫得孔子那麼詳。綜而言之，釋氏專言出世法，孔子專言世間法，老子則把出世法和世間法，打通為一，這就是他三人立教不同的地方。

老子說：「致虛極，守靜篤，萬物並作，吾以觀其後，萬物藝藝，各歸其根，歸根曰靜，靜曰覆命。」他是用致虛守靜的工夫，步步向內收斂，到了歸根覆命，跟著又步步向外發展，所以他說：「修之於身，其德乃真，修之於家，其德乃彰，修之於鄉，其德乃長，修之於邦，其德乃豐，修之於天下，其德乃普。」孔子之學，得之於老子，其步驟是一樣。《大學》說：「古之慾明明德於天下者，先治其國。欲治其國者，先齊其家。欲齊其家者，先修其身，欲修其身者，先正其心，欲正其心者，先誠其意。」這是步步向內收斂。「意誠而後心正，心正而後身修，身修而後家齊，家齊而後國治，國治而後天下平。」又是步步向外發展。老子歸根覆命的工作，與佛氏相同，從「修之於身」，以至「修之於天下」，與孔子相同，所以老子之學，可貫通儒釋兩家。北方人喜吃麵，南方人喜吃飯，孔子開店賣麵，釋迦開店賣飯，老子店中，面和飯皆有，我們喜歡吃某種，進某家店子就是了。不能叫人一律吃麵，把賣飯的店子封了，也不能叫人一律吃飯，把賣面的店子封了。賣面的未嘗不能做飯，賣飯的也未嘗不能做面，不過開店的目的，各有不同罷了。儒釋道立教，各有各的宗旨，三教之徒，互相攻擊，真算多事。

（十二）宋學是融合儒釋道三家學說而成

最初孔老二教，迭為盛衰，互相排斥。故太史公說：「世之學老子則絀儒學，儒學亦絀老子。」到了曹魏時，王弼出來，把孔老溝通為一，他說：「聖人茂於人者神明也，情，應物而無累於物者也，今以無累便謂其不復應物，失之遠矣」（見《魏志鐘會傳》裴松之注），「沖和以通無」，指老氏而言。「哀樂以應物」，指孔氏而言。裴說：「應物而無累於物。」就把孔老二說，從學理上融合為一，王弼曾注《易經》和《老子》，《易經》是儒家的書，《老子》是道家的書，他注這兩部分，就是做的融合孔老的工作，這是學術上一種大著作，算是一種新學說，大受一般人的歡迎，所以開晉朝清談一派。

人情是厭故喜新的，清談既久，一般人都有點厭煩了，適值佛教陸續傳入中國，越傳越盛，在學術上另開一新世界，朝野上下，群起歡迎，到了唐時，佛經遍天下，寺廟遍天下，天台、華嚴、淨土各宗大行，禪宗有南能北秀，更有新興之唯識宗，可算是佛學極盛時代。唐朝自稱是老子之後，追尊老子為玄元皇帝，道教因之很盛。孔子是歷代崇奉之教，當然也最盛行。三教相蕩，天然有合併的趨勢。那個時候的儒者，多半研究佛老之學，可說他們都在做三教合一的工作，卻不曾把此融合為一，直到宋儒，才把這種工作完成了。

戴東原（戴震）謂：「宋以前，孔孟自孔孟，老釋自老釋，談老釋者高妙其言，不依附孔孟，宋以來，孔孟之書，盡失其解，儒家雜襲老釋之言以解之。」這本是詆斥宋儒的話，但我們從這個地方，反可看出宋儒的真本事來，最當注意的是：「宋以前，孔孟自孔孟，老釋自老釋」二語，老釋和孔孟，大家認為是截然不同之二派，宋時就把他融合為一，創造力何等偉大。

在宋儒儘管說他是孔門嫡派，與佛老無關，實際是融合三教而成，他們學說俱在，何能掩飾。其實能把三教融合為一，這是學術上最大的成功，他們有了這樣的建樹，盡可自豪，反棄而不居，自認孔門嫡派。這即是為門戶二字所誤。唯其是這樣，我們反把進化的趨勢看出來了。儒釋道三教，到了宋朝天然該合併，宋儒順著這個趨勢做去，自家還不覺得，猶如河內撐船一般，宋儒極力欲逆流而上，自以為撐到上流了，殊不知反被捲入大海，假令程朱諸人，立意要做三教合一的工作，還看不出天然的趨勢，唯其極力反對三教合一，實際上反完成了三教合一的工作，這才見天然趨勢的偉大。宋儒學說，所以不能磨滅掉，在完成三教合一的工作，其所以為人詬病者，在裡子是三教合一，面子務必說是孔門嫡派，成了表裡不一致。我們對於宋儒，只要他的裡子，不問他的面子，他們既建樹了這樣大功，就應替他表彰。

宋儒融合三教，在實質上，不在字面上。若以字面而論，宋儒口口聲聲，詆斥佛老，所用的名詞，都是出在四書五經上，然而實質上卻是三教合一。今人言三教合一者，滿紙是儒釋道書上的名詞，我們卻不能承認他把三教融合了。這是甚麼緣故呢？譬如吃飯食，宋儒把雞魚羊肉，米飯菜蔬，吃下肚去，變為血氣。看不出雞魚羊肉，米飯菜蔬的形狀，實質上卻是這些東西融合而成。他人是把這些東西吃下去，吐在地上，滿地是雞魚羊肉米飯菜蔬的細顆，並未融化。我們把融合三教之功，歸之宋儒，就是這個道理。世間的道理，根本上是共通的，宋儒好學深思，凡事要研究徹底，本無意搜求共通點，自然把共通點尋出，所以能夠把三教融合。

由晉歷南北隋唐五代，而至於宋，都是三教並行。名公巨卿，大都研究佛老之學，就中以禪宗為尤盛。我們試翻《五燈會元》一看，即知禪宗自達摩東來，源遠流長，其發達的情形，較之宋元學案所載的道學，還要盛些。王荊公嘗問張文定（方平）：「孔子去世百年，生孟軻亞聖，自後絕人何也？」文定言：「豈無？只有過孟子上者。」公問是誰？文定言：「江南馬大師，汾陽無業禪師，雷峰，巖頭，丹霞，雲門是也。儒門淡泊，收拾不住，皆歸釋氏耳。」荊公欣然嘆服。（見宋《稗類鈔宗乘》），佛教越傳越盛，幾把孔子地盤完全奪去，宋儒生在這個時候，受儒道的甄陶孕育，所以能夠創出一種新學說。

周敦頤的學問，得力於佛家的壽涯和尚和道家陳摶的太極圖，這是大家知道的。程伊川說：「程明道出入於老釋者幾十年。」宋史說：范仲淹命張橫渠讀《中庸》，讀了猶以為未足，又求諸老釋。這都是「儒門淡泊收拾不住」的緣故。明道和橫渠，都是「返求諸六經然後得之」。試問：他二人初讀孔子書，何以得不到真傳，必研究老釋多年，然後返求諸六經，才把他尋出來？何以二人都會如此？此明明是初讀儒書，繼續佛老書，涵泳既久，融會貫通，心中恍若有得：然後還向六經搜求，見所說的話，有與自己心中相合者，就把他提出來組織成一個系統，這即是所謂宋學了。因為天下的真理是一樣的，所以二人得著的結果相同。

著者往年著《心理與力學》一文，創一條臆說：「心理依力學規律而變化。」曾說：「地心有引力，把泥土沙石，有形有狀之物，吸引來成為一個地球，人心也有引力，把耳濡目染，無形無體之物，吸引來，成為一個心。」宋儒研究儒釋道三教多年，他的心，已經成了儒釋道的化合物，自己還不覺得，所以宋學表面上是孔學，裡子是儒釋道融合而成的東西。從此以後，儒門就不淡泊了，就把人收拾得住，於是宋學風靡天下，歷宋元明清以至於今，傳誦不衰。他們有了這種偉大工作，盡可獨立成派，不必依附孔子，在他們以為依附孔子，其道始尊，不知依附孔子，反把宋儒的價值看小了。

（十三）宋學含老學成分最多

宋學是融合三教而成，故處處含有佛老意味。其含有佛學的地方，前人指出很多，不必再加討論。我們所要討論的，就是宋學所含老氏成分，特別濃厚。宋儒所做的工夫，不外「人慾淨盡，天理流行」八字。天理者天然之理，也即是自然之理。人慾者個人之私意。宋儒教人把自己的私意除掉，順著自然的道理做去，這種說法，與老子有何區別？所異者，以「天」字改為「自然」二字，不過字面不同罷了。

但是他們後來注重理學，忽略了「天」字，即是忽略了「自然」二字，而理學就成了管見，此戴東原所以說宋儒以理殺人也。

周子著《太極圖說》云：「無極而太極。」這無極二字，即出自《道德經》。張橫渠之易說，開卷詮乾四德，即引老子「迎之不見其首」二語。中間又引老子「轂神，芻狗，三十輻共一轂（同「狗」，數量上可以滿足需要），高以下為基」等語，更是彰明其著的。

伊川（程頤）門人尹焞言：「先生（指伊川）平生用意，唯在易傳，求先生之學，觀此足矣，語錄之類，皆學者所記，所見有深淺，所記有工拙，蓋不能無失也。」（二程全書）可見易學是伊川根本學問，伊川常令學者看王弼易注（二程全書），《四庫提要》說：「自漢以來，以老莊說易，始魏王弼。」伊川教人看此書，即知：伊川之學根本上參有老學。

朱子（朱熹）號稱是集宋學大成的人。《論語》開卷言：「學而時習之。」朱子注曰：「後學者必效先學者之所為，乃可以明善而復其初。」戴東原（戴震）曰：「復其初出莊子。」（東原年譜），明善復初，是宋儒根本學說，莊子是老氏之徒，這也是參有老學之證。

大學開卷言：「大學之道，在明明德。」朱子注曰：「明德者人之所得乎天，而虛靈不昧，以具眾理而應萬事者也。」這個說法，即是老子的說法。我們可把這幾句話，移注老子。老子曰：「轂神不死，谷者虛也，神者靈也，不死者不昧也。」「轂神不死」，蓋言：虛靈不昧也。「具眾理而應萬事」，即老子「虛而不屈，動而愈出」之意。「虛」則沖漠無朕，「不屈」則永珍森然，故曰「具眾理」。「動」則感而遂通，「愈出」則順應不窮，故曰：「應萬事。」這豈不是老子的絕妙註腳？

《中庸》開卷言：「天命之謂性，率性之謂道。」朱注提出自然二字。《論語》：「夫子之言性與天道，不可得而聞也。」朱注又提出自然二字。孟子「天下之言性也」一章，朱注五提自然二字，這是前面已經說了的。

又老子有「致虛極，守靜篤」二語，宋儒言心性，滿紙是虛靜二字，靜字猶可說《大學》中有之，這虛字明明是從老子得來。

宋學發源於孫明復、胡安定、石守道三人，極盛於周程張朱諸人。程氏弟兄幼年曾受業於周子，其學是從周子傳下來的，但伊川（程頤）作明道（程顥）行狀說：「先生生於一千四百年之後，得不傳之學於遺經。」又說：「先生為學，自十五六時，聞汝南周茂叔論道，遂嫌科舉之業，慨然有求道之志，未知其要，泛濫於諸家，出入於老釋者幾十年，返求諸六經，然後得之。」可見宋學是程明道特創的，明道以前，只算宋學的萌芽，到了明道，才把他組織成一個系統，成為所謂宋學。周子不過啟發明道求之志罷了。所以我們研究宋學，當從明道研究起來。

明道為宋學之祖，等於老子為周秦諸子之祖。而明道之學，即大類老子，老子曰：「聖人無常心，以百姓心為心。」明道著定性書說：「夫天地之常，以其心普萬物而無心，聖人之常，以其情順萬物而無情。故君子之學，莫如廓然而大公，物來而順應。」此等說法，與老子學說，有何區別？也即是王弼所說：「體沖和以通無，應物而無累於物。」

二程遺書載：明道言：「天地萬物之理，無獨必有對，皆自然而然，非有安排也。每中夜以思，不知手之舞之，足之蹈之也。」明道所悟得者，即是老子所說：「有無相生，難易相成，長短相形，高下相傾，聲音相和，前後相隨」之理，老子書中，每用雌雄、榮辱、禍福、靜躁、輕重、歙張、枉直、生死、多少、剛柔、強弱等字，兩兩相對，都是說明「無獨必有對」的現象。明道提出自然二字，宛然老子的學說。

其他言自然者不一而足，如遺書中，明道云：「言天之自然者，謂之天道。」又云「一陰一陽之謂道，自然之道也」皆是。故近人章太炎說：「大程遠於釋氏，偏邇於老聃。」(見《檢論卷．四通程篇》)

宋學是明道開創的，明道之學，既近於老子，所以趙宋諸儒，均含老氏意味。宋儒之學，何以會含老氏意味呢？因為釋氏是出世法，孔子是世間法，老子是出世法世間法，一以貫之。宋儒以釋氏之法治心，以孔子之學治世，二者俱是順其自然之理而行，把治心治世打成一片，恰是走入老子的途徑。宋儒本莫有居心要走入老氏途徑，只因宇宙真理，實是這樣，不知不覺，就走入這個途徑，由此知：老子之學，不獨可以貫通周秦諸子，且可以貫通宋明諸儒。換言之：即是老子之學，可以貫通中國全部學說。

伊川說：「返求諸六經然後得之。」究竟他們在六經中得著些甚麼呢？他們在《禮記》中搜出《大學》、《中庸》兩篇，提出來與《論語》、《孟子》，合併研究。在《尚書》中搜出「人心唯危，道心唯微，唯精唯一，允執厥中」十六字。又在《樂記》中搜出「人生而靜，天之性也，感於物而動，性之慾也」數語，創出天理人慾等名詞，互相研究，這即是所謂「得不傳之學於遺經」了。

宋儒搜出這些東西，從學理上言之，固然是對的，但務必說這些東西是孔門「不傳之學」，就未免靠不住，「人生而靜」數語，據後人考證，是《文子》引《老子》之語，河間獻王把他採入《樂記》的。而《文子》一書，又有人說是偽書，觀其全書，自是道家之書，確非孔門之書。

閻百詩《尚書古文疏證》說：「虞廷十六字，蓋純襲用荀子，而世未之察也，荀子解蔽篇：昔者舜之治天下也云云，故道經曰：『人心之危，道心之微，危微之幾，唯君子而後能知之。』此文前文有精於道，一於道之語，遂概括為四字，復讀以成十六字。」可見宋儒講的危微精一，直接發揮荀子學說，間接是發揮道家學說。

朱子注《大學》說：「經一章，蓋孔子之言，而曾子述之。其傳十章。則曾子之意，而門人記之也。」朱子以前，並無一人說《大學》是曾子著的，不知朱子何所依據，大約是見誠意章，有曾子曰三字，據閻百詩說：《禮記》四十九篇中，稱曾子者共一百個，除有一個是指曾子外，其餘九十九個，俱指曾參，何以見得此篇多處提及曾子二字，就是曾子著的？

朱子說：《中庸》是孔門傳授心法，子思學之於書以授孟子。此話也很可疑。《中庸》有「載華嶽而不重」一語，孔孟是山東人，一舉目即見泰山，所以論孟中言山之高者，必說泰山。華山在陝西，孔子西行不到秦，華山又不及泰山著名，何以孔門著書，會言及華山呢？明明是漢都長安，漢儒著書，一舉目即見華山，故舉以為例。又說：「今天下車同軌，書同文」，更是嬴秦混一天下後的現象。這些也是經昔人指出了的。

據上所述，宋儒在遺經中，搜出來的東西，根本上發生疑問。所以宋儒的學問，絕不是孔孟的真傳，乃是孔老孟荀混合而成的，宋儒此種工作，不能說是他們的過失，反是他們的最大功績，他們極力尊崇孔孟，反對老子和荀子，實質上反替老荀宣傳，由此知：老荀所說的是合理的，宋儒所說的也是合理的。我們重在考求真相，經過他們這種工作，就可證明孔老孟荀，可融合為一，宋儒在學術上的功績真是不小。

我們這樣的研究，就可把學術上的趨勢看出來了。趨勢是甚麼？就是各種學說，根本上是共通的，越是互相攻擊，越是日趨融合，何以故？因為越攻擊，越要研究，不知不覺，就把共通之點發現出來了。

《宋元學案》載：「明道不廢觀釋老書，與學者言，有時偶舉示佛語。伊川（程頤）一切屏除，雖莊列亦不看。」明道（程顥）把三教之理，融會貫通，把大原則發明瞭，伊川只是依著他這個原則研究下去，因為原則上含得有釋老成分，所以伊川雖屏除釋老之書不觀，而傳出來的學問，仍帶有釋老意味。

伊川嘗謂門人張釋曰：「我昔狀明道先生之行，我之道蓋與明道同，異時欲知我者，求之此文可也。」伊川作明道行狀，言出入於老釋者幾十年，既自稱與明道同，當然也出入於老釋。所謂不觀釋老書者，是指學成之後而言，從前還是研究過釋老的。

宋儒的學說，原是一種革命手段。他們把漢儒的說法，全行推倒，另創一說，是備具了破壞和建設兩種手段。他們不敢說是自己特創的新說，仍復託諸孔子，名為復古，實是創新。路德之新教，歐洲之文藝復興，皆是走的這種途徑。宋儒學說，帶有創造性，所以信從者固多，反對者亦不少，凡是新學說出來，都有這類現象。

（十四）程明道死後之派別

明道把三教融合的工作剛剛做成功，跟著就死了。死後，他的學術，分為兩大派：一派是伊川朱子（朱熹），一派是陸象山（九淵）和王陽明（王守仁）。明道死時，年五十四歲，死了二十多年，伊川才死。伊川傳述明道的學問，就走入一偏，遞傳以至朱子。後人說朱子集宋學之大成，其實他未能窺見明道全體。宋元學者說：「朱子謂明道說話渾論，然太高，學者難看。……朱子得力於伊川，於明道之學，未必盡其傳也。」據此可知：朱子得明道之一偏，陸象山起而紹述明道，與朱子對抗，不但對於朱子不滿，且對於伊川亦不滿。他幼年聞人誦伊川語，即說道：「伊川之言，奚為與孔孟不類。」又說：「二程見茂叔後，吟風弄月而歸，有『吾與點也』之意。後來明道此意卻存，伊川已失此意。」又說：「元晦似伊川，欽夫似明道，伊川錮蔽深，明道卻疏通。」象山自以為承繼明道的，伊川也自以為承繼明道的，其實伊川與象山，俱是得明道之一偏，不足盡明道之學。伊川之學，得朱子發揮光大之，象山之學，得陽明發揮光大之，成為對抗之兩派。朱子之格物致知，是偏重在外，陽明之格物致知，是偏重在內。明道曰：「與其非外而是內，不若內外之兩忘。」明道內外兩忘，即是包括朱陸兩派。

朱陸之爭，乃是於整個道理之中，各說半面，我們會通觀之，即知兩說可以並行不悖。（一）孔子說：「學而不思則罔，思而不學則殆。」朱子重在學，陸子重思，二者原是不可偏廢。（二）孟子說：「博學而詳說之，將以反說約也。」朱子重的是這個說法。孟子又說：「心之官則思，思則得之，不思則不得也，此天所與我者，先立乎其大者，則其小者不能奪也。」陸子重的是這個說法。二說同出於孟子，原是不衝突的。(三) 陸子尊德性，朱子道問學，《中庸》說：「尊德性而遠問學。」中間著一而字，二者原可聯為一貫。(四) 從論理學上言之：朱子用的是歸納法，陸子用的是演繹法，二法俱是研究學問所不可少。(五) 以自然現象言之：朱子萬殊歸於一本，是向心力現象，陸子一本散之萬殊，是離心力現象，二者原是互相為用的。我們這樣的觀察，把他二人的學說，合而用之即對了。

明道學術：分程（伊川）朱和陸王兩派，象山相當於伊川，陽明相當於朱子。有了朱子「萬殊歸於一本」之格物致知，跟著就有陽明「一本散之萬殊」之格物致知，猶之有培根之歸納法，跟著就有笛卡兒之演繹法，培根之學類伊川和朱子，笛卡兒之學類象山和王陽明。宇宙真理，古今中外是一樣的，所以學術上之分派和研究學問的方法，古今中外也是一樣的。

(十五) 學術之分合

孔子是述而不作的人，祖述堯舜，憲章文武，融合眾說，獨成一派。老子書上有「穀神不死」及「將欲取之」等語，經後人考證，都是引用古書。他書中所說「用兵有言」及「建言有之」等語，更是明白援引古說，可見老子也是述而不作之人，他的學說，也是融合眾說，獨成一派。印度有九十六外道，釋迦一一研究過，然後另立一說，這也是融合眾說，獨成一派。宋儒之學，是融合儒釋道三教而成，也是融合眾說，獨成一派。這種現象，是學術上由分而合的現象。

大凡一種學說，獨立成派之後，本派中跟著就要分派。韓非說：「儒分為八，墨分為三。」就是循著這個軌道走的。孔學分為八派，秦亡而後，孔學滅絕，漢儒研究遺經，成立漢學，跟著又分許多派。老氏之學，也分許多派。佛學在印度，分許多派，傳入中國又分若干派。宋儒所謂佛學者，蓋禪宗也。禪宗自達摩傳至五祖。分南北兩派，北方神秀，南方慧能，慧能為六祖，他門下又分五派。明道創出理學一派，跟著就分程（伊川）朱和陸王兩派。而伊川門下分許多派，朱子門下分許多派，陸王門下也分許多派。這種現象，是由合而分的現象。

宇宙真理，是圓陀陀的，一個渾然的東西，人類的知識很短淺，不能驟窺其全，必定要這樣分而又合、合而又分的研究，才能把那個圓陀陀的東西，研究得清楚。其方式是每當眾說紛紜的時候，就有人融會貫通，使他匯歸於一的，這是做的由分而合的工作。既經匯歸於一之後，眾人又分頭研究，這是做的由合而分的工作。

我們現在所處的時代，是西洋學說傳入中國，與固有的學說發生衝突，正是眾說紛紜的時代。我們應該把中西兩方學說，融會貫通，努力做出分而合的工作。必定要這樣，才合得到學術上的趨勢，等到融會貫通過後，再分頭研究，做合而分的工作。

宋學與蜀學

凡人的思想，除受時代影響之外，還要受地域的影響。其原因：（一）凡人生在一個地方，對於本地之事，耳濡目染，不知不覺，就成了拘墟之見。（二）因為生在此地，對於此地之名人，有精密的觀察，能見到他的好處，故特別推崇他。此二者可說是一般人的通性，我寫這篇文字，也莫有脫此種意味。

（一）二程與四川之關係

凡人的思想，除受時代影響之外，還要受地域的影響。孔子是魯國人，故師法周公；管仲是齊國人，故師法太公；孟子是北方人，故推尊孔子；莊子是南方人，故推尊老子，其原因：（一）凡人生在一個地方，對於本地之事，耳濡目染，不知不覺，就成了拘墟之見。（二）因為生在此地，對於此地之名人，有精密的觀察，能見到他的好處，故特別推崇他。此二者可說是一般人的通性，我寫這篇文字，也莫有脫此種意味。

程明道（程顥）的學說，融合儒釋道三家而成。是順應時代的趨勢，已如前篇所說。至於地域關係，他生長於河南，地居天下之中，為宋朝建都之地，人文薈萃，是學術總匯的地方，故他的學說，能夠融合各家之說，這層很像老子，老子為周之柱下史，地點也在河南，周天子定都於此，諸侯朝聘往來，是傳播學說集中之點，故老子的學說，能夠貫通眾說。

獨是程明道的學說，很受四川的影響。這一層少人注意，我們可以提出來討論一下：明道的父親，在四川漢州做官，明道同其弟伊川（程頤）曾隨侍來川，伊川文集中，有《為太中（程子父）作試漢州學生策問》三首，《為家君請宇文中允典漢州學書》、《再書》及《蜀守記》等篇，都是在四川作的文字，其時四川儒釋道三教很盛，二程在川濡染甚深，事實俱在，很可供我們的研究。

（二）四川之易學

《宋史．譙定傳》載：「程頤之父珦，嘗守廣漢，頤與其兄顥皆隨侍，遊成都，見治篾箍桶者，挾冊，就視之，則易也，欲擬議致詰，而篾者先曰：『若嘗學此乎？』因指『未濟男之窮』以發問，二程遜而問之，則曰：『三陽皆失位也。』兄弟渙然有所省，翌日再過之，則去矣。」伊川晚年注易，於未濟卦，後載「三陽失位」之說，並曰：「斯義也，聞之成都隱者。」足觀宋史所載不虛。據《成都縣誌》所載：「二程過箍桶翁時地方，即是省城內之大慈寺。」

譙定傳又載：「袁滋入洛，問易於頤，頤曰：『易學在蜀耳，盍往求之？』滋入蜀訪問，久之，無所遇，已而見賣醬薛翁於眉邛間，與語大有所得。」我們細玩「易學在蜀」四字，大約二程在四川，遇著長於易的人很多，不止箍桶翁一人，所以才這樣說。

段玉裁做富順縣知縣，修薛翁祠，作碑記云：「……繼讀東萊呂氏撰常州志，有云。袁道潔聞蜀有隱君子名，物色之。莫能得，末至一郡，有賣香薛翁，旦荷芨之市，午輒扃（關門）門默坐，意象靜深，道潔以弟子禮見，且陳所學，叟漠然久之，乃曰：『經以載道，子何博而寡要也？』之語，未幾復去。」宋史云「眉邛間」，呂氏云「至一郡」，皆不定為蜀之何郡縣，最後讀浚儀王氏《困學紀聞》云：「譙天授之易，得於蜀夷族曩（以往；以前；過去的）氏，袁道潔之易，得於富順監賣香薛翁，故曰：『學無常師。』宋之富順監，即今富順縣也，是其為富順人無疑。」（見段玉裁《富順縣誌》）究竟薛翁是四川何處人，我們無從深考，總之有這一回事，其人是一個平民罷了（按宋史作賣醬，呂氏作賣香，似應從呂氏，因東萊距道潔不久，宋史則元人所修也）。

袁滋問易於伊川，無所得，與賣醬翁語，大有所得，這賣醬翁的學問，當然不小，《論語》上的隱者，如晨門、荷蕢（盛土的草包）、沮溺、丈人等，不過說了幾句諷世話，真實學問如何，不得而知，箍桶翁和賣醬翁，確有真實學問表現，他二人易學的程度，至少也足與程氏弟兄相埒（同等），賣醬翁僅知其姓薛，箍桶翁連姓亦不傳，真是鴻飛冥冥的高人。

易學是二程的專長，二人語錄中，談及易的地方，不勝列舉。《宋史．張載傳》稱：「載嘗坐虎皮，講易水師，聽者甚眾，一夕，二程至，與論易，次日語人曰：『比見二程，深明易理，吾所不如，汝可師之。』撤坐輟講。」據此可見二程易學之深，然遇箍桶翁則敬謹領教，深為佩服，此翁之學問，可以想見。袁滋易學，伊川不與之講授，命他入蜀訪求，大約他在四川受的益很多才自謙不如蜀人，於此可見四川易學之盛。

據《困學紀聞》所說，四川的夷族，也能傳授高深的易學，可見那個時候，四川的文化是很普遍的，《易經》是儒門最重要之書，易學是二程根本之學，與四川發生這樣的關係，這是很值得研究的。

(三) 四川之道教

薛翁說袁道潔博而寡要，儼然道家口吻，他扃門默坐，意象靜深，儼然道家舉止，可見其時道家一派，蜀中也很盛。二程在蜀，當然有所濡染。

宋儒之學，據學者研究，是雜有方士派，而方士派，蜀中最盛，現在講靜功的人，奉《參同契》和《悟真篇》二書，為金科玉律，此二書均與四川有甚深之關係。

《悟真篇》是宋朝張伯端字平叔號紫陽所著。據他自序是熙寧己酉年，隨龍國陵公到成都，遇異人傳授。考熙寧己酉，即宋神宗二年，據伊川新作《先公太中傳》稱：「神宗即位年代，知漢州，熙寧中議行新法，州縣囂然，皆以為不可。公未嘗深論也，及法出，為守令者奉行唯恐後，成都一道，抗議指其未便者，獨公一人。」神宗頒行新法，在熙寧二年，即是張平叔遇異人傳授之年，正是二程在四川的時候。平叔自序，有「既遇真筌，安敢隱默」等語。別人作的序有云：「平叔遇青城丈人於成都。」又云：「平叔傳非其人，三受禍患。」漢州距成都只九十里，青城距成都，距漢州，俱只百餘裡，二程或者會與青城丈人或張平叔相遇，否則平叔既不甚祕惜其術，二程間接得聞也未可知。

現在流行的《參同契集註》，我們翻開一看，注者第一個是彭曉，第二個是朱子。彭曉字秀川，號真一子，仕孟昶為祠部員外郎，是蜀永康人。永康故治，在今崇慶縣西北六十里。南宋以前，注《參同契》者十九家，而以彭曉為最先，通行者皆彭本，分九十一章，朱子乃就彭本，分上中下三卷，寧宗元年，蔡季通編置道州，在「寒泉精舍」與朱子相別，相與訂正《參同契》，竟夕不寐，明年季通卒，越二年朱子亦卒，足見朱子晚年都還在研究《參同契》這種學說。

清朝毛西河和胡渭等證明：宋儒所講，無極太極，河洛書是從華山道士陳摶傳來。朱子解易，曾言「邵子弄於希夷（即陳摶），希夷源流，出自《參同契》。」宋學既與《參同契》，發生這種關係，而注《參同契》之第一個人是彭曉，出在四川，他是孟昶之臣，孟昶降宋，距二程到川，不及百年，此種學說，流傳民間，二程或許也研究過。

義和團亂後，某學者著一書，說：「道教中各派，俱發源於四川，其原因就是由於漢朝張道陵，在四川鶴鳴山修道，其學流傳民間，分為各派，歷代相傳不絕。」他這話不錯，以著者所知，現在四川的學派很多，還有幾種傳出外省，許多名人俯首稱弟子，這是歷歷可數的。逆推上去，北宋時候，這類教派當然很盛。二程在蜀當然有所濡染。

（四）四川之佛教

佛教派別很多，宋儒所謂佛學者，大概指禪宗而言，禪宗至六祖慧能而大盛，六祖言：「不思善，不思惡，正憑麼時，那個是明上座本來面目？」宋儒教人：「看喜怒哀樂未發前氣象。」宛然是六祖話語。

四川佛教，歷來很盛，華嚴宗所稱為五祖的宗密，號圭峰，即是唐時四川西充人。唐三藏法師玄奘，出家在成都大慈寺。以禪宗而論，六祖再傳弟子「馬道一」，即是張文定所說馬大師，是四川什邡人，他在禪宗中的位置，與宋學中的朱子相等，有《五燈會元》可考。他的法嗣，布於天下，時號馬祖，他出家在什邡羅漢寺，得道在衡嶽，傳道在江西，曾回什邡築台說法，邑人稱為活佛。（見《什邡縣誌》）二程在四川的時候，當然他的流風餘韻，猶有存者。什邡與漢州毗連，現在什邡高景關內，有雪門寺，相傳二程曾在寺中讀書，後人於佛殿前，建堂祀二程，把寺名改為雪門，取「立雪程門」之義。（見《什邡縣誌》）二程為甚不在父親署內讀書，要跑到什邡去讀？一定那個廟宇內有個高僧，是馬祖法嗣，二程曾去參訪。住了許久，一般人就說他去行醫讀書了。

馬祖教人，專提「心即是佛」四字，伊川曰：「性即理也。」宛然馬祖聲口，這種學理，或許從雪門寺高僧得來。

宋朝禪宗大師宗杲，名震一時，著有《大慧語錄》。朱子也曾看他的書，並引用他的話，如「寸鐵傷人」之語。魏公道是四川廣漢人，他的母親秦國夫人，曾在大慧門下，參禪有得，事載《五燈會元》。大慧之師圓悟，是成都昭覺寺和尚，著有《圓悟語錄》。成都昭覺寺，現有刻板，書首載有張魏公序文，備極推崇。圓悟與二程，約略同時，二程在川之時，四川禪風當然很盛，二程當然有所濡染。

（五）二程講道台

二程的父親，卒於元祐五年庚午，年八十五歲，逆推至熙寧元年戊申，年六十三歲，其時王安石厲行新法，明道曾力爭不聽，他們弟兄不願與安石共事，因為父親年已高，所以侍父來蜀。明道生於宋仁宗明道元年壬申，伊川生於二年癸酉，二人入蜀時，年三十六七歲，正是年富力強的時候，他們拋棄了政治的生活，當然專心研究學問。王陽明三十七歲，謫居貴州龍場驛，大悟格物致知之旨，與二程在漢州時，年齡相同，不得志於政治界，專心研究學問，忽然發明新理，也是相同。

現在漢州城內，開元寺前，有「二程講道台」（見《漢州志》），可見二程在漢州，曾召集名流，互相討論，把三教的道理，融會貫通，恍然有得，才發明所謂宋學。伊川所說的「返求諸六經，然後得之」，大約就在這個時候。漢州開元寺，可等於王陽明的龍場驛。

宋明諸儒，其初大都出入佛老，其所謂佛者，是指禪宗而言，其所謂老者，不純粹是老子，兼指方士而言，陽明早年，曾從事神仙之學，並且修習有得，幾於能夠前知，有陽明年譜可證。不過陽明不自諱，宋儒就更多方掩飾，朱子著《參同契考異》託名「華山道士鄒訢」，不直署己名，掩飾情形，顯然可見。

二程是敏而好學、不恥下問的人，遇著箍桶匠，都向他請教，當然道家的紫陽派，真一派，佛家的圓悟派，也都請教過的。我們看程子主張「半日讀書，半日靜坐」，形式上都帶有佛道兩家的樣子，一定與這兩家有關係。伊川少時，體極弱，愈老愈健，或許得力於方士派的靜坐，不過從來排斥佛老，與這兩家發生關係的實情，不肯一一詳說，統以「出入佛老」一語了之，箍桶翁是他自己說出，並筆之於書，後人方才知道。

我們從旁的書考證，宋朝的高僧甚多，乃《宋史》僅有《方技傳》，而高僧則絕不一載。此由宋儒門戶之見最深，元朝修《宋史》的人，亦染有門戶習氣，一意推崇道學，特創道學傳，以位置程朱諸人，高僧足與程朱爭名，故削而不書，方技中人，不能奪程朱之席，故而書之。以我揣度，即使二程曾對人言：在蜀時，與佛老中人，如何往還，《宋史》亦必削而不書，箍桶翁和賣醬翁，不能與二程爭名，才把他寫上。其餘的既削而不書，我們也就無從詳考。

（六）孟蜀之文化

箍桶翁賣醬翁傳易，張平叔彭曉傳道，圓悟傳禪，可見其時四川的學者很多，請問為甚麼那個時候四川有許多學者呢？因為漢朝文翁化蜀後，四川學風就很盛，唐時天下繁盛的地方，揚州第一，四川第二，有「揚一蜀二」之稱。唐都陝西，地方與蜀接近，那個時候的名人，莫到過四川的很少，所以中原學術，就傳到四川來。加以五代時，中原大亂，許多名流都到四川來避難，四川這個地方，最適宜於避難。前乎此者，漢末大亂，中原的劉巴許靖都入蜀避難。後乎此者，邵雍臨死，說：「天下將亂，唯蜀可免。」他的兒子邵伯溫攜家入蜀，卒免金人之禍。昔人云：「天下未亂蜀先亂，天下已治蜀後治。」這是對乎中原而言，因為地勢上的關係，天下將亂，朝廷失了統御力，四川就首先與之脫離，故謂之先亂，等到中原平定了，才來征服，故謂之後治，其實四川關起門是統一的，內部是很安定的。

五代時，中原戰爭五十多年，四川內政很修明，王孟二氏，俱重文學，《十國春秋》說王建「雅好儒臣，禮遇有加」，又說王衍「童年即能文，甚有才思」。孟蜀的政治，比王蜀更好，孟氏父子二世，凡四十一年，孟昶在位三十二年，《十國春秋》說孟昶「勸善恤刑，肇興文教，孜孜求治，與民休息」。又曰：「後主（指昶）朝宋時，自二江至眉州，萬民擁道痛哭，慟絕者凡數百人，後主亦掩面而泣。藉非慈惠素著，亦何以深入人心至此哉？」這是孟昶亡國之後，敵國史臣的議論，當然是很可信的。清朝知縣大堂面前的牌坊，大書曰「爾俸爾祿，民膏民脂，下民易虐，上天難欺」這十六字，是宋太宗從孟昶訓飭（整統；整治）州縣文中選出來，頒行天下的（見《容齋續筆．戒石銘條》），昶之整飭吏治，已可概見。

後世盛稱文景之治，文帝在位二十三年，景帝在位十六年，合計不過三十九年。孟氏父子，孜孜求治，居然有四十一年之久，真可謂太平盛世。四內既承平，所以大家都研究學問，加以孟昶君臣，都提倡文學。《十國春秋》曰：「帝（指昶）所學，為文皆本於理。居恆謂李昊徐光溥曰：『王衍浮薄而好為輕豔之文，朕不為也。』」他的宰相，毋昭裔，貧賤時，向人借《文選》，其人有難色，他發憤說道：「我將來若貴，當鏤板行之。」後來他在蜀做了宰相，請後主鏤板印九經，又把九經刻石於成都學宮，自己出私財營學宮，立教舍，又刻《文選》、《初學記》、《白氏六帖》，國亡後，其子守素齎（懷著；抱著）至中朝，諸書大章於世，紀曉嵐著《四庫提要》，敘此事，並且說：「印行書籍，創見於此。」他們君臣，在文學上的功績，可算不小。

孟昶君臣，既這樣的提倡文學，內政又修明，當然中原學者，要向四川來，所以儒釋道三教的學問，普及到了民間，二程和袁滋，不過偶爾遇著兩個，其餘未遇著的，不知還有若干。因為有了這樣普遍的文化，所以北宋時，四川才能產出三蘇和范鎮諸人，蘇子由說：「轍生十九年，書無不讀。」倘非先有孟昶的提倡，他在何處尋書來讀？若無名人指示門徑，怎麼會造成大學問？東坡幼年曾見出入孟昶宮中的老尼，二程二蘇，與孟蜀相距不遠，他們的學問，都與孟昶有關，子夏居西河，魏文侯受經於子夏。初置博士官，推行孔學。秦承魏制，置博士官，伏生、叔孫通、張蒼，皆故秦博士。梁任公說：「儒教功臣，第一是魏文侯。」我們可以說：「宋學功臣，第一是孟昶。」

隋朝智者大師，居天台山，開天台宗，著有《大小止觀》。唐朝道士司馬承禎，字子微，也居天台山，著有《天隱子》，又著《坐忘論》七篇。《玉澗雜書》云：「道釋二氏，本相矛盾。而子微之學，乃全本於釋氏，大抵以戒定慧為宗，……此論與智者所論止觀，實相表裡，子微中年隱天台玉霄峰，蓋智者所居，知其淵源有自也。」（見《圖書整合道教部雜錄》）由此知：凡是互相矛盾的學問，只要同在一個地方，就有融合之可能。五代中原大亂，三教中的名人，齊整合都，彷彿三大河流，同趨於最隘的一個峽口，天然該融合為一，大約這些名流，麇（成群）整合都，互相討論，留下不少的學說。明道弟兄來川，召集遺老，築台講道，把他集合來，融會貫通，而斷以己意，成為一個系統，就成為所謂宋學。

（七）蘇子由之學說

大家只知程氏弟兄是宋學中的泰，不知宋朝還有一個大哲學家，其成就較之程氏弟兄，有過之無不及，一般人都把他忽略了，此人為誰？即是我們知道的蘇子由（蘇轍）。程氏弟兄做了融合三教的工作，還要蒙頭蓋面，自稱是孔孟的真傳；子由著有《老子解》，序著此書時，會同僧道商酌，他又把《中庸》「喜怒哀樂之未發」和六祖「不思善不思惡」等語合併研究，自己直截了當地說出來，較諸其他宋儒光明得多。子由之孫蘇籀，記其遺言曰：「公為籀講老子數篇曰：『高出孟子二三等矣！』又曰：『言至道無如五千文。』」蘇籀又說：「公老年作詩云：近存八十一章注，從道老聃門下人。蓋老而所造益妙，碌碌者莫測矣。」子由敢於說老子高出孟子二三等，自認從道老聃門下，這種識力，確在程氏弟兄之上。蘇東坡之子蘇邁等，著有《先公手澤》，載東坡之言曰：「昨日子由寄老子新解，讀之不盡卷，廢卷而嘆，使戰國有此書，則無商鞅韓非，使漢初有此書，則孔老為一，使晉宋間有此書，則佛老不為二，不意晚年見此奇特。」我披讀東坡此段文字，心想子由此書，有甚好處，值得如此稱嘆，後來始知純是讚歎他融合三教的工作。

明朝有個李卓吾（李贄），同時的人，幾乎把他當作聖人，他對於孔子，顯然攻擊，著《藏書》

六十八卷，自序有曰：「前三代吾無論矣，後三代漢唐宋是也，中間數百餘年，而獨無是非者，豈其人無是非哉？鹹以孔子之是非為是非，因未嘗有是非耳。」又曰：「此書但可自怡，不可示人，故名藏書也，而無奈一二好事朋友，索觀不已，予又安能以已耶，但戒曰：『覽則一任諸君覽，但無以孔夫子之定本行賞罰也則善矣。』」他生在明朝，思想有這樣的自由，真令人驚詫，他因為創出這樣的議論，鬧得書被焚燬，身被逮捕，下場至自刎而死，始終持其說不變。其自信力有這樣的堅強，獨對蘇子由非常佩服，萬曆二年，他在金陵刻子由《老子解》，題其後曰：「解老子者眾矣，而子由最高，……子由乃獨得微言於殘篇斷簡之中，宜其善發老子之蘊，使五千餘言，爛然如皎日，學者斷斷乎不可一日去手也，解或示道全，當道全意，寄子瞻，又當子瞻意，今去子由，五百餘年，不意復見此奇特。」卓吾這樣的推崇子由，子由的學問也就可知了。

蘇子由在學術上，有了這樣的成就，何以談及宋學，一般人只知道有程朱，不知道蘇子由呢？其原因：（一）子由書成年已老，子由死於政和二年壬辰，年七十四歲，此書是幾經改刪，至大觀二年戊子十二月方才告成。程明道死於元豐八年乙醜，年五十四歲，伊川死於大觀元年丁亥，年七十五歲，子由成書時，在明道死後二十三年。伊川死後一年，那個時候，程氏門徒遍天下，子由的學說，出來得遲，自不能與他爭勝，子由書成後四年即死，也就無人宣傳他的學說了。（二）那時黨禁方嚴，禁人學習元祐學術，伊川謝絕門徒道：「尊所聞，行所知可也，不必及吾門也。」連伊川都不敢宣傳他的學問，子由何能宣傳？伊川死時，門人不敢送喪，黨禁之嚴可想。史稱子由「築室潁濱，不復與人相見，終日默坐，如是者幾十年」。據此，則子由此書，能傳於世，已算僥倖，何敢望其能行？（三）後來朱子承繼伊川之學，專修洛蜀之怨，二蘇與伊川不合，朱子對於東坡所著《易傳》，子由所著《老子解》，均痛加詆毀，其詆子由曰：「蘇侍郎晚為是書，合吾儒於老子，以為未足，又並釋氏而彌縫之，可謂舛（差錯）矣，然其自許甚高，至謂當世無一人可以語此者，而其兄東坡公，亦以為『不意晚年見此奇特』。以予觀之，其可謂無忌憚者歟！因為之辯。」（見《宋元學案》）《中庸》有「小人而無忌憚」之語，朱子說他無忌憚，即是說他是小人。此段文字，幾乎破口大罵。朱子又把子由之說，逐一批駁，大都故意挑剔，其書俱在，可以復按。朱子是歷代帝王尊崇的人，他既這樣攻擊子由，所以子由的學說，也就若存若亡，無人知道了。（四）最大原因，則孔子自漢武帝而後，取得學術界正統的地盤，程子做融合三教的工作，表面上仍推尊孔子，故其說受人歡迎，子由則赤裸裸地說出來，欠了程明道的技術，所以大受朱子的攻擊，而成為異端邪說，朱子痛詆子由，痛詆佛老，是出於門戶之見，我們不必管，只看學術演進的情形就是了。

（八）學術之演進

我們從進化趨勢上看去，覺得到了北宋的時候，三教應該融合為一，程明道和蘇子由，都是受了天然趨勢的驅迫，程子讀了許多書，來在四川，加以研究，完成融合三教的工作。蘇子由在四川讀了許多書，在潁濱閉門研究也完成融合三教的工作，二者都與四川有關。這都是由於五代時，中原大亂，三教名流，齊整合都，三大河流，同時流入最隘一個峽口的緣故。子由少時在蜀，習聞諸名流緒論，研究多年，得出的結果，也是融合三教，也是出於釋氏而偏邇於老聃，與大程子如出一轍。可見宇宙真理，實是如此。從前佛教傳入中國，與固有學術生衝突，歷南北隋唐以至五代，朝廷明令天下毀佛寺，焚佛經，誅僧尼之事凡數見，自宋儒之學說出，而此等衝突之事遂無，不過講學家文字上小有攻訐（斥責別人的過失；揭發別人的陰私）而已，何也？根本上已融合故也。

世界第一次大戰，第二次大戰，紛爭不已者，學說分歧使之然也。現在國府遷移重慶，各種學派之第一流人物，與夫留學歐美之各種專門家，大都齊集重慶，儼如孟蜀時，三教九流齊整合都一樣，也都是無數河流，趨入一個最隘之峽口。我希望產生一種新學說，融合中西印三方學術而一之，而世界紛爭之禍，於焉可免。（著者按：初版時，國府尚未遷移重慶，則只言：現在交通便利，天涯比鄰，中國、印度、西洋三大文化接觸，相推相蕩，也是三大河流，趨入最隘的峽口，中西印三大文化，也該融合為一。）

宋儒之道統

道統的統字，就是從「帝王創業垂統」那個統字竊取來，即含有傳國璽的意思，那時禪宗風行天下，禪宗本是衣缽相傳，一代傳一代，由釋迦傳至達摩，達摩傳入中國，達摩傳六祖，六祖以後，雖是不傳衣缽，但各派中仍有第若干代名稱，某為嫡派，某為旁支。宋儒生當其間，染有此等習氣，特創出道統之名，與之對抗。道統二字，可說是衣缽二字的代名詞。

（一）道統之來源

宋儒最令人佩服的，是把儒釋道三教，從學理上融合為一，其最不令人佩服的，就在門戶之見太深，以致發生許多糾葛。其門戶之見，共有兩點：（一）孔子說的就對，佛老和周秦諸子說的就不對。（二）同是尊崇孔子的人，程子和朱子說的就對，別人說的就不對。合此兩點，就生道統之說。

宋儒所說的道統，究竟是個甚麼東西呢？我們要討論這個問題，首先要討論唐朝的韓愈。韓愈為人很倔強，富於反抗現實的性質。唐初文體，沿襲陳隋餘習，他就提倡三代兩漢的古文，唐時佛老之道盛行，他就提倡孔孟之學。他取的方式，與歐洲文藝復興所取的方式是相同的。二者俱是反對現代學術，回覆古代學術，是一種革新運動，所以歐洲文藝復興，是一種驚人的事業。韓愈在唐時，負泰山北之地位，也是一種驚人的事業。

韓愈的學問，傳至宋朝，分為兩大派：一派是歐蘇曾王的文學，一派是程朱的道學。宋儒所謂道統的道字，就是從昌黎《原道篇》「斯道也，何道也」那個道字生出來的。孟子在從前，只算儒學中之一種，其書價格，與荀墨相等，昌黎才把他表彰出來，他讀《荀子》說：「始吾得孟軻書，然後知孔子之道尊……以為聖人之徒沒，尊聖人者孟子而已，晚得揚雄書，益信孟氏，因雄書而益尊，則雄者亦聖人之徒歟！……孟子醇乎醇者也，荀與揚大醇而小疵。」經昌黎這樣的推稱，孟氏才嶄然露頭角。

宋儒承繼昌黎之說，把孟子益加推崇，而以自己直發其傳，伊川（程頤）作明道（程顥）行狀，說道：「周公沒聖人之道不行，孟軻死聖人之學不傳，道不行百世無善治，學不傳千載無真儒，……先生生乎一千四百年之後，得不傳之學於遺經，……蓋自孟子之後事，一人而已。」史遷以孟子荀卿合傳，寥寥數十字，於所歷鄒滕任薛魯宋之事，不一書，朱子綱目，始於適魏之齊，大書特書。宋淳熙時，朱子才將《孟子》、《論語》、《大學》、《中庸》合稱為四子書，至元延祐時，始懸為令甲。我們自幼讀四子書，把孟子看作孔子化身，及細加考察，才知是程朱諸人，有了道統之見，才把他特別尊崇的。

昌黎是文學中人，立意改革文體，非三代兩漢之書不觀，他讀孔子孟荀的書，初意本是研究文學，因而也略窺見大道，無奈所得不深，他為文主張辭必己出，字法句法，喜歡戛戛獨造，因而論理論事，也要獨造。他說：「斯道也，何道也，非向所謂老與佛之道也。堯以是傳之舜，舜以是傳之禹，禹以是傳之湯，湯以是傳之文武周公，文武周公，傳之孔子，孔子傳之孟軻，孟軻死，不得其傳。」這個說法，不知他何所見而云然。程伊川曰：「軻死不得其傳，似此言語，非蹈襲前人，非鑿空撰出，必有所見。」這幾句話的來歷，連程伊川都尋不出，非杜撰而何？

宋儒讀了昌黎這段文字，見歷代傳授，猶如傳國璽一般，堯舜禹直接傳授，文、武、周公、孔子、孟軻則隔數百年，都可傳授，心想我們生在一千幾百年之後，難道不能得著這個東西嗎？於是立志要把這傳國璽尋出，經過許久，果然被他尋出來了，在《論語》上尋出「堯曰諮爾舜，……允執其中，……舜亦以命禹」。恰好偽古文《尚書》，有「人心唯危，道心唯微，唯精唯一，允執厥中」十六字。堯傳舜，舜傳禹，有了實據，他們就認定這就是歷代相傳的東西，究禹湯文武周公，所謂授文者安在？又中間相隔數百年，何以能夠傳授？又孔子以前，何以獨傳開國之君，平民中並無一人，能得其傳？這些問題，他們都不加研究。

宋儒因為昌黎說孟子是得了孔子真傳的，就把《孟子》一書，從諸子中提出來，上配《論語》。又從《禮記》中，提出《大學》、《中庸》二篇，硬說《大學》是曾子著的。又說《中庸》是子思親筆寫出，交與孟子，於是就成了孔子傳之曾子，曾子傳之子思，子思傳之孟子，一代傳一代，與傳國璽一般無二。孟子以後，忽然斷絕。隔了千幾百年，到宋朝，這傳國璽又出現，被濂洛關閩諸儒得著，又遞相傳授，這就是所謂道統了。

道統的統字，就是從「帝王創業垂統」那個統字竊取來，即含有傳國璽的意思，那時禪宗風行天下，禪宗本是衣缽相傳，一代傳一代，由釋迦傳至達摩，達摩傳入中國，達摩傳六祖，六祖以後，雖是不傳衣缽，但各派中仍有第若干代名稱，某為嫡派，某為旁支。宋儒生當其間，染有此等習氣，特創出道統之名，與之對抗。道統二字，可說是衣缽二字的代名詞。

請問：濂洛關閩諸儒距孔孟一千多年，怎麼能夠傳授呢？於是創出「心傳」之說。說我與孔孟，心心相傳，禪宗有「以心傳心」的說法，所以宋人就有「虞廷十六字心傳」的說法，這心傳二字，也是摹仿禪宗來的。

本來禪宗傳授，也就可疑，所謂西天二十八祖，東土六祖，俱是他們自相推定的。其學簡易，最閤中國人習好，故禪宗風行天下。其徒自稱「教外別傳」，謂不必研究經典，可以直契佛祖之心，見人每問「如何是祖師西來意」？宋儒教人「尋孔顏樂處」，其意味也相同。

周子為程子授業之人，橫渠是程子戚屬，朱子紹述程氏，所謂濂洛關閩，本是幾個私人講學的團體，後來愈傳愈盛，因創出道統之名。私相推定，自誇孔孟真傳，其方式與禪宗完全相同。

朱子爭這個道統，尤為出力，他注《孟子》，於末後一章，結句說道：「……百世之下，必將有神會而心得之者耳。故於篇中歷序群聖之統，而終之以此，所以明其傳之所在，而又以俟後聖於無窮也，其旨深哉。」提出「統」字「傳」字，又說「神會心得」，即為宋學中所謂「心傳」和「道統」伏根，最奇的，於「其旨深哉」四字之後，突然寫出一段文字。說道：「有宋元豐八年，河南程顥伯醇卒，潞公文彥博題其墓曰，明道先生，而其弟正叔序之曰：周公沒，聖人之道不行，孟軻死，聖人之學不傳，道不行百世無善治，學不傳千載無真儒。無善治，士猶得以明，夫善治之道，以淑諸人，以傳諸後。無真儒，則天下貿貿焉莫知所之，人慾肆而天理滅矣，先生生乎千四百年之後，得不傳之學於遺經，以興起斯文為己任，辨異端，闢邪說，使聖人之道，煥然復明於世，蓋自孟子之後，一人而已。然學者於道，不知所向，則孰知斯人之為功，不知所至，則孰知斯名之稱情也哉。」此段文字寫畢，即截然而止，不要著一語，真是沒頭沒尾的。見得程子即是「後聖」。朱子於《大學》章句序，又說道：「河南兩夫子出，而有以接孟氏之傳，雖以熹之不敏，亦幸私淑而與有聞焉。」「著」「聞」字，儼然自附於「聞而知之」之列，於是就把道統一肩擔上。

（二）道統之內幕

宋儒苦心孤詣，創出一個道統，生怕被人分去，朱子力排象山，就是怕他分去道統，象山死，朱子率門人，往寺中哭之，既罷，良久曰：「可惜死了告子。」硬派象山作告子，自己就變成宋學中的孟子了。

程朱未出以前，揚雄聲名很大，他自比孟子，北宋的孫復，號稱名儒，他尊揚雄為範模。司馬光注《太玄經》說道：「餘少之時，聞玄之名，而不獲見……於是求之積年。乃得觀之，初則溟涬漫漶（漫漶：文字、圖畫等因磨損或浸水受潮而模糊不清），略不可認，乃研精易慮，屏人事而讀之，數十遍，參以首尾，稍得窺其梗概。然後喟然置書嘆曰：嗚呼，揚子真大儒耶，孔子既沒，知聖人之道者，揚子而誰，荀子孟子殆不足擬，況其餘乎！觀玄之書，昭則極於人，幽則盡於神，大則包宇宙，細則入毛髮，合天人之道以為一，刮其根本，示人所出，胎育萬物，而兼為之母，若地履之而不可窮也，若海挹之而不可竭也，天下之道雖有善者，其蔑以易此矣。」司馬光這樣說法，簡直把太玄推尊得如周易一般，儼然直接孔子之傳，道統豈可被揚雄爭去嗎？孟子且夠不上，何況宋儒？宋儒正圖謀上接孟子之傳，怎能容揚雄得過？適因班固《漢書》，說揚雄曾仕新莽，朱子修綱目輕輕與他寫一筆：「莽大夫揚雄死。」從此揚雄成了名教罪人，永不翻身。孟子肩上的道統，無人敢爭，濂洛關閩，就直接孟氏之傳了。這就像爭選舉的時候，自料比某人不過，就清查某人的檔案，說他虧吞公款，身犯刑事，褫（剝奪）奪他被選權一般。假使莫得司馬光這一類稱讚揚雄的文字，綱目上何至有莽大夫這種特筆呢？揚雄仕新莽，做《劇秦美新論》。有人說其事不確，我們也不深辯，即使其事果確，一部紫陽綱目中，類於揚雄，甚於揚雄的人很多，何以未盡用此種書法呢？這都是司馬光諸人把揚雄害了的。

從前揚雄曾入孔廟，後來因他曾仕王莽，就把他請出來；荀子曾入孔廟，因為言性惡，把他請出來；公伯寧曾入孔廟，因為他譭謗子路，也把他請出來。我所不解者，司馬光何以該入孔廟？揚雄是逆臣，司馬光推尊揚雄，即是逆黨。公伯寧不過口頭譭謗子路罷了，司馬光著《疑孟》一書，反孟子說的話，層層攻訐，對於性善說，公然懷疑，其書流傳到今，司馬光一身，備具了公伯寧、荀卿、揚雄三人之罪，公然得入孔廟，豈非怪事？推原其故，司馬光是二程的好友，哲宗即位之初，司馬光曾薦明道為宗正寺丞，薦伊川為崇政殿說書，司馬光為宰相，連及二程也做官，所以二程入孔廟，連及司馬光也配享。司馬光之人品，本是很好，但律公伯寧、荀卿、揚雄三人之例，他就莫得入孔廟的資格，而今公然入了孔廟，我無以名之，直名這曰「徇私」。

宋儒口口聲聲，尊崇孔子，排斥異端，請問諸葛亮這個人為甚麼該入孔廟？諸葛亮自比管樂，管樂為曾西所不屑為，孔門羞稱五霸，孟子把管仲說得一錢不值，管仲的私淑弟子，怎麼該入孔廟？又諸葛亮手寫申韓，以教後主，可見他又是申韓的私淑弟子，太史公作《史記》，把申韓與老子同傳，還有人說申韓夠不上與老子並列，老子是宋儒痛詆之人，諸葛亮是申韓私淑弟子，乃竟入孔廟，大書特書曰：「先儒諸葛亮之位。」這個儒字，我不知從何說起。

劉先主臨終，命後主讀商君書，又不主張行赦，他們君臣要研究的，都是法家的學說，我們遍讀諸葛亮本傳及他的遺集，尋不出孔子二字，尋不出四書上一句話，獨與管仲商鞅申韓，發生不少的關係，本傳上說他治蜀嚴，又說他「嚴無識而不貶」，與孔子所說「赦小過」，孟子所說「省刑罰」顯然違反，假如修個「申韓合廟」請諸葛亮去配享，寫一個「先法家諸葛亮之位」倒還名實相符。

宋盡排斥異端，申韓管商之學，豈非異端嗎？異端的嫡派弟子，高坐孔廟中，豈非怪事嗎？最好是把諸葛亮請出來，遺缺以《史記》上的陳餘補授。《史記》稱：「成安君儒者也，自稱義兵，不用詐謀。」此真算是儒者，假使遇著庸懦之敵將，陳餘一戰而勝，豈不是「仁者無敵」，深合孟子的學說嗎？恐怕孔廟中早已供了「先儒陳餘之位」，無奈陳餘運氣不好，遇著韓信是千古名將，兵敗身死，儒者也就置之不理了。

諸葛亮明明是霸佐之才，偏稱之曰王佐之才，明明是法家，卻尊之曰先儒，豈非滑稽之至嗎？在儒家謂諸葛亮託孤寄命，鞠躬盡瘁，深合儒家之道，所以該入孔廟，須知託孤寄命，鞠躬盡瘁，並不是儒家的專有品。難道只有儒家才出這類人才，法家就不出這類人才嗎？這道理怎麼說得通？我無以名之，直名之曰「慕勢」。只因漢以後，儒家尋不出傑出人才，諸葛亮功蓋三分，是三代下第一人，就把他歡迎入孔廟，藉以光輝門面，其實何苦乃爾？

林放問「禮之本」，只說得三個字，也入了孔廟，老子是孔子曾經問禮之人，《禮記》上屢引老子的話，孔子稱他為「猶龍」，崇拜到了極點。宋儒乃替孔子打抱不平，把老子痛加詆毀，這個道理，又講得通嗎？

兩廡（正房對面和兩側的小屋子）豚肩，連朱竹坨都不想吃，本來是值不得爭奪的，不過我們須知：一部二十四史，實在有許多糊塗帳，地方之高尚者，莫如聖廟，人品之高尚者，莫如程朱，乃細加考察，就有種種黑幕，其他尚復何說？

宋儒有了道統二字，橫塞胸中，處處皆是荊棘，我不知道「道統」二字有何貴重，值得如許爭執。幸而他們生在莊子之後，假使被莊子看見，恐怕又要發出些鵷鶵（古書上說的鳳凰一類的鳥）腐鼠的妙論。我們讀書論古，當自出見解，切不可為古人所愚。

《四庫全書提要》載：「公是先生弟子記四卷，宋劉敞撰，敞發明正學，在朱程前，所見皆正，徒以獨抱道經，澹於聲譽，未與伊洛諸人，傾意周旋，故講學家視為異黨，抑之不稱耳，實則元豐熙寧之間，卓然醇儒也。」劉敞發明正學，卓然醇儒，未與伊洛諸人周旋，就視為異黨。此中黑幕，紀曉嵐早已揭穿。司馬光讚揚雄，詆孟子，因與伊洛諸人周旋，死後得入孔廟，此種黑幕，還沒有人揭穿。

（三）宋儒之缺點

著者平日有種見解，凡人要想成功，第一要量大，才與德尚居其次。以楚漢而論，劉邦項羽二人，德字俱說不上，項羽之才，勝過劉邦，劉邦之量，大於項羽。韓信陳平黥布等，都是項羽方面的人，只因項羽量小，把這些人容納不住，他們才一齊走到劉邦方面來。劉邦豁達大度，把這些人一齊容納，漢興楚敗，勢所必至。秦誓所說「一個臣」，反覆讚歎，無非形容一個量字罷了。於此可見量字的重要。宋儒才德二者俱好，最缺乏的是量字，他們在政治界是這樣，在學術界也是這樣，君子排君子，故生出洛蜀之爭，孔子信徒排斥孔子信徒，故生出朱陸之爭。

邵康節臨死，伊川往訪之，康節舉兩手示之曰：「眼前路徑令放寬，窄則自無著身處，如何使人行？」這一窄字，深中伊川的病。宋元學案載：「二程隨侍太中，知漢州，宿一僧寺，明道入門而右，從者皆隨之。先生（指伊川）入門而左，獨行，至法堂上相會。先生自謂：『此是某不及家兄處。』蓋明道和易，人皆親近，先生嚴直，人不敢近也。」又稱：「明道猶有謔語……伊川直是謹嚴，坐間不問尊卑長幼，莫不肅然。」卑幼不說了，尊長見他，都莫不肅然。連走路都莫得一人敢與他同行，這類人在社會上如何走得通？無怪洛蜀分黨，東坡戲問他：「何時打破誠敬？」此語固不免輕薄，但中伊川之病。

《宋元學案》又說：「大程德性寬宏，規模廣闊，以光風霽月為懷。小程氣質方剛，文理密察，以峭壁孤峰為體，道雖同而造德固自各有殊。」於此可見明道量大，伊川量小，可惜神宗死，哲宗方立，明道就死了，他死之後，伊川與東坡，因語言細故，越鬧越大，直鬧得洛蜀分黨，冤冤不解。假使明道不死，這種黨爭，必不會起。

伊川凡事都自以為是，連邵康節之學，他也不以為然，康節語其子曰：「張巡許遠，同為忠義，兩家子弟，互相攻並，為退之所貶，凡託伊川之說，議吾為數學者，子孫勿辯。」康節能這樣的預誡後人，故程邵兩家，未起爭端。

朱子的量，也是非常狹隘，他是伊川的嫡系，以道統自居，凡是信從伊川和他的學說的人，就說他是好人，不信從的，就是壞人。蘇黃本是一流人物，朱子詆毀二蘇，獨不詆毀山谷，因為二蘇是伊川的敵黨，所以要罵他，山谷之孫，黃昀，字子耕，是朱子的學生，所以就不罵了。

林慄，唐仲友，立身行己，不愧君子，朱子與慄論一不合，就成仇畔。朱子的門人，至欲燒慄的書。朱子的朋友陳亮，狎台州官妓，囑唐仲友為其脫籍，仲友沮之，亮讒於朱子，朱子為所賣，誤興大獄，此事本是朱子不合，朱派中人就視仲友如仇讎（同「仇」）。張浚一敗於富平，喪師三十萬，再敗於淮西，喪師七萬，三敗於符離，喪師十七萬。又嘗逐李綱，引秦檜，殺曲端，斥岳飛，誤國之罪，昭然共見，他的兒子張南軒，是朱子講學的好友，朱子替張浚作傳，備極推崇。

最可怪者，朱子與呂東萊，本是最相好的朋友，《近思錄》十四卷，就是他同朱子撰的。後來因為爭論《毛詩》不合，朱子對於他的著作就字字譏彈，如云：「東萊博學多識則有之矣，守約恐未也。」又云：「伯恭之弊，盡在於巧。」又云：「伯恭教人看文字也粗。」又云：「伯恭聰明，看文理卻不仔細，緣他先讀史多，所以看粗著眼。」又云：「伯恭於史分外仔細，於經卻不甚理會。」又云：「伯恭要無不包羅，只是撲過，都不精。」對於東萊，抵隙蹈瑕，不遺餘力，朱派的人，隨聲附和，所以元人修史，把東萊列入儒林傳，不入道學傳，一般人都稱「朱子近思錄」，幾於無人知是呂東萊同撰的。

朱子與陸象山（陸九淵），同是尊崇孔教的人，因為爭辯無極太極，幾至肆口謾罵，朱子的胸懷，狹隘到這步田地，所以他對於政治界、學術界，俱釀許多糾紛。門人承襲其說，朱陸之爭，歷宋元明清，以至於今，還不能解決。

紀曉嵐著《四庫提要》，將上述黃昀、林慄、唐仲友、張浚諸事，一一指出。其評朱呂之爭，說道：「當其投契之時，則引之於《近思錄》，使預聞道統之傳，及其抵悟以後，則字字譏彈，身無完膚，毋亦負氣相攻，有激而然歟。」別人訾議朱子不算事，《四庫提要》是清朝乾隆欽定的書，清朝功令，四書文非遵朱注不可，康熙五十一年，文廟中把朱子從廡中升上去，與十哲並列，尊崇朱子，可算到了極點。乾隆是康熙之孫，紀著《四庫提要》，敢於說這類話，可見是非公道，是不能磨滅的。紀文說：「劉敞卓然醇儒。未與伊洛諸人，傾意周旋，故講學家視為異黨。」這些說法，直是揭穿黑幕，進呈乾隆御覽後，頒行天下，可算是清朝欽定的程朱罪案。

宋俞文豹《吹劍外集》（見《知不足齋叢書》第二十四卷）說：「韓范歐馬張呂諸公，無道學之名，有道學之實，而人無間言，今伊川晦庵二先生，言為世法，行為世師，道非不弘，學非不粹，而動輒得咎何也，蓋人心不同，所見各異，雖聖人不能律天下之人，盡棄其學而學焉。……今二先生以道統自任，以師嚴自居，別白是非，分毫不貸，與安定爭，與東坡爭，與龍川象山辯，必勝而後已。浙學固非矣，貽書潘呂等，既深斥之，又語人曰：『天下學術之弊，不過兩端，永嘉事功，江西穎悟，若不極力爭辯，此道何由而得明。』蓋指龍川象山也。」程端蒙謂：「如市人爭，小不勝輒至喧競。」俞氏這段議論，公平極了。程朱的學問，本是不錯，其所以處處受人攻擊者，就在他以嚴師自居，強眾人以從己。他說：「若不極力爭辯，此道何由得明。」不知越爭辯，越生反響，此道越是不明，大凡倡一種學說的人，只應將我所見的道理，誠誠懇懇地公佈出來，別人信不信由他，只要我說得有理，別人自然肯信，無須我去爭辯，若是所說得不確，任是如何爭辯，也是無益的，惜乎程朱當日，未取此種方式。

伊川晦庵，本是大賢，何至會鬧到這樣呢？要說明這個道理，就不得不採用戴東原的說法了。東原以為：「宋儒所謂理，完全是他們的意見。」因為吾人之心，至虛至靈，著不得些子物事，有了意見，就不虛不靈，惡念固壞事，善念也會壞事，猶之眼目中，不但塵沙容不得，就是金屑也容不得。伊川胸中，有了一個誠敬，誠敬就變成意見，於是放眼一看，就覺得蘇東坡種種不合。晦庵胸中，有了一個程伊川，放眼一看，就覺得像山、龍川、呂東萊諸人，均種種不合。是就像目中著了金屑，天地易色一般。伊氏主張破我執法執，不但講出世法當如是，就是講世間法，也當如是。然後知老子所說「絕聖棄智」，真是名言。東坡問伊川，「何時打破誠敬」？雖屬惡謔，卻亦至理。東坡精研佛老之學，故筆談中，俱含妙諦。程明道是打破了誠敬的，觀於「目中有妓，心中無妓」。這場公案，即可知道。

伊川抱著一個誠敬，去繩蘇東坡，鬧得洛蜀分黨。朱子以道統自命，黨同伐異，激成慶元黨案，都是為著太執著的流弊。莊子譏孔子昭昭揭日月而行，就是這個道理。莊子並不是叫人不為善，他只是叫人按著自然之道做去，不言善而善自在其中，例如勸人修橋補路，賙濟貧窮，固然是善，但是按著自然之道做去，物物各得其所，自然無壞橋可修，無濫路可補，無貧窮來賙濟，回想那些想當善人的，抱著金錢，朝朝出門，尋橋來修，尋路來補，尋貧窮來賙濟，真是未免多事。莊子說：「泉涸，魚相與處於陸，相呴（張口呼氣）以濕，相濡以沫，不如相忘於江湖。」就是這個道理。程伊川、蘇東坡，爭著修橋補路，彼此爭得打架。朱子想獨博善人之名，把修橋補路的事，一手攬盡，不許他人染指，後來激成黨案，嚴禁偽學，即是明令驅逐，不許他修橋，不許他補路。如果他們有莊子這種見解，何至會鬧到這樣呢？

宋朝南渡，與洛蜀分黨有關，宋朝亡國，與慶元黨案有關，小人不足責，程朱大賢，不能不負點咎。我看現在的愛國志士，互相攻擊，很像洛蜀諸賢，君子攻擊君子。各種學說，互相詆斥，很像朱子與陸子互相詆斥。當今政學界諸賢，一齊走入程朱途徑去了，奈何！奈何！問程朱諸賢，缺點安在？曰：「少一個量字。」

我們評論宋儒，可分兩部分：他們把儒釋道三教，融合為一，成為理學，為學術上開一新紀元，這是做的由分而合的工作，這部分是成功了的。洛蜀分黨，釀成政治上之紛爭，朱陸分派，釀成學術上之紛爭，這是做的由合而分的工作，這部分是失敗了的。我們現在所處的時代，正與宋儒所處時代相同，無論政治上、學術上，如做由分而合的工作，決定成功，如做由合而分的工作，一定徒滋糾紛。問做由分而合的工作，從何下手？曰：從「量」字下手。

中西文化之融合

所謂中西文化衝突者，乃是西洋文化自相衝突，並非中國文化與之衝突。何以故呢？第一次世界大戰，第二次世界大戰，打得九死一生，是自由競爭一類學說釀成的，非中國學說釀成的。這就是西洋文化自相衝突的明證。西人一面提倡自由競爭等學說，一面又痛恨戰禍，豈不是自相矛盾嗎？所以要想世界太平，非把中國學說發揮光大之不可。

（一）中西文化衝突之點

西人對社會、對國家，以「我」字為起點，即是以「身」字為起點。中國儒家講治國平天下，從正心誠意做起來，即是以「心」字為起點。雙方都注重把起點培養好。所以西人一見人閒居無事，即叫他從事運動，把身體培養好。中國儒者，見人閒居無事，即叫他讀書窮理，把心地培養好。西人培養身，中國培養心，西洋教人，重在「於身有益」四字，中國教人，重在「問心無愧」四字，這就是根本上差異的地方。

史密斯（今譯亞當．斯密）倡自由競爭，達爾文倡強權競爭，西洋人群起信從，因為此等學說，是「於身有益」的，中國聖賢，絕無類似此等學說，因為倡此等學說，其弊流於損人利己，是

「問心有愧」的。我們遍尋四書五經，諸子百家，尋不出史密斯和達爾文一類學說，只有莊子上的盜跖，所持議論，可稱神似。然而此種主張，是中國人深惡痛絕的。孟子曰：「雞鳴而起，孜孜為利者，蹠之徒也。」自由競爭，強權競爭，正所謂孜孜為利，這就是中西文化有差異的地方。

孔門的學說：「欲修其身，先正其心，欲正其心，先誠其意。」從身字向內，追進兩層，把「意」字尋出，以誠意為起點，再向外發展。猶這修房子，把地上浮泥除去，尋著石底，才從事建築。由是而修身，而齊家，而治國平天下，造成的社會，是「以天下為一家，以中國為一人」。人我之間，無所謂衝突，這是中國學說最精粹的地方。

西人自由競爭等說，以利己為主，以「身」字為起點，不尋石底，徑從地面建築起走，基礎未穩固，所以國際上，釀成世界大戰，死人數千萬。大戰過後，還不能解決，跟著就是第二次世界大戰，經濟上造成資本主義。

孔門的正心誠意，我們不必把它太看高深了，把他改為「良心裁判」四字就是了。每做一事，於動念之初，即加以省察，「己所不欲，勿施於人」。孔門的精義，不過如是而已。然而照這樣做去，就可達到「以天下為一家」的社會。如果講「自由競爭」等說法，勢必至「己所不欲，也可施之於人」。中國人把盜跖罵得一文不值，西洋人把類似盜跖的學說，奉為天經地義。中西文化，焉得不衝突。中西文化衝突，其病根在西洋，不在中國，是西洋人把路走錯了，中國人的路，並沒有走錯，我們講「三教異同」，曾繪有一根「返本線」，我們再把此線一看，就可把中西文化衝突之點看出來。凡人都是可以為善，可以為惡的。善心長則噁心消，噁心長則善心消，因此儒家主張，從小孩時，即把愛親敬兄，這份良知良能搜尋出來，在家庭中培養好，小孩朝夕相處的，是父親母親，哥哥弟弟，就叫他愛親敬兄，把此種心理培養好了，擴充出去，「親親而仁民，仁民而愛物」，就造成一個仁愛的世界了。故曰：「孝弟也者其為仁之本歟。」所以中國的家庭，可說是一個「仁愛培養場」。西洋人從「我」字，徑到「國」字，中間缺少了個「家」字，即是莫得「仁愛培養場」。少了由丁至丙一段，缺乏誠意功夫，即是少了「良心裁判」。故西洋學說發揮出來，就成為殘酷世界，所以說：中西文化衝突，其病根在西洋，不在中國。

所謂中西文化衝突者，乃是西洋文化自相衝突，並非中國文化與之衝突。何以故呢？第一次世界大戰，第二次世界大戰，打得九死一生，是自由競爭一類學說釀成的，非中國學說釀成的。這就是西洋文化自相衝突的明證。西人一面提倡自由競爭等學說，一面又痛恨戰禍，豈不是自相矛盾嗎？所以要想世界太平，非把中國學說發揮光大之不可。

(二) 中國學說可救印度西洋之弊

西洋人，看見世界上滿地是金銀，總是千方百計想把它拿在手中，造成一個殘酷無情的世界。印度人認為這個世界，是汙濁到極點，自己的身子，也是汙濁到極點，總是千方百計，想把這個世界捨去，把這個身子捨去。唯老子則有一個見解，他說：「金玉滿堂，莫之能守。」又說：「多藏必厚亡。」世界上的金銀，他是看不起的，當然不做搶奪的事，他說：「吾所以有大患者，為吾有身，及吾無身，吾有何患。」也是像印度人，想把身子捨去，但是他捨去身子，並不是脫離世界，乃是把我的身子，與眾人融合為一。故曰：「聖人無常心，以百姓之心為心。」因此也就與人無忤，與世無爭了。所以他說「陸行不避兕（古代指犀牛）虎，入軍不避甲兵。」老子造成的世界，不是殘酷無情的世界，也不是汙濁可厭的世界，乃是「如享太牢，如登春台，眾人熙熙」的世界。

以返本線言之：西人從丁點起，向前走，直到己點或庚點止，絕不回頭。印度人從丁點起，向後走，直到甲點止，也絕不回頭。老子從丁點起，向後走，走到乙點，再折轉來，向前走，走到庚點為止，是雙方兼顧的。老子所說「歸根覆命」一類話，與印度學說相通。「以正治國，以奇用兵」一類話，與西洋學說相通。雖說他講出世法，莫得印度那樣精，講治世法，莫得西人那樣詳，但由他的學說，就可把西洋學說和印度學說，打通為一。

我所謂：「印度人直走到甲點止，絕不回頭。」是指小乘而言，指末流而言，若釋迦立教之初，固云「不度盡眾生，誓不成佛」。原未嘗捨去世界也。釋迦本是教人到了甲點，再回頭轉來在人世上工作。無如甲點太高遠了，許多人終身走不到。於是終身無回頭之日，其弊就流於捨去世界了。老子守著乙點立論，要想出世的，向甲點走，要想入世的，就回頭轉來，循序漸進，以至庚點為止。孔子意在救世，叫人尋著丙點，即回頭轉來，做由丁到庚的工作，不必再尋甲乙兩點，以免耽誤救世工作，此三聖人立教之根本大旨也。

孔子的態度，與老子相同。印度厭棄這個世界，要想離去他。孔子則「素富貴，行乎富貴，素貧賤，行乎貧賤，素患難，行乎患難，素夷狄，行乎夷狄」。這個世界並不覺得可厭。老子把天地萬物，融合為一，孔子也把天地萬物，融合為一，宇宙是怎麼一回事，還是怎麼一回事。所謂「老者安之，少者懷之」，「天地位焉，萬物寧焉」。就是這個道理。

曾子（曾參）說：「暮春者，春服既成，冠者五六人，童子六七人，浴乎沂，風乎舞雩（古代求雨的祭禮），詠而歸。」這幾句話，與治國渺不相關，而獨深得孔子的嘉許，這是甚麼原故呢？因為這幾句話，是描寫我與宇宙融合的狀態，有了這種襟懷，措施出來，當然人與我融合為一。子路可使有勇，冉有可使足民，公西華願為小相，只做到人與我相安，未做到人與我相融，所以孔子不甚許可。

宋儒於孔門這種旨趣，都是識得的，他們的作品，如「綠滿窗前草不除」之類，處處可以見得，王陽明（王守仁）「致良知」，即是此心與宇宙融合，心中之理，即是事物上之理，遇有事來，只消返問吾心，推行出來，自無不合，所以我們讀孔孟老莊及宋明諸儒之書，滿腔是生趣，讀史密斯、達爾文、尼采諸人之書，滿腔是殺機。

印度人向後走，在精神上求安慰，西洋人向前走，在物質上求安慰。印度人向後走，而越來越遠，與人世脫離關係，他的國家就被人奪去了。西洋人向前走，路上遇有障礙物，即直衝過去，鬧得非大戰不可，印度和西洋，兩種途徑，流弊俱大，唯中國則不然。孟子曰：「養生喪死無憾，王道之始也。」又曰：「黎民不饑不寒，然而不王者，未之有也。」對於物質，只求足以維持生活而止，並不在物質上求安慰，因為世界上物質有限，要求過度，人與人就生衝突，故轉而在精神上求安慰。精神在吾身中，人與人是不相衝突的，但是印度人求精神之安慰，要到彼岸，脫離這個世界，中國人求精神上之安慰，不脫離這個世界。我國學說，折中於印度與西洋之間，將來印度和西洋，非一齊走入我國這條路，世界不得太平。

孔子曰：「學而時習之，不亦悅乎，有朋自遠方來，不亦樂乎，人不知而不慍，不亦君子乎。」孟子曰：「君子有三樂，而王天下不與存焉，父母俱存，兄弟無故，一樂也；仰不愧於天，俯不怍（慚愧）於人，二樂也；得天下英才而教育之，三樂也。」中國人尋樂，在精神上，父兄師友間，西洋人尋樂，大概是在物質上，如遊公園、進戲場之類。中西文化，本是各走一條路，然而兩者可以調和，精神與物質，是不生衝突的，何以言之呢？我們把父兄師友，約去遊公園、進戲場，精神上的娛樂和物質上的娛樂就融合為一了。中西文化可以調和，等於約父兄師友遊公園、進戲場一般。但是不進公園戲場，父兄師友之樂仍在，即是物質不足供我們要求，而精神上之安慰仍在。我們這樣設想，足見中西文化，可以調和。其調和之方式，可括為二語：「精神為主，物質為輔。」今之採用西洋文化者，偏重物質，即是專講遊公園、進戲場，置父兄師友於不顧，所以中西文化就衝突了。

中西文化，許多地方，極端相反，然而可以調和，茲舉一例為證：中國的養生家，主張靜坐，靜坐時，絲毫不許動，而西洋的養生家，主張運動，越運動越好，二者極端相反，此可謂中西學說衝突，我們靜坐一會兒，又起來運動，中西兩說就融合了。我認為中西文化，可以融合為一，其方式就是這樣。

有人說：「孔門講仁愛，西人講強權，我們行孔子之道，他橫不依理，以兵臨我，我將奈何？」

我說：這是無足慮的，孔子講仁，並不廢兵，他主張「足食足兵」。又說：「我戰則克。」又說：「仁者必有勇。」何嘗是有了仁就廢兵？孔子之仁，即是老子之慈，老子三寶，慈居第一，他說：「夫慈以戰則勝，以守則固。」假使有了仁慈，即把兵廢了，西人來，把我的人民殺死，這豈不是不仁不慈之極嗎？西洋人之兵，是拿來攻擊人，專作掠奪他人的工具，孔老之兵，是拿來防禦自己，是維持仁慈的工具，以達到你不傷害我，我不傷害你而止，這也是中西差異的地方。

孔老講仁慈，與佛氏相類，而又不廢兵，足以抵禦強暴。戰爭本是殘忍的事，孔老能把戰爭與仁慈融合為一，這種學說，真是精粹極了。所以中國學說，具備有融合西洋學說和印度學說的能力。

西洋的學問，重在分析，中國的學問，重在會通，西人無論何事，都是分科學研究，中國古人，一開口即是天地萬物，總括全體而言之。就返本線來看，西洋講個人主義的，只看見線上的丁點（我），其餘各點，均未看見。講國家主義的，只看見己點（國），其餘各點，也未看見。他們既未把這根線看通，所以各種主義互相衝突。孔門的學說，是修身齊家治國平天下，一以貫之。老子說：「修之於身，其德乃真，修之於家，其德乃餘，修之於鄉，其德乃長，修之於邦，其德乃豐，修之於天下，其德乃普。」孔老都是把這根線看通了，倡出「以天下為家，以中國為一人」的說法，所謂個人也，國家也，社會也，就毫不覺得衝突。（以天下為一家二語，出《禮運》，本是儒家之書，或以為是道家的說法，故渾言孔老。）中國人能見其會通，但嫌其渾圇疏闊，西人研究得很精細，而彼此不能貫通，應該就西人所研究者，以中國之方法貫通之，各種主義，就無所謂衝突，中西文化，也就融合了。

印度講出世法，西洋講世間法，老子學說，把出世法、世間法打通為一，宋明諸儒，都是做的老子工作，算是研究了兩三千年，開闢了康莊大道，我們把這種學說，發揮光大了，就可把中西印三方文化，融合為一。

世界種種衝突，是由思想衝突來的，而思想之衝突，又源於學說之衝突，所謂衝突，都是末流的學說，若就最初言之，則釋迦孔老和希臘三哲，固無所謂衝突。我想將來一定有人出來，把儒釋道三教、希臘三哲、和宋明諸儒學說、西方近代學說，合併研究，融會貫通，創出一種新學說，其工作與程明道融合儒釋道三教，成為理學一樣。假使這種工作完成，則世界之思想一致，行為即一致，而世界大同，就有希望了。

就返本線來看，孔子向後走，已經走到丙點，老子向後走，已經走到乙點，佛學傳入中國，不過由乙點再加長一截，走到甲點罷了，所以佛學傳入中國，經程明道一番工作，就可使之與孔老二教融合。

孔老二氏，折身向前走，由身而家，而國，而天下，與西人之由個人而國家，而社會，也是同在一根線上，同一方向而走，所以中國學說與西洋學說，有融合之可能。

西洋、印度、中國，是世界三大文化區域，印度文化首先與中國接觸，經宋儒的工作，已經融合了，現在與西洋文化接觸，我們應該把宋儒的理學，加以整理，去其拘迂者，取其圓通者，拿來與西洋學說融會貫通，世界文化就融合為一了。

(三) 中國學術界之特點

有人問道：「西洋自由競爭諸說，雖有流弊，但施行起來，也有相當效果，難道我們一概不採用嗎？」我說：「我國學術界，有一種很好的精神，只要能夠應用此種精神，西洋的學說，就可採用了。」茲說明如下：

魯有男子獨處，鄰有嫠（寡）婦亦獨處，夜雨室壞，婦人趨而託之，男子閉戶不納，婦人曰：「子何不學柳下惠？」男子曰：「柳下惠則可，我則不可，我將以我之不可，學柳下惠之可。」孔子聞之曰：「善學柳下惠者，莫如魯男子。」這種精神，要算我國學術界特色。孔子學於老子，老子尚陰柔，有合乎「坤」。孔子贊周易，以陽剛為貴，深取乎「乾」，我們可說：「善學老子者，莫如孔子。」孟子終身願學孔子，孔子言「性相近」，孟子言「性善」。孔子說：「我戰則克。」孟子則說：「善戰者服上刑。」孔子說：「齊桓公正而不譎（欺詐）。」又說：「桓公九合諸侯，不以兵車，管仲之力也，如其仁，如其仁。」又曰：「微管仲，吾其披髮左衽（衣襟）矣。」孟子則大反其說，曰：「仲尼之徒，無道桓文之事者。」又曰：「管仲曾西之所不為也，而子為我願之乎。」諸如此類，與孔子之言，顯相牴觸，然不害為孔門嫡系。我們可說：「善學孔子者，莫如孟子。」韓非學於荀子，荀子言禮，韓非變而為刑名，我們可說：「善學荀子者，莫如韓非。」非之書，有《解老》《喻老》兩篇，書中言虛靜，言「無為」，而無一切措施，與老子全然不類，我們可說：「善學老子者，莫如韓非。」其他類此者，不勝列舉。九方皋相馬，在牝牡驪黃之外。我國古哲，師法古人，全在牝牡驪黃之外。遺貌取神，為我國學術界最大特色。書家畫家，無不如此。我們本此精神，去採用西歐文化，就有利無害了。

孟子曰：「規矩方圓之至也，聖人人倫之至也。」規矩是匠師造房屋的器具，人倫是匠師造出的房屋，古人當時相度地勢，計算人口，造出一座房屋，原是適合當時需要的。他並未說：「傳之千秋萬世，子子孫孫，都要住在這個屋子內。」又未說：「這個房子，永遠不許改造修補。」匠師臨去之時，把造屋的器具，交給我們，將造屋的方法，傳給我們。後來人口多了，房屋不夠住，日曬雨淋，房子朽壞，既不改造，又不修補，徒是朝朝日日，把數千年以前造屋的匠師痛罵，這個道理，講得通嗎？

中國一切制度，大概是依著孔子的主義制定的，此種制度，原未嘗禁人修改。孔子主張尊君，孟子說：「君之視臣如土芥，則臣視君如寇仇。」又說：「民為貴，社稷次之，君為輕。」又說：「聞誅一夫紂矣，未聞弒君也。」孔子說：「入公門，鞠躬如也。」孟子曰：「說大人則藐之，勿視其巍巍然，堂高數仞，榱（椽子）題數尺，我得志弗為也。」孔子尊君的主張，到了孟子，幾乎莫得了。孔子作春秋，尊崇周天子，稱之曰天王，孟子以王道說各國之君，言曰：「地方百里，而可以王。」那個時候，周天子尚在，孟子視同無物，豈不顯悖孔子的主張嗎？他是終身願學孔子的人，說：「自生民以來，未有聖於孔子。」算是崇拜到了極點的。他學孔子，未及百年，就把孔子的主張，修改得這樣厲害，孔子至今兩三千年，如果後人也像孟子的辦法，繼續修改，恐怕歐人的德謨克拉西，早已見諸中國了。孟子懂得修屋的法子，手執規矩，把孔子所建的房屋，大加修改，還要自稱是孔子的信徒，今人現放著規矩，不知使用，只把孔子痛罵，未免不情。

從前印度的佛學，傳入我國，我國儘量採用，修改之，發揮之，所有「天台宗」、「華嚴宗」、「淨土宗」等，一一中國化，非影印度之舊，故深得一般人歡迎，就中最盛者，厥唯「禪宗」，而此宗在印度，幾等於無，唯有「唯識」一宗，帶印度色彩最濃。此宗自唐以來，幾至失傳，近始有人出而提倡之。我們可以得一結論：「印度學說，傳到中國，越中國化者越盛行，帶印度色彩越濃者，越不行，或至絕跡。」我們今後採用西洋文化，仍用採用印度文化方法，使史密斯、達爾文諸人，一一中國化，如用藥之有炮炙法，把他有毒那一部分除去，單留有益這一部分。達爾文講進化不錯，錯在因競爭而妨害他人，史密斯（今譯亞當．斯密）發達個性不錯，錯在因發達個性而妨害社會，我們去其害存其利就對了，第一步用老子的法子，合乎自然趨勢的就採用，不合的就不採用。第二步用孔子的法子，凡是先經過良心裁判，返諸吾心而安，然後才推行出去。如果能夠這樣的採用，中西文化，自然融合。今之採用兩法者，有許多事項，律以老子之道，則以違反自然之趨勢，律以孔子之道，則以返諸吾心而不安，及至行之不通，處處荊棘，乃嘵（形容爭辯的聲音）嘵然號於人曰：「中西文化衝突，此老子之過也，此孔子之過也。」天乎冤哉！

（四）聖哲之等級

我國周秦之間，學說紛繁，佛學雖是印度學說，但傳入中國已久，業已中國化，就我個人的意見，與他定一個等級，名曰「聖哲等級表」，一佛氏，二莊子，三老子，四孔子，五告子，六孟子，七荀子，八韓非，九楊朱，十墨翟。

此表以老子為中心，莊子向後走，去佛氏為近，是為出世法，孔子以下，向前走，俱是世間法，告子謂性無善無不善，其湍水之喻，實較孟荀之說為優，古來言「性」之人雖多，唯有告子之說，任從何方面說，俱是對的，故列孟荀之上。凡事當以人己兩利為原則，退一步言之，亦當利己而無損於人，或利人而無損於己，楊朱利己而損於人，故列第九。墨翟利人而有損於己，故列第十。此表以十級為止。近來的人，喜歡講史密斯達爾文尼采諸人的學說，如把這三人列入，則斯達二氏的學說，其弊流於損人，斯氏當列第十一，達氏當列第十二。尼采倡超人主義，說：「剿滅弱者，為強者天職。」說：「愛他主義，為奴隸道德。」專作損人利己的工作，其學說為最下，當列第十三。共成十三級。尼采之下，不能再有了。中國之盜跖，和西洋之希特勒、墨索里尼，就其學說言之，應與尼采同列一欄。

我們從第十三級起，向上看，越上越精深，研究起來，越有趣味。從第一級起，向下看，越下越粗淺，實行起來越適用。王弼把老孔融合為一，晉人清談，則趨入老莊，尤偏重莊子，這是由於老子的談理，比孔子更精深，莊子談理，比老子更精深的原故。程明道把儒釋道三教，融合為一，開出「理學」一派，而宋明諸儒，多流入佛氏。這是由佛氏談理，比孔老更精深的緣故。從實施方面言之，印度行佛教而亡國，中國行孔老之教而衰弱，西人行史密斯達爾文諸人之說而盛強，這即是越粗淺越適用的明證，我們研究學理，當力求其深，深則洞見本源，任他事變紛乘，我都可以對付，不致錯誤。至於實踐方面，當力求其淺，淺則愚夫愚婦能知能行，才行得起來。

西人崇奉史密斯之說而國富，崇奉達爾文之說而國強，而世界大戰之機，即伏於其中。德皇威廉第二，崇奉尼采之說，故大戰之前德國最為昌盛，然敗不旋踵。現在希特勒、墨索里尼和日本軍閥，正循威廉覆轍走去，終必收同一之結果，故知史密斯等三人之學說，收效極大，其弊害亦極大。

墨子學說，雖不完備，但確是救時良藥，其學說可以責己，而不可以責人，只有少數聖賢才做得到，當今之世，滔滔者皆是損人利己之流，果有少數聖賢，反其道而行之，抱定損己利人之決心，立可出斯民於水火。墨子之說偏激，唯其偏才能醫好大病，現在史密斯、達爾文、尼采諸人之言盈天下，墨子之學說，恰是對症良藥。

墨子之損己，是出乎自願，若要強迫他受損，這是不行的，墨子善守，雖以公輸之善攻，且無如之何！如果實行墨子之道，絕不會蹈印度亡國覆轍，我國學說理論之不完備，莫如墨子，然而施行起來，也可救印度學說和西洋學說兩方之偏。所以要想世界太平，非西洋和印度人一齊走入中國這條路不可。

楊朱的學說，也是對症之藥，現在的弊病，是少數人爭權奪利，大多數人把自己的權利，聽憑別人奪去，以致天下大亂。楊朱說：「智之所貴，存我為貴，力之所賤，侵物為賤。」守著自己的權利，一絲一毫，不許人侵犯，我也不侵犯人一絲一毫。人人不犯天下，天下自然太平。孟子說：「楊氏為我，是無君也。」君主是從每人身上，掠取些須權利，積而成為最大的權利，才有所謂君王，人人守著自己的權利，絲毫不放，即無所謂君王。猶之人人守著包裹東西，自然就莫得強盜。實行楊朱學說，則那些假借愛國名義，結黨營私的人，當然無從立起。各人立在地上，如生鐵鑄成的一般，無侵奪者，亦無被侵奪者，天下焉得不太平？不過由楊朱之說，失去人我之關聯，律以天然之理，尚有未合。

孟子說：「楊朱墨翟之言蓋天下，天下之言，不歸楊，則歸墨。」這個話很值得研究。因為孟子那個時代，人民所受痛苦，與現在一樣，所以楊墨的學說，才應運而生，春秋戰國，是我國學術最發達時代，楊墨的學說，自學理上言之，本是一偏，無如害了那重病，這類辦法，確是良藥，所以一般學者，都起來研究，而楊墨之言就盈天下了。

孔子的學說，最為圓滿，但對於當時，不甚切要。所以身死數十年後，他在學術上的地盤，會被楊墨奪去，孟子說：「天下之言，不歸楊，則歸墨。」可見孔子三千弟子的門徒，全行變為楊墨之徒，大約孟子的師伯師叔，和一切長輩，都是楊墨之徒了，因此孟子才出來，高呼：「打倒楊墨，恢復孔教。」

孟子的學說，本來較楊墨更為圓滿，但對於我們現在這個時代，不免稍微地帶了唱高調的性質，應該先服點楊墨之藥，才是對症。現在須有人抱定墨子犧牲自己的精神，出來提倡楊墨的學說，叫人人守著自己的權利，絲毫不放，天下才太平，並且還要先吃點韓非之藥，才能吃孔孟之藥，何以故呢？諸葛武侯曰：「法行則知恩。」現在這些驕兵悍將，貪官汙吏，劣紳土豪，奸商貴族，非痛痛地用韓非的法子，懲治一下，難免不養癰遺患，故我們應當從第十級逆行上去，第十一級以下，暫不必說。

(五) 老子與西洋學說

我國學說，當以老子為總代表，他的學說與佛氏相通，這是無待說的，而其學說又與西洋學說相通，茲舉嚴批老子為證：嚴又陵於老子第三章說道：「試讀布魯達奇英雄傳中，來刻谷士一首，考其所以治斯巴達者，則知其作用，與老子同符。此不佞所以云：黃老為民主治道也。」於第十章批曰：「夫黃老之道，民主之國所用也，……君主之國，未有能用黃老者也，漢之黃老，貌襲而取之耳。」於三十七章批曰：「文明之進，民物熙熙，而文物聲名皆大盛，此欲作之且宜防也，老子之意，以為亦鎮之以樸而已。此旨與盧梭正同。」又曰：「老子言作用，則稱侯王，故知道德經是言治之書。」然孟德斯鳩《法意》篇中言：「民主乃用道德，君主則用禮，至於專制乃用刑。」中國未嘗有民主之制也，雖老子不能為未見其物之思想。於是道德之治，於君主中求之不得，乃遊心於黃老以上，意以為太古有之，蓋太古君不甚尊，民不甚賤，事本與民主為近也，此所以下篇有小國寡民之說，夫甘食美服，安居樂俗，鄰國相望，如是之世，正孟德斯鳩《法意》篇中，所指為民主中之真相也，世有善讀二書者，必將以我為知矣，嗚呼，老子進行，民主之治之所用也。」於第四十六章批曰：「純是民主主義，讀法儒孟德斯鳩《法意》一書；有以徵吾言之不妄也。」據嚴氏這種批評，可見老子學說，又可貫通西洋最優秀的民主思想。

現在西洋經濟上所實行的，以史密斯學說為原則，政治上所採用的，以盧梭學說為原則。史密斯在經濟上主張自由，盧梭在政治上主張自由，我國的老子，正是主張自由的人，我們提出老子來，就可貫通斯盧二氏之學說，史密斯的自由競爭，一變而為達爾文的強權競爭，再變而為尼采的超人主義，與中國所謂「道德流為刑名」是一樣的。西洋有了自由主義，跟著就有法西斯主義，與中國有了黃老之放任，跟著就有申韓之專制，也是一樣的。我們知道黃老之道德，與申韓之刑名，原是一貫，即可把各種學說之貫通性和蛻變之痕跡看出來。

我不是說中國有了老子，就可不去研究西洋的學問，我只是提出老子，可見得各種學說，可以互相貫通，只要明白這個道理，就可把西洋的學問，儘量的研究。

(六) 學道應走之途徑

西人用仰觀俯察的法子，窺見了宇宙自然之理，因而生出理化各科。中國古人，用仰觀俯察的法子，窺了宇宙自然之理，因而則定各種制度。同是窺見自然之理，一則用之物理上，一則用之人事上，雙方文化，實有溝通之必要。

中國古人定的制度，許多地方極無條理，卻極有道理，如所謂父慈子孝，兄友弟恭，在上者仁民愛物，在下者親上事長之類，隱然磁電感應之理，不言權利義務，而權利義務，自在其中，人與人之間，生趣盎然。西人則與人之間，劃出許多界線，所以西洋的倫理，應當灌注以磁電，才可把冷酷的態度改變。中國則未免太渾圇了，應當參酌西洋組織，果能如此，中西文化即融合了。

研究學問，猶如開礦一般，中國人、印度人、西洋人，各開一個洞子，向前開採。印度人的洞子和中國人的洞子，首先打通。現在又與西洋的洞子接觸了。宇宙真理是渾然的一個東西，中國人、印度人、西洋人，分途研究，或從人事上研究，或從物理上研究，分出若干派，各派都分了又合，合了又分，照現在的趨勢看去，中西印三方學說，應該融會貫通，人事上的學說，與物理上的學說，也應該融會貫通，我輩生當此時，即當順應潮流，做這種融合工作，融合過後，再分頭研究。像這樣的分了又合，合了又分，經了若干次，才能把那個渾然的東西，研究得毫無遺憾，依舊還他一個渾然的特性。

宇宙真理，只有一個，只要研究得徹底，彼此是不會衝突的，如有互相衝突之說，必有一說不徹底，或二說俱不徹底。衝突愈甚，研究愈深，自然就把本源尋出，而二者就融合為一。故衝突者，融合之預兆也。譬如數個泥丸放至盤中，不相接觸，則永久不生衝突，永久是個個獨立，取之擠之捏之，即可合為一個大泥丸。中國、印度、西洋，三方學術從前是個個獨立，不相接觸。自佛法西來，與中國固有學術發生衝突，此所謂擠之捏之也，而程明道（程顥）之學說，遂應運而生。歐化東漸，與中國固有學術又發生衝突，此亦所謂擠之捏之也。就天然趨勢觀之，又必有一種新學說應運而生，將中西印三方學術融合為一。

然則融合中西印三方學術，當出以何種方式呢？我們看從前融合印度學術的方式，就可決定應走的途徑了。佛教是出世法，儒教是入世法，二者是相反的。程明道出來，以釋氏之法治心，孔氏之法治世，入世出世，打成一片，是走的老子途徑。蘇子由（蘇轍）著一部《老子解》，融合儒釋道三教，也是走的老子途徑，王陽明（王守仁）在龍場驛，大徹大悟，獨推象山（陸九淵），象山推崇明道，也是走入老子途徑。思想自由如李卓吾（李贄），獨有契於蘇子由，仍是走入老子途徑。又明朝陳白沙，學於吳康齋，未知入處，乃揖耳目，去心智，久之然後有得，而白沙之學，論者謂其近於老莊，可見凡是掃除陳言，冥心探索的人，得出的結果，無不走入老子途徑。因老子之學，深得宇宙真理故也。據嚴批老子所說，老子之學，又可貫通西洋學說，我們循著老子途徑做去，必可將中西印三方學術，融合為一。

老子之學，內聖外王，其修之於內也，則曰：「致虛靜，萬物並用，吾以觀其復。」其推之於外也，則曰：「修之於身，其德乃真，修之於家，其德乃餘，修之於鄉，其德乃長，修之於邦，其德乃豐，修之於天下，其德乃普。」孔門誠意、正心、修身、齊家、治國、平天下，一以貫之，與老子之旨正同，此中國學說之特色也。佛學傳入中國，與固有的學術，發生衝突，程明道就用孔門的正心誠意，與佛學的明心見性，打通為一。現在西洋的個人主義、國家主義，傳入中國，與固有學術，又生衝突，我們當用孔門的修齊治平，打通為一。西人把個人也，國家也，社會也，看為互不相容之三個物體，而三種主義，遂互相衝突。孔門則身也，家也，國也，天下也，一以貫之，於三者之中，添一個家字，老子更添一鄉字，毫不衝突，此中國主義之所以為大同主義也。中印學術，早已融合，現在只做融合中西學術之工作就是了。此種工作，一經完成，則世界學說，匯歸於一，學術一致，行為即一致，人世之紛爭可免，大同之政治可期。這種責任，應由中國人出來擔任，西洋人和印度人是不能擔負的，何也？西印兩方人士，對於中國學術，素乏深切之研究，而中國人對於本國學術研究了數千年。對於印度學術研究了兩千年，甲午庚子之役後，中國人儘量的研究西洋學術，已四十五年，所以融合中西印三方學術的工作，應該中國人出來擔負，是在我國學者，順應此種之趨勢，努力為之而已。

施行考試制，猶如種牛痘一般，先年患天行痘很多，自從有了種牛痘的法子，就把這病消滅了。身有痘毒的，種了過後，不過數日之內，受點小小痛苦，終就無危險了。身無痘毒的，種了過後，毫不起作用，並無何種危險。我們實行考試，有不及格的學生，可以再行補習，不過略略費點時間，自己多操點學問，是很有益的。至於平日肯用功的學生，受了考試，當然是及格的，並無何種妨害。又有人說：考試只憑一日之長，不能考取真才。我說：這是無妨害的事，我們怕痘毒不能去盡，可以多種幾次，怕試場之中有僥倖及格的，我們多複試幾次就是了。

第七部　厚黑雜談

孔子辦學記

不時又邀孔子下棋打牌，初時還是學生來約校長，久之，孔子覺得有趣，每日早膳後，就向學生說道：「飽食終日，無所用心，難矣哉！」吃飽了飯，莫得事體幹，這個日子，真難過！「不有博奕者乎？」未必你們的箱篋之中，圍棋象棋，麻將撲克，都沒有嗎？「為之」，拿出來玩一下，「猶賢乎已」，總比閒著沒有事好些。像這樣幹下去，校中自然安靜無事，不料校外謈議蜂起，甚且還有編些歌謠罵他們的。

孔氏學校，無一不有。其中的材料，純是取自《論語》。作者系採用八股文中的「截塔題」的手法，任意拉扯，任意附會，字義訛舛也不管，時代錯誤也不管，可謂極盡突梯滑稽之能事。現在且把學校將要倒閉的一段照寫下來，以見一般：

孔子創辦學校之初，學科的分配：修身是顏淵、閔子騫、冉伯牛、仲弓；語言是宰我、子貢；法制經濟是冉有、子路；國文是子游、子夏；格致是曾子；數學是冉有兼任；體操是子路兼任；歷史音樂是孔子自任，後來各科教員，死的死，走的走。好在孔子這個校長，是萬能校長，教員一缺，就由校長代授。如今除語言一科外，其餘各科，儘是孔子兼授，校中只剩半個教員。怎麼教員會有半個呢？全校教員，只有宰予一人，他每日晝寢，到了上課時間，還要校長到寢室去喊他起來。每點鐘至多不過講三十分，就下課睡覺，故名之曰「半個教員」。

校中學課，既不認真，自然也就鬆懈下來，學生終日美酒佳餚，猜拳行令，而對校長，感情甚好，「有酒食，先生饌」。隨時邀請孔子，孔子也很客氣，「有盛饌，必變色而坐」。師徒之間，相忘無形。不時又邀孔子下棋打牌，初時還是學生來約校長，久之，孔子覺得有趣，每日早膳後，就向學生說道：「飽食終日，無所用心，難矣哉！」吃飽了飯，莫得事體幹，這個日子，真難過！「不有博奕者乎？」未必你們的箱篋之中，圍棋象棋，麻將撲克，都沒有嗎？「為之」，拿出來玩一下，「猶賢乎己」，總比閒著沒有事好些。像這樣幹下去，校中自然安靜無事，不料校外譽議蜂起，甚且還有編些歌謠罵他們的。

此外，他還想寫一篇小說，題目是《孔告大戰軼聞》，可是並未完成。我所見的，僅是全篇的第一回，材料是取自《論語》及《孟子》，仍是一味胡扯亂道，看不出甚麼寓意。但據他說，當年的八股文——尤其是八股能手，就是用這種伎倆。那麼這篇小說，也可以說是諷刺八股文及慣好附會的文章作者了。《孔告大戰軼聞》，是這樣引起的：

記得清朝末年，重慶《廣益叢報》，載有一篇《瞽瞍控舜的呈文》，歷數舜的十大罪狀，但是證據確鑿，有書可考。事隔多年，只約略記得點影子。說舜串通四嶽，竊奪堯之位，這種大惡，是無待言的，最妙的是說，舜欺我年老，將我的眼珠挖去，嵌入他的眼中，所以我成了瞎子，他成了雙目重瞳，大罪一。娥皇、女英，是舜的祖姑，有族譜可考，他霸佔為妻，大罪二。堯之時，天下共有十二州，故舜典曰：肇十有二州。舜使益掌火，燒滅了三州，故禹貢上只有九州，大罪三……

全文妙趣橫生，可惜記不清楚了。其時某報還做了一篇小說，說唐三藏偕同徒弟孫悟空、豬八戒、沙和尚，往外留學，如何如何。又有人做一篇小說，說孟子往東天取經，途中遇著告子，手執《杞柳》，口吐《湍水》，孟子殺他不過，求救於曾子；曾子手執「慎終錘」，身騎「民德龜」（曾子曰：慎終追遠，民德歸厚矣。）也戰告子不過，求救於孔子，孔子手執「傷人壺」，身騎「不問馬」（傷人乎，不問馬。）也被告子殺得大敗。忽然半空中飛來一人，身騎「猶病豬」，大呼道：「我乃姓堯名舜是也！」（堯舜其猶病諸。）逐將告子降服。我想：孔子是我國的大教主，豈能輕易戰敗？當必有一番惡戰，乃補做這篇《孔告大戰軼聞》，特筆錄出來，藉博一粲。

小說的正文，系從孔子接得曾子的告急文書開始，於是連忙點集三千人馬，七十二員大將，浩浩蕩蕩，殺奔告子大營而來。告子聽得孔家人馬來了，立即引兵應戰，雙方使用的武器、車馬和披掛穿戴，以及戰事上的種種名詞，都是擷取《論語》、《孟子》的成語，而作諧音的應用。今寫出戰事緊張的一段來看：

孔子大怒，忙在身旁取出一道靈符，名曰「傷人符」，向空中一展，大呼道：「六丁六甲何在？」只見半空飛來一人，身騎「不問馬」大呼道：「我乃廄焚子是也。」（廄焚，子退朝，曰傷人乎，不問馬）只見廄焚子，驅著火龍、火馬、火鴉、火鼠，向告子大營，放火燒來。告子見了，連忙口吐湍水，（告子曰：性猶湍水也。）將火撲滅。只見那湍水流出來，滔滔不已，剎時間，「可使過顙」，「可使在山」，將孔家人馬，淹困水中。孔子見了，說道：「不要緊，待為師念動避水真言，顏淵，你可領著人馬，從水中鑽出。」於是孔子口中念念有詞：「呀呀呸，水哉水哉！何取於水也？」顏淵正埋頭一鑽，被告子看見，大聲道：「往哪裡走！」用手一指，那水忽然變成銅牆鐵壁一般。呼的一聲，顏淵跌落在地，抬頭一看，那水已有千百丈高，顏淵喟然嘆曰：「這水呀！仰之彌高，鑽之彌堅，吾其死矣。」孔子到了此時，也無計可施。子路正負傷臥在地下，大聲叫道：「我有馮河的本領，無奈身受重傷，不能為力。夫子，你有乘桴浮海的法術，何不拿出來行使呢？」一言把孔子提醒，乃率領眾弟子，浮出水面走，又命子貢斷後。告子領著人馬從後面趕來，冉有、子貢舉起大刀，做著要砍下的姿勢，連做兩遍；告子見了惶然大恐，乃抱頭鼠竄而逃。告子弟兄見了，莫名其妙，圍著冉有、子貢問道：「我們尼山學道，十八般武藝，件件學全，從未見過這種殺法，你們究竟從何處學來？」二人笑道：「此在兵法中，特諸君不悟耳！兵法不云乎：冉有子貢，侃侃如也。」閒話休提，孔子回到營中，見人馬折去大半，十分悲傷，於是傳下將令，叫宰予前來吩咐道：「全營將士，疲睏已極，今日應該讓我好好休息，明日再行大戰。最可慮的，是告子乘夜劫營，你是白天睡了覺的（宰予晝寢），今即派你巡夜去吧。」孔子吩咐已畢，就低下頭「曲肱而枕之」呼呼睡去。

吊打校長奇案

我當校長，每逢教職員發生事故，我即說道：「各位先生不要鬧，我是不講氣節的，我來與你賠個禮，我先年當教習，也像你們這樣講氣節，而今幹了這種營生，說不得了，這個氣，我受了即是。你們再不聽，我就咒你，將來還是當校長下場。」

我從前在四川當了十多年省視學，很見了些奇事。民國十年遂寧省立第三師範學校校長王某，學生把他打一頓，禁閉室中，隨後又取出來，吊在講堂上，再打一頓。這案是我查辦的。我呈文中有云：「王校長學識優良，經驗宏富。」後來我遇見王校長，對他說道：「我替你加的考語，學識優良這四字，是『想當然耳』的，切不可信以為真。至於經驗宏富，則是的的確確的。校長被學生吊起打，別說四川，恐怕全中國的校長都莫得這種經驗。」後來我在敘州府聯合縣立中學校，被學生用木棒啞鈴，痛痛地打一頓，我遇見王校長，又對他說道：「而今我的經驗也宏富了。我考第一，你考第二。」隨後教育廳廳長萬克明，被學生打起遊街，我對萬廳長說道：「如今你考第一，我考第二。」不久成都省立第一中學校長楊廷銓，被學生打死，把屍首倒插井中，我對萬廳長說道：「如今當然是楊校長考第一，你我就列第二第三，未免有點慚愧。」這几案中，我認為省視學捱打不奇，教育廳長捱打不奇，校長打死都不奇，唯有省三師校打校長，則奇之又奇。

民國十三年，我向四川省長公署呈請：「凡是學生畢業，應由政府委員考試及格，方準畢業。」並請先從我本籍富順縣試辦。經核準，委我辦理。是年暑假，推廣於川南二十五縣，年假時，我到敘州府聯立中校，考試畢業，學生鬧考，斥退數人，結果及格者，約三分之一。次年暑假，該校畢業，委永寧道公署科長何覺民主試。年假，我再往主試，考了幾場，一夜，我正憑幾觀書，學生多人，擁進來，首先一棒，把洋燈打熄，把我拖出室外，痛打一頓，其時秩序很好，學生寂無一語，我也默不一語，全場靜靜悄悄，唯聞乒乒乓乓之聲，打畢，紛然而散，這種打法，理由很簡單，手續也簡單，算不得奇案。

十六年，因為省教育經費問題，萬廳長赴成都學道街省教育經費收支處，同各校校長開會，學生進來，把萬廳長抓出去，打起遊街，走至中山公園，押在一個亭子上，叫他跪下，自己宣佈罪狀。學生高舉木棒，說道：「你不說，就打下來。」萬廳長跪下說道：「我乃四川教育廳萬某人，今日學生叫我自家宣佈罪狀，教育經費情形如何，我辦理如何，今日大眾在此，請學生當眾說，看事情是不是這樣。」台下聽眾譁然，大呼道：「廳長是有理的，你們學生太胡鬧了。」學生見事不妙，把萬廳長拖起就走。途中萬廳長對學生說：「你們押我遊街，原欲使眾人看見，你們前後左右圍著，誰能看見我，不如學生在前後，我在中間走，兩旁人才看得見。」學生以為此言有理，就照辦。行至二十八軍鄧軍長營門口，萬廳長幾步跳進去，學生奔進去捉，即被衛兵擋住，萬廳長因此脫險，但受傷甚重，臥病鄧營，廳中祕書科長等，前往請示如何辦。萬說：「我傷重，不能過問，隨便你們辦了即是。」眾人因我「經驗宏富」，公推我替廳長作呈文，上之當局，我問：「如何措詞？」眾人說：「隨便你，當如你當廳長，捱了打，看你如何措詞。」我說：「這倒容易。」陸陸續續，上了兩三次呈文，措詞很強硬，大旨言：「我身充全省最高教育長官，負有整頓學風之責，今遭此事，應請徹底查究，如我辦事錯了，甘受重罰，否則學生方面，即當依法嚴辦。」哪知萬廳長傷稍好，取稿閱之，大不謂然，說我的主張錯了。他說：「此事暗中有人策動，省垣（省城）立即要出大亂子，不過借我開始，我之無罪，眾人皆知，我犯不著身當其衝，這種毒氣，等他從他方面洩出好了。」萬即自動下野，學生未辦一人。不久省立第一中校楊校長，即被學生打死，也未辦一人，又過許久，當局因某種事，捉了十幾個學生來槍斃。萬廳長一打即下野，楊校長一打即死，學生槍之即斃，也算不得奇事。

唯省三師校，那個校長，打了兩次未死，學校中槍彈橫飛，大眾負傷纍纍，一人也未死，然而其事之離奇變幻，可以說：非你我想得出的。我可把此案詳細披露出來，借供教育家之研究。當時查辦此案者是我，省長公署教育科科長是馮一披，副科長是曾浴春，關於此案之批令，是浴春手擬的。其時省長楊滄白，已下野，政務廳長，是向仙喬，嘉陵道尹，是黃肅方，被打之王校長，及導演此劇之甲乙丙三君，無一不在，檔案具在，學生具在，如果說此案我查錯了，盡可在報上宣告。再不然說我冤誣了他，可在法庭起訴，一切證件，我還儲存著，可以當庭提出。此案者天下之奇案也，諸君不可不欣賞一下，等我詳詳細細地寫，諸君慢慢地看。

王校長奉委到校視事，學生把他打一頓，拿來關起，遂寧知事聞之，夥同管獄員李某到校，對學生說道：「新校長來接事，你們不要他接算了，可以放他出來。」學生道：「校中並莫有新校長來，只來一個小偷兒，已經捉住，跟即與知事送來。」知事是個老宦場，言時自稱「本知事」，學生說道：「起初不知你貴姓，而今才知道你姓本，你這個本知事……」百般譏嘲，知事只得出校。其時王校長拘禁在會客室隔壁，聽見知事說話，意欲呼喊，學生把木棒高高舉起，說道：「你喊！立即把你打死！」王校長不敢聲張，知事出來，請遂寧各機關法團到校，請把校長放出，學生不允，知事電呈上峰，嘉陵道黃道尹，電令知事，率隊入校，將校長救出。電文晚間到縣，校中已探知，連夜預備，校中本有木棒啞鈴，又因習兵式操，所以有廢槍四十支，又教職員中某甲有手槍一支，一併準備好。次日早膳後，知事的隊伍一到，學生提起木棒、啞鈴，一齊打上去，隊丁用槍筒還擊，打得難解難分，學生方面督隊的人，大喊：「提知事的槍。」學生上前搶槍，隊丁即開槍，乒乒乓乓地打起來，知事乘著轎子在後，走至藥王廟，聽見槍聲大作，嚇慌了，急命退兵，雙方負傷，血淋淋的，在地下睡一大堆。急抬入醫院，學生見同學受傷，憤極了，把王校長取出來，打第二次。說道：「因為你要當校長，才鬧得這樣。」用袍哥的話，說道：「拿來稱起」，稱起者吊起之謂也。把王校長兩手反剪在背上，吊起打，這種方式，俗呼為「打鴨兒浮水」，才打得幾下，某教員上前，將王校長抱著，向學生求情，才放下，重行禁閉，其時學生把校門禁住，斷絕交通，教職員一律禁止出外，延至半下午，遂寧各機關法團，不得校中訊息，恐怕校長有生命危險，環請駐軍范司令營救，范司令親率弁兵，勒令學生非將校長交出不可，學生不得已，將校長交范司令帶去。

請問讀者諸君：假如你當學生，把校長交與范司令去了，你們以後如何辦？我想諸君一定想不出辦法，而學生的辦法，則妙到極點，跟即辦一公函與范司令，說道：「王某來校接事，因為聲望不足，我們否認他，他跑到知事衙門，住了許久，慫恿知事，率隊來校，槍傷多人，我等義憤填膺，奮不顧身，立將該王某，當場捕獲，茲特送交貴司令，請予從嚴懲辦。」於是王校長遂以拘禁室中的囚徒，變而為戰場上的俘虜。諸君，你看學生這種辦法，妙不妙？然而不止此也，還有更妙的：王校長第一次被打，他的私章，被學生搜去，替他撰些文電，呈報上峰，並通電各處，弄得軍政各機關，與社會人士，莫名其妙。迨及返交范司令後，又替王校長發出通電云：「某（校長名）讀書有年，粗知自愛，校長不當，何關榮辱，不謂某知事，積恨學生，率隊到校，槍傷多人，特電宣告，用免牽累。」諸君，你看這通電文妙不妙？然而不止此也，還有更妙的。

該校修身教員鄔某，是遂寧高等小學校校長，開槍那一天，提起皮包來上課，正值學生早膳，到教員準備室坐著，知事的隊伍即到，跟著即開槍，等到知事的兵去了，校長打畢了，眼見本日不能上課，提起皮包就走，剛要出校門，學生在後面大呼道：「鄔某，你轉來！」鄔某即回轉，學生說道：「你是知事的偵探，你一到，知事的兵即來，這些兵是你帶起來的。」喊聲「扣留起」，把鄔某扣留在校，學生一面拍案，一面指著自己鼻樑骨，高聲罵道：「鄔某，你怕老子們好惹嗎？老子們裏頭，棒老二（川省呼土匪為棒老二）都有。」高小校教職員聞之，來校請學生釋放他們的校長，學生不允，到下半天，王校長被范司令救去了，學生向鄔君說道：「先生不要多心，我們誤會了，此事與你無幹。」鄔君方欲起身，學生說道：「不忙，還要開教職員聯合會。」鄔君就從拘禁室出來，以高等小學校校長資格與會。把高等小學校來接校長這些人，連同本校教職員，開一聯合會，教職員中某甲，口念電報，命鄔君寫，大旨言「王校長如何卑汙，黃道尹如何違法，某知事如何橫蠻，學生如何受屈，我輩旁觀者清，幾難坐視，特將真相陳明，以彰公道。」用教職員名義發出，鄔君以遂寧縣立高小校校長領銜，命人回校，將校印私章，拿來印了，鄔君方脫身回校。

學生跟著發出許多印刷品，請求各界主張公道，請求各縣父老援助，成渝各報，揭載該校風潮經過，大旨與教職員通電相同。其時楊省長下野，通電由政務廳長向楚代行，楊出川，又通電將向代行省長職務取消，於是向廳長不能對外發命令，公事擱置，遇著非辦不可之案件，則用政務廳長名義，以快郵代電出之，遂寧此案發生，只好函請黃道尹辦理，黃道尹因用王某為校長，迨至風潮擴大，省議會提議案，彈劾黃道尹，並派代表到省公署，質問向廳長，學生受此冤屈，為甚不理？京滬同鄉會，來電質問黃道尹，並言：「速將某知事，及王校長，送交法庭懲辦，否則本會將宣佈罪狀於全國，不能為貴道尹曲諒也。」其時重慶成立「各軍聯合辦事處」，主持川政，學生分派代表，赴成渝兩處呼應。其時我本賦閒家居，不料這場禍事，後來竟落在我頭上。

我把我參加此役之根由說一下：民國五年，我由四川省立第二中學校校長，調任四川省視學，七年任省長公署教育科副科長，九年辭職歸家，曾浴春繼任，其時楊省長尚未下野，我臨行時，向廳長對我說道：「省長留你，你又不肯，大約這類事幹厭煩了，回去耍一下，還是來任省視學，或省立中學校長這類事。」我自計自光緒三十三年冬畢業後，只有民國九年，在家中清清靜靜耍了一年。這一年我受益不少，閉門研究厚黑學，我那厚黑叢書中，許多新理，都是這一年發現出來的。閒話休提，我且談一件掌故：四川反正以來，四川的官，無論大小，駐軍都委人充當過，獨有省視學這個官，駐軍莫有委任過一個，其原因由於省視學視察的區域，比駐軍防地寬，防區內的官，他可以更換，省視學跨有他區，他換不了。我常說：「省視學這個官，比任何官，都要榮貴些。」其時川北省視學某君，因事去職，已經很久了，向廳長想委人充當，恐怕地方上不接受，說廳長無委人之權，若久不委人，鬧得駐軍委出省視學，那就更不好了。曾副科長建議，不如委李某去，他從前就是該區省視學，當然不會生問題。向廳長命浴春寫信徵求我的同意，我在鄉間，正苦兵匪騷擾，回信應允，而遂寧那件禍事，就落在我頭上來了。

我任職後，出省查學，浴春對我說：「省三師校風潮，黃道尹和王校長，時有文電來，牛頭不對馬面，真相不知如何，此案已委黃道尹查辦，你查學之便，無妨去調查一下。」我出省行至龍泉驛山上，前面來了兩個學生，看見行李上標記，即喊道：「你是不是省視學李先生？」我即下轎來，學生說：「校中聽見你先生重任省視學，素知你辦事認真，主張公道，我們受黃道尹王校長蹂躪，非你先生來，我們的冤是不能申的，特派我二人來省歡迎，並到省公署、省議會請願，今既相遇，請從速前往。」我答應了，二生仍向省垣而去。

我行至樂至縣，正遇該縣學款，發生糾葛，這件事是川省教育經費上一種沿革史，不妨順帶敘一下：該縣勸學所（即後來之教育局）的產業，被強有力者佃去，轉佃與別人，從中獲利數倍，已有多年，歷任辦學者，無如之何，我同縣視學（即後來之教育局長）蔣恕凡商議，擬定章程，呈上峰核準，投標競佃，結果增加學款四五倍。民國十一年，重慶開「全省視學會議」，蔣恕凡提議案：「勸學所的田地，和牙行斗秤，一律投標競佃。」經會議透過，故川省教育經費，有所謂投標競佃，實以樂至為起點。我在樂至，召集學界人士，開會討論章程，省三師校，又派學生前來催往，我開會一畢即去，把行李搬入校中住起，從此就身落虎口了。

校中莫得校長了，學生成立一個自治會，主持全校事務，校中教職員，一律隸屬於自治會之下，教職員進出，非向自治會請假得允，不能出去，有個歷史兼國文教員姓張，是張船山後人，家有病人，向自治會請假五次，未允，竟不能歸。學生派人在校門值衛，進出檢查，我到校，與我敷衍面子，值衛者撤去，校中雍雍肅肅，照常上課，秩序很好。我一到，教職員多人，向我訴說，當局如何黑暗，學生如何受屈，跟著學生又來訴說。其時遂寧知事，業經重慶「各軍職合辦事處」，撤任查辦，他聽見我到了，命人來說：「已交卸，現在縣署內，明早準定起身赴軍慶，請今夜到署一談。」我因時間將近九鐘，恐怕校中關門，答應明日早膳後去會。

次日是星期，學生派代表來說：「學生開會歡迎，請先生去一下。」我說：「查學是我的職務，不能說歡迎才查，不歡迎就不查，此種會我不能到。」學生說：「我們有話要陳述。」我說：「那麼，我可以到。」我上講堂，學生紛紛訴說冤屈。我說：「你們既這樣說，我就照這幾點查去，將來自有正當解決，此時照常上課就是了。」

我跟著到縣署會知事，新任知事姓趙，他說：「舊任業已上船，此時趕去，還能會面。」我趕至船上，舊任說：「你來得恰好，我的隊丁受傷若干人，學生只有一人是槍傷，餘均木器傷，乃是混打之際，學生開槍誤傷自家人，隊丁並未開槍，學生反誣我開槍，受撤任處分，我當赴重慶申訴。」我詫異道：「據我所聞，學生打校長是實，開槍則系隊丁，學生哪有槍來？」知事說：「有外國醫生可證，醫院傷單，證明是土炮，我知事衙門，哪得有土炮？我業把傷單取來，帶下重慶，與學校打官司就是了。」

我立回縣署，對趙知事說：「此案太離奇了，此案本來委黃道尹查辦，但黃道尹已被學生攻擊得體無完膚，將來不委省視學覆查，即委新知事覆查，抑或雙方會查，學生方面，太利害了，查案者，一定不得好結果，我們總是抱定『排難解紛』的宗旨做去，結果好不好，聽之而已。此時我同你結個密約，關於此案要點，我二人即著手查去，將來委我二人會查不說了，如單委你查，你覆文中引我為證人，單委我查，我引你為證人，此時舊知事如何如何說，我們可即到醫院去查。」趙允諾，即同赴醫院。

此日是星期，外國醫生尚未他出，據他說：「學生，隊丁，抬來醫者若干人，均木器傷，輕重不一，唯一學生，腳桿上受子彈擦傷。」我問：「是不是土炮？」他說：「分不出是否土炮，但知為一顆子彈擦傷。」我問：「何以傷單上填為土炮？」他說：「並無其事。」遂入房中，取出英文傷單，解釋與我二人聽。我問：「除此一張傷單而外，曾否寫有中文傷單，或英文傷單，交與看護婦，或貼在病人室中？」答：「只寫此一張，存在我房中。」我問：「舊知事曾來醫院否？」答：「不曾來。」我問：「縣署曾派人來詢問否？」答：「莫人來。」問畢，即與趙知事分手回校。

不意到了第三日，我幾乎捱打，是日早膳後，學生請我上講堂，問我：「查得情形如何？」我說：「尚未查明，俟查明後再說。」學生說：「將來回覆的呈文，須先拿與我們學生看過，方能繕發。」我說：「這就奇了，我們查案的人，有完全主權，查錯了，你們可以依法起訴；未呈覆之先，慢說學生不能過問，就是省長也不能過問，他委我出來查案，說我查錯了，撤職可以，交法庭可以，判坐模範監獄可以，獨不能叫我先把呈稿拿與省長看了，才呈覆。」學生譁然道：「那倒不行！我們學生，受此冤屈，業已對你講得明明白，一切證據，都與你看了，你還說未查明白，顯系袒護王某！（即王校長，學生不承認其為校長，故直呼其名。）呈文不經我們看過，由你呈覆上去，學生的冤，還能申嗎？今日非先說清楚不可。」於是學生紛紛站起來，喊道：「那不行，那不行。」我知道，他們要用武了，即說道：「你們的意思，我完全了解，權且坐下，聽我說。」

我於是說道：「此案共有兩個要點：（一）你們說知事開槍，知事說學生開槍。（二）王某說你們打了他，你們說莫有打。只要把這兩點查明，其他皆是閒話，可以不管。我業同趙知事如何結約，舊知事如何說，外國醫生如何說，足知知事開槍是實，第一點算已查明，只有第二點，將來我同趙知事查明後，再商量如何解決，總是朝息事寧人方面做去，這一層我也同趙知事結有密約的。至於今日你們疑我之原因，我也知道，我在校中，查寢室，查自習室，查講堂，事事都查，獨於有個受傷的學生，臥在床上，我莫有去看，隊丁開槍，門上有一個子彈眼，也未去看，你們因疑我，有意袒護王某，殊不知二者我都是清清楚楚的。校門上那顆子彈，外面入口小，內面出口大，足證隊丁向內射擊，我業已看見了的，其所以未叫校中管理人，領導去看者，也有個原因，我既同趙知事結有密約，關於案中要點，共同負責，我既去拜了趙知事，照例他要來個回拜，我等他來了，才請校中人領導去，共同檢視，共同判斷。今日你們既有疑於我，我也不多說，你們派人，拿我的電影，去請趙知事立即來校，我下去休息，趙知事來，直請他上講堂，我不與他交談，請他把我同他談的密話，和在醫院查明的情形，同你們宣佈就是了。」說畢，我即退下講堂。

未幾趙知事來了，站在講堂上，請我上去，我對趙知事說道：「我當日在署中對你說的話，和到醫院去查的情形，已向學生全說了，請你現在當著學生說，看與我說的符不符。」趙知事一一說畢。我說道：「我還要問知事一句，當日我對你說，我們查辦此案，應抱何種宗旨？」趙說：「你說，應抱排難解紛的宗旨。」我遂向學生說：「這下你們可明白了，難道我還有意陷害你們嗎？本來我們查案的人，不能將內容宣佈出來，因為你們既有疑於我，暫把查明這一半宣佈出來，其餘一半我再同知事商量查，你們不必過問。此案既委黃道尹查辦，我二人不能從他手中抓過來辦。此時總是將事實查明，隨後再說。我可忠告你們一句，此事鬧得這樣大，總要想過解決的法子，我同趙知事既抱定排難解紛之宗旨而來，舍了我二人，恐怕別個解絕不了。你們總是安心上課，聽候辦理就是了。」學生遂無異言，這個難關，我竟安然渡過。

事後探知，學生此日欲勒逼我，依著他們的意思，作一呈文，呈報上峰，如不允許，就把我打一頓，把我同黃道尹、王校長、舊知事，作為同一戰線的人，同樣攻擊，免得我站在第三者方面，說公道話。他們定下了這種計策，才派人歡迎我來校。初時對我很客氣，所謂先禮後兵也。及見我的態度，似乎於他們不利，就準備動作。及到講堂，我一宣佈出來，所謂外國醫生傷單也，所謂排難解紛也，都是於他們有利的，他們的憤氣就消下去了。兼之我在外面，還沒有一個攻守同盟之人，坐在衙門裡面，是不受威脅的。古人云：「衛青不敗由天幸。」我之不捱打，真是天幸。我同趙知事談那些祕密話，及同到醫院查傷單，也只是就事辦事，哪知後來竟成了我的護身符。

從此以後，學生就與我講親善了，向我道歉，說道：「我們不知先生這樣愛護學生，語言冒犯，要請原諒。」我說：「這算甚麼，怎說得上冒犯二字，我從前辦學堂，那些學生，鬧起事來，再三開導都不聽，哪能像你們，一說即了解。」從此以後，我也與他們講親善，非常融洽。該校的經費，是按月在徵收局撥領，風潮起後，黃道尹電飭徵收局停發，我同趙知事，會銜請黃道尹轉令徵收局照常發給，學生更是喜歡。

我初到校時，每請監學來說話，總是遲之又久才來，監學只二人，來時必帶兩個教員，共是四人，我很詫異，從來沒有人告訴我，他們一切辦法，是佈置好了的。見省視學如何說，預先商量停妥，教職員避嫌，怕人說他私見省視學，說出實情，所以一來即是四人。我心想：你要避嫌，我總使你避不了。我每日出外邊去查學，回來即同教職員談天，幾個人在一處我也去，一人在房內我也去，你總不能說：「我要避嫌，請省視學出去。」有時我在教員寢室，拿一本書，躺在床上看，教員上課去了，我就睡一覺，與他相忘於無形。不時又跑在學生寢習室，東談西談，一大堆學生我也去，一個學生單獨在一處我也去。久之，教員學生，單獨一人，也能到我室中來耍了。

我表面上，雖做得坦然無事，而裡子卻時時戒備，怕學生跑來打我，彼時省三師校，就是遂寧考棚改修的，裡面有勸學所，佔學校一隅，同大門進出，我住在勸學所裡面。房舍雖與學校相連，但學生有事才來，平時也莫有學生來窺探。有晚，我業已睡了，忽然有人叩門，我問何人？答：「我是學生。」我心著急道：「完了！來打我了！」只得披衣起床，將燈點燃，開門，進來二生，我問何事？一生說道：「校中無有校長，先生也當如我們的校長，我二人有點事，請先生裁判一下：我同他賭錢，他輸了七八串錢，我一讓再讓，只收三千五百文，他約期幾次不付，最終約今日付，如不付，許我扣他被條，到今晚九鐘尚不付，我才把他被條抱了，請省視學裁判，我何嘗會錯？」另一學生說道：「我欠你錢，並非不付，是實在整不出錢，今天星期，我走了幾處，未弄好，將來無論如何是要付的，今夜你把被條拿去，我怎麼睡？」我聽了，心中一塊石頭落下，說道：「這件事，我擔負起來，今夜你把被條還他，明天我請督學與你們裁判，如果此錢無著，你在我手中來取三千五百文就是了。」次日學生自治會聞之，認為有損名譽，把二生用學校名義斥退了。

我是發明厚黑學的人，教職員中，有時問及，我就大談特談，把厚黑經，厚黑傳習錄，細細講與他們聽，又把求官六字真言，做官六字真言，鋸箭法，補鍋法，傳授他們，聽者皆大歡喜。有天我對他們說：校長是很容易當的。校長的資格，第一是不講氣節，省立學校的校長，我也當過，上課有教員，排功課有教務，管理有監學，銀錢有庶務，辦公文有文牘，其他雜務書記，莫不有人，校長可一事不管，朝日睡覺，月支百元（其時省立師範中學校長，月薪一百元），請問：校長拿來幹甚麼的？是拿來受氣的。教員教錯了怪校長，功課排錯了怪校長，學生不守規則怪校長，以及帳目有錯，公文上有錯，廚房飲食不好，甚至地下未掃乾淨，無一不怪校長，校長月支一百元，是請他來受氣的。教職員有氣，學生有氣，甚至雜役都有氣，這些氣都要從校長這個地方出去，等於洩水的陰溝，如果校長也講起氣節來，那就糟了。我當校長，每逢教職員發生事故，我即說道：「各位先生不要鬧，我是不講氣節的，我來與你賠個禮，我先年當教習，也像你們這樣講氣節，而今幹了這種營生，說不得了，這個氣，我受了即是。你們再不聽，我就咒你，將來還是當校長下場。」

次日遂寧那位張教員，對我說：「你的話，真是不錯，今日早膳，某某兩教員因為點言語，幾次決裂，假使有校長在，兩句話就可了事，莫得校長，氣就莫得洩處。」我說：「豈但校長，你是歷史教員，漢文帝致趙佗書，第一句：『朕高皇帝側室子。』開口就說：我是小婆子的兒，趙佗見了，惶然大恐，知道漢文帝是不講氣節的人，立把帝號削去。所以只要不講氣節，就可治天下而有餘。」我朝日在校，說這類怪話，教職員學生，都與我處得很好，而案中真相，我就查得清清楚楚了。

至於校中何以會發生此種風潮，原因很複雜。而主動者，全是教職員中之某甲，最初曾為該校校長，我到校時，某甲親口對我說：「我當此校校長，有同學某乙，窮途流落，來見我，身上只穿單衣一件，我留他在校當教務員，他辦事也很認真，校中甚得其力，他要嫁女，我借錢與他，聘其婿當教員，薦其女任遂寧女學校校長，又聘其子任校中某事，我之對乙，可謂仁至義盡。後來川省政變，楊省長下野，軍界某公，赴重慶，由遂寧過，乙竭力鑽營，某公遂委乙為校長，來接我的事，我不交，乙串些兵來，把我弄去看管起，甚至毆辱我，勒逼我把事交來，學生不直乙之所為，驅逐他，才生出種種風潮。」甲之言如此，惜我到遂寧時，乙已他去，未能晤面，不知乙有何種說法。乙接事，即聘他同學某丙當教務，丙又想當校長，學生就鬧事起風潮，驅逐乙，擁丙為校長，省中無主，遂寧知事委丙為校長，勒令乙把事交了。丙接事，即聘甲任教務，甲尋報復，對乙痛加攻擊，說他交代不清，乙亦健者，雙方遂大起衝突。

此時省長莫有了，政務廳長不能對外，乃用快郵代電，請嘉陵道尹辦理，王校長與黃道尹本是老朋友，適到道尹公署來，黃道尹就委他當該校校長，王遠道而來，未另約教員，隻身同一個司事來接事，丙見名片上是省三師校校長頭銜，很詫異，出來問道：「校長是我，怎麼是你？你拿委狀與我看。」王取出，丙看了，即說道：「這是省立學校，怎麼道尹能委校長？」王問：「你這校長，是哪個委的？」丙說：「學校起風潮，縣知事請我維持現狀，已呈請上峰加委去了。」王問：「委狀到了莫有？」答：「莫有。」王曰：「然則你這個校長，是縣知事委的，省立學校校長，道尹不能委，縣知事反能委嗎？」丙語塞，然而事是不能交的，王只得覓旅館住著。

丙往見縣知事，知事說：「你不必交，有我做主，他是道尹委的人，我已呈請重慶某公加委你，委狀不日即到，王某來接事，不理他。」王在遂寧接洽各機關法團，其時乙雖去職，尚在城內，王與乙曾晤面，校中遂喧傳，王已聘乙任教務，教職員同學生大起恐慌，心想：「乙一回來，我們還得了嗎？」這即是王校長捱打之根。但我問王校長，他堅言：「無聘乙任教務之事，與乙素不相識，到遂寧不過會會面而已。」校中相約，所有教職員學生，一律不許去會王，修身教員鄔君，是縣立高等小學校長，王曾去拜會他，他去王寓回拜，眾人遂說他破壞公約，所以後來說他是知事偵探，把他扣留起。

王在遂寧，住了許久，不能接事，重返道署，黃道尹打電報與重慶某公，說明詳情，某公電令知事，迅飭移交，措詞非常嚴厲，有云：「否則將該知事撤任嚴懲。」知事得電，才知王校長來歷不小，心一下慌了，對王說：「你到校中接事，丙敢不交，我逮捕他就是了。」丙聞之，即帶著校印，率全校學生，到安嶽旅行。王校長電呈道尹公署，覆電借縣印入校視事。王帶著司事，入校辦公，借知事印，出了許多牌告。有人說：「校印是某司事，某書記儲存著，知事遂將二人扣押縣署，勒令將印交出。教職員學生聞知事已開始逮捕人，心想：「我輩回去，還得了嗎？」於是丙攜著校印，朝成都走，全校學生，交由教務員某甲，同教職員，率領回校。行至離城三里之廣應寺，甲集合學生演說，末後說道：「你們一入校，即抓著王某打，打死了，有我負責。」他就喊口令：「立正，向左轉，開步跑。」學生身著操衣，飛跑入城，城中人以為匪來了，家家關店門，學生一入辦公室，抓著王校長即打，王帶去之司事，跑在勸學所茅房躲藏，學生拖出來，捆起打，圍著吐口水，周身痰涎，吊起尺多長。知事電稟道尹，遂發生槍傷學生之事。

此案王校長真是冤枉極了，所有一切神出鬼沒之計，都是出自某甲，此君真是磐磐大才，聽說：任何事來，他立即有辦法，撰擬文電，下筆千言，一揮而就。把鴉片煙盤子攜起，學生聚在床前，說說笑笑，要發文電，睡在煙盤側邊，一面念，學生一面寫，直到我到校，才把煙盤撤去。他對學生說：「當今之世，讀書何用，事情鬧濫了，我幫你們各人買一桿槍，去辦招安軍。」他之所以敢於打王校長，並派人歡迎我到校，預備打我，原來有這條退路。

學生發出文電，對前校長乙百般醜詆，有云：「乙謀當校長，久不諧，忽然計上心來，請某軍官來家吃酒，其女身著玻璃衫，炫露窗下，次日委狀即下來。」其他醜詆之詞，大都類此。及至王校長被毆，乙見事已決裂，隻身赴重慶，學生藉口食費不清，跑去他家中肆鬧，乙幼子十二三歲，學生捉交縣署請管押，乙妻跑在大堂上大哭，署中人勸她回去，她說：「學生尚有多人，盤踞在家，不敢回去。」乙女當遂寧校校長，辦得很好，深得學生愛戴，至此辭職，縣人及學生挽留不得，母女上船回家，學生又說他攜有校中器物，跑上船去，傾箱倒篋地搜尋，百般詬侮。我到遂寧，縣人談及，均言學生太無理。

我在校中，住了許久，學生已知我深悉底蘊，又不便向我承認打校長之事，總是與我講親善，看如何設法，替他們開脫。當學生從廣德寺飛跑回校之時，由附屬小學教員某君帶隊，一進辦公室，他首先抓住王校長就打，其兄與我交好，他常來跟我閒談，我知他是本案中重要人物，他們的團體很堅固，我想解散他，遂暗示之曰：「此案真相，不消說，都是瞭然的，起因不過一二人有點私仇，因而許多人牽入漩渦，未免不值。我對於此案抱定『和平了息』四字，希望曾經參加此役之人，不必像從前那樣幹下去，我才好設法替他解脫。」他問我：「如何辦？」我反問他：「假如你處我這個地位，對於此事如何辦？一面要使黃道尹、王校長無異言，一面要使學生和教職員不吃虧，你想該如何辦？」他想了許久，把頭擺了幾擺，說道：「實在不好辦。」我說：「辦法是有的，不過此時不能說，其辦法大約類似醫院查傷單一樣，將來揭曉出來，大家都會說我很公道的。」他又說：「學生知我同先生有關係，特託我代為求情。」我說：「你轉告他們，此後一切事，依著我的話做去，包管他們不吃虧。」他聽了歡然而去。

我在校中，忽然傳說，重慶「各軍職合辦事處」委我查辦。我想：此時不走，更待何時，萬一重慶委查的公事到了，學生叫我把回覆的呈文拿與他們看，如何得了。我就說：「潼南有件案，出省時，就奉委查辦，而今我要往查了。」學生聽了，來留我道：「重慶已委先生查辦，怎能他去？」我說：「我自到遂寧以來，並未接得成渝兩方公文信件，校中傳事處是知道的。既未奉令，怎能查報？潼南那件案，擱置太久了，好在離此地不遠。案子也簡單，我從速把它了結了，重慶公事一到，即專人與我送來，我即回來。」我又說道：「舊知事說學生開槍打隊丁，我已查明是冤枉的，只是王校長一口咬定，說你們打了他，你們須從速提出證據，證明未打他，我才好辦。」學生說：「有證據。」遂檢出京滬同鄉會來電，成都報紙上的批評，省議會的提案，遂寧教職員聯合會的通電，又范司令來校，將王校長取去後，呈報重慶各軍聯合辦事處的呈文，報紙上俱已登載。學生說道：「先生根據這些證據，即可呈覆了。」我說：「這些證據，我留作參考，只是王校長現提有很強硬的證據，我希望你們再去搜些證據來，才可以抵對，將來我總是根據證據說話。」學生遂去。

此案有最困難之點：內容雖查得清清楚楚，卻未獲得實據。凡告訴我的人，都這樣說：「我把真情詳詳細細告訴你，但是公文上，你不能把我牽出來，他們學生太厲害了，我不敢得罪他。你如果說是我說的，我就具呈宣告，莫有這樣說。」這層把我為難極了。想了許久，忽然想出文章，跑到高等小學校，把鄔校長請在祕密室，對他說道：「此案真相，我已查明，實對你說，我的辦法是呈請上峰，首先把你撤職歸案，送交法庭訊辦。」他慌了，說道：「你怎麼這樣幹？」我說道：「不這樣幹，叫我怎樣幹？此案我已查得明明白白，只有你領銜發有個主張公道的通電，在中間橫亙起，不把你逮交法庭，則我所查皆虛。」他說：「你不知道我是受了威脅嗎？」我說：「我是明知道的，而今我要脫我的關係，顧不得你了。我當省視學，這種案情，查不清楚，豈不受處分嗎？發通電時，你固然受威脅，脫離出校後，為甚不通電宣告？把你逮交法庭，難道還冤枉了你嗎？」他慨然說道：「本來學生這樣無法無天的幹法，如果聽其得勝，世上還有公理嗎？他們都是師範生，將來畢業出去，不知教壞若干，這種風氣都長得嗎？我置身學界，本該出來維持正義，但川局這樣紊亂，請問政府能徹底辦嗎？辦不徹底，我挺身作證，像他們這種凶人，我豈無生命危險嗎？我請問省視學，能否保證政府徹底嚴辦？只要能夠徹底，我出來作證就是了。」我說：「你的話不錯，今之政府，我也不敢保證。你寫個證明，交與我，我以人格擔保，絕不披露，我把他們的黑幕，揭呈省署，他們倘敢狡賴，說我冤枉了他們，我把他們弄到法庭，與之對質。如果頭一堂我辯訴不清，第二堂我才把證明書呈出來，請你到案。」鄔校長說：「省視學既能這樣負責，我寫就是了。」提起筆來，源源本本，寫一大篇，署名蓋章，交與我，我得了這個東西，如獲異寶，歡喜不了，即宣稱次日起身赴潼南。

是夜學生舉代表來說：「先生既這樣愛護學生，明日早膳後，全體整隊歡送先生。」我說道：「你們太客氣了，我來時不受歡迎，去時也不必歡送，只要此案能和平了結，達到排難解紛之目的，已是歡欣不了，何必在虛文上計較？但有句要緊話，王校長把你們咬得很緊，希望你們多尋些實證出來，我才好辦。」學生退出，我剛要睡，忽聽外面人聲鬧嚷，一直入勸學所來，越鬧越近，我大驚，以為鄔校長寫證明書，被學生偵悉，跑來打我，久之寂然，命人去看，才是勸學所幾個雜役吵架，我遂安然而睡。

次日早膳後，我把行李直擔入知事衙門，對趙知事說道：「我是省視學，無須奉文，都可查報，此案我負責報上去，請你做個證人就是了。王校長現住徵收局內，請你派人請他來，我要問他幾句話。前知事到校，請學生釋放校長，有個姓李的管獄員同去，也請他來。」二人來，我當著趙知事問明當日情形。對知事又說：「請派你的文案老夫子，跟我一路，到范司令營部去一下。並請立派人把遂寧各機關法團人員，請到縣署來，等我往營部回來開會。」我到營部，范司令已下重慶去了，書記官出來會，我問當日情形，他細說一番。我問道：「實情既是這樣，何以你們司令官呈報上峰的文，全與事實違反？」因把成都報紙檢與他看。他說道：「呈文是我起的稿，哪裡是這樣！」檢卷與我看，我照抄下來。我回到縣署，各機關法團，人已到齊。我問當日情形，眾人說得吞吞吐吐的。我說：「此案我已查明，各位先生不必說，等我說，各位看我說錯了莫有？如有錯，當面指出。」我就說：「學生把王校長打來關起，知事去說，不放，轉請各位先生去說，各位先生到校如何說，學生如何說。第二次把校長吊起打，各位恐校長有生命危險，請范司令營救，情形又如何，各位看我說錯莫有？」眾人說：「絲毫不錯。」

我說：「既莫有錯，我就宣佈結論。此案重要之點二：（一）知事說學生開槍打隊丁，這層是虛誣的。（二）王校長說學生打了他，這層是確實的。真相既是如此，學生還要文電紛馳，痛罵黃道尹，請嚴辦王校長。請問：王校長能甘心嗎？黃道尹堂堂一個道尹，受得下嗎？各位先生，是老公事，請問此事就是這樣，能否了下去。」眾人說：「實在了不下去。」我說：「此案肇事諸人，懲辦不懲辦，抑或辦輕辦重，都在其次，道理總要擺端，我主張把事實弄明白，在公事上，我替學生說幾句好話，黃道尹和王校長是我多年舊友，我以私人資格，從中調停，做一個話明氣散，我的呈文，將來要披露，各位可以看見，我是不欺人的。學生種種證據，我都拿齊了，此時暫不宣佈，夥同動作的人，許多向我悔罪輸誠（誠心誠意），並且出有證明書，交我儲存。請各位先生轉告他們，以後幹這類事，手段還要高明點。第一，證據不要被人拿住；第二，自家的團體，要結緊，不要中途解體。叫他們安分守己，聽候解決，李省視學，筆下超生，如果敢於揑造黑白，妄發文電，拿對付黃道尹的手段對付我，我莫得好的與他。」一席話，才把我在校所受悶氣發洩了。

說畢，我即起身走，知事留我在衙門耍一天，我說：「潼南有要事，不能久留。」一出衙門，我叫轎伕趕急走，一氣走了六十里，才歇宿。次日到潼南，潼南人對我說：「聞某軍隊中人言：川北有個學校，派人來辦交涉，全校學生，一齊來當兵，校長當團長，交涉尚未辦妥。」足證某甲叫學生買槍辦招安軍，確非虛語。

我在潼南，作呈文上政務處長，開始敘述學生隊丁傷若干人，受傷情形如何，到醫院查得情形如何，校門上彈痕，系由外入內，足知隊丁開槍是實。現可考查者，一槍打得甚高，從校門上穿入，一槍甚低，從學生膝下擦過，足知隊丁是開槍恐嚇，如果有意射擊，學生豈能幸全。關於校長被打，則云：「初時諸人堅不肯言，視學告以此案不到法庭，絕不將告者姓名披露，於是校內校外諸人，始盡情言之，並有出具證言，交視學執存者，謹將查得情形詳言之。」敘畢則言：「唯念青年俊秀，大都可造之才，一涉法庭，悔將莫及，務懇廳長，商明黃道尹，曲予矜全，但求曲直是非，昭然共喻，不必依據刑律，嚴法相繩，他日者，該生等學業有成，皆出廳長玉成之賜。倘該生等，務必顛倒是非，不承認有毆辱校長等事，即請將此案移交法庭，視學當親赴法庭，與該生等對質，如有虛誣，甘受法律上之處分，無有異詞。」又言：「某知事措置乖方，既已撤任，似可免予深求。校長丙抗不移交，釀成重變，推尋禍始，咎無可辭，唯該員由安嶽逕赴成都，校中一再毆辱校長，實未與聞。王校長學識優良，經驗宏富，應請優予呼叫，俾展所長，校長一職，另簡賢員，用資整理。」

文中並將一切內幕，全行敘明，唯略參游移不定之詞，如敘某乙傾陷某甲之事，則云：「某甲口稱如斯，真相如何，無從懸揣，且事在案外，未予徹查。」又云：「校中一再毆辱校長，歷詢諸人，僉稱某甲主使，所有虛構事實，及偽造文電，皆其所為，唯學生尚未出頭證明，是否不虛，尚難確定。」末云：「伏望廳長，刀斬亂麻，從茲了結，若予徹究，徒快私仇，輾轉牽連，將無底止。彼三人者，原系同學好友，昔為膠漆，今成離仇，各人所受痛苦，略足相當，或者大夢同醒，言歸於好。最難堪者，黃道尹苦心維持，反遭痛詆，王校長老成碩望，既蒙奇辱，復受奇冤，光怪陸離，一至於此。負重傷者，臥床未起，抱不平者，攘臂而與，萬口喧騰，幾於天翻地覆。現相如彼，真相如此，視學徹查案情，太息不已，不覺私心彌痛，吐詞彌繁，而獻計遂彌拙也。冒昧上陳，無任屏營（惶恐）之至。」我明知時局混亂，辦不徹底，只好這樣措詞，便於收拾。

此案發生後，報紙批評，省議員到省署質問，都說黃道尹和王校長太野蠻了，替學生抱不平。政務廳收到我的呈文，抄付報館披露，大家才瞭然。《成都川報》大標題「省三師校燃犀錄」，小標題「李省視學鐵面無私」，川報總編輯朱師度，後來我見著他說道：「我對於此案，無私則有之，鐵面則未也。使包龍圖處此，斷不會說：『曲予矜全』，也不會說：『是否不虛，尚難確定。』」

事後聞知：我離遂寧後，某甲對首要學生說道：「李省視學，居心叵測，你們可早點走，我也要回家去了。」後來學生見報，要打通電，攻擊我，開會討論，苦無從著筆，文中所敘，皆屬實事，究竟省視學所獲證據是何物？出證明書者為何人？皆不得而知。且文中只把毆打校長一層，說得確確實實，究竟行凶者何人？並未指出姓名，誰肯出頭對質，討論幾天，不得結果而散。

政務廳的辦法，是另委校長，命其查明行凶學生，一面命我繳出證據，以便送交法庭，一面請黃道尹查明首要，逮捕歸案。後來黃道尹查復，請通緝甲丙二人，此二人迄未緝獲，我的證據至今尚未繳出，隨後二人的通緝也取消了。丙與我素未謀面，忽然至我一信，說我查得很公道，有口皆碑。意若曰：「我正設法取消通緝，請你不要出來說話。你的呈文中，本與我留得有開脫的路子，我就朝此路走，總是不違背原案，不說你查錯了。」我得此信，也未管他。

新任校長查覆說道：「毆辱王校長，是某某等四生，業由校長斥退，唯該生等，是受人嗾（教唆）使，請恩施特別，免辦餘罪。」閱者諸君，你說此四生是誰？有兩個就是我在校，來訴說賭錢，請我裁判的人。有一個則是王校長到遂寧時，校中禁止學生與之接洽，有一生曾到王寓，把校中內容告知，被校中查出，把他斥退了。又一生則因他事，早經斥退。此四生竟成毆辱校長之凶犯，真是千古奇冤，然而含冤者不知也。此案自始至終，無一不奇，可說是：中外古今，教育史上，第一奇案。

特別還有點餘波，我在遂寧縣署會議席上，說毆辱校長者，手段欠高明，這是我瞞心昧己的話，是我輩官場中人，敷衍面子的話，其實某甲手段高明極了，我遇著他，硬是怕死了。我由潼南，轉到某縣，正是他的故鄉，我住在勸學所，聽說他回來了，在各機關來來往往談及此事，興高采烈，此時報上已把我的呈文披露，我生怕他跑來打我。有天我下鄉查學，問轎伕道：「某甲你認識否？」答：「怎麼不認識？他很蘇氣的（蘇氣二字，是川省俗語），曾任縣中某某職，我抬他的轎子，小錢給得很多，待人很好，手下的弟兄，一呼就是千多人。」我聽見嚇極了，才脫虎口，又入虎穴，從此不敢下鄉，終日躲在勸學所，外面不露聲色，裡子懸心吊膽。因說：「暑假將臨，我要回富順視察一週，借便回家休息。」宣言某日起身，取道資州而行，把轎僱定，起身之日，早膳後，臨到上轎，對轎伕說，省上有事，我要回省，不回富順，轎資照樣算給。我就轉道向省而走，心想：報上披露，說我獲有證據，萬一他命手下幾個弟兄，在路上裝作匪人，把我打一頓，把我行篋挑去了，然後問要證據，我拿來怎了。」我轉道走了六十里，到一個場上，住在一個兩等小學內，稱病不走。心想：你在資州路上等我，我已經改道了，即使探知趕來，我已經住在學校內了。你其奈我何？住了幾日，我怕他派人在上省這條路等我，一日清早起來，我口稱病好了，仍回富順，橫向資州走去。到了資州，心才放下，才算真正出了險。某甲把一個厚黑教主，駭得這樣，也就可以不朽了。某甲是否有此心，不得而知，想他今日看見此文，也要失笑。我寫此段文字，證明我說他手段欠高明，實是昧起良心說的話。我常常探詢某甲起居，聞他在故鄉很好，何時我們晤面，煮酒談往事，或許他會說：「天下英雄，唯使君與操耳。」我每聞人提及此公大名，心中就震驚不已，大有聞雷失箸光景。

平心而論，此公本事，比我大多了，我之所以未失敗者，「天幸」二字盡之矣。昔人云：「天下奇謀妙計，無過於腳踏實地。」此公謀非不奇，計非不妙，所惜者，未踏實地。我則謀不能奇，計不能妙，處處腳踏實地做去。至於我辦事，暗中有兩個祕訣，是兩個朋友贈我的，我把它公開出來。

（一）我初當省視學時，曾浴春當省長公署教育科科員，專司批答省視學報告，我請教於他，省視學當如何辦？報告當如何做？他一一告訴我，並說道：「省視學的職務，在整頓教育，大凡地方上辦學的人，哪個不想辦好，其所以辦不好者，有他困難的原因，省視學職務，就在解除這種困難。每遇辦學的人，自己心中須想道：『我是來幫助他的，不是來捉強盜的。』許多省視學，專門搜尋辦學者之縫隙，以彈劾幾人為精明，未免有失設定省視學的本旨。」我認為這是至理名言，謹記不忘，此後我查學，絕不主張更換人，遇著不對的地方，就對他說：「某某幾點，你可改了，繼續辦下去，我二次轉來查著，仍是這樣，非據實糾舉不可。」我覺得這樣辦，比另行換人，收的效果大得多。其有非換不可者，我就請他到密室說道：「你不能再辦下去了，可拿個辭職書與我，公事上，我與你敷面子，否則我就呈報上去，請明令換你。」我得著辭職書後，即報上去，說某人去志堅決，我再三慰留，他不肯，請揀員接替。其有被人攻擊者，我就說：「趁我在縣，約集機關法團在場，將經手款項，清算明白，免得去職後，受人攻擊，多添糾紛。」我查學報告，大概如此，教育廳檔冊室，還可查到。我一到遂寧，就向知事提出排難解紛四字，這本是我查學的老法子，不料竟因此得免一打，我對於浴春，不能不感謝。

（二）我在高等學堂時，有個同班畢業的朋友張列五，有天閒談，我問他：「我輩將來出去辦事，應不應該使用權術？」他說：「有時正路走不通，也可略用權術，但有個界限。」我問：「甚麼界限？」他說：「事後公開出來，大家都認為該用，甚至受我權術者，也認為該用，這種權術就用得，如或公開不得，就寧可失敗，不可使用。」列五此言，是至理名言，我也把他記著。「權術公開」四字，我認為可補聖經賢傳所不及。我查此案，不免略參權術，今把他公開出來，請讀者諸君，與甲乙丙三君批評一下，再請當日參加此役之人，也批評一下，究竟我在彼時，那些法子，該不該用？

以上二者，是我辦事祕訣，今者老夫耄矣，無志用世矣，特把他公開出來，轉贈讀者諸君。

此次我到重慶，遇著某甲的同舉某君說道：「某甲談及此事，非常高興。他說，李省視學，走到我們縣中，任如何是逃不出我的範圍的，我因為他查得公道，也就等他去了。」可見我怕他支使人在路上搶我，也非過慮。

考試制之商榷

人的生性，本是不齊的，現在的學校，處處求整齊劃一，我以為整齊劃一這句話，是戕賊個性的代名詞。古時有個強盜，捉得人即按他在鐵床上，身比床長的，把他截短點，身比床短的，把他拉長點。現在的學校，注重在學年，學年一滿，就可畢業，資質高的，把他按下來，資質劣的，把他拖起走，學生感不感痛苦，他是不管的，美其名曰整齊劃一，其實與某盜的鐵床主義，是一樣的，青年個性，被他戕賊的，不知若干。

世楷平日主張，以為凡事重在實行，無取乎空談。民國十三年三月，我上一篇呈文，主張施行考試制，呈文上只略略說明理由，就自請先從富順縣試辦，經四川省長公署核準，十四年二月，我呈報川南各縣經過情形，並請通令舉行，復經省署核準，並頒發各級學校畢業考試暫行條例在案。擬調查所及，遵令辦理的固多，因懷疑而生反對的，卻也不少。十四年十二月，我奉令赴敘州聯合縣立中學校主試，起了一番大風潮，我從此得了一種覺悟，凡事固然重在實行，尤其重在宣傳。其所以起風潮的原因，是由於一般人對於考試制懷疑，才生出反對的事來。

王安石的新法，本然是對的，他在鄞縣做官的時候曾經試辦過，人人都稱便利，他當了宰相，便把他的法子，推行天下，竟遭了一個大大的失敗。要說他莫得毅力，他是天變不畏、人言不恤的，其擔當宇宙的氣概，是古今不可多得的人物。要說他的法子不對，他死了過後，他的法子幾乎完全被人採用，還有許多法子一直行到而今，不過把名稱改一下或把辦法略略修正一下。

何以他當初會失敗呢？這就是他少了一層宣傳的手續，當時名流如司馬光、蘇東坡諸人，俱不能了解，一齊反對他，彼此各走極端，結果王安石與諸賢，兩敗俱傷，不但人民吃虧，國家吃虧，反種下亡國之因，真是不幸之至。

假如王安石不汲汲實行，先從宣傳入手，把他的法子提出來，聽人指駁，取消那種執拗態度，容納諸賢的意見，把那法子酌量修改，諸賢也不泥守祖宗的成法，把那法子悉心研究，經過長時間的辯論，折衷一致，大家同心協力做去，豈不是很好的事嗎？我心中有了這個見解，所以把我主張考試的意見發表出來，請閱者諸君，痛加指駁，先使理由成立了，然後再討論施行的方法。

我主張施行考試制，很有些人懷疑，說是治標之法，怪我未能洞見病源，他說：學生成績不好，是由於校長不得其人，是由於經費支絀，而其最大原因，則在近年戰爭，兵匪縱橫，不從根本上補救，僅僅一個考試制，就想要挽起沉痾，這是徒勞無益的。諸君的議論，我是異常佩服，認為確切不移的。但是川省的情形，諸君是知道的，所有款項，業已蒐羅罄盡，加以防區制未破除，川省各縣很有些校長及教育局長，是有強有力者保護的。關於籌款用人的權，教育廳幾乎不能自主，這是無可諱飾的事。唯有核準畢業，教育廳尚操有全權，所以我主張，先從這個地方下手。

我輩能力有限，做一部分算一部分。假如我上一呈文，說要整頓全省學校，當先籌大宗款項，政府馬上就派我為籌措全省學款專員，我是要敬謝不敏的。又假如我上一呈文說，要整頓全省學校，非先行解決兵匪不可，政府馬上就派我去解決兵匪，我更要敬謝不敏。不但我辦不到，恐怕川省裡面，莫得哪個能夠自信辦得到。唯有考試一事，我有了這種主張，如果政府就派我去辦，我自問尚能勉強做到。責備我的人，所說種種病源，我並不是不知道，我從民國五年，充當省視學以來，公報各縣學務呈文，篇篇都是說這類話，這是有案可稽的。我呈請考試文中，目的在考試，所以對於那些事，未能深說，所有慎選校長、添籌學款等事，施行了考試制，還是可以辦理，並不是有了考試制，就會妨害他的進行。

懷疑的人，都拿醫病作比方，我也拿醫病作個比方，與諸君商榷。施行考試制，猶如種牛痘一般，先年患天行痘很多，自從有了種牛痘的法子，就把這病消滅了。身有痘毒的，種了過後，不過數日之內，受點小小痛苦，終就無危險了。身無痘毒的，種了過後，毫不起作用，並無何種危險。我們實行考試，有不及格的學生，可以再行補習，不過略略費點時間，自己多操點學問，是很有益的。至於平日肯用功的學生，受了考試，當然是及格的，並無何種妨害。又有人說：考試只憑一日之長，不能考取真才。我說：這是無妨害的事，我們怕痘毒不能去盡，可以多種幾次，怕試場之中有僥倖及格的，我們多複試幾次就是了。

四川的教育病狀甚多，諸君既已深知，就請分途治療，或治內病，或治外傷，或治一切雜症，我於各症中擔任了小小的一種，諸君各人擇任一種，大家懸壺問世，我們四川教育界的病，或有醫好的希望。

從前的科舉，自然是為人所詬病的，但他的壞處，是由於考的東西不對，不該考八股試帖。其實那個法子，是很好的。那個時代，有一種頂好的精神，為現在學制遠不能及：那個時代，只要有志讀書，就有書可讀。國家衡文取士，只問學業，不問貧富。試場之中，貧如乞丐的，富埒（同等）王侯的，是一體待遇，無絲毫區別。現在學校的組織，完全是家資饒裕的佔便利，學校的等級越高，肄業其中的，所需的費用越多，於是乎高深的學問，就成為家資饒裕的私有物了。貧苦人的子弟，是終身不能求得的，即使實行義務教育，也不過得點粗淺知識罷了。

就人民全數而論，貧窮的人多，殷實的人少，現在的學制，只有富家的子弟，才有造成高深學問的機會，貧家子弟，是在擯棄之列，立法未免偏枯了。我們實地考察，凡是富家子弟，多半怠惰，貧家子弟，多半奮勉。我們中國歷史上，許多名儒碩學，都是從極貧之家出來的。若照現在的學制，繼續行去，國家要少出許多人才，暗暗之中受了極大的損失，我們還不覺得。

科舉時代，可以一面謀生活，一面自己用功，國家施行考試時，對於此等人，與朝朝日日在書院內肄業的人，同樣待遇，莫得歧視的心。現在學校的組織，定要朝朝日日，身在學校之內，住了若干年，才能承認他是某某畢業生。至於校外自修的，任他學問如何好，政府是不能承認的，把他當作棄材。我們把科舉時代名人的履歷來看，未遇之時，有教學餬口的，有充當書傭的，有務農下力的，這些人使其生在今日，我可以斷定他永無出頭之日。現在充當初小教師，與夫寫生錄事一流人物，要想得個學士博士，是終身不可能的，這不能不說是學制上的缺點。

我先年上的呈文，主張舉行畢業考試之時，私塾學生，自修學生，一律準其與考，就是想彌補上面所說的缺點，使家務貧寒資質可造的學生，不至成為棄材。並且校內學生，見有校外自修的與之競爭，萬一成績不及他，豈不為人非笑，自己也就不能不用功了。所以考試時加入校外的學生，不唯不能妨害校內的學生，並且可以催促他們用功，同時可以成就校外的寒士，一舉兩得，我們又何苦而不為呢？

有人說從前的科舉，注重在文字，可以自修，現在的科學，有許多非有人教授，是不能了解的，還有許多注重在實驗，並不是課本上知識，是不能自修的。這種議論，我是承認的。我從前也慮及此，所以我那呈文中，說得有多設補習學校，並可於適中場所，設公共理化室，圖書標本室，專聘教師，常住其中，許人自由請問等語，也就是救濟這種缺陷。依我看來，中學校的科學，自修能了解的很多，就使不了解，只要有人指示門徑，也可以循序自修。我的主張，先把考試制確定了，並且把校外自修生，準其與考一層，也確定了。我們基於考試制上，再想種種方法，去扶助他。例如設立補習學校，及公共理化室、圖書標本室之類，則自修學生，只患自己立志，不患莫得操學問的機會。

現在的學校，各置儀器標本一部，封鎖的時候多，用它的時候少，這是很不經濟的。依我的主張，可以各學校公同購置，把它放在適中的地方，各校先在校中，把理論講解明白了，到了規定的時間，由各校把學生引到那個地方去試驗，每試驗一次，酌繳消耗費若干。如此辦去，一部標本儀器，可供多數學校之用，並且還可以把它開放，使校外之人，也能享受利益。

我們可聘請專員，住居其中，專任指導之責。關於文科方面的來請問，自然無須取費，關於理科方面的，如標本器械之類，指導員可指與他看，講與他聽，也無須取費。因為指導員業經受了公家的薪資，自然不能再向他人索費。唯有請實地試驗的，則應酌量取費，因為藥品有消耗，器械有損毀，不能不酌量取費，以為添補之用。來請試驗的人，可多約些人同來聽講，大家的擔負就輕了。如果我們興下了這種制度，那些貧苦子弟，可以一面謀他的生活，一面抽閒自修，遇有不了解的地方，可以向人請問，倘若無人可問，就可赴公共場所請指導員指示，又有儀器標本可供實驗，所得的知識，與在校無異。自己把學問操好了，與在校學生受同樣的考試，所得的結果，與朝朝日日在校讀書的，無有區別。如此辦去，那些貧家子弟，有出身之路，有求高深學問的機會，於文化上是很有增進的。

我嘗想川省辦學，已經二十多年，所耗的金錢，不知有若干萬，假如興學之初，每年撥一筆常款，照上面所說的辦法辦去，所有經費，以大部份購置圖書儀器標本，小部份聘請指導員，歷年越久，購置越多，此處設定完備了，又設第二處，越推越廣，經過二三十年，圖書儀器標本，到處都充滿了，貧寒子弟，隨時都有求學的機會，何至會像現在這麼困難？

有人說：依你這種辦法，那個指導員就難覓人了，是必學問極高深，又必須各種科學，無所不通，各種書籍，無所不覺的，方能勝任。我說：這也不必慮及，我們著手之初，可先就中學的課程，分科聘請專員，負指導之責，並可以先把教科書標示出來，指導員對於這幾部教科書，負充分指導之責，若來問的，出了範圍以外，指導員對於他的問題，如能了解不妨說與他聽，如不了解，不妨謝絕他。因為指導員對於範圍外的問題，原未負有解釋的責任，如此辦去，只消能夠充當中校教師的，就可充當指導員了，此項人才，又何難覓之有。我們先把中學這一步辦到了，中學以上的各科，我們再慢慢地想法子。

現在學校的學生，遇有父母死亡，身有家累的，或是家庭經濟起了變更，不能繳費的，只好半途輟學，甚至有隔畢業只有一二學期，也不能不輟學。這種學生，已經在校有年，於各種學科，本已略窺門徑，回到家中，即使發憤用功，把校中應授的學科，完全了解，甚或他的學問，比校中學生還要好點，學校還是把他當作棄材，不能與在校學生同樣待遇，不能給予畢業證書。所以許多聰敏的學生，遇有迫不得已的事故，中途輟學出校，只好自暴自棄了。學校的組織如此，無形之中，不曉得摧殘了好多青年，如果考試時允許校外學生亦來與考，這個缺點，也就可以補救了。

現在學校的組織法，缺點很多，不能滿一般人的願望。據我調查所及，很有些校長教員的子弟，都未送入學校，自己聘請教師，在家訓讀，又有送在學校去讀，每日歸家的時候，家中聘有先生，與他補授，現象如此。所以我想把現在的學校，稍稍開放一下，使校外的學生也有畢業的機會。

民國十四年，省長公署公佈畢業考試條例，已經明定舉行小學畢業考試時，私塾學生，亦準考試，關於小學方面，算是業已定了案，我們不必再加討論，只須催促各地實行就是了。我現在所汲汲要討論的，就是中學一層，希望取得多數人的同情，請求政府仿小學之例，舉行中學畢業考試時，校外學生，亦準予考。那麼，關於中學方面許多困難，都可減除了。至於專門以上的辦法，等把中學這一段辦到了，再行討論。我主張學校開放，由小學，而中學，而專門大學，慢慢地逐漸進行。

我主張的考試制，原有兩個目的：一是杜絕學校積弊，使程度低下的學生，不能僥倖畢業；一是把學校開放了，使校外學生，亦能畢業，方可多造就些人材。消極積極兩方面都有的。我的意思，尤重在後一層，以求學自由四字為主旨。現在學校的組織，非設法解放不可，欲求解放，非先把考試製成立了不可。

人的生性，本是不齊的，現在的學校，處處求整齊劃一，我以為整齊劃一這句話，是戕賊個性的代名詞。古時有個強盜，捉得人即按他在鐵床上，身比床長的，把他截短點，身比床短的，把他拉長點。現在的學校，注重在學年，學年一滿，就可畢業，資質高的，把他按下來，資質劣的，把他拖起走，學生感不感痛苦，他是不管的，美其名曰整齊劃一，其實與某盜的鐵床主義，是一樣的，青年個性，被他戕賊的，不知若干。

現在的學校，按鐘授課，學生對於本日應授的課，即使業已了解，鐘點到了，還是要叫他上堂聽講。其有程度太差，聽了茫然不解的，也要上去聽講，因為不如此就不整齊劃一了。犧牲學生的精力與時間，去換取形式上的整齊劃一，未免太不合算了。現在所說的三年畢業，四年畢業，並非是所習的學業，要三年或四年才能完畢，不過是講堂上規定了若干鐘點，必須上去坐滿罷了。彷彿是三年的有期徒刑，或是四年的有期徒刑，所以現在的學校，也可以說是監獄式的學校。

我對於現在的學校，主張解放。第一種解放，是破除學校與私塾的界限，把在校肄業的，與閉戶自修的，一體待遇。第二種解放，是學校內部的組織，得由教職員體察情形，酌量變通，不必泥守那種死板辦法，隨各學生的程度，為適宜的誘導。有此兩種解放，自然呈一種紛歧狀態，我們設一個考試制立於其上，懸一定的標準去考試，操學問的方法，雖是各個不同，其結果仍統歸於一，參差之中，仍含著劃一之制。我們希望學生學至某種程度，就懸某種標準去考試，將考試標準明白規定出來，一般學生，自然望標準而趨了。

近來辦學的人，個個都說學生的程度，越降越低，這也是當然的事。現在學校的辦法，學年一滿，就可畢業，學生的眼光，全在學年上，對於畢業方面，自然不甚注意，程度降低，勢所必至。若施行考試制，學年雖滿了，學業不及格，還是不能畢業，學生平日在校，不能不充分準備，程度自然就越提越高。現在辦學的人，大家都是關著門在辦，學生成績如何，外人不得而知。古人說：「無敵國外患者國恆亡。」莫得競爭，就莫得進步，所以各校內容漸漸不堪問，學生的程度，就漸漸低下來。施行考試制時，匯合多數學校，同齊考試，並許私塾學生，自修學生，也來與考，大家爭先恐後，互相競爭，學生的程度，就可逐年提高了。

有人說：照你這宗辦法，私塾學生，也可畢業，現在的學生，豈不盡向私塾去了嗎？學校內還招得到學生嗎？我說：學校內的學生，為甚麼怕他向私塾去呢？施行考試時，所考的是學校內應授的學科，並不在雜誌經書上出問題，私塾如不改良，他的學生，斷不會僥倖畢業，自然學生不會到他那裡去，即使去了，仍還會回來。如果他的學生，考試能及格，可見他的私塾，業已改良，與學校無異，豈不是很好的事嗎？我們興設學校的目的，原在造就人才，現在有私塾幫我們造就，又不支用公家款項，造出的學生，又能合格，我們當歡迎之不暇，又何必阻止他？如果私塾盡都改良了，學校的學生，全體都要向私塾去，那就更好了，我們不妨把造就人才的事，讓與私塾去辦，我們只消設一個考試制，去考試私塾的學生就是了。所有辦學校的款項，移來辦平民學校，教授力不能入私塾的學生，抑或辦高階點的學校，教授私塾所不能教的科學，豈不很好嗎？所以私塾發達，是很好的事，並不是悲觀的事。

我所說的私塾，是包括私立學校，未向政府立案者在內，不僅僅是鄉村的私塾。有人懷疑道：鄉間的老學究，思想頑固，科學知識缺乏，有了考試，他也未必能夠改良。我說：這個問題，很容易解決，施行考試制，是百年的計劃，不僅為目前計，再過三二十年，那些人自然死盡了，那時候教私塾的老先生，就是現在最新的青年了。我主張的考試制，是用各種學科去考試學生，對於私塾，充其量不生影響，不能改良罷了，斷不會有了考試制，私塾內容越見腐敗。諸君如有改良私塾計劃，儘管實行起來，與考試是不相衝突的。

現在學界上爭端很多，我們窮原竟委，細細推尋，可斷言有一大半是由於位置上的關係。這也無怪其然，全省教育局長，與夫校長教員，位置是有限的，具有局長校長教員資格者，是很多的，並且是逐年增加的，實在是消納不完。兼之實業不發達，各項人才，無所用之，只有彙集於教育之一途，怎麼不起爭端？現在公家所辦的學校，頗為人詬病，富厚之家，每出重金延師訓讀，所苦的就是得不到畢業證書。如果施行考試制，私塾學生與在校學生，一樣的可以畢業，那些家資富有的人，可以把他們禮聘去充當教師，也就可以消納許多人才了。或者自家約幾個朋友，組織私立學校，徵收學費自行辦理，無形之中增加許多學校，對於社會，豈不很有利嗎？這類私立學校，互相競爭，大家都想辦好，都想學生發達，自然教育事業，就進步了。公家所辦的學校，見有私塾與他競爭，恐怕相形見絀，自然不能不整頓內容，兼之有了那些具有校長教員資格的人，去充當私家教師，那些腐敗塾師，就被天然淘汰了。

從前書院的山長，官廳對他用聘，以師禮待他，他當然自己十分尊重，因此可以養成善良的風俗。而今把學校變成官廳的形式，官廳對他用令，他對官廳用呈，不唯尊師重道四字掃地淨盡，並且養成賁（敬畏）緣奔競、排擠傾陷種種惡習，長此以往，將來人心風俗，還不知要到甚麼地步。中國歷史上，那些勝朝遺老，與夫隱居不仕的高人，大半是授徒終身，使其生在今日，要想教書，只好改變節操，受政府的委令去當校長，或是託人向校長關說，圖謀教員位置，若要講清高，只有餓死之一法。我所以主張於學校之外，另開私塾一途，安插這類人。

有人向我說道，川省將來實行裁兵的時候，兵士可以叫他去開墾，去修鐵路馬路，唯有軍中的文人，把他消歸何處？我說：提倡私塾，使他們去當私塾教師就是了。軍中文人，由顧參以至錄事，大半是學堂出身，叫他去當教師，是很能勝任的，將來裁兵過後，這類人如有賦閒的，即由富豪之家隆禮厚幣，聘他去當教師，也就消納於無形了。但是要提倡私塾，首先要籌畫私塾學生的出路，所以我主張舉行畢業考試的時候，私塾也準予考，使私塾和學校，受同等的待遇，私塾自然就發達了。

我主張改善學校的內容，主張提倡私塾，希望雖大，我的辦法卻很簡單，只是畢業時舉行綜合考試，校外的學生，也準予考就是了，所有一切推論，無非說明這個辦法的必要罷了。

有人說：依你的主張，那教育上的辦法，未免太不一致了。我說：辦法何必求其一致，唯其不一致，才會發明些良好辦法出來。譬如周秦之際，學說頂不一致，個個都想獨樹一幟，因此就發明瞭許多精深的道理，為中國學術極盛時代。到了漢武帝的時候，尊孔子為聖人，罷黜百家，凡違反了孔子的學說，就是大逆不道，從此學說歸於一致了，可是思想界就從此消沉了。孔子的學說，不是不好，但是要說除了孔子的道理而外，再沒得良好的學說，那就不對了。現在的新學制，也未嘗不好，但是要強令全國的人，就照那個辦法辦去，不許絲毫出乎範圍，那就不好了。

有人說：許多良法美意，在外國行之無不益，獨至我國，任何方法取來行去，無不弊病叢生，不知是甚麼道理？我說：外國所設各種法度，他是害了那種病，才用那種藥，中國未把自己的病源看清楚，就把方子照抄下來，檢藥來吃，成了個藥不對症，當然莫得病的人，都會生出病來。

從前有個人，向我說：中國人變法，往往把好肉割壞了來醫。我下細一想，真是不錯。即以改書院為學校言之，從前書院中，所學的是八股試帖，是極無用的東西，學校中改為學各種科學，這算對症下藥，不會生出流弊。

獨是那個時候的制度，不問貧富，只要學業及格，就一樣的取錄，那些貧窮子弟，國家把他取出來，他並莫有擾害國家，並且還替國家立了許多功業。

為甚麼興設學校的時候，定出這種制度，使貧窮人的子弟，永遠得不到博士學士的學問？請問這是不是把好肉割壞了來醫？那個時候在書院內肄業的，固然取錄，就是在書院以外的人，只要有了學問，一樣的可以取錄，這些人取錄出來，一樣的可以替國家做事，中國貧弱的原因，並不是這宗人的罪過，為甚麼要限制這宗人，使他永無出身之路？請問這是不是把好肉割壞了來醫？國家立法如此焉得不流弊叢生？

現在甲處設小學，乙處設中學，丙處丁處設專門大學，凡未正式立案的學校，任你學問如何好，是一概不取的。這就像講種植的，規定此山種松，彼山種柏，此園種李，彼園種桃，把那山坡土蝙、屋前屋後的果木，一律取消，以歸劃一。那買果木的人到了，只須告訴他，這個林子是某山所種的，這個果子是某園所出的，他就給價購買，若告訴他這是山坡土蝙、屋前屋後所種的，他就掉頭不顧。請問這個辦法，究竟對不對？

現在的學校，由教育部規定，每年何時入學，何時放假，畢業期間若干年，每年分若干周，每週授課若干鐘，中分歷史幾鐘，地理幾鐘……何時加授博物，何時加授地理，均以明令發表，命全國學校一律實行，據表面看起來，是很完備的，很整齊的，其實太限制人的自由了。更可怪者，只消入學之時，報個入校表，載明年齡籍貫等項，修業年滿，報個住校日期表，教授起訖表，如果填造合法，即可核準畢業，實際上學生學業，究竟是否完畢，是從不考查的。這個辦法的缺點，我可設個比方來說明：今年四川教育廳，召集中等學校校長會議，限期八月十號以前到省，假如也仿學制的辦法，規定距省城五百里者，五號起身，距省六百里者，四號起身，距省七百里者，三號起身……每日行一百里。每一日歇某處，第二日歇某處……並規定某日在某處早膳，某處午膳，某處晚膳，還嫌其疏略了，並規定某處打尖，某處休息，某處坐車，某處乘船乘轎……明令發下，叫他們遵照，各校長奉命後，只消報一個公文：說我於某日起身了，到省之後，再報一個表，載明途中食宿行止情形，教育廳查核填造不錯，認為此人業已到省，即行開議。究竟此人曾否到省，也不清查。依我想：何必那麼麻煩，只消於八月十號，清查人數；如有無故不到，又不呈明的，酌予處分就是了，不唯省去麻煩，且可杜絕流弊。我主張的畢業考試，就是在八月十號清查各校長曾否到省，至於各校長的行程，可以不管他，如或怕他未上過省，不知途中情形，我只說明某處距某處若干裡，某處棧房如何，飲食如何，轎馬舟車如何，聽其自由基本斟酌，就算體貼入微了，何必那麼麻煩，費力不討好。現在學制的弊病，就是政府替人民耽心太過，反把人民害了。

假如我國設立農業部，也仿教育部的辦法，規定某種地土種稻，某種地土種麥，某種地土種某種糧食，又規定每年某日播谷，播後若干日即栽秧，栽後若干日即收穫，其餘各種糧食，俱同樣規定，通令全國，一律實行，並令各農民填具表冊，呈由農業主管官廳查核，如有特別情形，必預先呈明核準，始能更改。每縣設一個農業局，委幾個專員，監督實行，由局將農人栽種情形，隨時呈報省垣農業廳查核，還怕他們奉行不力，再由農業廳派幾個農業視察員，仿省視學的辦法，親到各鄉，實地考查，如有應種這樣糧食的，種成別樣糧食去了，即命他改種，如有抗命不遵的，抑或所填表冊與實地情形不符，又或下種收穫的時期不合農業部規定，即呈請農業廳，分別處罰。若問農業部為甚麼要定出這種規程？他說：飲食為民命所關，教育為民智所關，教養二事，原是一樣，教育部的辦法，農業部為甚麼不可仿辦？假如世間果有這種農業部出現，人民豈不鬧饑荒嗎？其實中國施行這種學制，人民的知識，早經饑荒了，不過飲食為有形之物，饑荒了我們看得見，知識為無形之物，饑荒了我們看不見罷了。現在教育上受病的原因，無須細說，只要把莊子的《馬蹄篇》，柳宗元的《郭橐駝傳》讀一下，就恍然大悟了。

大凡興設一種制度，總要適合社會的現情，若是不適合現情，無論何種法良意美的制度，施行起來，都會生出弊病。比方四川內部人民，有吃白米飯的，有吃紅苕的，有吃雜糧的，假如政府變法，下一個令，勒令全省人民，仿照西人吃牛乳麵包，明定期限，滿了期，查出有吃米苕雜糧的要受罰。這個法令，如果實行了，不知要餓死若干人。就理論上說，牛乳麵包，含的滋養料最多，西人吃了身體強健，成效卓著，這些東西，人人都吃得來的，我們把種米苕雜糧的地方改種麥子，這又何難之有。我們多喂些牛，不但可以取乳，它還可以替人作工，兼之牧畜是一種獲利的事，許多人還要集資來辦，今由農家附帶養點牛，當然是毫不費力的事。從各方面想來，處處合理，似乎可以推行無阻了，無奈不適合現情，非鬧到餓死人不可。依我看來，中國一切新政，都是吃牛乳麵包的辦法，教育就是其中之一，無怪會生出流弊。我請問：為甚麼要吃牛乳麵包？自然是要想身體強健，既是如此，我們只要達到這個目的就是了，難道吃米苕雜糧的人，達不到這個目的嗎？為甚麼禁止米苕雜糧呢？

興設法度，猶如縫衣服一般，身體長短大小不同，總要量體裁衣。王莽變法，是拿祖人的衣服來穿，他說祖人穿得，我總該穿得。中國變法，是拿鄰人的衣服來穿，他說鄰人穿得，我也該穿得。於是不假思索，就把他的衣服拿來穿起。你想這種衣服，怎麼會合身？外國的良法美意，到了中國，會發生弊病，就是這個緣故。從前的學制，仿照日本，是借東鄰的衣服來穿，後來覺得不妥，又打算仿照美國，去借西鄰的衣服來穿，依我想不如把身軀量一下，自己縫一件好點。

現在學校的組織法，發源於歐洲，他們有他們的歷史，所以行起來適宜。我國的歷史，與他們迥然不同，所以行起來弊端百出。這個緣因，我們下細思考一下就瞭然。

從前歐洲，原是許多小國，各國轄地不寬，君主即是酋長，把人民當如奴隸一般，也可以說當如子弟一般，對於奴隸或子弟，當然要養之教之。後來出了些明君賢相，於教養二字，著實關心。生怕他們衣食不足，凡屬農工商賈的事業，政府都設法去保護他，法子想得非常精密。那些君主的用意，本是很好，無奈太精密了些，反轉把人束縛緊了。營業不得自由，有礙經濟發展。後來史密斯（今譯亞當．斯密）著一部《原富》，力言保護政策的錯誤，主張一切放任，全部書以營業自由為主旨，歐洲各國，採用他那種學說，見之施行，於是歐洲就驟然富強起來了。

我們須知：教養二字，是相連的。先年歐洲那些小君主，生怕他的人民莫得知識，想些法子去教育他，那些法子也是非常的精密，把人束縛得很緊，其流弊也是與營業一樣。可惜史密斯當日，只攻擊養字方面，未攻擊教字方面。經濟上種種不自由的組織被他打破了，教育上種種不自由的組織，未曾打破，結果人民能自由營業，還不能自由讀書。我國變法的時候，感到科學缺乏，想學他們的科學，就連同他們的組織法，也採用起來。把好好的一個讀書自由的中國，變成一個讀書不自由的國家，真可謂把好肉割壞了來醫。

孔子說：「自行束脩以上，吾未嘗無誨焉。」照現在的說法，就是繳了費，就入校聽講，不受入學試驗的。那個時候讀書，何等自由。當時有人譏孔子道：「夫子之門，何其雜也。」或者當時別個收生，還不如孔子之濫，所以才招旁人之疑。可見孔子當日是揭出讀書自由的旗幟，來號召學生。至於《孟子》書上，館人說「夫子之設科也，往者不追，來者不拒，苟以是心至，斯受之而已矣」等話，更有研究的價值了。《孟子》一書，據說是他自己做的，他生性好辯，往往無理的地方，都要強詞奪理。獨至遇看館人的履不見了，館人疑是孟子的學生偷的，《孟子》略略聲辯，他就明目張膽說：「你平日主張學生來去自由，只要有志讀書，就可收他進來，你招收學生，濫到這步田地，保無宵小之輩，參雜其中。」孟子聽了未答覆一字，反深許館人是個知己，把他的話，大書特書，記載出來。

由此可知：孔孟時代，讀書自由，真是到了極點。學堂之中，不但程度參差不要緊，就是流品複雜也不要緊。後來的教育家，秉承孔孟遺法，生怕人不來讀，斷莫有要來讀書反轉拒絕的道理。這個辦法，相沿了數千年，自從變法維新，歐洲學校的組織法，由日本傳到中國，於是學校之內，招收學生，有種種限制，從此有志讀書之士，受了限制，就無書可讀了。

我查學所到的地方，往往有些校長對我說：「本年招收新生一班，投考一二百人，我選了幾十人，其餘很有些好的，因為額滿了，都未收入，我這班學生，程度很整齊。」我聽了口雖不言，心中不免納悶。我們還要行強迫教育，不讀書的都要勒令就學，為甚麼想來讀的，我們反轉勒令廢學呢？調查未考上那些學生的去路，除廢學而外，有往別處尋學校住的，有入私塾的。猶幸有私塾這條路，不然，廢學的更多了。

有人說：「現在學校內，教授各種科學，與中國舊學不同，不能不分班教授，每班程度不能不整齊，所以招收學生，不得不加以限制。」我說：程度整齊，固然好，就是程度不齊，也未見得莫有辦法。現在學校內的國文歷史地理等科，中國舊學是有的，現在學校內英文，是外國字外國音，從前講說文講音韻的，是研究古時的字，古時的音，都是一樣的艱難。理化等科，也未見得比經學詞章艱深好多。至於數學一科，從前的經師，精通的很多，並且他們的程度很高，看他們的著作，就可以知道。他們教授學生，並未取現在這種形式，居然能夠把學生教得好，豈不是很奇異的事嗎？

有人說：「你既如此主張，我如果充當中學校校長，定要聘你當教員，交一百個程度不齊的學生，請你與我教。」我說：「這件事我能夠擔任，你把學科挑定了，並規定學期之末，學生程度要教至某個地方為止，到學期滿了你來試驗，如果學生達不到那種程度，我受罰就是了。至於教授的方法，聽我自由，你不必過問。」他問：「學生程度，參差不齊，你有甚麼辦法？」我說：「唯其參差不齊，就有辦法了。我提倡學生看書，養成自修的能力，我只須指示門徑，說過大概，叫他們自己研究，互相切磋，有不了解的，先問同學，再不了解，才來問我，如此辦理，那程度高點的學生，就成為我的助教了。」孟子說：「人之患在好為人師。」可見人的天性，是喜歡為師的。程度高點的學生，有人向他請問，他一定樂於講解，每與人講解一次，猶如自己複習一次，於他也是很有益的。當教師的，隻立於考察地位，考察各生是否了解，某生之指導，有無錯誤，如有不合，即予指正。再者，學生的通性，大都喜歡問同學，不十分肯問教師，其有來問教師的，已經是苦心思索，不得其解，這等人即是孔子所稱為憤悱的人，只消就他懷疑之點，略略指點，他就會恍然領悟，無須多費言詞。我用這個法子做去，即使一百個學生，有一百個程度，教起來也不費好大的力。

王壬秋先生，在四川掌尊經書院，前後不過六年，只用一個教師，造出的學生，有經學專家、詞章專家、古文專家、八股專家、歷史專家。現在的廖季平、宋藝子兩先生，不出四川一步，就造成名震海內的學問。吾川興設學校，已經二十多年，請問不出四川一步，造成名震海內的學問，有莫得人？這個原因，與學校的組織有關係。尊經書院，後來改為四川高等學堂。假如當日的尊經書院，也像後來高等學堂的組織法，每日八至九搖鈴上堂，王先生上去講經學，寫幾黑板，命全體學生照抄下堂，休息十分，搖鈴，王先生又上堂，九至十講詞章，十至十一講古文，十一至十二講八股，午後一至二講歷史，二至三講小學，每天上六點鐘，所有講錄，一一抄齊，又設幾個監學去巡查習室，督飭（整頓、整治）全書院學生，溫習本日功課。次日上堂，把昨日所講的逐一抽問，不了解者再講，到年暑假，在講錄上出題試驗，評定甲乙，如此辦去，經過六年，我們試想：廖宋諸先生的學問，會操到甚麼地步！我可斷定，中國內絕不會有廖宋的大名，這就算消滅兩個人才。他們二人，早生數十年，逃脫現在學校的組織法，這是他二人的幸福。準此以推，四川興學十多年，無形之中，不知消滅了多少人才，連被消滅的人，自己都不覺得。

依現在學校的組織，學生的勞力和時間，無謂犧牲的地方太多了。比方這點鐘的功課，某個學生本是早已瞭然，但是鈴子一響，還是要上去坐一點鐘，這就算犧牲了一點鐘的勞力和時間。某個學生，程度太差，就聽了講，還是不了解，也要叫上去坐一點鐘，這也是犧牲了一點鐘的勞力和時間。我調查學校，常常冷眼觀察，見得有些不必講的，他也反覆地講，不必做的事，也叫學生去做，犧牲的時間，合計攏來，真是不可思議。每每聽見教員向學生說道，時間的貴重，同黃金一般，一寸光陰要當一寸黃金，我們不獨要惜寸陰，並且要惜分陰。我聽了只好暗笑，心想凡無須講解的話，也拿來講解，耽擱幾秒鐘，教員自己算是損失了幾秒黃金，每個學生，也損失幾秒黃金，合全班學生計之，那個損失就很大了。學生的黃金，被學校損失盡了，學生不知道，學校也不知道，彼此還互相勸勉，保守黃金，真可謂不思之甚了。

以現在學校的組織法言之，管理人對於形式上負責任，鈴子一響，只要他能把學生全體弄上講堂去坐起，他的責任就算盡了，教員對於時間負責任，只要每點鐘能在講堂上講過十分，或四十五分，他的責任也就算盡了。孔子說，不憤不啟，不悱不發，這本是很好的教授法，而今用不著了，鈴子一響，就要上堂聽講，不憤者也要啟，不悱者也要發，學校的組織如此，怎麼會不生流弊？

我們把史密斯（今譯亞當．斯密）發明那個分工的原理研究一下，就知道學校內的學生損失的努力和時間，真是不可思議了。

據史密斯的調查，一個人做針，每天只能做二十枚，倘如把做針的工作，分開來，一個人拉，一個人截，一個人鑽，一個人磨，共分為十八人，每天可做八萬六千枚，平均每人每天做四千八百枚，所得成績增加二百多倍。現在學校的組織，每日要學幾種科學，每科以一點鐘為限，這就像一人做針，時而拉，時而截，時而鑽，時而磨一樣，當然是有許多勞力和時間，作為無益的消耗了。雖說學生肄（學習）習各種學科，與做針的情形不同，但是我們明白了那個原理，就知道每點改習一種學科，是最不經濟的。中學校應習的各科，不該同時並進，所有各科肄習的先後，與夫肄業的時間，都該酌量變通，取消那每天習五六科的辦法，所得的效果，一定要增加許多。

我們取一種未經學過的科學，自己去研究，就知道其中的甘苦了。遇著不了解的地方，往往鑽研許久，都不了解，一經了解，以下的即迎刃而解。有時候發生了興趣，津津有味，自己不忍釋手，進行非常之快，比那教師講授的速度，真有天淵之隔，而且是自己研究得來的，心中也非常暢快。我常想，當初我進學校的時候，倘若學校中許多用這樣的法子去研究，遇有不了解的地方，有教師可以請問，不至阻礙進行，能了解的地方，聽我一直前進，不受限制，我可自信所得的學問，要增加許多。

煨肉的方法，初時用猛火，到了沸騰後，改用微火，只要能夠保持沸騰的溫度，雖是微火，所得的效果仍與猛火無異。我們看書，有時發生興趣，津津有味，這就是煨肉到了沸騰點的時候，我們就該一直看下去，這時用力少而成功多。倘此時無故把他擱下，隔許多時候，又來看，自己也覺興味莫得前時那麼好，看下去較為艱難了，這就是煨肉停了火的緣故。必要耐心看許久，方才發生興趣。我們把平日自己一人看書的經驗，下細觀察，就可發現學校中每一鐘換習一科的弊病了。

例如中學校內，學生上講堂，聽教習講某種科學，初時一二十分鐘，還莫甚麼趣味，這因為煨肉的水還是冷的。後來越聽越有趣味，就是到了沸點的時候了。忽然鈴子一響，改授他科，這就像肉還未煨好，就把罐子提開，改為煮飯一樣。學生又要經過一二十分鐘久，才能發生興趣，正在津津有味的時候，鐘點又滿了，又改授他科，這就是飯還未熟，又改而炒菜。每天學習五六科，改變五六次，結果時間也耗廢了，精力也疲倦，所受的長益，還是莫可好多。

有人說：每日功課，難易相同，才不虧腦力，每一點鐘換一種科學，使腦筋一變，才不受損傷。這個說法，我也有點懷疑，請問世間事何者為難？何者為易？依我的解釋：（一）前進無阻則易，前進有阻則難，所以行平直的路易，行曲折崎嶇的路難。（二）順其習慣則易，違其習慣則難，所以讀書人以寫字為易，挑擔為難，鄉下農人，以挑擔為易，寫字為難。學生學習某種學科，正津津有味的時候，如果聽他一直學下去，豈不是前進無阻嗎？我們忽然換一種科學，喊他去學，這就像行路的人，正在埋頭前進，然後有了障礙，不得不折而他走一樣。又學生津津有味的時候，順著他的慣性，叫他前進，自然是很便易的，為甚麼要改授他科，阻止他的慣性？我們下細考察那種辦法，明明是化易為難，何嘗是難易相同？明明是紊亂學生腦筋，何得謂變換腦筋？即使說學生用功久了，腦筋應該休息，所習科學，應該難易相同，我們也只能講明這個道理，使學生自擇其所謂難，所謂易，我不能入學生之腦中，代擇其所謂難，所謂易。學生習某科，他要想繼續下去，不肯中止，這是可以的，他自覺厭煩了，想另換一科，也是可以的，純由學生自動，教師在旁邊輔導，隨時指點，卻不強制他，他的進步，自然很快，腦筋也不會損傷。

工場的管理法，以最少消耗，收最大的效果為大原則，對於金錢材料勞力時間四者，俱有精密的計劃。金錢材料，不能妄費，自不必說，就是工人的勞力，與夫作工的時候，都是用科學的方法去研究，不使他有絲毫的虛耗。我們如果用管理工場的眼光來考察學校，他那金錢材料勞力時間四者的虛耗，真要令人驚駭不已，無一個學校不是以最大的消耗，收最小的效果，無怪乎教育日形退化。

勞力與時間的虛耗，前面已經說明瞭，至於金錢材料的虛耗隨在皆是，姑舉一二件來說。我曾說過：各學校的儀器標本，封鎖的時候多，用他的時候少，為甚麼不把他公開，使一般人都享受利益？這就是材料不經濟的地方。

從前書院的山長，得了幾百串錢，那全書院的學生數十個，或是百多個，都由山長一人去教，此外莫得一個冗員。現在教育上的組織法，就是拿錢的人多，教書的人少。教育廳設廳長、科長、科員幾十個人，是拿金錢不教書的。四川全省設省視學十人，是拿錢不教書的。百四十幾縣，每縣教育局長一人，是拿錢不教書的。每縣設幾個視學員，是拿錢不教書的。中等以上學校校長，一百幾十個，是拿錢不教書的。全省高小校校長幾百個，很有些未擔任學科，是拿錢不教書的。從前書院時代，學生的品行，由山長負責，未另支薪，現在把他劃分出來，每校設管理員數人，拿錢不教書，這些人所得薪水，都比從前山長優厚，盡都喊他不消教書，實際上在教書的，只有所謂教員罷了。此外還有文牘收支僱員書記人等，都是拿錢不教書的。至於教育局董事，教育委員或學董，都有點輿費，也是拿錢不教書的。拿錢不教書的人有這麼多，教育經費哪得不支絀？

用了那麼多的金錢，費了那麼大的勞力，所得的結果，不過是造成一個讀書不自由的組織罷了。

我把他所有的組織法細加考察，無在不是荊棘發生，諸多窒礙。維新之初，手訂學制的諸公，未免太不思索了。

外國的法令制度，只要能夠適合我國的需要，我們仿辦起來，一定是推行無阻的。例如中國男子辮髮、女子纏足，相沿也是很久的，如今男子學外國男子，把發剪了，女子學外國女子把足放了，未見發生何種流弊，這就是所服之藥對了症的緣故。現在的學校，弊端百出，人人一談及此，不是罵學生不好，就是罵管教員不好。依我想，如果少數學校不良，我們可以怪管教員，可以怪學生，而今則多數學校，都是如此，我們也應該在學制方面考慮一下。

要改良教育，可以採用古人改良政治的法子：戰國時候，兵伐擾攘，人心險詐，與現在的情形是一樣。嬴秦繼起，政令煩苛，民不聊生，人人思亂，也與現在的情形一樣。到了漢朝的時候，人心忽然淳樸起來了，這豈不是很奇異的事嗎？其實並不奇異，他得力的地方：第一在漢高祖入關，約法三章；第二在文景之世，用黃老之術，休養生息，就把元氣培補起來了。漢高祖的謀臣是張良，他是講黃老之學，約法三章，當然是他上的條陳。惠帝用曹參為丞相，曹參奉蓋公為師，蓋公是黃老專家，所以曹參為相，專主清靜無為，文景沿用他的法子，就成了三代下頂好的時代。這可說漢初所請的醫生，與所害的病相合了。諸葛武侯說：「秦的政治很苛細，人民苦極了，所以高祖立法很寬，劉璋闇弱，人民很疲玩，所以我立法很嚴。」真是通達治體的話。武侯淡泊寧靜，他的性情，很近黃老，後來治蜀，卻純用申韓，我們試把他的本傳讀一遍，又把韓非子研究一下，就見許多舉動純是韓非家法，他並且手寫申韓，以教後主，真所謂對症下藥，可算名醫，宜乎後人稱他是三代以下第一人。我們明白這個道理，改良教育，就有辦法了。

現在關於教育的條令，非常苛細，教育界排擠傾軋，無所不有，學生淩厲囂張，動輒就鬧風潮，教育紊亂的狀況與戰國嬴秦的政治相似。依我的主張，要想改良教育，最好的是仿漢高祖約法三章的辦法。學校中規定：凡有嫖賭偷盜與夫吸鴉煙的，嚴重處罰，其他苛細的規則一切刪除，遇有應該救正的地方，臨時酌定，學文景之世，休養生息，可斷定學潮就會平息，教育就會發達，這是我深信不疑的。

黃老之術，表面上看來，是莫得甚麼道理，其實有絕大的道理。漢初取他的法子去治國，所得的效果，是彰彰可考的；養生的人，用他的法子去治身，無不享高壽，是人人知道的。我主張用他的法子去辦學，可斷定必會辦好。史密斯一部《原富》，主張放任，聽其自然，這明明是黃老之術。史密斯用之於養字方面，既已收了絕大的效果，我們把這個原則，應用於教字方面，一定也會收絕大的效果。

現在中國的政治，一方面政令苛細，人民愁苦，一方面又是執政闒弱，人民疲玩，武侯所說的兩種現象，同時並存。那執政的闒弱，算是中國有的，那苛細的法令，是從外國抄襲來的。所以我們改良政治，當黃老與申韓二者並用，改良教育，也是如此。校中把嫖賭偷盜鴉片煙懸為厲禁，犯者嚴重處罰，絕不徇情，是用申韓之術。把苛細規則一切除去，是用黃老之術。主持教育的人，對於教育事業，持放任主義，是用黃老之術。考試時極端嚴格，舞弊者嚴重處罰，無絲毫假借，是用申韓之術。教育上能夠如此辦去，自然可望整頓，政治上一切事都如此辦，自然也會整頓好。

莊子是尊崇黃老的人，他主張治天下要除去害馬者，因為害馬者是有礙自然的。史密斯談經濟，主張把營業上的障礙物去了，才能自由發展，其用意與莊子同。史密斯主張關於交通的事項由政府辦，人民力量不能擔任的事業由政府辦，其餘一切放任，聽人民自由去做，政府不必過問。政府應負的責任，只是清查商標，不許冒充他人招牌。遇有不履行契約，意圖賴騙的人，政府依法懲辦就是了。我們把他的法子，應用到教育方面，為種種的裝置，使人民隨在有就學的機會。高階點的學校，人民力量不能擔任，由政府辦，其餘一切放任，政府只設一個考試制去考試學生。這考試制用意，就是不許他冒充招牌，不許他任意賴騙，照這樣辦法，教育自然會發達。人非飲食不能生活，人無知識不能在社會上立腳，其切如果一樣的，所以人的知識欲，與飲食慾是相等的，二者都於人的生存上有關係，政府替他籌劃，不如聽他自己籌劃，還要周密得多。史密斯在經濟方面，窺破了此點，故主張放任，聽其自然。我們知道：人民的知識慾望，與飲食相等，所以教育事業，也該放任，也該聽其自然。

放任主義，施之經濟方面，還有流弊，施之教育方面，不會有流弊，因為經濟上一切放任，就生出自由競爭的現象，外國的大資本家，就是自由競爭產出來的。金錢的數目有限，他佔多了，我就要少得點，我佔多了，他就要少得點，所以自由競爭，就造成貧富的階級。唯關於知識則不然，斷莫有你把學問操好了，我的學問就操不好的道理，所以放任主義，施之教育，不會生流弊。

有人說：放任主義，施之智育方面，或許要得，施之管理方面，如何要得？我說：管理方面，採用這個原理，為甚麼要不得？中國因為國家貧弱才變法，才改書院為學校，中國貧弱，有他貧弱的原因，其罪過並不在學生，並不是由於學生在書院中放任慣了，害了國家社會，為甚麼要設些嚴厲的規則，把學生拘束起來？這也是藥不對症，並且是對於無病的人妄加針砭。

歐洲行徵兵制，全國人民，皆有當兵的義務，厲行軍國民教育。故學校之內，純以兵法部勒，校長是個司令官，學監彷彿是個營連長，學生的起居動作，都是軍營式的組織，處處取整齊嚴肅，使他養成習慣，將來入伍當兵，自然容易，西洋學校用意在此。我們中國並未行徵兵制，學校之中，也用軍營式的組織，學生在校的生活，也帶有軍營生活狀態，這也是無謂的事。

有人說：學校之中，施行這種規則，目的在養成學生守時間守秩序的習慣，這種訓練是不可少的。我說：施了這種訓練，能不能夠養成學生的良好習慣，還是個疑問。川省興設學校，二十多年，受過這種訓練的人，卻也不少，請問成效安在？即如四川省議會的議員，是人民選他出來，那些人都是進過學校，受過這種訓練的，並且很多是當過校長教員的，曾經拿這種規則去範圍人，何以這些人聚在一處，全不遵守時間，往往無故不到，開會之時，不足法定人數。講到秩序一層，更說不上，打墨盒，飛板凳，報紙登載，不一而足，請問養成的良好習慣安在？因為一畢業出來，莫得司令官管束他，他就回覆未入校以前的狀況了。會場之中雖然有個主席，卻莫得校長的威權，不能記過扣分，不能懸牌斥退，他們不守時間，不守秩序，也無怪其然。

所以我說：施行嚴厲規則，不過校中形式上好看點罷了，其實莫得甚麼成效，在社會上不會發生何種影響。有人說：西人受了那種訓練，畢業出來不會忘去，依然能夠守時間，守秩序，中國人在校中受了同樣的訓練，畢業出來，還是不守時間，不守秩序，這是由於中國人道德觀念缺乏的緣故。我說：這不是道德上的關係，是行徵兵制與不行徵兵制的關係，歐洲行徵兵制，全國皆兵，即以全國為一軍營，全國的組織，是一個軍營的放大形。校中生活，與社會生活，是一致的，人民守時間，守秩序，校內校外是一樣的，故學生入校遵守規則，不感何種痛苦，畢業出來不會把校中養成的習慣拋去。

中國從前也行過徵兵制，也是用兵法部勒全國，後來進化了，依分功之例，兵與民分而為二，民出財以養兵，兵出力以衛民。民與兵既經分開，無須乎再用兵法去部勒國民。兼之大一統之後，戰爭的事漸漸減少，所養的兵，也漸漸少，需用兵法的地方，既經少了，社會上造下軍營式的組織，就逐漸消失。人民一切動作，純任自由，養成了習慣，所以一入學校，受軍營式的訓練，即感覺痛苦，隨時發生風潮，一出學校，即與社會同化，校中所施的訓練，就等於零了。這就是由於歐洲的社會有拘束力，中國的社會莫得拘束力，歐洲養成那種習慣，是經過了長時間的涵濡漸漬。中國養成這種習慣，也是經過長時間的涵濡漸漬，所以要改良中國人的習慣，當另想法子，不是區區厲行校規，所能挽救的，更不是空言道德，就能生效的。

現在各校關於請假點名，晚間熄燈，早晨起床，清查學生上堂人數，與夫其他事項，俱由學校職員管理，往往因此等事項，學生與管理人生出惡感，釀成極大風潮。我想：此等事，可改歸學生自行料理，教職員將此等規則的必要，向學生剴切（切實）說明，使他們自立公約輪流擔任，管理人從旁襄（幫）助，不必取司令官的態度，用強力去干涉他。因為用強力去干涉，學生居於被動地位，將來走到莫人干涉的地方，他就依然不規則起來了。如果使他們自立公約，養成自動的習慣，將來畢業出來，到了議場這類地方，大家感覺有守時間守秩序的必要，自然就能夠定出公約，互相遵守了。

關於學生的操行，只好用儒家的舊學說，注重人格感化。當教師的，果然言可為坊，行可為表，利用學生的摹仿性，自然不知不覺，一切行為，就同教師一樣了。

凡人作事，關於心理，心想做就做，心不想做就不做，所以要改變人的行為，當先改變人的心理，心理改變了，生出來的效果，是很大的。例如有人出來提倡某種學說，始而少數人心理改變，少數人的行為就改變了，繼而多數人心理改變，多數人的行為就改變了，到了多數人的行為改變，就成為一種風氣了。這個道理，曾國藩的那篇《原才》，說得很明白，要想改良學生的操行，應該採用這個法子。

改變心理的方法，在不斷地予以暗示。教師人格高尚，即是一種很好的暗示。耶穌的教理，本是很粗淺的，他的教能夠推行得那麼廣，不是他的教理足以折服人，是他那種人格，足以感化人，他那種毅力，足以轉移人。現在學校內對於學生的操行，不用耶穌傳教的法子，去用商鞅行政的法子，並且是秦始皇箝制人民的法子，所以遇有可乘之隙，學生中有人出來振臂一呼，就應者四起了。全國學潮的根源，就在此處。

有人說：考試制只能考察學生的知識，不能考察學生的操行，施行此制未免把德育方面拋棄了。我說：考試制固然不能改正學生的操行，就是現在的學校那種辦法，也不能改正學生的操行，要想學生有良好的操行，當特別想法，所以我才有上文的種種說法。

世界各國的進化程式，都是一樣的。古時中國內部，也是許多小國，那些君主，也是把人民當如奴隸或子弟一般，對於奴隸子弟的教養事項，想的法子，也是非常精密。就以學制而論：周朝的時候，京師大學，名叫辟雍，諸侯大學，名叫泮宮，閭有塾，黨有庠，州有序，大概八歲入小學，十五及十八入大學。其修業年限，是九年。比年入學，中年考校，至九年而大成，始得入官。有了畢業資格，才得做官。不率教者，有徵戒遷謫之刑，與現在犯了學規要斥退賠費相同。小學之秀者，移於鄉學，即是初小畢業，升入高小。鄉學之秀者移於庠，即是高小畢業，升入中學。庠之秀者，移於國學，即是中學畢業，升入大學。諸侯歲貢其秀者於天子，學於大學，就像現在的大學院一樣。到了春秋戰國的時候，兵爭不已，這些制度，就摧滅無餘。兼之社會進化，日趨自由，就學的人，不願再受舊學制的拘束，所以周初的學制，從此不能恢復了。此後關於教育事項，只有考試的時候，人民與政府有一度的接觸，此外皆聽其自由，政府從未乾涉，直至清末為止。中間還有個現象，說來是很怪的：周朝施行那種學制，從周初到春秋，中間數百年，並莫發明得有何種特別學說，剛剛把那種學制消滅，學術就驟然發達起來，這是很可耐人研究的。

我說社會進化，人民不願受舊學制的拘束，這是可以證明的：你看歐洲教育家，最新的主張，都是在解放一面，都是向活動自由那面趨去，至於道爾頓制（又稱道爾頓教學法，是與班級制相對立的一種教學模式），簡直更像中國書院的組織，進化的軌道，也就可以看見了。現在這種束縛人的教育方法，我國進化的程式中，業已經過了，歐洲方在圖謀解放，我們反退轉去仿效他，盡可不必。

歐洲開化，比中國遲許多年，封建時的制度，存留得很多，人民處處受政府干涉，所以才力爭自由，創出不自由毋寧死這類話。中國統一很早，從秦始皇厲行干涉政策過後，歷代的君主，都引為前車之鑒，廢去干涉政策，雖是君主國，其實人民很自由的。中國貧弱，並不是因為人民太自由了，維新以來，拿歐洲限制自由的法，施諸中國，藥不對症，無怪乎一切新政，都是荊棘叢生。新學制標準，取縱橫活動，取伸縮自由，其實中國以前的教育，縱橫活動到極點，如今設些法子，限制他活動，限制他自由，然後叫他尋覓活動自由，真不可解。中國貧弱的原因，是出於兵力不足，打不贏外國人，是由於科學知識缺乏，實業不發達，我們從這上面去補救，算是對症下藥。至於政治法度上一切組織，就要下細斟酌，如其不然，就會把好肉割壞了來醫。

民族進化的程式，與身體的發達，是一樣的。人生由幼而壯而老，骨骼軀幹的發達，有一定程式，不能飛越，也不能退回。一二十歲的人，任他衛生如何講得好，身體如何長得快，終究是一二十歲人的狀態，可一望而知的。三四十歲的人，即使衛生不良，疾病纏身，終究是三四十歲人的狀態，也可一望而知的。中國比歐洲開化得早，當然比歐洲進化得多。所以歐洲政治上許多制度，如徵兵制，如選舉制，中國都曾經施行過，後來漸漸進化，那些設施，就漸漸拋去，其蛻化的痕跡，彰彰可考。由選舉而變為考試，是進化必經的階級。美國近二三十年，也行考試制度了，美國的考試制度，與夫現在各國的考試制度，都是學英國的，英國的考試制度，是學我們中國的。(見孫中山講演五權憲法）歐美正在向考試那條路進化，我們反把考試制廢除了，退轉去行選舉制，違反了進化原則，所以選舉省縣議員的時候，就弊病叢生了。選舉制既不可行，只好仍求之考試制。

中國的考試制，發源最遠，漢朝對策，固然是考試，其實戰國的遊說，也是一種考試，不過是人君當面口試罷了。我們可以說戰國重遊說，是考試的起點，後來越久越進化，考試的制度越完備，於是中國的考試制度，就成為世界最好的制度了。進化較後的歐美，自然要來取法。我們在歷史上，還看出一個進化的痕跡：周初學制，區分為小學中學大學幾種階段，以次遞身，肄業年限，是有定時，政府用人，是用畢業生。前面已經說過，最奇的是那種學制，剛剛破除，考試制的起點，就出現了，可見考試制是替代那種學制的。所以我主張施行考試，不問肄業年限，不問會否入校，概以程度為準。

大凡一國的人民，進化到了某種程度，總會產出某種法令制度，換言之，即是某種法令制度，能夠推行無礙，必是與那種人民程度，恰相符合。歐洲開化比中國遲，我們把他現行制度，細細考察，覺得很像周初的組織，我們就可以斷定他們進化的程度，方才到我國周初。猶之年齡相同的兒童，其骨骼軀幹是約略相同的，所以現在歐洲許多制度，與周初不謀而合。不過歐洲物質文明較為發達，猶之兩個兒童，一個衣服樸素，一個衣服華麗，其實兩兒衣服，大小長短，是差不多的。

我們考察歐洲的社會，如果把他物質文明部分除去了，單看他的組織法，就可看見他社會進化的程度了。歐洲的法令制度，非常苛細，周初的法令制度，從三禮上考來，也是非常苛細。假如叫周初的人民，去守現在西洋的法令制度，他是能遵守的，叫現在西洋的人民，去守周初的法令制度，也是能遵守的。譬如年齡相同的兒童，所穿的衣服，可以互相掉換一樣。周初的法令制度，如果施行於現在的中國，一定扞格不通，所以西洋的法令制度，施行於現在中國，當然扞格不通，因為骨骼軀幹長大了，舊時衣服自然穿不得。

中國從前的儒者，夢想唐虞三代，自從進化論出現，才知道那種思想是錯誤的，是開倒車的。

於是厲行新政，摹仿西歐，哪曉得他們進化的程度，剛剛才到我們周初時期，變法諸公，自以為維新了，其實在復古，其實在學文武周公。依我的觀察，現行的新政，有許多是開倒車，廢除考試，恢複選舉，是開倒車之一，所以越弄越壞。歐人研究科學，著手得早，可以稱他是先進，此外許多地方，不能不算是我們的後進。我國到了現在這種狀況，自然該設法整頓。可是我們此後，應走的途徑，並無先例可循，只有按著進化的原理，自家開闢途徑，一面走，一面開闢罷了。

中國古時，各國分立，國與國之間戰爭最烈，非竭全國之力，不能取勝，所以行徵兵制，兵與民合而為一。後來全國混一，無通國皆兵的必要，只有設點兵來防內亂，就成為分功之局，所以兵與民分而為二，改行募兵制。大凡國家的各種制度，都是有連帶關係，兵制是國家的大政，他的組織改變了，其他各種組織，自必因之改變。周初行徵兵制，那時以兵法部勒全國，五家為比，五比為閭，四閭為族，五族為黨，五黨為州，那時學制就是閭有塾，黨有庠，州有序，國家用人，就在那畢業生中選取。後來漸漸蛻化，軍營式的組織，漸漸消除，學制的組織，也隨之而變。朝廷上莫得畢業生可用，所以戰國重遊說，只要一席話說得人君喜歡了，就給他一個官。漢朝是由大臣推薦，或是天子詔試，晉朝取之於門第，這都是由於周公所定那種學制廢除了，莫得畢業生可用的緣故。要想恢復那種整齊劃一的學制，但是社會的組織不同，勢有不能。到了唐朝實行募兵制，同時考試制就應運而生，這是社會進化必然的趨勢。

選舉與考試，本是一樣的，都是認定這個人好，我把他挑取出來，但是由選舉進化了，才會有考試。外國的無記名投票法，與中國的糊名考試是一樣的。外國因為選舉有流弊，想出無記名投票法，把選舉者的姓名掩住了。中國的法子更妙，糊名考試，把被選舉者的姓名掩住，我把他挑選出來，我還不知他姓甚名誰，這只好憑他的本事了。

社會進化，有天然階級，由漁獵而遊牧，而耕稼，而工商，五州萬國的民族，無不相同。進化到了某種時間，他的社會組織法，都是相同，這是彰彰可考的。徵兵制、選舉制、學校制，是同一時期的事。再進化了，就成為募兵制、考試制、書院制，這也是同一時期的事。西洋開化得遲，當然依著我國進化的軌道慢慢行來。西洋的道爾頓制已經像書院了，考試已經有了起點，無記名投票法，已是糊名考試的動機。歐洲現在列國競爭，當然行徵兵制，將來全歐混一的時候，兵與民還是要依分工原則，分而為二。維新諸公，不明進化原理，把中國許多廢棄不用的舊法，恢復起來，所以就百弊叢生了。恢複選舉制，所出的流弊，是眾人共知的，周初行過的學制，恢復起來，無怪乎弊病百出，全國學潮，屢出不已。我們看清了此點，出來提倡考試制，可說與進化的軌道，是很相合的。

現在學校的組織，不是衣服大了，人民穿不得，實則是衣服小了，人民穿不進。讀書求學，處處受法令上的限制，不自由到了極點，即使強迫他，把這種衣服穿上，但是行動不自由，有礙發展，甚至於稍為運動一下，衣服就破裂了。現在有些學校，很是整齊嚴肅，偶有事故發生，就決裂而不可收拾，即是這個道理。我現在看見有幾種現象：（一）學生不受拘束，時時暴動。（二）一般人民不滿意學校，甘願把子弟送入私塾。（三）許多教育局長，學校校長，或教員，延師在家，教他的子弟。（四）有些私人組織學校，不在政府立案，也不遵章教授，這都是衣服小了，才有這些破裂現象。

現在要整頓教育，只有把他那中斷了的考試制，繼續施行下去，才能挽救現在的積弊，才能企圖將來的發展。今人一聞考試二字，依心理上的聯想作用，就想及八比試帖，認為這個法子，陳腐不堪，其實大錯了。考試是一事，八比試帖是一事，八比試帖可說是腐敗，考試法斷不能說他是腐敗法子。現在的學校，如果不教科學，仍教八比試帖，還是腐敗不堪的。可見腐敗與否，全在學科上，不在形式上。有人說：依你的主意，莫非要把現在學校一齊廢了嗎？我說：不是那樣的，現在兵與民分而為二，國中有一些人，能夠受軍營的訓練，即可證明：有一些人能夠受現在學制的拘束。但是現在要把全國之人，一律勒令當兵，就會糾葛叢生，所以要把全國的教育，一律納入現行學制的範圍，也會糾葛叢生。中國現在的制度，當兵的施以軍營的訓練，未當兵的不施以軍營的訓練，這個辦法，是軍營制與非軍營制二者並存。現在中國的學校，已經設了那麼多，哪有廢去之理？我主張學校與私塾二者並存，願進學校的進學校，願進私塾的進私塾，願自修的聽其自修，統以考試制匯其歸就是了。

我主張學校解放有兩種：第一破除學校與私塾的限界，一體待遇；第二變更學校內部的組織，採取書院制的精神，隨各生的程度，施以適宜的誘導。這兩種解放，前面曾經說過，如能實行，學校的風潮，可以立即減少。因為學生鬧事，不過停課罷了，學校原未叫他上課，停滯不前了何妨？學生主張擇師運動，見有良好教師，儘管前往受教，那良教師所在地，自然學者雲集，不良好的教師，無人來學，就歸諸天然淘汰了。有了這種辦法，孔子所說的「不憤不啟，不悱不發」，孟子所說的「不屑之教」，實行起來，也就不會起風潮了。

現在的學校，往往被政黨操縱，這就是犯了莊子《胠篋篇》所說的毛病。我們把零零碎碎的東西，收集攏來，用一個櫃子裝住，強盜來了，把櫃子背去，所有的東西，全體損失，倘若散在各處，也不至全被偷去。現在的政黨，是用利害來操縱學生，如果把學校解放了，各政黨要號召學生，須要用宗教家傳教的法子，具有高尚的人格，強固的毅力，才能轉移一世。有了這種政黨出現，我們是很歡迎的。

考試制是考察最終的成績，各種主張，均能容納，辦學的人，要仿日本製辦，要仿美國製辦，要照道爾頓制辦，要依現行新學制辦，或是自出心裁，別創一種辦法去辦，政府可聽其自由，不加限制。除考試方法與考試標準，應當公同議定，同歸一致外，其餘的事項，都可各出主張，互相競爭，越競爭就越進步了。

我說施行考試制，各種主張，均能容納，可以設比喻來說明：假如有城一座，我們想攻入，所有進攻的路，東南西北，不必拘定，攻取的方法，或用大砲攻擊，或是搏肉而上，或用飛機，或挖道地，也不必拘定，總以攻入城內為主。畢業考試，是考察他攻入莫有。至於進攻的路，與攻取的方法，應由前敵將士考察地勢，偵探敵情，自行選擇，當主帥的，只嚴令各將士限期攻入就是了。我對於學校的主張，就是如此。

諸君有整頓學校的好法，盡可施行出來，整頓學校，是要使學生的成績良好。考試制是考察成績，是否良好，二者原是不生衝突的，本書重在把我主張考試的理由披露出來，所以對於各種整頓的法子，未及深說。

我主張的考試，非常簡單，只是把在校學生，與私塾學生，自修學生，聚合起來，一體考試，只要程度及格，就給予畢業證書。民國十四年二月，四川省長公署，頒布各級學校畢業考試暫行條例，已經明白規定，各地舉行小學畢業考試，私塾學生，亦準予試。現在我的主張，打算更進一步，舉行中學畢業考試，私塾學生，自修學生，也準予試，特地徵求眾人的同意。有人說：就使有了這種規定，恐怕也沒有合格學生來應考。

我說：只要先把案定了，人人知道中學畢業考試，懸有這一格，自然就會有人朝那私塾，或自修方面趨去，將來自有人來應考。我把我的主張披露出來，目的在與人討論，請閱者諸君，切實批評，批評越嚴，我越是感激。我這種主張，究竟對不對，我自己不能知道，如有不合之處，經諸君指正，我可以加以修正，如或根本錯誤，諸君有良好的法子，可以救正現在學校的積弊，我定當拋棄我的主張，贊成諸君的法子，絕不敢固執己見。諸君有見教處，請交四川教育廳收發處轉交，萬望切實指教，幸勿客氣。

和達爾文開玩笑

競爭之途徑有二：一是向外用力，進攻他人；一是向內用力，返求諸己。向外用力者，與他人之力線是衝突的，我與人二力不等，則一勝一負；二力相等，則兩敗俱傷。向內用力者，與他人之力線是不衝突的；我與人用力相等，則並駕齊驅，一人用力獨深，則此人即佔優勢。

宗吾每有一假設要提出，總是深思熟慮，反覆研究，必須自己信得過了，才寫成文字，以期建立他的假設。更從四面八方，去取得印證，無論是正反面的意見，他都虛心地加以研究，而為批判地加以接受與揚棄，經過一再的補充，然後才著為專著。他的許多著作，都是這樣慢慢完成的。單說《心理與力學》一書，最初僅是篇較長的論文，到了民國九年，就補充了許多；直到民國十六年，才公表於世；等到正式印為專書時，已是民國二十七年了。在此書出版的前幾年，經他研究所得，更加了三章，到了三十一年，又加了一章，如果他不早死去，恐怕至今還在有加無已呢。但他並不是像「老孃婆的裹腳布又臭又長」地新增，他的千言萬語，無非為證成他所假設的一條公例：「心理變化，循力學規律而行。」他最後新增的一章，此處暫不述及，今將第二次新增的文章，介紹於後：為達爾文學說的修正。

他說達爾文研究生物學數十年，把全世界的昆蟲草木，飛禽走獸，都研究完了，得出幾種結論，科學界奉為金科玉律；獨不知達爾文實驗室中，有個高等動物，卻未曾研究，所以他的學說，或留下不少破綻。那個高等動物，就是達爾文字身。達氏既把人類社會忽略了，那不妨就拿達氏來做標本，再加一番補充研究。於是他便用最有興趣的文字，設想達氏生下地來，一直到他老死，其心理與行為的發展，即以達氏自己的學說，來反擊達氏的學說，依次得出人類社會中的五條公例：

1．同是一個人，知識越進步，眼光越遠大，競爭就越少。

2．競爭以生存為界域，過此界域，就有弊害。

3．同是一國的人，道德低下者，對於同類，越近越競爭；道德高尚者，對於同類，越近越退讓。

4．競爭之途徑有二：一是向外用力，進攻他人；一是向內用力，返求諸己。向外用力者，與他人之力線是衝突的，我與人二力不等，則一勝一負；二力相等，則兩敗俱傷。向內用力者，與他人之力線是不衝突的；我與人用力相等，則並駕齊驅，一人用力獨深，則此人即佔優勢。

5．凡事以人己兩利為原則，二者不可得兼，則當利人而無損於己，抑或利己而無損於人。

根據上述五條公例，就覺得達爾文的「生存競爭優勝劣敗」八字應該修正。因為達氏的公例，是從禽獸社會中得來的，律以人類社會，處處矛盾。達氏的公例，如果用於禽獸社會中，當然可以不管，如今公然用到人類社會來了，基於這種學說，造出世界，是人類互相殘殺的世界，故非加以駁斥不可。

達爾文說，人類進化，是由於彼此相爭，但從各方面觀察，覺得人類進化，是由於彼此相讓。譬如：我要趕路，在路上飛奔而走，見有人對面撞來，就當側身讓過，方不耽誤行程。如照達爾文的說法，則是見人對面撞來，就應該把他推翻在地，沿途有人撞來，沿途推翻，遇著行人擠做一團，就從中打出血路，向前而行，試問世間趕路的人，有這種辦法嗎？如果要講「適者生存」，必須懂得這種相讓的道理，才是適者，才能生存。

由達爾文看來，生物界充滿了相爭的現象，由我看來，生物界充滿了相讓的現象。試入深林一看，即見各樹俱是枝枝相讓，所有樹枝樹葉，都向空處發展，彼此抵拒衝突者極少。樹木是無知之物，尚能彼此相讓，可見相讓乃是生物界的本性，因為不相讓，就不能發展。凡屬生物皆然，滿山禽鳥和鳴，百獸眾處，都是相安無事之時多，彼此鬥爭之時少。

因此，又可得出一條公例：「生物界相讓者其常，相爭者其變。」達爾文把變例認為常例，似乎不對。樹的枝葉，如果抵拒衝突，糾結一團，此種樹木，必不繁榮，歐洲大戰，是人類糾結一團。依達爾文的學說，此種現象，叫做進化，未免講不通。

依達爾文的說法，凡是強有力的，都應生存，但從事實上看來，反是強有力的被消滅。洪荒之世，遍地是虎豹，他們的力量比人更大，宜乎人類戰他們不過。何以虎豹，又幾乎絕跡？歐戰時，德皇勢力最大，宜乎稱雄世界，何以反遭失敗？民國初年，袁世凱勢力最大，宜乎統一中國，何以反遭失敗？

有這些事實，所以達爾文的說法，就應該修正。我們細加推究，即知虎豹的被消滅，是由於全人類都想打他；德皇失敗，是由於全世界都想打他；袁世凱的失敗，是由於全中國都想打他，思想相同，就成為方向相同的合力線。虎豹也，德皇也，袁世凱也，都是合力打敗的。於此可以說：「生存由於合力。」懂得合力的就生存，違反合力的消滅，得合力的就優勝，違反合力的劣敗。像這樣的觀察，那些用強權欺凌人的，反在天然淘汰之列了。

達爾文的誤點，可再比喻來說明：假如我們向人說道：「生物進化，猶如小兒身高，一天一天的長大。」有人問：「小兒如何會長大？」答：「只要他不死，能夠生存，自然長大。」問：「如何才能生存？」答：「只要有飯吃，就能夠生存。」問：「如何才有飯吃？」我們還未及答，達爾文從旁答道：「你看見別人有飯，就去搶，自然就有飯吃，越吃得多，身體越長得快。」

試思達爾文的答案，有錯無錯？我們這樣的研究，即知達爾文說生物進化沒有錯，說進化由於生存沒有錯，說生存由於食物也沒有錯：唯最末一句，說食物由於競爭（搶）就錯了，只把他最末一句修正一下就對了。

問怎樣修正呢？就是通常的：「有飯大家吃。」

平情而論，達爾文一味教人競爭，因有流弊，我們一味教人相讓，也有流弊。如何才無流弊呢？於此可再定出一公例：「對人相讓，以讓至不妨害我之生存為止，對人競爭，以爭至我能夠生存即止。」

達爾文的學說，可分為兩部分來看：他說的「生物進化」，這部分是指出事實；他說的「生存競爭，優勝劣敗」，這部分是解釋進化的原因多端，相爭能進化，相讓能進化，不爭不讓，反而致力於內部，也能進化，其或具備他種條件，也未嘗不能進化。達爾文置諸原因於不顧，單以競爭為進化的唯一原因，而流弊遂無窮了。

茲斷之曰：達爾文發明「生物進化」，等於牛頓發明的「地心吸力」，是學術界千古的功臣；唯有他說「生存競爭，優勝劣敗」，就不免有語病，應加修正。自鄙人的目光看來，舉世非之，與舉世譽之，有同等的價值。除弟子而外，如有志同道合的逸伯玉，或走入異端的原壤，甚或有反對黨，如楚狂沮溺，徵生畝諸人，都可儘量地作些文字，無論為歌頌，為笑罵，鄙人都一敬謹拜受。將來匯刊一冊，題目《厚黑教主榮錄》。千秋萬歲後，厚黑學如皎日中天，可謂其生也榮，其死也榮。中華民國萬萬歲！厚黑學萬歲，厚黑紀元二十八年，三月十三日，李宗吾謹啟。是日也，即我庚弟愛因斯坦六旬晉一之前一日也。

怕老婆哲學

愛親愛國愛妻，原是一理。心中有了愛，表現出來，在親為孝，在國為忠，在妻為怕，名詞雖不同，實際則一也。非讀書明理之士，不知道忠孝，同時非讀書明理之士，不知道怕。鄉間小民，往往將其妻生捶死打，其人率皆蠢蠢如鹿豕，是其明證。

大凡一國之成立，必有一定重心，我國號稱禮教之邦，首重的就是五倫。古之聖人，於五倫中，特別提出一個「孝」字，以為百行之本，故曰：「事君不忠非孝也，朋友不信非孝也，戰陣無勇非孝也。」全國重心在一個「孝」字上，因而產出種種文明，我國雄視東亞數千年良非無因也。自從歐風東漸，一般學者大呼禮教是吃人的東西，首先打倒的就是「孝」字，全國失去重心，於是謀國就不忠了，朋友就不信了，戰陣就無勇了，有了這種現象，國家焉得不衰落，外患焉得不欺凌？

我輩如想復興中國，首先要尋出重心，然後才有措手的地方。請問：應以何者為重心？難道恢復「孝」字嗎？這卻不能，我國有謀學者，戊戌政變後，高唱君主立憲，後來袁世凱稱帝，他首先出來反對，說道：「君主這個東西，等於廟中之菩薩，如有人把他丟在廁坑內，我們斷不能洗淨供起，只好另塑一個。」他這個說法，很有至理，父子間的「孝」字不能恢復，所以我輩愛國志士，應當另尋一個字，以代替古之「孝」字，這個字仍當在五倫中去尋。

五倫中君臣是革了命的，父子是平了權的，兄弟朋友之倫，更是早已拋棄了，猶幸五倫中尚有夫婦一倫，巍然獨存。我們就應當把一切文化，建築在這一倫上，全國有了重心，才可以說復興的話。

孩提之童，無不知愛其親也，積愛成孝，所以古時的文化建築在「孝」字上。世間的丈夫，無不愛其妻也，積愛成怕，所以今後的文化，應當建築在「怕」字上。古人云：「天下豈有無父之國哉。」故「孝」字可以為全國重心，同時可說，「天下豈有無妻之國哉」，故「怕」字也可以為全國重心，這其間有甚深的哲理，諸君應當細細研究。

我們四川的文化，無一不落後，唯怕學一門，是很可以自豪的。河東獅吼，是怕學界的佳話，此事就出在我們四川。其人為誰？即是蘇東坡所作《方山子傳》上的陳季常。他是四川青神人，與東坡為內親；他怕老婆的狀態，東坡所深知，故作詩讚美之曰：「忽聞河東獅子吼，柱杖落手心茫然。」四川出了這種偉人，是應當特別替他表揚的。

我們讀《方山子傳》，只知他是高人逸事，誰知他才是怕老婆的祖師。由此知：怕老婆這件事，要高人逸士才做得來，也可說：因為怕老婆才成為高人逸士。《方山子傳》有曰：「環堵蕭然，而妻子奴婢，皆有自得之意。」儼然瞽瞍底豫氣象。天下無不是的父母，亦無不是的妻子，虞舜遭著父頑母嚚，從「孝」字做工夫，家庭卒收底豫之效；陳季常遭著河東獅吼，從「怕」字做工夫，閨房中卒收怡然自得之效，真可為萬世師法。

怕老婆這件事，不但要高人逸士才做得來，並且要英雄豪傑才做得來。怕學界的先知先覺，要首推劉先生，以發明家而兼實行家。他新婚之夜，就向孫夫人下跪，後來困處東吳，每遇著不得了的事，就守著老婆痛哭，而且常常下跪，無不逢凶化吉，遇難成祥。他發明這種技術，真可渡盡無邊苦海中的男子。諸君如遇河東獅吼的時候，把劉先生的法寶取出來，包管閨房中呈祥和之氣，其樂也融融，其樂也洩洩。君子曰，劉先生純怕也，怕其妻施及後人；怕經曰：「怕夫不匱，永錫爾類」，其斯之謂歟。

陳季常生在四川。劉先生之墳墓，至今尚在成都南門外。陳劉二公之後，流風餘韻，愈傳愈廣，「怕」之一字，成了四川的省粹。我歷數朋輩交遊中，官之越大者，怕老婆的程度越深，幾乎成為正比例。諸君閉目細想，當知敝言不謬。我希望外省到四川的朋友仔仔細細，領教我們的怕學，輾轉傳播，把四川的省粹，變而為中華民國的國粹，那麼，中國就可稱雄了。

愛親愛國愛妻，原是一理。心中有了愛，表現出來，在親為孝，在國為忠，在妻為怕，名詞雖不同，實際則一也。非讀書明理之士，不知道忠孝，同時非讀書明理之士，不知道怕。鄉間小民，往往將其妻生捶死打，其人率皆蠢蠢如鹿豕，是其明證。

舊禮教注重忠孝二字，新禮教注重怕字，我們如說某人怕老婆，無異譽之為忠臣孝子，是很光榮的。孝親者為「孝子」，忠君者為「忠臣」，怕老婆者當名「怕夫」。舊日史書有「忠臣傳」，有「孝子傳」，將來民國的史書，一定要立「怕夫傳」。

一般人都說四川是民族復興根據地，我們既負了重大使命，希望外省的朋友，協同努力，把四川的省粹，發揚光大，成為全國的重心，才可收拾時局，重整山河，這是可用史事來證明的。

東晉而後，南北對峙，歷宋齊梁陳，直到隋文帝出來，才把南北統一，而隋文帝就是最怕老婆的人。有一天獨孤皇後發了怒，文帝嚇極了，跑在山中，躲了兩天，經大臣楊素諸人，把皇后的話說好了，才敢回來。兵法曰：「守如處女，出如脫兔。」怕經曰：「見妻如鼠，見敵如虎。」隋文帝之統一天下也宜哉！閨房中見了老婆，如鼠子見了貓兒，此守如處女之說也；戰陣上見了敵人，如猛虎之見群羊，此出如脫兔之說也。聊齋有曰：「將軍氣同雷電，一入中庭，頓歸無何有之鄉；大人面若冰霜，比到寢門，遂有不堪問之處。」唯其入中庭而無何有，才能氣同雷電，唯其到寢門而不堪問，才能面若冰霜，彼蒲松齡烏足知之。

隋末天下大亂，唐太宗出來，掃平群雄，平一海內。他用的謀臣，是房玄齡。史稱房謀杜斷，房是極善籌謀之人，獨受著他夫人之壓迫，無法可施，忽然想到：唐太宗是當今天子，當然可以制服她，就訴諸太宗。太宗說：「你喊她來，等我處置她。」哪知房太太幾句話就說得太宗啞口無言，私下對玄齡道：「你這位太太，我見了都害怕，此後你好好服從她的命令就是了。」太宗見了臣子的老婆都害怕，真不愧開國明君。當今之世，有志削平大難者，他幕府中總宜多延請幾個房玄齡。

我國歷史上，不但要怕老婆的人才能統一全國，就是偏安一隅，也非有怕老婆的人，不能支援全域性。從前東晉偏安，全靠王導謝安，而他二人，都是怕學界的先進。王導身為宰相，兼充清談會主席，有天手持麈尾，坐在主席位上，正談得高興，忽報導：「夫人來了！」他連忙跳上犢車就跑，把麈柄顛轉過來，用柄將牛兒亂打。無奈牛兒太遠，麈柄太短，王丞相急得沒法。後來天子以王導功大，加他九錫，中有兩件最特別之物，曰：「短轅犢」，「長柄麈」。從此以後王丞相出來，牛兒捱得近近的，手中麈柄是長長的，成為千古美談。孟子曰：「孤臣孽子，其操心也危，其慮患也深，故達。」王丞相對於他的夫人，真可謂孤臣孽子了，宜其事功彪炳。

苻堅以百萬之師伐晉，謝安圍棋別墅，不動聲色，把苻堅殺得大敗，其得力全在一個「怕」字。「周婆制禮」，這個典故，諸君想還記得，謝安的太太，把周公制下的禮改了，用以約束丈夫。謝安在他夫人名下，受過這種嚴格教育，養成泰山崩於前而色不變的習慣，苻堅怎是他的敵手。

苻堅伐晉，張夫人再三苦諫，他怒道：「國家大事，豈婦人女子所能知。」這可謂不怕老婆了，後來淝水一戰，望見八公山上草木，就面有懼色，聽見風聲鶴唳，皆以為晉兵，他膽子怯得個這樣，就是由於根本上，欠了修養的緣故。觀於謝安苻堅，一成功，一失敗，可以憬然悟矣。

有人說外患這樣的猖獗，如果再提倡怕學，養成怕的習慣，日本一來，以怕老婆的心理怕之，豈不亡國嗎？這卻不然，從前有位大將，很怕老婆，有天憤然道：「我怕她做甚？」傳下將令，點集大小三軍，令人喊他夫人出來，他夫人厲聲道：「喊我何事？」他惶恐伏道地：「請夫人出來閱操。」我多方考證，才知道這是明朝戚繼光的事。繼光行軍極嚴，他兒子犯了軍令，被他斬了，夫人尋他大鬧，他自知理虧，就養成怕老婆的習慣。誰知這一怕反把膽子嚇大了，以後日本兵來，就成為抗日的英雄。因為日本雖可怕，總不及老婆之可怕，所以他敢於出戰。諸君讀過希臘史，想都知道斯巴達每逢男子出征，妻子就對他說道：「你不戰勝歸來，不許見我之面。」一個個奮勇殺敵，斯巴達以一蕞爾小國，遂崛起稱雄，倘平日沒有養成怕老婆的習慣，怎能收此良果？

讀者諸君，假如你的太太對於你施下最嚴酷的壓力，你必須敬謹承受，才能忍辱負重，擔當國家大事，這是王導、謝安、戚繼光諸人的成功祕訣。如其不然，定遭失敗。唐朝黃巢造反，朝廷命某公督師征剿。夫人在家，收拾行李，向他大營而來。他聽了愁眉不展，向幕僚說道：「夫人聞將南來，黃巢又將北上，為之奈何？」幕僚道：「為公計，不如投降黃巢的好。」此公卒以兵敗伏法。假令他有膽量去迎接夫人，一定有膽量去抵抗黃巢，絕不會失敗。

我們現處這個環境，對日本談抗戰，對國際方面，談外交手腕，講到外交，也非怕學界中人，不能勝任愉快。我國外交人才，李鴻章為第一。鴻章以其女許張佩倫為妻，佩倫年已四十，鴻章夫人，嫌他人老，尋著鴻章大鬧。他埋頭忍氣，慢慢設法，把夫人的話說好，卒將其女嫁與佩倫。你想：夫人的交涉都辦得好，外國人的交涉，怎麼辦不好？所以八國聯軍，那麼困難的交涉，鴻章能夠一手包辦而成。

基於上面的研究，我們應趕急成立一種學會，專門研究怕老婆的哲學，造就些人才，以備國家緩急之用。舊禮教重在「孝」字上，新禮教，重在「怕」字上。古人求忠臣於孝子之門，今後當求烈士於怕夫之門。孔子提倡舊禮教，曾著下一部《孝經》，敝人忝任厚黑教主，有提倡新禮教的責任，特著一部《怕經》，希望諸君，不必高談「裁釁」，只把我的《怕經》早夜虔誦百遍就是了。

教主曰：夫怕，天之經也，地之義也，民之行也。五刑之屬三千，而罪莫大於不怕。

教主曰：其為人也怕妻，而敢於在外為非者鮮矣。人人不教為非，而謂國之不興者，未之有也。君子務本，本立而道生，怕妻也者，其復興中國之本歟！

教主曰：唯大人為能有怕妻之心，一怕妻而國本定矣。

教主曰：怕學之道，在止於至善，為人妻止於嚴，為人夫止於怕。家人有嚴君焉，妻之謂也。妻發令於內，夫奔走於外，天地大義也。

教主曰：大哉，妻之為道也，巍巍乎唯天為大，唯妻則之，蕩蕩乎無能名焉，不識不知，順妻之則。

教主曰：行之而不著焉，習矣而不察焉，終身怕妻，而不知為怕者眾矣。

教主曰：君子見妻之怒也，食旨不甘，聞樂不樂，居處不安，必誠必敬，勿之有觸焉而矣。

教主曰：妻子有過，下氣怡色柔聲以諫，諫若不入，起敬起畏，三諫不聽，則號泣而隨之；妻子怒不悅，而撻之流血，不敢急怨，起敬起畏。

教主曰：為人夫者，朝出而不歸，則妻倚門而望，暮出而不歸，則妻倚閭而望，是以妻子在，不遠遊，遊必有方。

教主曰：君子之事妻也，視於無形，聽於無聲。入閨門，鞠躬如也，不命之坐，不敢坐；不命之退，不敢退。妻憂亦憂，妻喜亦喜。

教主曰：謀國不忠非怕也，朋友不信非怕也，戰陣無勇非怕也。一舉足而不敢忘妻子，一出言而不敢忘妻子，將為善，思貽妻子令名，必果；將為不善，思貽妻子羞辱，必不果。

教主曰：妻子者，丈夫所託而終身者也，身體髮膚，屬諸妻子，不敢毀傷，怕之始也；立身行道，揚名於後世，以顯妻子，怕之終也。

右經十二章，為怕學入門之道，其味無窮。為夫者，玩索而有得焉，則終身用之，有不能盡者矣。

新禮教夫妻一倫，等於舊禮教父子一倫，孔子說了一句，「為人止於孝」，同時就說「為人父止於慈」，必要這樣，才能雙方兼顧。所以敝人說：「為人夫止於怕」，必須說「為人妻止於嚴」，也要雙方兼顧。

現在許多人高唱「賢妻良母」的說法，女同志不大滿意，這未免誤解了。「賢妻良母」四字，是順串而下，不是二者平列。賢妻即是良母，妻道也，而母道存焉。人子幼時，受父母之撫育，稍長出外就傅，受師保之教育，壯而有實，則又舉而屬諸妻子。故妻之一身，實兼有父母師保之責任，豈能隨隨便便，漫不經意？妻為夫綱，我女同志，能卸去此種責任嗎？

男子有三從，幼而從父，長而從師，由壯至老則從妻，此中外古今之通義也。我主張約些男同志，設立「怕學研究會」，從學理上討論；再勸導女同志，設立「吼獅練習所」練習實行方法，雙方進行，而謂怕學不昌明，中國不強盛者，未之有也。

附錄

我的思想統系

厚黑二字，確是成功祕訣，而為辦事上之必要技術。用此種技術，以圖謀一己之私利，我們名之曰厚，曰黑，用此種技術，以圖謀眾人之公利，則厚字即成為「忍辱負重」，黑字即成為「剛毅果斷」。自古聖賢豪傑，皆忍辱負重者也，皆剛毅果斷者也。

民國元年，我發表《厚黑學》，受的影響，真是不小，處處遭人疑忌，以致淪落不偶，一事無成，久之又久，一般人覺得黔驢無技，才與我相忘於無形，但是常常有人問我，發表此文，動機安在？目的安在？是否憤時嫉俗，有意同社會搗亂，抑或意在改良社會，特將黑幕揭穿。我說：「我寫此文，最初目的，不過開玩笑罷了。」

滿清末年，我入四川高等學堂肄業，與同班友人，張君列五（名培爵，民國四年，在北平殉義，重慶浮圖關有衣冠墓）加入同盟會，光緒三十三年畢業，列五對我說：「將來我們起事，定要派你帶一支兵。」我聽了很高興，就用歸納法，把歷史上的英雄（彼時尚無偉人的名詞）一一考察，尋他成功祕訣，久之，無所得，宣統二年，我當富順中學堂監督（彼時中學校長名曰監督），一夜臥在監督室，偶然想及曹操劉備幾個人，恍然大悟，就把厚黑學發明瞭。每逢朋友聚會輒講說之，以供笑樂，友人王君簡恆云：「你說的道理很不錯，但是我要忠告你，你照著你的說法，埋頭做去，包管你幹出轟轟烈烈的事業，但切不可拿在口中講，更不可形諸筆墨，否則於你種種不利。」雷君民心也說：「厚黑學，是做得說不得的。」後來我不聽良言，竟把他發表了。

辛亥年武昌起義，重慶響應，列五被舉為蜀軍政府都督，成都跟著反正，成渝合併，列五赴省，退居副都督，專管民政，我在自流井家中，列五打電報叫我與廖君緒初上省，其時黨人在成都童子街，辦一報日：《公論日報》。我住報社內，社中人，叫我寫點文章，我想不出甚麼文章，眾人慫恿我，把厚黑學寫出，我初時很遲疑，緒初說：「你可以寫出，我替你作一序。」緒初是講程朱學的人，繩趨矩步，簡恆民心諸人，俱呼之為「廖大聖人」。我想，聖人都說寫得，當然寫得。就寫出來開玩笑，哪知所生影響，果不出簡恆民心所料。

我發表此文，用的筆名，是「獨尊」二字，卻無人不知《厚黑學》是我做的。以為我會如何如何，殊不知我發明瞭厚黑學，反成了天地鬼神，臨之在上，質之在旁，每想做一事，才一動念，自己想道：「像這樣做去，旁人豈不說我實行厚黑學嗎？」因此凡事不敢放手做，我之不能成為偉人者，根源實在於此，厚黑學，真把我誤了。

後來我才悟得：厚黑二字，確是成功祕訣，而為辦事上之必要技術。用此種技術，以圖謀一己之私利，我們名之曰厚，曰黑，用此種技術，以圖謀眾人之公利，則厚字即成為「忍辱負重」，黑字即成為「剛毅果斷」。自古聖賢豪傑，皆忍辱負重者也，皆剛毅果斷者也。假令我當日悟得此理，一眼注定眾人公利，放手做去，舉世非之而不顧，豈不成了轟轟烈烈的偉人？無奈悟得時，年已老矣，機會已過矣，回想生平，追悔莫及，只好著書立說，將此祕訣，傳之於人，所以才在成都《華西日報》寫《厚黑叢話》，反反覆覆，說明此理。我是生性好辯的人，《厚黑學》是以荀子「性惡說」為立足地，許多人以孟子「性善說」來駁我，我說道：「孟子說：『孩提之童，無不知愛其親也，及其長也，無不知敬其兄也。』今試任喊一個當母親的，把他親生的孩子抱出來當眾試驗，母親手拿糕餅一塊，小孩一見，即伸手來拖，母親不給他，放在自己口中，露半截在外，小孩立刻會從母親口中取出，放在自己口中，請問：這種現象，是否愛親？小孩坐在母親懷中，食乳食糕餅，哥哥近前他就要用手推他打他。請問，這種現象，是否敬兄？只要全世尋得出一個小孩，不這樣幹，我的厚黑學立即不講，讓孟子的『性善說』成立。既是全世界小孩，無一不這樣幹，我的厚黑學非成立不可。」我口雖這樣的說，然而心中也自懷疑，小孩的天性，何以會這樣呢？

後來見小孩見著木頭石塊和銅鐵等物，都取來朝口中送，心想：此等現象，豈不等於地心吸力，把外面任何物件，都朝內部吸引一般？因憶在學堂時，教習講心理學，曾說：「人是莫得心的，心中一切知識，都是從外面來的。例如：看見花，知是香的，是我曾經聞過，看見鹽知是鹹的，是我曾經嘗過，某種事該做，某種事不該做，是我曾聽某人說過，抑或在書上見過。我們如把心中所有知識，一一考察其來源，從耳入者，仍從耳退出去，從目入者，仍從目退出去，其他從嗅覺味覺感覺入者，一一從其本來路退出，此心即空無所有了。」又憶《圓覺經》云：「一切眾生，自無始來，種種顛倒，妄認四大，為自身相，六塵緣影，為自心相。」我從此著想，就覺得心之構成，與地球之構成，完全相同。牛頓說：「地心有引力，能將泥土沙石，有形有體之物，吸集之而成為地球。」我們何妨說：「人心也有引力，能將耳聞目睹，無形無體之物，吸集之而成為心。」我於是把牛頓的公例，和愛因斯坦的相對論，應用到人事上來，果然處處可通。我把孟子的性善說，荀子的性惡說和宋儒的去私說，繪為甲乙丙三圖而細玩，才知人心現象，純是「萬有引力」現象，並無善惡之可言，民國九年，著一文曰：《心理與力學》，載入《宗吾臆談》內，創一臆說：「心理依力學規律而變化」，後來擴大為一單行本，此書算是我思想之中心點。

人事千變萬化，不外人與人接觸生出來的，一個我，一個人，是為數學上之二元，一個X，一個Y，依解析幾何，可得五種線：(一) 二直線，(二) 圓，(三) 拋物線，(四) 橢圓，(五) 雙曲線，人世一切事變，總不出此五種線。我詳加考察，認為人與人不相衝突之線，只有四種，直線兩種，曲線兩種，除此四線而外，任走何種路線，皆是衝突的，至於世界進化，則為三元，一日力，二日空間，三日時間，其軌道則為三元中之螺旋線。我們每作一事，須把力線考察清楚，才不致與人衝突，主持國家大政的人，規定法令制度，也須把力線考察清楚；施行起來，才不致處處窒礙。

達爾文倡互競主義，其弊流於互相衝突，克魯泡特金，倡互助主義，其弊流於互相倚賴，我們應改行合力主義，如射箭然，懸一箭垛，支支箭向之射去，彼此不相衝突，而又不相倚賴，則可兼達克二氏之長，而無其流弊。達爾文講進化不錯，錯在講進化而提倡弱肉強食，克魯泡特金，講互助不錯，錯在講互助而主張無政府，互競和互助，其力線是橫的，成立不起政府，由達爾文之學說，有時亦能成立政府，而其政府，則是極端專制的。國中力線，鬱而不伸，斷不能永久安定，我們講合力主義，其力線是縱的，全國有若干人民，即有若干力線，根據力線，直達中央，成一個極強之政府，是為政治上之合力，例如經濟也，外交也，亦須取合力主義，不如是則世界永不太平。

自有歷史以來，皆是人與人相爭，其力線是橫的，我們應取縱的方向，懸出地球為目的物，合全世界人，向之進攻，把他內部蘊藏的財富，取出來，全人類平分，是為合力主義之終點，著者本此主張，曾作一篇：《解決社會問題之我見》，十六年載入《宗吾臆談》，十八年擴大為單行本，曰：《社會問題之商榷》。二十五年，我寫《厚黑叢話》，內面曾涉及國際問題。二十六年，定期十一月十二日，召集國民代表大會，制定憲法，我寫了一篇：《制憲私議》。從六月二十九日起，逐日在成都《華西日報》發表，以供參考，我打算寫一篇：《外交私議》，方著手寫，「七七」事變發生，乃改寫一篇：《抗日計劃之商榷》，是年九月合刊一冊，曰：《制憲與抗日》，這些書現已售罄，此外我還寫有《中國民族之特性》、《從戰國說起》等文，在日報上發表，現在我已不想再印了。我原想寫一本：《中國主義》，現已不想再寫，茲把各種文字的大意，分經濟、政治、國際三方面寫出來就是了。

（甲）關於經濟方面：我們改革經濟制度，首先應將世間的財物，何者應歸公有，何者應歸私有，劃分清楚。公者歸之公，私者歸之私，社會上才能相安無事。

第一項，地球生產力：洪荒之世，地球是禽獸公有物，人類出來，把禽獸打敗，地球就為人類公有物。所以地球這個東西，應該由全人類公共享受，根本上不能用金錢買賣，資本家買去，招佃收租，固是侵佔公有物，勞動家買去，自行耕種，也是侵佔公有物。何以故呢？以川省言之，「七七」事變以前，請人工作一日，每日工資伙食，至多不過大洋二元（抗戰期中，生活程度高漲，是暫時現象，當以事變前為準），假令我們請工人，在荒山上種樹一日，給以大洋二元，他得了報酬，勞力即算消滅，樹在山上，聽其自然生長，若干年後，出售得價百元，或千元。此多得九十八元或九百九十八元，全是出於地球之生產力，地球為人類公有物，此多得之九十八元或九百九十八元，即該全人類平攤，勞動家只能享受相當之代價，而不能享受此項生產力，所以說：勞動家買去耕種，也是侵佔了公有物。因此之故，全國土地，應一律收歸公有，由公家招佃收租，其利歸全社會享受，方為合理。

第二項，機器生產力：替人作工一日，得大洋二元，作手工業，每日獲利，也不過大洋二元，這算是勞力之報酬，若改用機器，每日可獲利百元，或千元，此多得之九十八元，或九百九十八元，乃出於機器之生產力，非工人之勞力也，當初發明機器之人，業將發明權拋棄，機器成為人類公有物，此九十八元，或九百九十八元，即該全人類平攤，舊日歸諸廠主所有，是為侵佔了公有物，我們應該收歸公有，給工人以相當代價，由機器生出之利益，歸全社會享受，方為合理，勞力既得代價，即與普通人無異，所以「勞工專政」之說，是不合理。

第三項，腦力和體力：世間之物，只有身體是個人私有的，由身體發出來，有兩種力：一曰，腦之思考力；二曰，手足之運動力。這兩種力，即是個人私有物，社會上欲使用之，非出相當代價不可，並且出售與否，個人有完全自主權，不能任意侵犯之。

基於上面之研究，括為二語曰：「地球生產力和機器生產力，是社會公有物，腦力和體力，是個人私有物。」我們持此原則，以改革經濟制度，社會與個人，自然相安無事。

史密斯主張營業自由，個人之腦力和體力，可以儘量發展，這層是合理的，而他同時主張：有金錢的人，可購土地以收佃租，可購機器以開工廠，這就未免奪公有物以歸私。

我們本中山先生遺意，定出一原則曰：「金錢可私有，土地和機器不可私有。」將現在私人所有的土地和使用機器之工廠，一律收歸公有，就成為「共將來不共現在」了，但是全國工廠如此之多，土地如此之廣，購買之款，從何而出呢？

我們首先定出一條法令，銀行由國家設立，私人不得設立，人民有款者，存之銀行，需款者，向銀行貸用，其有私相借貸者，法律上不予保障，因借貸而涉訟者，其款沒收歸公，藏鉅款於家，而被劫竊者，賊人捕獲時，其款亦予以沒收，有存款於外國銀行者，查確後，取消國籍，華僑所在地，設立國家銀行，儲存華僑之款，由國家轉存外國銀行，私人不得徑往儲存，如此則人民金錢集中國家銀行，可供一切應用。

銀行月息多少，依現情為準，茲假定月息一分，以便說明。存入銀行，月息一分，貸出為一分半，或二分，即無異於以金錢放借者，繳所得稅三分之一，或二分之一與公家矣。

首都設中央銀行，各省設省銀行，各縣設縣銀行，縣之下設區銀行和鄉村銀行，川省有場而無村，則設場銀行，銀行法既確定，即著手收買。

（一）私人銀行，一律取消，其股本存入國家銀行，給以月息。

（二）使用機器之工廠和輪船、火車、礦山、鐵道等，一律收歸公有，私人股本，存入國家銀行，經理及職員工人等，悉仍其舊，不予變更，只將紅息繳歸國家，手續是很簡單的。其手工業之工廠則聽之。

（三）全國土地房屋，一律照價收買，例如：某甲有土地一段，月收租銀一百元，即定為價值一萬元，存入銀行，每月給以息銀一百元；人民需用土地房屋者，向公家承佃。其有土地自耕，房屋自住者，則公共估價，抑或投標競佃，以確定其租息，原業主有優先承佃權。如此則我國四萬萬五千萬人，無一人不是佃戶，也即是無一人不是地主，是之謂：「平均地權。」

（四）國際貿易歸公，國內貿易歸私。出口貨，由人民售之公家，轉售外國，入口貨，由公家購而售之人民，聽其自由銷售，不再課稅。蓋價值之高低，公家操縱在手，取多取少，可適合國家之需要，無須多設機關，多用冗員，向銷售者瑣瑣徵取，徒滋中飽營私之弊，而阻商業之發達也，執簡馭繁，固應如此。外人在內地設有工廠者，人民不得與之直接交易。如此則關稅無形取消，外貨以百元購得者，以一百五十元或二百元，售之人民，即無異值百抽五十，值百抽百。

綜計收歸國有者，凡四項：（一）銀行，（二）使用機器之工廠和公司，（三）土地，（四）國際貿易。自學理言之，土地和機器，當然收歸國有，銀行和國際貿易之歸公，則本於中山先生「發達國家資本，節制私人資本」之主張。至其他私人資本，應當如何節制，則俟此四者辦到後，再酌量而行之。

上面四者，辦理完畢後，即可按照全國人口發給生活費，以能維持最低生活為原則，（實施時，除未成年及老年人外，對於壯年人，當視其過去工作情況，分別酌發，以防怠工等弊）因為人民既將土地、機器、銀行和國際貿易四者之收益，交之國家，國家即應保障人民之生存權。法國革命，是政治上要求人權，我們改革經濟制度，則注重生存權。孫中山先生把生活程度分為三級：（一）需要即生存；（二）安適；（三）奢侈。現在的經濟制度，人民一遇不幸，即會凍死餓死，是以死字為立足點，進而求生存，進而求安適和奢侈。我們發給生活費，則是以生字為立足點，進而求安適，求奢侈，中山先生說：「生存為社會中心」，人人能生存，重心即算穩定。

舊日貧富懸殊，我們把土地、工廠、銀行和國際貿易四者收歸國有，則富者削低一級，全國人民一律發給生活費，則貧者升高一級，高低二級之間，為人民活動餘地。語云：「饑寒起盜心。」我們發給生活費，社會上可減少許多罪惡，衣食足而禮義興，風俗可日趨醇厚，學問家不憂衣食，可專心深造，事業家無內顧憂，可一意圖功。如此則社會文明，必蒸蒸日上。

改革社會，猶如醫病，有病之部分，該治療，無病之部分，不可妄動刀針。我們從舊經濟制度中，將土地、機器、銀行和國際貿易四者收歸國有，這即是有病之處，加以治療，其餘則悉仍其舊，私人生活非有害於社會者，不加干涉，這即是無病之處，不動刀針，加以辦去，就與孫中山先生之民生主義適合了。

世界富豪，除銀行大王摩爾根，其父為富人，承受有遺產外，其餘如煤油大王洛克依蘭、鋼鐵大王卡匿奇、鐵道大王福介舍爾、汽車大王福特、商業大王瓦納邁爾、銅山大王章洛克、砂糖大王斯布累克、法國大銀行家勞惠脫、美國大富豪休窪布等，無不由赤貧之子起家。我們把上述四者，收歸國有，這些大王，就無從出現了，歐美之銀行大王、煤油大王等，養成了雄厚之勢力，欲推翻之而不能，我國尚無此種大王出現，然而業已萌芽了。為虺弗摧，為蛇奈何，韓非曰：「設柙非所以備鼠也，所以使怯弱能服虎也。」訂立法令規章者，如果對於鼠則防之唯恐不周，對於虎則縱之而不過問，其弊將有不可勝言者，我們規定：土地、工廠、銀行和國際貿易四者收歸國家經營，即所以防虎也。

大凡規劃國家大計，目光至少須注及五百年後，否則施行一二百，又要來一個第二次改革，國家所受犧牲，也就不小了，現在地主之土地，如果不收歸國家，而移轉佃農手中，並允許私人集資開設銀行，開設使用機器之工廠公司，抑或經營國際貿易，即是發生流弊之根源，負有改革之責者，幸思之！思之！又深思之！

孔子倡大同之說，目光注及數千年後，下手則從小康做起走，孔子死後，二千餘年，大同尚未出現，其學說之價值，不唯不滅，反益覺其偉大，何也？懸出一個目標，使人望之而走，數千年俱走不到，數千年後之人俱有路可走。不似達爾文、尼采和史密斯諸人，所創學說，行之數十年，或百餘年，即處處碰壁，無路可走，只好彼此打戰，規劃國家大計，猶如修一大房子，須先把全部式樣繪出，按照修之，即說財力不夠，可先修某部分，次修某部分，最終就成一個很好的房子。

孫中山先生講「民權主義」曾說：「天生萬物，除了水平面以外，莫有一物是平的。各人聰明才力，有天賦之不同，……如果把他們壓下去，一律要平等，世界便沒有進步，人類便要退化。」所以孫中山先生主張的主權平等，是各人在政治中立足點平等，不是從上面壓下去，成為平頭的平等。我們把此種原則，適用到經濟方面，不把平等線放在平頭上，使國中貧富相等，而把平等線放在立足點，使各人致富的機會相等。欲務農者，向公家承佃土地，欲作工者，向工廠尋覓工作，為官吏，為教員，為商賈，悉任自由，不加限制。因勞動種類之不同。所得之報酬即不同，或富或貧，純視各人努力與否以為斷。如此則可促進人民向上心，而國家可日益進步。猶之水然，地勢高下不平，就滔滔汩汩，奔趨於海，一若平而不流，即成死水。

史密斯倡營業自由之說，認為人人皆有自私之心，利用此種自私心，就可把世間利源，儘量開發出來，其說是以性惡說為立足點，社會主義創始者，如聖西門諸人，皆謂人有同情心，是以性善說為立足點。而社會主義之發生，根本源於性善說，故個人主義經濟學和社會主義經濟學之衝突，不外性善說和性惡說之衝突。我們知道：「心理依力學規律而變化。」無所謂善，無所謂惡，即是合善惡而為一。所以我們改革經濟制度，即應將個人主義和社會主義，合而一之，才合孫中山先生民生主義。

（乙）關於政治方面：我國辛亥革命而後，改為民主共和國，意欲取法歐美，這是一種錯誤。我們要行民主共和制，辦法很簡單，只消把真正君主專制國的辦法，打一個顛倒，就成為真正的民主共和國了。君主專制國是一個人做皇帝，我們行民主共和制，是四萬萬五千萬人做皇帝，把一個皇帝權剖成四萬萬五千萬塊，每人各執一塊，我們只研究這每塊皇帝權如何行使就是了。

我國從前的皇帝，要想興革一事，就把他的主張，提交軍機處，由軍機大臣議決了，就通飭各省，轉飭各縣，以及鄉村照辦，其辦法是由上而下。民主共和國以鄉村議會為人民的軍機處，鄉村議員為人民的軍機大臣，川省有場而無村，人民對於國家想興革一事，即提交場議會，經場議員議決了，即提交區議會，由是而縣議會而省議會，而國會，經國會議決了，即施行，其辦法是由下而上，與君主專制國，恰成一反對形式。

君主專制時代，軍機大臣議決之案，須奏請皇帝批准，方能施行。民主共和時代，國會議決之案，須經全體人民投票認可，方能施行。小事由國會議決之，大點的事由各省議會議決行之，再大的事由各縣議會議決行之，頂大的事才由全體人民投票公決。最困難的，是如何才能使四萬萬五千萬人，直接投票，直接發表意見，不致為人操縱舞弊，這就大費研究，而辦法就不得不麻煩了，然而我們要想直接行使民權，這種麻煩是無法避免的。

第一要緊的，是整頓戶籍，每縣分若干場，場之下分若干保，每保分若干甲，每甲轄十家，投票不分男女老幼，一人有一投票權，一生下地，而取得此權。投票時，以家長為代表，某甲家有十人，某甲一票即算十票，某乙家有八人，某乙一票，即算八票。用聯二票，記名投票，甲長親到各家收票，列榜宣示，某甲家十票可決，某乙家八票否決……榜末合計，本甲可決者共若干票，否決者共若干票，投票之家，持存根前往查對無誤後，甲長送之保長，保長又列榜宣示，第一甲可決者若干票，否決者若干票，第二甲可決者若干票，否決者若干票，……榜末合計，本保可決者共若干票，否決者共若干票，將榜送之區長，由是而縣，而省，而中央，層層發榜，最終以多數決定。此就關於全國之大事言之，關於省縣市之事，仿此辦理。

我國人民，對於國事，向不過問，要他裁決大政，判定可否，他是茫然不解的。所以必須訓政，訓之者何人呢？在他省為鄉村議員，在吾川則為場議員。場議員，一方面為軍機大臣，一方面又為太師、太傅、太保。凡是場議員，其知識當然比農民為高，對於國事能明瞭，每當裁決大政時，就由場議員公開講演，使眾人了解真相，應投可決票，或否決票，由各人自行判斷，歸家書票，等候甲長來取。以川省習慣言之，每三天趕場一次，鄉村農民，無事都要趕場，場上發生一事，頃刻傳遍全場，有未趕場者，亦可轉相告語。所以施行此種辦法，在川省尚無何種困難。議會設立在場上，人民有議案，直接向之提出，有不了解之事，可向議員請問，於人民很便利。以上系人民行使創制權、否決權之實施辦法。

選舉大總統，由四萬萬五千萬人直接選舉。投票時，也以家長為代表，每票舉三人，如投票人意中，認為可當大總統者只有一人或二人，則票上只寫一人或二人。例如某甲上寫趙一等三人，某甲家有十口，則趙一等，即為各得十票。某乙票上，寫錢二等二人，某乙家有八口，則錢二等即為各得八票，用聯二票，甲長親到各家將票收齊後，即列榜書明：某甲家舉趙一等三人，某乙家舉錢二等二人……榜末合計，趙一共得若干票，錢二共得若干票……各家持存根，查對無誤後，由甲長將榜送之保長。保長又列榜宣示：第一甲，趙一得若干票，錢二得若干票……第二甲，孫三得若干票，李四得若干票……合計趙一共得若干票……由保而區，而縣，而省，而中央，層層發榜，以最多數之一人為大總統，次多數之二人為副總統，大總統任期四年，如中途病故，或經全國人民總投票撤職，即以副總統代理，以湊滿四年為止。第一任大總統於某年某月某日就職，以後每滿四年，於該月該日，新任大總統，必須就職，舊任大總統，得票最多數，可以連任。

人民欲彈劾大總統者，向場議會提出彈劾案，經場議員議決，以全場名義向區議會提出，區議會議定，以全區名義，向縣議會提出，由是而省議會，而國會，經國會議決，彈劾案成立，送交大總統，令其自行答辯，由國會將彈劾案，及答辯書，加具按語，刊印成冊，發佈全國，由人民裁決之。對於大總統，或留任，或免職，仍總投票，層層發榜，取決於多數。省長、縣長，以至保長、甲長、人民行使選舉權、罷免權，亦參酌此法辦理。

大總統違法，經人民總投票，正式免職後，可以交付審判，處監禁，處槍斃，都是可以的。獨是未經正式免職以前，大總統在職權內，發出之命令，任何人都要絕對服從，有敢違反者，大總統得依法制裁之。

凡辦事當大處著眼，小處著手，遠處著眼，近處著手，我們一眼看定大同世界，而下手則從一村一場辦起走，我國人民向來不問政治，然而也有辦法。我們規定，中央設中央銀行，各省設省銀行，各縣設縣銀行，縣之下設區銀行，區之下設場銀行，人民有錢者應存之本場銀行，又規定，人民的土地，第一步收歸各場公有，欲使用土地者，向本場場長投佃。如此則人民因其有切身關係，自不得不起而過問了。場銀行行長，由政府委任，副行長和場長，由人民投票選充，不稱職者，投票撤換，則選舉權、罷免權，人民自能行使了。銀行辦法大綱和收買土地、承佃土地辦法大綱，由政府規定，其細則由人民共同規定，有不合處，共同修改，則創制權、否決權，人民自能行使了。人民行使四權，以本場為見習之地。有舊式縣長，監督其上，自不致發生流弊，即生流弊，亦易救正。

每年應納租稅，總數若干，責成場長繳納，其整理土地，所得盈餘，歸各場公用。各場辦好了，聯而為區，土地收歸全區公有。土地餘利，歸全區公用，區銀行副行長和區長，由全區人民公舉，再進則聯而為縣，土地歸全縣公有，土地餘利，歸全縣公用，縣銀行副行長和縣長，由全縣人民公舉。由是而省，而全國，及至土地收歸全國公有，大總統由全國人民公舉，則中華民國之憲法，即告完成。倘能再進而將土地收歸世界公有，全世界之大總統，由全世界人民公舉，則世界大同矣。

銀行、工廠和國際貿易，收歸國有，尚屬容易，唯鄉土地，糾葛萬端，故第一步，當收歸各村各場公有，本地人熟悉情形，容易處理，政府握定大綱，自會釐然就緒，只要各村各場辦好，則基礎穩固，以下自迎刃而解。

民主共和國，以取法君主專制國為原則，君主時代，知縣有司法權，我們即當以司法權界之縣長，縣長延請精通法律的人，為司法官，司法官對縣長負責，縣長對人民負責，審判不公，人民彈劾縣長，撤換縣長就是了。昔日衙門黑暗，人所盡知，今之司法機關，也易受人朦蔽，往往事之真相，本地人士，昭然共見，而法庭調查之結果，適得其反，我們當以調查和調解之責加之場長和區長，人民有爭執事件，訴諸場長，場長調查明白，予以調解，如不服訴諸區長，場長應將調查所得及調解經過情形，備文送之區，再調查，再調解，如不服，訴諸縣長，區長備文送之縣，如仍不服，訴諸省，訴諸中央。場長區長，可依本地習慣法處理，縣以上，則以國家法律解決之。

人民對於任何機關，如有疑點，都可自請往查，假如：某甲對於國際貿易局，或中央銀行，疑其有弊，即可向本場議會提議，該局或該行，有某點可疑，我要親往徹查，場議會詢明議決，即向區議會提議，本場擬派某甲往查某事，區議會開會議決，即向縣議會提出，由是而省議會，而國會，國會開會議決後，即行知該局或該行，聽候徹查，某甲查出有弊，即依法提出彈劾案。如無弊，即中央報紙宣告，我所疑者某點，今日查明無弊，倘不提彈劾案，又不宣告無弊，則某甲應受處分。倘某甲宣告無弊，嗣經某乙查出有弊，則某甲亦應受處分，其他省縣市所轄機關及工廠等，仿此行之。

現在民主主義和獨裁主義，兩大潮流，互相衝突，孫中山先生講「民權主義」，曾說：「美國制憲之初，主張地方分權者，認為人性是善的，主張中央集權者，認為人性不儘是善的。」故知民主主義，和獨裁主義之衝突，仍是性善性惡問題之衝突。我們既知人性是渾然的，無善無惡，所以我們制定憲法，應當將地方分權，和中央集權，合而一之，上述的辦法，如能一一辦到，則是我國四萬萬五千萬人，有四萬萬五千萬根力線，直達中央，成一個極健全的合力政府，大總統在職權內，發出的命令，人民當絕對服從，儼然專制國的皇帝，是為獨裁主義，大總統去留之權，操諸人民之手，國家興革事項，由人民議決，是為民主主義，如此則兩大潮流，即合而為一。

中山先生曾說：「政治裡頭有兩個力量，一個是自由的力量，一個是維持秩序的力量，好似物理學裡頭有離心力和向心力一般。」又說：「兄弟所講的自由專制，這兩個力量，是主張雙方平衡，不要各走極端，像物體的離心力和向心力，互相保持平衡一樣。」中山先生把物理學的原理，運用到政治上，是一種新發明。物理上，離心力和向心力，二者互相為用，故政治上，也是放任與干涉，二者互相為用。從前歐洲國家，對於工商業，行干涉主義，以致百業凋敝，史密斯起而著《原富》（富國論）一書，力持放任主義，歐人行其說，驟致富強，無如放任太過，釀成資本家之專橫，社會上擾攘不安。我們運用中山先生兩力平衡之理，把土地、工廠、銀行和國際貿易，一律收歸國有，強制行之，此所謂專制也。私人生活與夫勞心勞力之營業，一切放任，非有害於社會者，不加干涉，此所謂自由也。兩力平衡，自然安定。

黃老是放任主義，申韓是干涉主義，二者皆是醫國良藥，用之得當，立可起死回生，嬴秦苛虐，民不聊生，漢承其後，治之以黃老，劉璋闇弱，刑政廢弛，孔明承其後，治之以申韓，因病下藥，皆生了大效。我國今日，病情複雜，嬴秦之病，是害得有的，劉璋之病是害得有的，又兼之人心險詐，道德淪亡。應當黃老申韓孔孟，三者同時並進。以申韓之法，治貪官汙吏，悍將驕兵，奸商貴族。以黃老之道，治老百姓，而正人心，厚風俗，孔孟之書，更不可少。果如此，則中國之病，自霍然而愈。

（丙）關於國際方面：現在的五洲萬國，是我國春秋戰國的放大形。古之春秋戰國，是今之五洲萬國的縮影。我輩欲推測將來國際上如何演變，當先研究春秋戰國如何演變，果想解決現在國際的糾紛，當先研究春秋戰國之糾紛，是如何解決。

世界是以螺旋式進化的，禹會諸侯於塗山，執玉帛者萬國，成湯時三千國，周武王時一千八百國，春秋時二百四十國，戰國時七國，到秦始皇時，天下就一統了。歷時越久，國數越少，國之面積越大，這即是螺旋式進化。「豎的方面越深，橫的方面越寬」，豎的方面者，時間也，橫的方面者，空間也，照這樣趨勢看去，現在的五洲萬國，勢必混合為一而後止，所異者，古時是君主時代，嬴秦混合為一，是一個人做皇帝，將來五洲萬國，混合為一，是全球十八萬萬人做皇帝，而為大同之世界。

目下世界大戰，一般人很抱悲觀，殊不知：這正是世界大同之預兆。如：數個泥丸放在盤中，不相接觸，永久是個個獨立。我們取而擠之捏之，就成為一個泥丸。戰國七雄，競爭劇烈，此擠之捏之也，跟著嬴秦之統一出現，今之五洲萬國，競爭劇烈，亦所謂擠之捏之也。我們看清此種趨勢，順而應之，才不致為螺旋進化中之犧牲品。

將來地球這個東西，一定是收歸全人類公有的，一定是全球十八萬萬人，共同做皇帝的。我們順應此種趨勢，腳踏實地，一步一步地走去。土地一層，始而收歸一場一區公有，繼而收歸一縣一省公有，終而收歸全國公有。對於政治一層，所有創製、復決、選舉、罷免四權，始而行使於本場本區，繼而行之於本縣本省，終而行使於中央，公舉一個大總統。我國的憲政，即算完成。我們辦到這步，再看國際十八萬萬人，公舉一個大總統，世界就大同了。世界趨勢，顯然如此，彼希特勒也，墨索里尼也，日本軍閥也，不過曇花一現，終為螺旋進化中之犧牲品而已，猶江河之奔流入海，而欲以人力障塞之，無非多殺人畜，多毀田廬禾稼，而其奔流入海，則依然如故也。

我們把國際趨勢看清楚了，再檢查世界上產生的各種主義，何者與這種趨勢適合，何者不適合，茲討論如下：

世界文化，分三大區：一印度，二西洋，三中國。印度地偏熱帶，西洋地偏寒帶，中國則介居溫帶，三方氣候不同，民族性不同，因而產出之主義，亦遂不同。溫帶折衷寒熱二帶之偏，故中國主義，能夠折衷西洋主義和印度主義之偏。

寒帶天然物少，人不刻苦不能生活，故時時思征服自然，因而產出侵略主義；熱帶天然物豐富，生活之需，不虞不足，故放任自然，因而產出不抵抗主義。請問：我國產出的，是何種主義？

要答覆這個問題，當先研究我國對於自然是何種態度?易曰：「裁成天地之道，輔相天地之宜。」所謂天地之道，天地之宜，皆自然也。對於自然，不征服之而輔相之，不放任之而制裁之，因而產生之主義，由孔老以至孫中山先生，蓋一貫的抵抗而不侵略也。此由中國古人，生居溫帶，仰觀俯察，創出學說，適應環境，不知不覺，遂有以折衷西洋印度之偏。其他民族，亦有生居溫帶者，而不能發生同樣之主義，則其人缺乏仰觀俯察的研究性，而以他人之主義為主義也。

中山先生之民族主義，是抵抗而不侵略，盡人皆知，老子言無為，孔子言仁義，當然不侵略，而兩家之書，皆屢屢言兵。老子曰：「抗兵相加，哀者勝矣。」孔子曰：「我戰則克。」所謂克也，勝也，皆抵抗之謂也。

戰國時，楊朱墨翟之言盈天下，楊之言曰：「智之所貴，存我為貴。」此抵抗之說也。又曰：「力之所賤，侵物為賤。」此不侵略之說也。墨子非攻，當然不侵略，同時墨子善守，公輸九攻之，墨子九御之，公輸之攻已窮，墨子之守有餘，則又富於抵抗力。二人的主張，都是抵抗而不侵略，不過宣傳主義時，楊子為我，偏重在抵抗，墨子兼愛，偏重在不侵略罷了。戰國紛亂情形，與現在絕似，其時是我國學術最發達時代，一般學者研究，覺得舍了楊朱主張，別無辦法，所以「天下之言，不歸楊，則歸墨」。我們處在現在這個時局，也覺得舍了楊墨主張，別無辦法。

孟子曰：「善戰者服上刑。」而孔子則曰：「我戰則克。」正是所謂善戰者。這兩說豈不衝突嗎?只要知道中國主義，是抵抗而不侵略，自然就不衝突了。孔子嘗說：「以不教民戰，是謂棄之。」他說「我戰則克」，是就抵抗方面言之。孟子把那些「爭城以戰，殺人盈城，爭地以戰，殺人盈野」

的人，痛恨到極點，他說：「善戰者服上刑」，是就侵略方面言之。拿現在的話來說，孟子曰：「善戰者服上刑」，等於說：「日本軍閥，一律該槍斃。」孔子曰：「我戰則克」，等於說：「抗戰必勝。」

中國崇奉儒教，儒教創始者為孔子，發揮光大之者為朱子，孔子學術，本與管仲不同，因其能尊周攘夷，遂稱之曰：「如其仁，如其仁。」又稱之曰：「民到於今受其賜。」推崇備至，何也？為其能抵抗也。南宋有金人之禍，隆興元年，朱子初見孝宗，即言：「金人與我，有不共戴天之仇，當立即斷絕和議。」這些地方，都是儒教精神所在。

中國主義，是一貫的抵抗而不侵略，養成一種民族性，所以中國人任便發出的議論，無不合乎此種主義。例如：秦皇漢武開邊，歷史家群焉非之，為其侵略也，漢棄珠崖，論者無不稱其合王道，為其不侵略也；秦檜議和，成為千古罪人，為其不抵抗也；岳飛受萬人崇拜，為其能抵抗也。唐人詩云「年年戰骨埋荒外，空見葡萄入漢家」，直不啻為墨索里尼之遠徵阿比西尼寫照；又云「邊庭流血成海水，武皇開邊猶未已」，更不啻為希特勒之侵奪四鄰寫照；至云「憑君莫話封侯事，一將功成萬骨枯」，儼然是痛罵日本少壯軍人。此皆我國文人痛恨侵略之表現，及至受人侵略，則又變成力主用武，南宋有金人之禍，陸放翁（陸游）遊諸葛武侯讀書台詩云：「出師一表千載無，遠比管樂蓋有餘，世上俗儒寧辨此，高堂當日讀何書。」直是斥南宋諸儒，只講理學，不謀恢復。臨死示兒云：「王師北定中原日，家祭無忘告乃翁。」中國詩人，這類作品很多，我們要想考察民族性，要從哲學家、教育家的學說和文人學士的作品上，才考察得出來，至於政治舞台的人，時或發生變例，秦皇漢武之侵略，秦檜之不抵抗，皆變例也。

西洋人性剛，印度人性柔，中國古人，將剛柔二字處置得恰好，《易經》一書，以內剛外柔為美德，泰卦內陽而外陰，明夷內文明而外柔順，謙卦山在地下。既濟水在火上，無一非內剛外柔之表現。孔老為中國兩大教主，老子被褐懷玉，孔子衣錦尚絅，皆深合易旨。老子和光同塵，而曰：「天下莫柔弱於水，而攻堅強者，莫之能先。」孔子恂恂如也，而曰：「三軍可奪帥也，匹夫不可奪志也。」此皆外柔內剛之精神也。我國受此種教育數千年，養成一種民族性，故中國人態度溫和，謙讓有禮，此外柔之表現也。一旦義之所在，奮不顧身，此內剛之表現也。唯其外柔也，故九一八以來節節退讓，若無抵抗能力，唯其內剛也，故盧溝橋事變而後，全國抗戰，再接再厲，為世界各國所震驚。我國民族性，既已如此，所以醜胡也，遼金也，蒙古也，滿清也，雖肆其暴力，侵入我國，終而無一不被驅出，故我國對日抗戰，其必勝蓋決然無疑者。

西人倡天演競爭之說，知有己不知有人，蓋純乎利己主義也。印度教徒，捨身救世，知有人不知有己，蓋純乎利人主義也。中國主義則不然，己欲立而立人，己欲達而達人，蓋人己兩利也。印度學者，開口即說恆河沙數世界，其目光未免太大，看出世界以外去了，而其國因以滅亡。西洋人又患目光太小，講個人主義者，看不見國家和社會，於是乎個人也，國家也，社會也，成為互不相容之三個物體，因而生出種種糾紛。中國則修身齊家治國平天下，一以貫之，個人也，國家也，社會也，成為一個渾然之物體。六合之外，存而不論。這種主義，恰足救西洋和印度之弊。

印度實行其主義，而至於亡國，西洋實行其主義，發生第一次世界大戰，第二次世界大戰，事實之昭著，既已如此，而今只有返求之中國主義，中國主義者，大同主義也。我們應將這種主義，在國際上，儘量宣傳，使世界各國，一齊走入中國主義，才可以樹大同之基礎，而謀永久之和平。

第一次世界大戰，第二次世界大戰，純是「武力戰爭」。而我國則發明有一種最高等戰術，曰：「心理戰爭。」三國時，馬謖曰：「用兵之道，攻心為上，攻城為下，心戰為上，兵戰為下。」這是「心理戰爭」學說之起點，而其原理，是自戰國時已發明瞭。《孟子》一書，純是講「心理戰爭」。其言曰：「得道者多助，失道者寡助，寡助之至親戚畔之，多助之至天下順之，以天下之所順，攻親戚之所畔，故君子有不戰，戰必勝矣。」如此之語，不一而足，皆「心理戰爭」之說也。曰：「可使制梃，以撻秦楚之堅甲利兵。」以秦楚之甲堅兵利，而曰制梃可撻，豈非怪話？而孟子深信不疑，決然言之，果也，孟子死後，不及百年，陳涉吳廣，揭竿而起，立把強秦推倒，孟子的說法，居然實現，嬴秦之兵力，推滅六國而有餘，陳涉等烏合之眾，振臂一呼，而一統之江山，遂土崩瓦解，不敗於武力，而敗於心理，孟子有知，當亦掀髯大笑。

春秋時，兵爭不已，遂產出孫子的「兵戰哲學」。戰國七雄，運用孫子學說，登峰造極，鬥力鬥智，二者俱窮，於是又產出孟子的「心戰哲學」。惜乎，當時無人用之，現今的形勢，絕像戰國七雄時代，我們正該運用「心戰」之說。問：如何運用？曰：只需把中國主義，發揚出來就是了。暴秦亡國條件，德意日三國，是具備了的，全世界人民和他們本國的人民，同在水深火熱之中，中國主義，一發揚出來，一定傾心悅服，就成了「心戰」妙用。

我國業已全面抗戰，應當於「武力戰爭」之外，再發動一個「心理戰爭」。在國際上，成立一個「中國主義研究會」，請世界學者，悉心研究，就算新添了一支生力軍，敵人「攻城」，我們「攻心」，全世界傾心此種主義，是對於敵人取大包圍，敵人國內之人民，傾心此種主義，是為內部潰變。日本軍閥，自然倒斃，希特勒和墨索里尼，也自然倒斃。

凡是一種大戰爭，必有一定的主義。第一次世界大戰，是西洋主義和西洋主義決勝負，第二次世界大戰，我們應該把他變成中國主義和西洋主義決勝負。只要中國主義一戰勝，世界大同之基礎，就算確定了。十九世紀上半世紀，是西洋主義盛行時代，下半世紀以後，是中國主義昌明時代，就進化趨勢觀之，蓋決然無疑者。

現在五洲萬國，紛紛大亂，一般人都說：「非世界統一，不能太平。」戰國情形，也是如此。戰國時梁襄王問孟子：「天下惡乎定?」孟子對曰：「定於一。」即是說：「要統一才能安定。」但統一之方式有二。梁襄王問孟子：「孰能一之?」孟子曰：「不嗜殺人者一之。」這就是「非武力的統一」。主張「武力統一」者，是用一個「殺」字來統一，說道：「你不服從我，我要殺死你。」人人怕死，不得不服從，故「殺」字能統一。主張「非武力的統一」者，是用一個「生」字來統一，說道：「你信從我的主張，你就有生路。」人人貪生，自然信從，故「生」字也能統一。人之天性，喜生而惡殺，主張「殺」字統一者，人人厭棄，主張「生」字統一者，人人歡迎，孟子學說，惜乎無人用之。後來嬴秦統一，是用「殺」字統一的，然而不久即亡。今者德意日三國，正循著亡秦途徑走去，我們正好運用「生」字統一之學理，乘其弱點而推陷之，兵戰心戰，同時並進，德意日三國，不敗何待?

中西主義，極端相反，西洋方面，達爾文之弱肉強食，尼采之超人主義，與夫近今的法西斯主義等等，都是建築在「殺」字上面。中國方面，孔子言仁，老子言慈，楊朱為我，墨翟兼愛等等，都是建築在「生」字上面。我們讀達爾文、尼采諸人之書，滿腔是殺機，讀孔孟老莊和宋明諸儒之書，滿腔是生趣。醫生用藥，相反才能相勝，方今西洋主義盛行，無處不是殺機，應當是中國主義救療之，以一個生字，統一世界。

西人對社會，對國家，以「我」字為起點，即是以「身」字為起點，中國儒家，講治國平天下，從正心誠意做起走，即是以「心」字為起點，雙方都注重把起點培養好，所以西人一見人閒居無事，即叫他從事運動，把身體培養好，中國儒者，見人閒居無事，即叫他讀書窮理，把心地培養好，西洋人著書作事，注重「於身有益」四字，中國人著書作事，注重「問心無愧」四字，達爾文講競爭，倡言「弱肉強食」，尼采講超人主義，倡言：「剿滅弱者，為強者天職。」西人群起信從，為其「於身有益」也，中國絕無此等學說出現，為其「問心無愧」也。西人在物質上求愉快，中國則在精神上求愉快，西人以入劇場跳一場為樂，中國則以讀書為樂，為善為樂，仰不愧於天，俯不作於人為樂，故中國文化，洵足救西洋末流之弊。

孔子的學說：「欲修其身，先正其心，欲正其心，先誠其意。」從「身」字追進二層，把「意」字尋出，以「誠意」為起點。猶之修房子，把地面浮泥除去，尋著石底，才從事建築，由是而修身，而齊家，而治國平天下，造成的社會，是「以天下為一家，以中國為一人」。人我之間，無所謂衝突。西人學說，以利己為主，以「身」字為起點，不尋石底，徑從地間建築，造成的房子，終歸倒塌。所以經濟上造成資本主義，國際上釀成第一次世界大戰，第二次世界大戰，西洋主義，遂告破產。

孟子曰：「老者衣帛食肉，黎民不饑不寒。」達爾文生存競爭之說，孟子復生，亦不能否認，但孟子學說，一達到生存點，即截然而止，其言曰：「養生喪死無憾，王道之始也。」人民到了不饑不寒，即教以禮讓，推行王道。達爾文盛言「優勝劣敗」，超出生存點以上，成為無界域之競爭，其弊至於消滅他人之生存權，以供一己之慾壑。尼采學說，繼之而起，幾不知公理為何物。德國威廉第二和希特勒，從而信之，墨索里尼和日本少壯軍人，又從而信之。此世界所以紛紛大亂了也。

孟子曰：「行一不義，殺一不辜，而得天下，皆不為也。」由此知：中國主義，有兩個原則：（一）人人爭生存，以不妨害他人的生存為限；（二）人人爭優勝，以不違背公理為限。我們把此種主義，發揚出來，全世界恍然覺悟，知道：舍了中國主義，別無出路，此即「攻心」之法也。

中國主義，沉埋已久，應當聚全國學者，儘量開掘之，整理之，去其不合理情者，擷其精華，成為系統，在國際上儘量宣傳。從前中山先生革命，一般人以為必大大的流血，只因主義完善，宣傳得力，遂不血刃而成功，此心理戰勝之先例也。

世界紛紛大亂者，病根有三：（甲）經濟方面。（乙）政治方面，民主主義和獨裁主義，互相衝突。（丙）國際方面，掠奪者和被掠奪者，互相衝突。我們一面抗戰，一面制定憲法。憲法內容：（甲）經濟方面，國中的土地、工廠、銀行和國際貿易四者，一律收歸國有，其他經濟上之組織，悉仍有私。（乙）政治方面，四萬萬五千萬人，直接行使四權，四萬萬五千萬根力線，直達中央，成一個極強健的合力政府，民主主義和獨裁主義，融合為一。（丙）國際貿易，收歸國家經營，入口出口，兩相平衡，入超則為外國掠奪我國，出超則為我國掠奪外國，今定為出入平衡，無掠奪者，亦無被掠奪者，國與國即相安無事。憲法制成，一面實行，一面昭示萬國，世界人士，正尋不著出路，一旦見中國主義之完善，一定跟著走來，希特勒、墨索里尼、日本軍閥，三個惡魔，不打自倒，這即是心理之戰勝。

孫中山先生，分出軍政、訓政、憲政三個時期。現在國難嚴重，三者當同時並進，對日全面抗戰，是為軍政。在抗戰期中，制定憲法，從一村一場實行起走，是為憲政，村議員，場議員，負訓練人民之責，是為訓政。一村一場辦好了，擴大為區，再擴大為縣，為省，為國，迨及擴大為國，憲政即算完成，將來如能擴大於全世界，就算大同了。

國際戰爭有三種：（一）帝國主義和帝國主義戰爭。（二）帝國主義和弱小民族戰爭。（三）社會主義和資本主義戰爭。上次大戰，屬於第一種，這次大戰，屬乎第一種和第二種。另外還有第三種，隱藏著躍躍欲動。若不將這三種問題，同時解決，恐怕第二次大戰終了後，跟著又要發生第三次大戰。威爾遜於上次大戰之末，提出「民族自決」之主張。就是預防第二種戰爭，可惜未能實現。巴黎和會，特訂一個「勞工規約」，列入和約之第十三章，就是預防第三種戰爭，可惜不徹底。

世界上不平等之事有三，列強對弱小民族不平等，資本家對勞工不平等，軍閥對平民不平等。孫中山先生曾說：「我們今日，要用此四萬萬人的力量，為世界上的人打不平。」我們本三民主義，製出一部憲法，國與國立於平等地位，而本國的人民，在經濟上，在政治上，立足點也平等，這三種不平等之事，就算打平了。我們把這部憲法宣佈出來，即成了我國的「抗戰宣言」，也即是預定的

「戰後和約」。倘若世界各國，也走上這條路，國際上三種戰爭之禍根，即徹底拔除。

有了春秋那種形勢，管仲「九合諸侯」的政策，應運而生，有了戰國那種形勢，蘇秦「聯合六國」的政策，又應運而生。此二者皆「合力主義」也。管仲揭出「尊周攘夷」的旗幟，把全國之力線，集中「尊周」之一點，然後向四面打出，伐狄，伐山戎，伐楚，齊桓公遂獨霸中原。後來晉文稱霸，亦沿襲其策，連孔子修《春秋》，也秉承「尊周攘夷」之主旨。他這個政策，直貫穿了《春秋》全部。

到了戰國，情形變了，周天子紙老虎已揭破，「尊周」二字說不上，楚在春秋為夷狄之國，此時更不能說「攘夷」的話，於是蘇秦引錐刺股，揣摹期年，從學理上研究出「合縱」之策，齊楚燕趙韓魏六國，發出六根力線，取縱的方向，向強秦攻打，此種政策，一經告成，秦人不敢出關者十五年。《戰國策》曰：「當此之時，天下之人，萬民之眾，王侯之威，謀臣之權，皆決於蘇秦之策。」又曰：「廷說諸侯之王，杜左右之口，天下莫之能抗。」戰國時百家爭鳴，是我國學術最發達時代，蘇秦的政策能夠風靡一時，豈是莫得真理嗎？無奈他莫得事業心，當了縱約長，可以驕傲父母妻嫂，就志得意滿，不復努力，以致未克成功。有了蘇秦之「合縱」，才生出張儀之「連橫」，連橫成功，而六國遂滅，可以說：蘇秦的政策，貫穿一部戰國策。蘇秦的事，可分兩部分看，自引錐刺股，至當縱約長，是學理上之成功，當縱約長以後，是實行上之失敗。司馬光修《資治通鑒》，也說蘇秦的政策，是很好的，深惜六國之不能實行。三國時，魯肅和孔明，主張孫劉聯合，原是抄寫蘇秦的古本，曹操是千古奸雄，聽說孫權把荊州借與劉備，二人實行聯合了，正在寫字，手中之筆，都嚇落了，這個政策之厲害，可想而知。

現在五洲萬國，是春秋戰國的放大形，故威爾遜的「國際聯盟」，也就應運而生。他是老教授出身，也是學理上成功，實行上失敗，他的十四條原則，一宣佈出來備受世界歡迎，絕像蘇秦之受歡迎一般。無奈他在巴黎和會，欠了外交手腕，成立的國際聯盟，反成了分贓的團體。其最大原因，則由於美國之立場，根本與弱小民族相反，威爾遜「民族自決」之主張，不能實現，理固然也。我們熟察國際形勢，仍非走管仲、蘇秦和威爾遜這條路線不可，應由我國出來，發起「新的國際聯盟」，以弱小民族為主體，進而與強國聯合，把威爾遜的原則，修正之，擴大之，喊出人類平等的口號，以替代「民族自決」四字，這樣一來，決定成功。何也？我國立場與弱小民族相同故也。有孔老以來，絕好的主義，有漢棄珠崖，這類絕好的事實，為世界各國所深信故也。

世界紛爭之際，必有一個重心，才能穩定，這個重心輪到我國來了。我們於武力戰爭之處，應當（一）在國際上成立一個「中國主義研究會」為宣傳機關。（二）發起「新的國際聯盟」為中國主義實行機關，喊出「人類平等」的口號，把世界上被壓迫的民族和被壓迫的勞工與平民，一齊喚醒起來，與我們同立在一根戰線上，如此，則我國就為世界重心了。孟子謂：「制梃可撻秦楚。」蓋純乎心理戰爭也，我國今日，則「武力戰爭」與「心理戰爭」同時並進，無異於以武力推行中國主義，則戰勝敵人也決然無疑，救世界人類於水火也，亦決然無疑。

管仲九合諸侯，一匡天下，伐狄，伐山戎，是用武力解決，召陵之役，是用政治解決。我們把「新的國際聯盟」組織好，德意日三國，如能信從我們的王道主義，則用政治解決。否則師法蘇秦故智，率全人類向之攻打，暴秦亡國條件，德意日三國，是具備了的，不敗何待？

世界禍機四伏，念之不寒而慄，上次大戰，一告結束，而戰勝國之勞工，反暴動起來，法國首相，克里蒙梭，綽號母老虎，是歐戰中最出力之人，巴黎和會，充當主席，為法國增光不少，反遭國人行刺，幾乎把七十八歲的老命送掉。義大利戰勝歸國之將士，帶起徽章，橫行都市，專制魔王墨索里尼乘機出現。美國人民要暴動，威爾遜調兵彈壓，方才平息。英國的礦工和鐵路工人、船上水手，結成三角同盟，布起陣勢，預備隨時可同政府決戰，害得英國首相，魯意喬治，駕著飛機，今日回倫敦彈壓，明日赴巴黎開會，一夕數驚，疲於奔命。其原因，則由於大戰到了第三年，一般勞工，都覺悟起來，一方面在戰場上兵戎相見，一方面舉出代表，在中立國交換意見，主張言和，及到戰事終了，勞工覺得白白犧牲，所以處處發生暴動。巴黎和會正在開會，而各國的勞工也舉代表，在瑞士國之熊城開會。巴黎和會見此情形，才訂一個「勞工規約」列入和約，與自己國中之勞工言和。上次大戰，情形如此，此次大戰，可想而知，上次威爾遜提出「民族自決」之主張，巴黎和會，列強食言，弱小民族之心理，則又不言可知。此種禍根，若不徹底拔除，戰爭是永無終止的。要拔除此禍根，舍了中國主義，別無他法，除了中國出來，肩此責任，也別無他人。

世界是一天一天進化的，是日向大同方面趨去的，其所以進化遲滯，大同久未出現者，可用比喻說明之：凡鐵條皆有磁氣，只因內部分子凌亂，南極北極相消，故磁力發不出來。如用磁石在鐵條上面引導一下，南北極排順，立即發出磁力，現在全世界分子，凌亂極矣，我們用中國主張，引導一下，分子立即排順，就可加強進化之速度，而大同可早日出現。

地球為萬寶之庫，我們需要財貨，向之劫取，他是絕不抵抗的。第一次世界大戰，第二次世界大戰，乃是一夥劫賊，在主人門外，你剝我的衣服，我搶你的器械，互相廝殺，並不入主人門內一步，地球有知，當亦大笑不止。請問是誰之罪？曰：罪在充當群盜謀主之達爾文和尼采。

凡事以「平」為本。孫中山先生之三民主義，純是建築在一個「平」字上面，這個「平」字，是從《大學》上治國平天下那個「平」字生出來的。民族主義，民權主義，是向人類爭平等，一到「平」字，即截然而止，轉其目標，向地球劫取實物，所以民生主義，言開墾，言種植，與夫水力發電等等，純是開發地球生產力，故三民主義一書，極合現在國際的趨勢，可說是中國主義之實行計劃，也即是大同世界之指南針。

「新的國際聯盟」者，大同世界之過渡機關也。世界紛紛擾擾，是由地球生產力、機器生產力和人類之腦力體力，不相調協生出來的。我們組織「新的國際聯盟」，把這四種力線，一一排順，歷若干年，調整完畢，然後破除國界，把土地和機器，一併收歸全人類公有，技師出腦力，工人出體力，把地球蘊藏的寶物，取出來，全人類平分，像這樣辦去，即是懸出地球為目的物，合全人類之力向之進攻，成了方向相同之合力線，人與人戰爭之禍，永遠消除，孔子和孫中山先生所持之大同主義，於是完成。

以上經濟、政治、國際三者，俱以合力主義為本。此外我還寫了兩本書：（一）《考試制之商榷》；（二）《中國學術之趨勢》。其大意如下：

我以為國家立法，須把力線考察清楚，把離心力，向心力，配置平衡，我國從前考試時代，士子讀書與否，聽其自由，這是一種離心力，考試及格，有種種榮譽和利益，足以動人歆羨，又具有向心力，兩力平衡，故其時，國家並未規定學課，讀書之子，也不須有人監督，他自己會「三更燈火五更雞」的用功。這就像地球繞日，離心向心，二力平衡，不需外力推動，自能迴旋不已。則校中學課，嚴密規定，又派教職員嚴密監視，而學子之用功，未見勝過科舉時代，且流弊百出，這就是離心力和向心力配置不平之故，今之一切制度，大都是二力配置不平，故規章愈密，監察愈嚴，而流弊反越多，言之概然。

照現行學制之規定，欲取得畢業資格者，必須捐棄百事，每日在講堂上坐若干時，歷若干年，始取得畢業文憑而去，於是貧家子弟，在所擯棄，富家子弟，因障故而不能每日入校者，亦在所擯棄。國家施行此種制度，四十年矣，冥冥中不知損失若干人才，我主張把現行學制打破，設一個考試制，把考試標準，明白規定，等於懸出一個箭堆，使人向之而射一樣，每屆小學、中學及大學，舉行畢業考試時，在校生、私塾生和自修生，一體與試，不問學年，不問年齡，只問程度，嚴格考試，只要及格，即給予畢業文憑。並於各地適中場所，設定公共圖書標本室，理化試驗室，延聘導師，常住其中，俾自修生，有所請問。如此辦去，則貧民子弟，工商界學徒，各機關小職員和年長失學之人，只要自家肯用功，都有取得大學畢業之希望，半工作，半自修，而各人之能力，可儘量發展，國家文化，可日益進步。中山先生講「民權主義」，曾說：「各人聰明才力，有天賦之不同，如把他們壓下去，一律要平等，世界便莫有進步，人類便要退化。」現在學校內，把天才生，劣等生，混而為一，同樣授課，同時畢業，壓為平頭的平等，這就是違反中山先生誡條，足使國家退化。因此主張：現行學制，應徹底改革，統以考試制匯其歸，曾寫了一本《考試制之商榷》。我寫此文，有一段趣事，是被木棒痛打一頓，才寫出來的，不妨把原委寫出來，用博一粲。

我從民國五年起，即當四川省視學（現改名省督學），當局每次召集教育會議，我即把我的主張，提為議案，俱未通過，民國十二年，我上一呈文臚陳理由十六項，自請在原籍富順縣試辦，經省長公署核準舉行，十三年，我呈請省署通令全省試辦，各縣遂次第舉行。十四年年假時，敘州聯立中校學生畢業，我往主試，考了幾場，一夜，學生多人，手持木棒啞鈴，把我拖出寢室，痛打一頓，其時全場靜靜悄悄，學生寂無一語，我也默不一語，唯聞乒乒乓乓聲，學生臨去罵道：「你這狗東西，還主不主張嚴格考試？」我睡在地下想道：「只要打不死，又來！」跟即請宜賓知事來驗傷，傷單黏卷，木棒啞鈴存案備查。次晨，我電呈上峰，末云：「自經此次風潮，愈見考試之必要。視學身受重傷，死生莫卜，如或不起，尚望厲行考試，挽此頹風，生平主張，倘獲見諸實行，身在九泉，亦當引為大幸。（傷單及原電載《四川教育公報》，第一卷，第一期）我稍愈，即裹傷上堂，勒令學生一律就試，不許一個藉故不到，場規更加嚴厲，試畢將首要學生，送交宜賓知事訊辦，詳情備載四川教育公報，茲不具述。事後，我自咎欠了宣傳，特寫一文《考試制之商榷》，呈由四川教育廳，印作單行本，發交各縣研究。

民國十四年，川省頒布「各級學校學生畢業考試暫行條例」。規定：小學會考，於年暑假舉行，不分學校與私塾，一體與試，中學修業年滿，委員到校主試。其計劃是先開放小學，故先舉行小學會考，俟小學有了成效，再開放中學。二十三年，中央頒行中學會考制，取消小學會考制，成都、華陽、……理番、松潘等六十一縣教育局長，以「會考制度，行已數年，成效顯著」等語，聯名協請保留此項制度，教育廳據情轉呈教育部，奉指令「姑準試行一年」。二十四年四川省政府諮請教育部，謂：「川省小學會考，有悠久之歷史，卓有成效。」陳列理由五項，請予保留，覆文「姑準再辦一年」。二十五年全川各縣，遂一律停止小學會考。

我主張的考試制，有兩種意義：（一）學校內部的學課，太不認真，用考試制以救正之；（二）現行的學制，太把人拘束緊了，用考試制以解放之。現行的會考制，有前一種意義，後一種則無之，二十五年九月，我將所著《考試制之商榷》，重行印出，並將我請在富順縣試辦的呈文，請通令各縣試辦的呈文，省公署先後令文，成華等六十一縣教育局長的呈文，暨教育處、省政府和教育部往來公文，附載於後，成為一本，交成渝書店發售，借供教育界人士討論。

現在既厲行會考制，我希望政府頒布一條法令：「舉行會考時，私塾生和自修生，一律與考，不問年齡，只問程度。」只要有此種法令出現，現行學制，就算徹底改革了。

我寫那篇《考試制之商榷》，注重在提倡私塾和自修。現在許多有學問的人，想當校長教員而不可得，遂有百計營謀者，同時有許多學生，求入學校而不可得，每次招考，異常擁擠，錄取者少，擯棄者多，並且招考時，關說之信函，紛來沓至，校長深以為苦。學校是造就人才之地，鬧得來讀書須鑽營，教書須鑽營，不得謂非立法之不善也。從前地方官，對書院山長用聘，待之以師禮，京朝大官回籍者，往往樂就斯席，為地方造人才，蓋師位甚尊故也。今則地方官對校長用令，校長對之用呈，學校變成官廳，教員附庸，師道凌夷，一至於此。尚望國家特許私塾之成立，與正式學校並行不悖，此亦培養士氣之法也。東主聘我否，我設館有人來學否，一以我之品行學問為準，而風俗可日趨醇厚。

現在全面抗戰，秀傑之士，或赴前方軍營，或在後方工作，同時添設許多臨時機關，將來戰事終了，機關裁撤，此項人才，消歸何處？上次歐戰終了，義大利戰勝歸來之將士，戴著徽章，莫得麵包吃，處處暴動，墨索里尼，乘機組織棒喝團，因之竊得政權。此可為前車之鑒。此時我們早把學校開放。允許私塾之成立，則戰勝歸來之軍官軍佐和裁撤之人員，政府如不能全行安插，富厚之家，慕其聲望，自必厚具脩脯，延請訓課子弟，抑或自行設館授徒，此亦代國家消納人才之一法。蘇東坡有篇論任俠的文字，可為我們這種主張之註腳。一面可消除隱患，一面可以培植人才，而款則無須國家添籌。我們何樂而不為？

至於我寫的《中國學術之趨勢》，大旨言：我國學術最發達有兩個時期，第一是周秦諸子，第二是趙宋諸儒，這兩個時期的學術，都有創造性，漢魏以至五代是承襲周秦時代之學術，而加以研究，元明是承襲趙宋時代之學術，而加以研究，清朝是承襲漢宋時代之學術，而加以研究，俱缺乏創造性。

從周秦至今，可劃為三個時期：周秦諸子，為中國學術獨立發達時期，趙宋諸儒，為中國學術和印度學術融合時期。現在已經入第三時期了，世界大通，天涯比鄰，中國、印度、西洋，三方面學術，相推相蕩，依天然的趨勢看去，此三者又該融合為一，是為中西印三方學術融合時期。進化是有軌道可循的，知道從前中印兩方學術融合，出以某種方式，即知將來中西印三方學術融合，當出以某種方式。我們用鳥瞰法，升在空中，如看河流入海，就可把學術上之大趨勢看出來。

周秦諸子中，當推老子為代表，孔子不足以代表，一部《道德經》，包含世間法和出世法兩部分，他說：「以正治國，以奇用兵。」是世間法，孔墨申韓孫吳諸人，是走的這條路。他說：「致虛極，守靜篤，萬物並作，吾以觀其復。」是出世法，莊列關尹諸人，是走的這條路。他是入世出世，打成一片，我們提出老子，就可貫通周秦諸子全部學說。

趙宋諸儒中，當推程明道為代表，朱子不足以代表。明道把中國學術和印度學術，融合為一，成為所謂宋學，明道死後，才分出程朱和陸王兩派，故提出明道，就可貫通全部宋學。明道以釋氏之法治心，以孔氏之法治世，治心治世，打成一片，恰走入老子途徑。近人章太炎曰：「大程遠於釋氏，而偏邇於老聃。」故中國學術，徹始徹終，可以老子貫通之。

世人以佛老並稱，則老子學說，又可貫通印度學術。嚴又陵批老子，於第十章曰：「黃老之道，民主之國之所用也。」於三十七章曰：「此旨與盧梭正同。」於四十六章曰：「純是民主主義，讀法儒孟德斯鳩《法意》一書，有以徵吾言之不妄也。」足知老子學說，又可貫通西洋學術，我不是說我國有了老子，就可不去學西洋學問，我是說西洋學問，與老子相通，我們可以儘量去學。

我們從周秦諸子中，把老子提出來，就可把中西印三方面學術，溝通為一。有人說：著《道德經》的老子，是戰國時人，不是春秋時人，我不管他生在春秋時，生在戰國時，我只是說，一部《道德經》，可以貫通中西印三方學術。知其可以貫通，才可把世界學說融合為一。

我們主張把力學規律，應用到人事上來，而老子則早已用之，他書中屢以水為喻，水之為物，即是依力學規律而變化的。牛頓所說「萬有引力」的現象，老子早已見之，其言曰：「天得一以清，地得一以寧，神得一以靈，谷得一以盈，萬物得一以生，侯王得一以為天下貞。天無以清將恐裂，地無以寧將恐發，神無以靈將恐歇，谷無以盈將恐竭，萬物無以生將恐滅，侯王無以貞而貴高將恐蹶。」裂發歇竭滅蹶六字，俱是「萬有引力」那個「引」字的反面字，也即是離心力那個「離」字的代名詞，老子看此等現象，不知其為何物，因以「一」字代之，古代算術，凡遇未知數，皆以「一」字代之，老子言道亦然。其所謂一，即牛頓所謂「引力」也。

自然界以同一原則，生人生物，牛頓尋出這個原則，用之物理上，老子尋出這樣原則，用之人事上。西人談力學，談電學，必正負二者對舉，老子言道，常用有無、高下、陰陽、靜躁、貴賤、剛柔等字，也是把相反之二者對舉。牛頓之後，有愛因斯坦，老子之後，有莊子。莊子的學說，含有相對論原理，如「泰山為小，秋毫為大；彭祖為夭，殤子為壽」一類話，都是就空間上、時間上，相對而言之。我們會通觀之，即可把人事與物理，溝通為一。

牛頓發明萬有引力，定出公例，紛繁之物理，釐然就緒，而科學遂大進步。牛頓的原理，老子早已發明，惜乎沉埋已久，我們把他發掘出來，製成公例，紛繁之人事，一定釐然就緒，而文明必大進步。

從前印度學說，傳入我國，我國儘量採用，修正之，發揮之，所有「華嚴宗」、「天台宗」、「淨土宗」等，一一中國化，非影印度之舊，故深得一般人歡迎，就中最盛者唯禪宗，而此宗在印度，幾等於無。我們此後採用西洋學說，仍用採用印度學說方法，使達爾文、史密斯諸人，一一中國化，如用藥之有炮炙法，把他有毒那一部分除去，單留有益這一部分。達爾文講進化不錯，錯在倡言弱肉強食，史密斯發達個性不錯，錯在發達個性而妨害社會，我們去其害存其利就是了。

孔門學說，是誠意，正心，修身，齊家，治國，平天下，一以貫之。從前印度明心見性之說，傳入中國，與固有學說，發生衝突，宋儒就用孔門的誠意正心，與之溝通為一。現在西洋的個人主義、國家主義傳入中國，又與固有學說，發生衝突，我們應該用孔門的修齊治平，與之溝通為一，始而溝通，終而融合。如此則學說不至分歧，而人事之紛爭可免。融合之後，再分頭研究，如一株樹然，知道枝葉花果，同在一樹上，即無所謂衝突了。

宇宙事物，原是孳生不已的，由最初之一個，孳生無數個，越孳生，越紛繁。自其相同之點觀之，無在其不同，自其相異之點觀之，無在其不異。古今講學的人，儘管分門別戶，互相排斥，其實越講越相合，即如宋儒排斥佛學，他們的學說中，含有禪理，任何人都不能否認，孟子排斥告子，王陽明是孟子信徒，他說：「無善無噁心之體。」其語之絕類告子，諸如此類，不勝列舉。因為宇宙真理，同出一源，只要能夠深求，就會同歸於一，猶如山中草草木木一般。從他相異之點看去，草與木不同，同是一木，發生出來的千花萬葉，用顯微鏡看去，無一朵相同之花，無一片相同之葉，可說是不同之極了。我們倘能會觀其通，從他相同之點看去，則花花相同，葉葉相同，花與葉相同，此木與彼木相同，再精而察之，草木禽獸，泥土沙石，由分子，而原子，而電子，也就無所謂不同了。世間的學說，由同而異，由異而同，等於同出一源之水，可分為數支，來源不同之水，可匯為一流，千派萬別，無不同歸於海。

中國人研究學問，往往能見其全體，而不能見其細微，古時聖賢一開口即是天地萬物，總括全體而言，好像遠遠望見一山，於山之全體，是看見了的，只是山上草草木木的真相，就說得依稀恍惚了。西人分科學研究究，把山上之一草一木，看得非常清楚，至於山之全體，卻不十分瞭然，中國重在綜合，西洋重在分析，二者融合為一，就可得真理之全了。

現在世界上紛紛擾擾，衝突不已，我們窮原竟委的考察，實由於互相反對的學說生出來的。性善說與性惡說，是互相反對的，個人主義經濟學和社會主義經濟學，是互相反對的，民主主義和獨裁主義，是互相反對的。凡此種種互相反對之學說，流行於同一社會之中，從未折衷一是，思想是既不一致，行為上當然不能一致，衝突之事，就在所難免了。真理只有一個，猶如大山一般，東西南北看去，形狀不同，遊山者各見山之一部分，所說山之形狀，就各不相同。我們研究事理，如果尋出本源，任是互相反對之說，俱可折衷為一。我們可定一原則曰：「凡有互相反對之二說，爭辯了數十年，數百年，仍對峙不下，此二說一定是各得真理之一半，一定可合而為一。」如性善說與性惡說。

有人說：「人的意志為物質所支配。」又有人說：「物質為人的意志所支配。」這兩說是各得真理之一半。譬如我們租佃了一座房子，遷移進去，某處作臥房，某處作廚房，某處作會客室，器具如何陳設，字畫如何懸掛，一一審度屋宇之形式而為之，我們的思想，受了屋宇之支配，即是意志受了物質之支配，但是我們如果嫌屋宇不好，也可把他另行改造，屋宇就受我們之支配，即是物質受意志之支配。歐洲機器發明而後，工業大興，人民的生活情形，隨之而變，固然是物質支配了人的意志，但機器是人類發明的，發明家費盡腦力，機器才能出現，工業才能發達，這又是人的意志，支配了物質。這類說法，與「英雄造時勢，時勢造英雄」是一樣的，單看一面，未嘗說不下去，但必須兩面合攏來，理論方才圓滿。有物理數學等科，才能產出牛頓，有了牛頓，物理數學等科，又生大變化。有了鹹同的時局，才造出曾左諸人，有了曾左諸人，又造出一個時局。猶如雞生蛋，蛋生雞一般，表面看去是輾轉相生，其實是前進不已的。後之蛋非前之蛋，後之雞非前之雞，物質支配人的意志，人的意志又支配物質，英雄造時勢，時勢又造英雄，而世界就日益進化了。倘於進化歷程中，割取半截以立論，任他引出若干證據，終是一偏之見。我們細加考察，即知雞之外無蛋，蛋之外無雞，心之外無物，物之外無心，雞與蛋可說是一個東西，心與物也是一個東西，原可合而為一。

偽古文《尚書》上《說命》一篇，曰：「非知之艱，行之唯艱。」孫中山先生則曰：「知難行易。」一般人都說：兩說是衝突的，其實並不衝突，兩說可相輔而行。傳說的意思，是說：「非知之艱，行之唯艱，你趕快實行好了。」孫中山先生的意思，是說：「知是很難的，行是很容易的，你趕快實行好了。」二者俱是勉人實行，有何衝突？難易二字，本是形容詞，傅說和孫中山先生，站在各人的立場上，因聽話者的情況各有不同，故用這種形容詞，加強其語氣，而歸根於叫人實行。我們明白了傅說和孫中山先生立言的本旨，即知兩說可相輔而行。

就實質言之，世間的事，有知難行易的，有知易行難的，例如：發明輪船火車，何等艱難，發明之後，叫技師依樣製造，那就很容易了，是謂知難行易。學制輪船火車的人，在課堂上聽技師講說製造方法，心中很瞭然，到工場實地去做，那就很難了，是謂知易行難。

傳說說：知易行難。孫中山先生說：知難行易。這兩個知字的意義，迴乎不同，傳說的「知」字，是指「聽話了解」而言，孫中山先生的「知」字，是指「發明新理」而言。孫文學說中，所舉飲食、作文、用錢等一事和修理水管一事，都是屬乎發明方面的事。孫中山先生，是革命界先知先覺，他訓誡黨員，儼然是發明家對技師說話。意若曰：「艱難的工作，我已經做了，你們當技師的，依樣製造，是很容易的。」故曰「知難行易」。傳說身居師保，他訓誡武丁，儼然是技師對學徒說話，我們取《尚書》本文讀之，即知傳說對武丁說了許多話，武丁說道：「你的話很好，我很了解。」傳說因警告之曰：「知之非艱，行之唯艱。」即是說：「課堂上了解不算事，要工場中做得出來才算事。」傳說和孫中山先生，都是按照聽話者之情況而立言，無非趨重實行而已。

發明家把輪船火車發明瞭，叫技師依樣去做，技師做成之後，又招些學生來學，這原是一貫之事，孫中山先生說的是前半截，傳說說的是後半截，所以說：兩說並不衝突。

我們可以定出一個原則：「凡事與天性習慣違反者，知易行難，與天性習慣不違反者，知難行易。」例如：我們對畫師說：我家有一小孩，形狀如何如何，叫他畫，他畫來總不肖，把小孩牽來與他看，他一畫就神肖，是謂知難行易。因畫師以畫為業，與他的習慣並不違反也，畫師把小孩畫在墨板上，叫素未習畫之人臨摹，看得明明白白，而畫來總不肖，又成了知易行難。因斯人素未習畫，與習慣違反故也。革命志士，犧牲生命，在所不惜，所苦者，不知採用何種方法，始能成功，是謂知難行易。普通人，你對他講殺身成仁的道理，他也認為是很好的事，對他講進行的方法，他也很了解，但叫他去實行，他就不肯幹，是謂知易行難。何也？殺身成仁之事，與志士之天性不違反，與普通人之天性則違反也。

據上面的研究，傳說的說法和孫中山先生的說法，原是各明一義。我們當反躬自問，如果自己是技師，是革命志士，就誦孫中山先生之語以自警；如果是學徒，是普通人，就誦傳說之語以自警。

再者：王陽明主張「知行合一」，說：「即知即行。」孫中山先生則主張「知行分工」，說：「知者不必自行，行者不必自知。」這兩說表面是衝突的，其實也是並行不悖。以作戰言之，主帥把作戰計劃決定了，立即發佈命令，指揮將士進攻，是為「即知即行」。主帥不必親臨戰場，是為「知者不必自行」。戰場上的將士，未必了解主帥的計劃，是為「行者不必自知」，這也是一貫的事。王陽明說：「知行合一。」是就主帥本身言之。孫中山先生說：「知行分工，」是就指揮將士言之，如果本身都要分工，那麼，孫中山先生著了一部《三民主義》和《孫文學說》，就可閉門高臥了，而他十次失敗，十次起事，可知他本身是實行「知行合一」的，不過訓誡黨員的時候，是主帥對將士說話，才有「知行分工」的說法，全軍之中，有主帥一人才能這樣說。其他將士，奉命作戰，「即知即行」。如果也說：「知行分工，知者不必自行。」那就誤事不小了。我們這樣的研究，即知王陽明的說法和孫中山先生的說法，原是各明一義，我們在某種情況之下，適用某種說法即是了。

一部《孫文學說》，全為黨員怠於工作而作。所有「知難行易」和「知行分工之說」，都是按照當日情事，為黨員痛下砭針，有了這種病，才下這種藥，至於傳說和王陽明所說的，其病情又自不同，我們識得立言本旨，才不至自誤誤人，凡讀古人書，俱當如是。

我們又可定一原則曰：「關於人事上之處理，凡有互相反對之二說，一定是一主性善說，一主性惡說。」孟子主張仁義化民，是以性善說為立足點，韓非主張法律繩人，是以性惡說為立足點；個人主義經濟學，是以性惡說為立足點，社會主義經濟學，是以性善說為立足點；獨裁主義是以性惡說為立足點，民主主義，是以性善說為立足點；達爾文之互競主義，是以性惡說為立足點，克魯泡特金之互助主義，是以性善說為立足地。因為人性之觀察不同，創出之學說遂不同。我們欲解除世界之糾紛，當先解除學說之糾紛，欲解除學說之糾紛，當先從研究人性入手。

人性本來是渾然的，無所謂善，無所謂惡。也即是可以為善，可以為惡。孟子出來，於整個人性中，截半面以立論，曰性善，在當時是一種新奇學說，於學術界，遂獨樹一幟，但是遺下了半面。荀子出來，把這半面提出來，曰性惡，也是一種新奇學說，於學術界，又獨樹一幟，成為對峙之派，此二派皆持之有故，言之成理，何也？各得真理之一半也。孟子之性善說，已經偏了，王陽明致良知之說，則更偏，學術界通例，其說愈偏者愈新奇，愈受人歡迎，所以王陽明之說，一倡出來，風行一世。荀子之性惡說，已經偏，我的厚黑學則更偏，陽明向東偏，我向西偏，其偏之程度恰相等，所以「厚黑學」三字，遂洋溢乎四川。後來我著《心理與力學》，說：「人性無善無惡」。陽明晚年，也說：「無善無噁心之體。」譬之攻城，陽明從東門攻入，我從西門攻入，入了城中，所見景物，彼此都是一樣，陽明講致良知，說得頭頭是道，我講厚黑學，也說得頭頭是道，其實皆一偏之見也。

我研究人性，由《厚黑學》而生出一條臆說：「心理依力學規律而變化。」由此臆說，生出「合力主義」。本此主義，而談經濟，談政治，談國際，談考試，談學術趨勢，與其他種種，我的思想，始終是一貫。所謂厚黑學者，特思想之過程耳，理論甚為粗淺，而一般人乃注意及之，或稱許，或詆斥，嘖嘖眾口，其他作品，則不甚注意，白居易云：「僕之詩，人所愛者，悉不過雜律詩，長恨歌以下耳，時之所重，僕之所輕。」我也有同樣的感慨，故把我思想之統系寫出，借釋眾人之疑。

六十晉一妙文

鄙人發明《厚黑學》，是千古不傳之祕，從今而後，當努力宣傳，死而後已。鄙人對於社會，既有這種空前的貢獻，社會人士，即該予以褒揚。我的及門弟子和私淑弟子，當茲教主六旬聖誕，應該作些詩文，歌功頌德。

鄙人今年（一九三九年）已滿六十歲了。即使此刻壽終正寢，或者被日本飛機炸死，祭文上也要寫享年六十有一上壽了，生期那一天，並無一人知道，過後我遍告眾人，聞者都說與我補祝。我說：「這也無須。」他們說：「教主六旬誕頌，是普天同慶的事，我們應該發出啟事，徵求詩文，歌頌功德。」我謂：「這更勿勞費心，許多做官的人，德政碑是自己立的，萬民傘是自己送的，甚至生祠也是自己修的。這個徵文啟事，不必煩諸親友，等我自己幹好了。」

大凡徵求壽文，例應補敘本人道德文章功業，最要者，尤在寫出其人特點，其他俱可從略。鄙人以一介匹夫，崛起而為厚黑聖人，於儒釋道三教之外特創一教，這可算真正的特點。然而其事為眾人所共知，其學已家喻戶曉，並且許多人都已身體力行，這種特點，也無須贅述。茲所欲說者，不過表明鄙人所負責之重大，此後不可不深自勉勵而已。

鄙人生於光緒五年己卯正月十三日，次日始立春，算命先生所謂：「己卯生人，戊寅算命。」所以己卯年生的人，是我的老庚；戊寅年生的人，也是我的老庚。光緒己卯年，是西曆一八七九年，愛因斯坦生於三月十九日，比我要小一點，算是我的庚弟，他的相對論震動全球，而鄙人的《厚黑學》僅僅充滿四川，我對於庚弟，未免有愧。此後只有把我發明的學問，努力宣傳，才能不虛此生。

正月十三日，曆書上載明：「是楊公忌日，諸事不宜。」孔子生於八月二十七日，也是楊公忌日，所以鄙人一生際遇，與孔子相同，官運之不亨通，一也；其被稱為教主，一也。天生鄙人，冥冥中以孔子相待，我何敢妄自菲薄！

楊公忌日的演算法，是以正月十三為起點，以後每月退二日，如二月十一日，三月九日……到了八月，又忽然發生變例，以二十七日為起點，又每月退二日，又九月二十五日，十月二十三日……到了正月又忽然發生變例，以十三為起點。諸君試翻歷史書一看，即知鄙言不謬。大凡教主都是應運而生，孔子生日即為八月二十七日，所以鄙人生日非正月十三日不可。這是楊公在千年前早已注定了的。

孔子生日定為陰曆八月二十七日，考據家頗有異詞。改為陽曆八月二十七日，一般人更莫名其妙。千秋萬歲後，我的信徒，飲水思源，當然與我建個厚黑廟，每年聖誕致祭，要檢視陰陽曆對照表，未免麻煩。好在本年（民一九三九年）正月十三日，為厚黑教主聖誕。將來每年陰曆重九登高，陽曆重三日入厚黑廟致祭，豈不很好。

四川自漢朝文翁興學而後，文化比諸齊魯，歷晉唐以迄有明，蜀學之盛，足與江浙諸省相埒。明季獻賊踐蜀，殺戮之慘，亙古未有。秀傑之士，起而習武，蔚為風氣。有清一代，名將輩出，公侯伯子男，五等封爵，無一不有。嘉道時，全國提鎮，川籍佔十之七八。於是四川武功特盛，而文學則蹶焉不振。六十年前，張文襄建立尊經書院，延聘湘潭王王秋先生，來川講學，及門弟子，井研廖季平，富順宋藝子，名滿天下，其他著作等學者，指不勝屈，樸學大興，文風復盛。考《湘綺樓日記》，己卯年正月十二日，王先生接受尊經書院聘書，次日鄙人誕生，明日即立春，永珍更新，這其中實見造物運用之妙。

帝王之興者也，必先有為之驅除者：教主之興也，亦必先有為之驅除者，四時之序，成功者去。孔教之興，已二千餘年，皇天上帝，乃眷西顧，擇是四川為新教主誕生之所，使東魯聖人，西蜀聖人，遙遙相對。無如川人尚武，已成風氣，特先遣王王秋入川，為之驅除，此所以王先生一受聘書，而鄙人即嵩生嶽降也。

一九一二年，共和肇造，為政治上開一新紀元，今為一九三九年，也即是厚黑紀元二十八年。所以四川之進化，可分為三個時期：蠶從魚鳧，開國茫然，勿庸深論，秦代通蜀而後，由漢司馬相如，以至明陽慎，川人以文學相長，是為第一時期，此則文翁之功矣。有清一代，川人以武功見長，是為第二時期，此張獻忠之功也。民國以來，川人以厚黑學見長，是為第三時期，此鄙人之功也。

一九一二年以後，我的及門弟子和私淑弟子，努力工作，把四川造成一個厚黑國，於是中國高瞻遠矚之士，大聲疾呼曰：「四川是民族復興之根據地！」試想，要復興民族，打倒日本，舍了這種學問，還有甚麼法子？所以鄙人於所著《厚黑叢話》內，喊出「厚黑救國」的口號，舉出越王勾踐為模範人物。其初也，勾踐入吳，身為臣，妻為妾，是之謂厚。後來，沼吳之役，夫差請照樣的身為臣妻為妾，勾踐不許，必置之死地而後已，是之謂黑。「九一八」以來，我國步步退讓，是勾踐退吳的方式。「七七事變」而後，全國抗戰，是勾踐沼吳的精神。我國當局，定下國策，不期而與鄙人之學說暗合，這是很可慶幸的。天下興亡，匹夫有責，餘豈好講厚黑哉？餘不得已也。

鄙人發明《厚黑學》，是千古不傳之祕，從今而後，當努力宣傳，死而後已。鄙人對於社會，既有這種空前的貢獻，社會人士，即該予以褒揚。我的及門弟子和私淑弟子，當茲教主六旬聖誕，應該作些詩文，歌功頌德。自鄙人的目光看來，舉世非之，與舉世譽之，有同等的價值。除弟子而外，如有志同道合的逸伯玉，或走入異端的原壤，甚或有反對黨，如楚狂沮溺，徵生畝諸人，都可儘量地作些文字，無論為歌頌，為笑罵，鄙人都敬謹拜受。將來匯刊一冊，題目《厚黑教主榮錄》。千秋萬歲後，厚黑學如皎日中天，可謂其生也榮，其死也榮。中華民國萬萬歲！厚黑學萬歲，厚黑紀元二十八年，三月十三日，李宗吾謹啟。是日也，即我庚弟愛因斯坦六旬晉一之前一日也。

親訪宗吾答客問

笑著答道：「孔明何足道哉！他的名士氣太高了！單就用兵而論，他猶不及先帝，先帝不過借他來懾服頭腦簡單的關張趙黃諸人罷了，實則他尚被先帝玩弄於股掌之中的。不然，伐吳之役，帝何以不使孔明自將呢？且孔明用馬謖守街亭，實為大失著（當用魏延），軍敗而斬馬謖，尤為大失著，蜀之窮蹙以亡，斬馬謖時，已肇其因了。孔明無能為如此，何足道哉！」

問：「先生能否暫將厚黑學收起不講，專在文化學術方面多加發揮與著述，以饗國人？」

答：「這是辦不到的！十年以來，已有很多朋友勸我不必再談厚黑。殊不知厚黑是『說得做不得』的，我們既不能應用，又不能不講；不講，心中反而難受。若想勸我不講『厚黑』，無異於勸公孫龍不講『白馬非馬』，這是萬萬辦不到的。我本著『說得做不得』的信條，儘量發揮厚黑哲理來創教立學，試問這樣無冕王，唯我獨尊，又誰能比得我優遊自豪呢？且古今真理，只有一個，仁者見仁，智者見智，孔孟的仁義，老子的道德，佛陀的慈悲博愛，和宗吾的厚黑，均是一個真理，不過說法不同罷了。若是各有發明，各立一說，不相假借，便是各有千秋。這樣，比起及身得志的人，我覺得尤勝一籌，又何必用世呢？你屢來信勸我不講厚黑，怕我前途有阻，我想當年基督尚肯以身殉教，區區之阻，又何足以使教主不談厚黑呢？」

問：「先生滿腹經綸，是當代的一個諸葛孔明呢？先生自忖以為如何？」

笑著答道：「孔明何足道哉！他的名士氣太高了！單就用兵而論，他猶不及先帝，先帝不過借他來懾服頭腦簡單的關張趙黃諸人罷了，實則他尚被先帝玩弄於股掌之中的。不然，伐吳之役，帝何以不使孔明自將呢？且孔明用馬謖守街亭，實為大失著（當用魏延），軍敗而斬馬謖，尤為大失著，蜀之窮蹙以亡，斬馬謖時，已肇其因了。孔明無能為如此，何足道哉！」

問：「先生看，古今以來誰是可取的呢？」

答：「我不是說做一姜太公的話嗎？實則千古可取法者，唯此一人。太公年至八十，尚能佐周克商，已是亙古奇蹟。厥後蘇秦誦其陰符，而合六國；張良用其兵法，而滅秦楚。試問：厚黑遠祖，舍太公還有何人呢？鄙人實是他百代的徒孫，想掘發出這千古不傳的祕訣，以光前裕後。」

問：「先生治學的門徑，可以見告嗎？」

答：「我生平治學，實得力於八股文法的『截搭題』，那是很合乎辯證法的邏輯的。我的厚黑及一切著作，都是從中推衍而出的。」

問：「先生莫非是說笑話吧！」

答：「不是笑話，我確是得的是一套八股法寶。如若不信就請以後對於八股文法多下些工夫。」

問：「先生的著作，出版的，未出版的，一共有多少種？」

答：「出版的有《厚黑學》、《厚黑叢話》、《宗吾臆談》、《社會問題之商榷》、《制憲與抗日》、《中國學術之趨勢》、《心理與力學》、《孔子辦學記》、《吊打校長之奇案》、《孔告大戰》、《怕老婆的哲學》十餘種。現在寫的，及已寫成未發表的，還有《中國民族特性之研究》、《政治經濟之我見》、《敘屬旅省中學革命始末記》、《性靈與磁電》、《迂老隨筆》等種種。談正經道理的，有《社會問題之商榷》、《考試制度之商榷》、《制憲與抗日》、《中國學術之趨勢》、《心理與力學》五書。其餘的正經的作品，因尚未問世，暫可不談。其實我已老了，還著作甚麼呢？真可謂不自量。」

問：「先生以往的資歷，及目前的身世境遇如何？」

答：「我早年受教於富順名八股家盧象先生之門，後入成都高等學堂學習數理，曾加入同盟會。民國以來，充督署科長，全省官產清理處處長，擢為重慶海關監督未就，後長富順縣中，綿陽省中，再任省督學多年，曾出川考察各省教育。北伐後，入省府任編纂委員，去年始解職歸家。我自幼生於窮家，經一生奮鬥的結果，已有小積蓄，現有市宅一所，水田三處，收租百石，生活尚稱小康。生有二子，長子甚為能幹，曾任富順教育局長，及自流井中學校長；次子曾在成都工業讀書。不幸兩子均於近年中先後死去，現有老妻寡媳及三孫四孫女，請有塾師，就家中教讀。這便是我的大概情形。」

宗吾臆談，絕對現世厚黑指南：

厚黑學 × 我對聖人之懷疑 × 怕老婆哲學 × 考試制之商榷 × 解決社會問題之我見

作　　者：李宗吾
發 行 人：黃振庭
出 版 者：複刻文化事業有限公司
發 行 者：複刻文化事業有限公司
E-mail：sonbookservice@gmail.com
粉 絲 頁：https://www.facebook.com/sonbookss/
網　　址：https://sonbook.net/
地　　址：台北市中正區重慶南路一段六十一號八樓 815 室
Rm. 815, 8F., No.61, Sec. 1, Chongqing S. Rd., Zhongzheng Dist., Taipei City 100, Taiwan
電　　話：(02)2370-3310
傳　　真：(02)2388-1990
印　　刷：京峯數位服務有限公司
律師顧問：廣華律師事務所 張珮琦律師
定　　價：750 元
發行日期：2023 年 12 月第一版
◎本書以 POD 印製

國家圖書館出版品預行編目資料

宗吾臆談，絕對現世厚黑指南：厚黑學 × 我對聖人之懷疑 × 怕老婆哲學 × 考試制之商榷 × 解決社會問題之我見 / 李宗吾 著 . -- 第一版 . -- 臺北市 : 複刻文化事業有限公司 , 2023.12
面； 公分
POD 版
ISBN 978-626-7403-22-8(平裝)
1.CST: 哲學 2.CST: 文集
107　　112019018

電子書購買

臉書

爽讀 APP